El Mercosur
y las complejidades
de la integración regional

JOSÉ BRICEÑO RUIZ (EDITOR)

El Mercosur
y las complejidades
de la integración regional

CDCHTA
ULA

teseo

UNIVERSIDAD
DE LOS ANDES
MÉRIDA-VENEZUELA

El Mercosur y las complejidades de la integración regional / edición a cargo de José Briceño Ruiz. - 1a ed. - Buenos Aires : Teseo, 2011.
478 p. ; 20x13 cm. - (Ciencias políticas)
ISBN 978-987-1354-96-2
1. Mercosur. 2. Integración Regional. I. Briceño Ruiz, José, ed. lit.
CDD 382

© CDCHTA, 2011

© Universidad de los Andes, 2011

© Editorial Teseo, 2011

Buenos Aires, Argentina

ISBN 978-987-1354-96-2

Editorial Teseo

Hecho el depósito que previene la ley 11.723

Para sugerencias o comentarios acerca del contenido de esta obra, escríbanos a: **info@editorialteseo.com**

www.editorialteseo.com

ÍNDICE

Parte III
Perspectivas nacionales

Introducción

En marzo de 1991, representantes de Argentina, Brasil, Uruguay y Paraguay suscribieron el Tratado de Asunción mediante el cual se creó el Mercado Común del Sur (Mercosur), que se convertiría en los años siguientes en el proceso regional más exitoso de América Latina. Aunque desde 1998 ha sufrido periodos de avances y retrocesos, continúa siendo un referente en la integración de la región. En 2011 se cumplen 20 años de su existencia, y esto es una ocasión para realizar una evaluación de los logros y fracasos de esta iniciativa regional.

Las opiniones sobre el Mercosur dividen la doctrina y los estudios empíricos sobre la integración en América Latina. Algunos especialistas describen el bloque regional como la iniciativa de integración más exitosa de la historia latinoamericana que, a pesar de sus retrocesos circunstanciales, ha logrado avanzar mucho de lo propuesto en su agenda de trabajo original. Argumentan, incluso, que el éxito del Mercosur se evidencia por la superación que se ha producido en cuanto a las esferas planteadas como parte del proceso de integración. Nacido originalmente como un bloque dirigido a promover el libre comercio y la inserción de sus miembros en la economía mundial, posteriormente el Mercosur ha logrado desarrollar una dimensión política y, más recientemente, dimensiones social y productiva, que lo convertirían en un bloque regional con grandes ambiciones.

Una manera bastante distinta de analizar el "veintea-
ñero" Mercosur es considerarlo un bloque que, a pesar de
sus auspiciosos inicios, entró en una fase de estancamiento
de la cual aún no ha podido salir. Durante el denominado periodo de transición (1991-1995), establecido en el
Tratado de Asunción, e incluso hasta 1998, el esquema de
integración del Cono Sur fue considerado un ejemplo de
cumplimiento de los compromisos asumidos, lo cual permitió que ampliase sus objetivos a temas como la defensa
de la democracia y que fuese visto como interlocutor válido
frente al resto del mundo. Ejemplo de esto fue el inicio de
negociaciones para establecer una Asociación estratégica
con la Unión Europea y la posición común del Mercosur
en las negociaciones del Área de Libre Comercio de las
Américas (ALCA). No obstante, después de la crisis económica brasileña de 1998, el grupo entró en un proceso de
crisis que causó una pérdida de compromiso por parte de
los actores políticos con relación al bloque regional y afectó
su credibilidad. En vez de tomar las medidas para resolver
las causas que generaron esta crisis, se alega, desde esta
perspectiva, que los países prefieren realizar "fugas hacia
adelante" creando supuestas metas sociales y productivas
que son más retórica que realidad.

El análisis de los 20 años del Mercosur permite observar
que ambos enfoques dicen parte de la verdad. El asumir
como cierto que el Mercosur es un gran fracaso y que es
hoy día irrelevante para países como Brasil o Argentina
es algo que debe ser puesto en términos relativos. A pesar
de sus crisis, el bloque ha logrado incrementar el grado
de regionalización de los intercambios comerciales y las
inversiones, y ha servido para eliminar escenarios de competencia política o conflictividad regional. Sin embargo, el
Mercosur dista mucho aún de ser el bloque pujante que
suelen describir algunos de los enfoques optimistas. Es
cierto que se han establecido metas sociales y productivas

que no pueden ser simplemente descritas como retórica. No obstante, uno de los mayores problemas del Mercosur es su poco eficiente estructura institucional y su engorroso proceso de toma de decisiones. Sin una institucionalidad más eficaz resulta difícil que el Mercosur pueda avanzar en sus "nuevas esferas de competencia" o que, incluso, pueda terminar de forma exitosa las tareas pendientes en el ámbito comercial.

Lo que confirma la experiencia del Mercosur es que la integración regional no es un proceso lineal de avances permanentes, un *continuum* de etapas que de forma automática se van desarrollando; al contrario, se reafirma que la integración es un proceso complejo, con avances y retrocesos. Esto terminó siendo reconocido por la teoría neofuncionalista en la década de los 60 del siglo XX. En sus trabajos iniciales, Ernst Haas consideraba que la integración era un proceso impulsado por un mecanismo de *spillover*, que causaba una expansión automática de nuevos sectores al programa regional, en gran parte debido a las demandas de los actores políticos. La integración era así un proceso destinado al progreso. No obstante, Philippe Schmitter detectó a inicios de los años setenta que podía emerger también un proceso de retroceso en las demandas de integración, en parte como resultado de la acción de los actores políticos opuestos a la expansión de las esferas de competencia del bloque regional. Schmitter describió a este proceso como *spill back*. En consecuencia, la integración recibiría la influencia o la presión de las demandas de los actores, lo cual produce los avances y los retrocesos en su evolución.

Parte de la complejidad en el análisis de los procesos de integración como el Mercosur se debe a que su creación y su desarrollo están en gran medida condicionados por la complicada interacción de variables domésticas e internacionales. Como señala Andrew Moravscik en su enfoque conocido como "liberalismo intergubernamental", las solas variables domésticas, que él denomina la formación de las preferencias nacionales, no son suficientes para explicar el surgimiento y la evolución de un proceso de integración. La acción de los actores es importante, pero no es suficiente, pues estos actores están sometidos a las limitaciones y las oportunidades que les ofrece la estructura política y económica del sistema internacional y a las posiciones de los países miembros del bloque regional en la pirámide global de poder.

El caso del Mercosur describe bien este escenario complejo. Nacido como un proceso en el cual los Estados, especialmente los de mayor tamaño, tuvieron un papel fundamental, en particular durante las negociaciones del Tratado de Asunción, va posteriormente incorporando en su cuerpo normativo las demandas de particulares actores políticos. Así, el sector industrial, el sector azucarero y las Empresas Transnacionales del sector automotriz tuvieron incidencia en las negociaciones del Protocolo de Ouro Preto de 1994. Durante la década de los 90, el sindicalismo, agrupado en la Coordinadora de Centrales Sindicales del Cono Sur (CCSCS), desarrolló con cierto éxito una estrategia regional para impulsar una agenda sociolaboral en el bloque. Así, en la primera década del nuevo milenio, surge una dimensión social del Mercosur mediante la realización de Cumbres Sociales en las que participan un miríada de actores (ONGs, movimientos sociales, movimientos de base), pero también actores gubernamentales, como los Ministerios de Desarrollo Social. Posteriormente, se produce la activación de los Estados de menor tamaño en la solicitud de medidas para lograr una distribución más equitativa de los costos y beneficios de la integración así como una mayor dimensión productiva.

A esta cambiante dinámica de acción política y de tipo de actores a nivel nacional, se suman variables sistémicas que incidieron en la evolución del proceso de integración. No se puede soslayar que el Mercosur nace en un peculiar contexto de cambios en el sistema internacional. El fin de la Guerra Fría, el colapso de la Unión Soviética y la victoria ideológica del capitalismo en su forma "neoliberal-reaganiana" tuvieron una enorme influencia en la forma como se concebían las políticas de desarrollo, las estrategias de inserción internacional de los países y los mecanismos de integración regional. Esto se encarnó en el denominado Consenso de Washington. Por ello, no es de sorprender que el Mercosur del Tratado de Asunción fuese en lo esencial un esquema comercial, favorable al libre comercio, aunque se previese en las discusiones posteriores la protección de sectores considerados estratégicos, como el automotor.

No obstante, ya a mediados de los años noventa, el optimismo neo-liberal comienza a desvanecerse, incluso en las instancias multilaterales como el Banco Interamericano de Desarrollo, en las que empiezan a plantearse propuestas alternativas para dotar de una mayor dimensión distributiva a las políticas aplicadas a inicios de esa década. Se trató del "Post-Consenso de Washington". Las crisis mexicana (1994), asiática (1996), rusa (1997) y brasileña (1998) generaron nuevas críticas al modelo económico que se estaba aplicando desde la caída del comunismo. El nuevo milenio estuvo marcado por la toma del poder, en los países del Mercosur y en otros de América Latina, por gobiernos que asumían parte de este discurso crítico, que produjeron un giro hacia la izquierda que también ha tenido impacto en las metas y en las instituciones que durante estos años se crearon en el grupo regional.

En consecuencia, el análisis del Mercosur y la correcta explicación de sus logros, retrocesos y relanzamientos implican reconocer estos complejos procesos nacionales e internacionales y la forma como han influido en la región. Si el proceso ha sido complejo, la explicación del mismo debe intentar considerar esa complejidad. Así, por ejemplo, es incompleto un análisis que se limite a evaluar sólo la dimensión comercial, excluyendo sus dimensiones social y productiva por considerarlas mera retórica. Incluso si fuesen esto, es decir "sólo retórica", una evaluación científica de estos 20 años del Mercosur debería explicar por qué han surgido tales iniciativas y por qué han permanecido en la retórica.

El objetivo de este libro es, por lo tanto, analizar los 20 años del Mercosur, en sus diversas y complejas facetas. De alguna forma, ello supone considerar las dos visiones que se describen al inicio de esta introducción y que, en los años recientes, se han comenzado a describir como "merco-pesimismo" y "merco-optimismo". En este sentido, se ha convocado a especialistas de la región, pero también más allá del "espacio Mercosur", para discutir el estado actual del bloque regional en sus dimensiones política, social y económica. El libro incluye colaboraciones de académicos de los cuatro países que son miembros plenos del Mercosur y de Venezuela, además de colegas de Estados Unidos e Inglaterra, que analizan las dimensiones comercial, política, social, productiva e institucional del proceso de integración.

El libro se divide en tres partes. En la primera parte, que incluye cuatro capítulos, se presenta una mirada global sobre el Mercosur que parte de la ubicación del debate en el marco de la teoría de la integración y del regionalismo internacional. A partir de esta reflexión teórica, se realiza una evaluación global del Estado actual del Mercosur, su originalidad como proyecto de integración, sus problemas institucionales y su modelo de integración.

El capítulo de **Mario Carranza** inicia la primera parte y examina la crisis del Mercosur enfocándose en el diseño y la actuación de las instituciones regionales. Al comienzo de su trabajo analiza lo que denomina la "institucionalidad ligera" adoptada en el Tratado de Asunción de 1991, preguntándose por qué los Estados optaron por este modesto diseño institucional marcadamente intergubernamental e "inter-presidencialista". Posteriormente, se refiere al debate entre los merco-optimistas y los merco-pesimistas, sus interpretaciones opuestas a la reciente dinámica del Mercosur y las implicaciones de este debate para la cuestión del diseño institucional. Carranza igualmente destaca el papel crucial del "inter-presidencialismo" en el desarrollo del bloque regional como mecanismo para resolver sus crisis y sus limitaciones a partir de la crisis de 1999. Una vez realizada esta evaluación, el autor plantea cinco escenarios posibles de evolución institucional en el Mercosur y, en sus conclusiones, evalúa la perspectiva de que transite hacia la supranacionalidad, el impacto del ingreso de Venezuela como miembro pleno en el proceso de toma de decisiones en el bloque regional y si el establecimiento de sólidas instituciones supranacionales es un pre-requisito para la sobrevivencia del Mercosur.

Gian Luca Gardini discute la trayectoria histórica del Mercosur para demostrar que sus objetivos y estructura institucional reflejan las circunstancias políticas y económicas de las distintas etapas por las cuales ha atravesado el bloque regional. En este sentido, Gardini establece cuatro fases en el desarrollo del Mercosur para demostrar cómo éstas han reflejado los valores prevalecientes y las agendas dentro de los Estados miembros en un momento determinado. Una vez analizada esta evolución histórica, el autor se enfoca en la agenda actual del Mercosur concentrándose en el ingreso de Venezuela, la creación de un Parlamento regional y el perfeccionamiento de la unión aduanera. Posteriormente, Gardini discute la forma en que iniciativas de integración como la Alternativa Bolivariana de los Pueblos de América (ALBA) y la Unión de Naciones Suramericanas (UNASUR) pueden ser competidoras del

Mercosur y afectar su influencia en la región. Dos premisas informan la manera como Gardini analiza estos aspectos. La primera de ellas es la necesidad de destacar la diferencia entre la retórica y la práctica en cuanto a la integración en América Latina. La segunda premisa es que la historia importa, y las historias nacionales de los países del Mercosur son cruciales para explicar su desarrollo.

El capítulo de **Félix Peña** es más un análisis prospectivo del futuro del Mercosur. Peña parte del argumento de que un proceso de integración como el Mercosur tiene grados diferenciados de densidad al menos en dos planos. El primero de ellos es el de los hechos concretos, que son susceptibles de medición en cuanto a la forma como impactan la vida de la gente. El segundo plano es la retórica, que se limita a señalar cómo deberían ser tales hechos. Peña analiza tres aspectos en los cuales existen amplias posibilidades de acción para lograr que la densidad factual se correlacione con la retórica. El primero de ellos es la integración productiva. El segundo es el aporte que los países del Mercosur pueden hacer a la agenda global actual. Y el tercero es hacer que los ciudadanos de los países del Mercosur se sientan parte de un espacio regional común.

Esta primera sección concluye con el capítulo de **José Briceño Ruiz**, quien analiza la construcción del modelo económico del Mercosur durante sus casi 20 años de vigencia. Acudiendo a Max Weber, Briceño Ruiz propone tres "tipos ideales" de modelos de integración: el regionalismo estratégico, el regionalismo social y el regionalismo productivo. Se argumenta que, en su fase inicial, el Mercosur adoptó un modelo de regionalismo estratégico, centrado en el libre comercio y en la inserción en los mercados mundiales, como se describe en el Tratado de Asunción. Sin embargo, en su evolución, el Mercosur ha adoptado mecanismos del regionalismo social, en especial en el ámbito sociolaboral, y más recientemente medidas del regionalismo productivo, como la creación del FOCEM. Esto ha convertido al Mercosur en un modelo híbrido que combina elementos de apertura comercial con objetivos sociales y una cada vez mayor preocupación por la dimensión productiva de la integración. Para Briceño Ruiz, esta transformación del modelo de integración del Mercosur obedece a la acción de los actores políticos, económicos y sociales de los países miembros del bloque regional. En el capítulo, el autor evalúa cómo la acción social de estos actores ha determinado el modelo de integración del bloque mercosuriano, analizando los retos que plantea la cada vez mayor complejidad de los objetivos que se proponen.

La segunda parte comprende cinco capítulos en los que se analizan aspectos concretos de la agenda de la integración del Mercosur. Se examina, en consecuencia, la cuestión comercial, la evolución institucional, la participación de la sociedad civil, la agenda social y productiva del bloque regional y los resultados del Mercosur cultural.

El primer capítulo de esta segunda parte se inicia con un estudio sobre la evolución comercial del Mercosur cuyo autor es **Renato Baumann.** Baumann examina la evolución del proceso de liberalización arancelaria y la constitución de la unión aduanera en el Mercosur. Éste fue el objetivo principal del Tratado de Asunción. Según Baumann, en el primer lustro, este objetivo avanzó de forma importante y, en 1994, el bloque regional se convirtió en una unión aduanera imperfecta. Sin embargo, desde 1998, el progreso en materia comercial del bloque regional ha sido irregular, con periodos de importantes retrocesos, posterior recuperación y nuevos problemas, aspectos que son analizados en este trabajo.

Izabel Mallman y **Clarisa Dri,** por su parte, analizan el proceso de politización e institucionalización del Mercosur. Estas autoras examinan los veinte años del bloque regional en su dimensión político-institucional, concentrándose en su más reciente logro: la creación del Parlamento del Mercosur (Parlasur). Para ello, el análisis se centra en el proceso de negociación que condujo a la creación del Parlasur y su funcionamiento actual, además de revisar las etapas principales de la evolución institucional de este modelo de integración. La conclusión destaca el potencial del Parlasur en lo relativo al proceso de toma de decisiones en el plano regional y las opciones disponibles para el Mercosur en la era pos-Lula-Kirchner.

Marcos Costa Lima hace un análisis sobre las dificultades y las posibilidades de participación social en el Mercosur. Presenta algunos datos empíricos sobre la situación social, especialmente en materia de educación y salud, con el objetivo de destacar la necesidad de que la integración regional sea también un mecanismo para incidir en la resolución de estos problemas. En este sentido, el autor destaca la participación política de los actores sociales en América Latina en general, y en el Mercosur en particular. Sin embargo, también considera que la estructura institucional actual del Mercosur limita de forma sustantiva las posibilidades de participación social en el proceso de toma de decisiones del bloque regional, lo cual no implica que no se haya desarrollado una dimensión social, que Costa Lima describe en detalle. Esto conduce al autor a reiterar la necesidad de articular el desarrollo del proceso regional con la acción de los actores sociales.

Las interacciones entre el Estado y la sociedad civil son el centro del estudio de **Noemí Mellado**. Según esta autora, el inicio del nuevo milenio se caracteriza por una serie de transformaciones en el ámbito internacional y regional que llevan a cuestionar el rumbo de la economía y la política como consecuencia de una dinámica social de protesta por las políticas económicas y de inserción internacional neoliberales aplicadas en la región. Mellado se interroga si el cambio político regional que comenzó a producirse en el primer lustro del nuevo milenio ha incidido en la dimensión político-institucional de los procesos de integración, favoreciendo la participación de la sociedad civil tendiente a su democratización.

María Susana Arrosa Soares realiza un balance de los logros y los fracasos del Mercosur en su dimensión cultural. De acuerdo a Arrosa Soares, la cultura comenzó a ser parte de la agenda del Mercosur apenas a fines de la década de los 90, aunque de forma más retórica que práctica. Se consideraba que el proceso regional debía estar centrado en el comercio, y la cultura no se percibía como un factor que pudiese impulsar la unidad y la integración regional. Para demostrar su argumento, Arrosa Soares realiza, en primer lugar, un balance de la política cultural en los veinte años del Mercosur. La autora destaca que es a partir de inicios del nuevo milenio cuando comienzan a proliferar iniciativas en el ámbito cultural como una respuesta defensiva para proteger las identidades nacionales frente al avance de la globalización. Arrosa Soares analiza en detalle estas diversas iniciativas a lo largo del capítulo y, aunque reconoce que ellas representan un avance en la integración del Mercosur, concluye que muchas no han logrado sus objetivos y que es preciso avanzar y profundizar la agenda cultural del bloque.

La tercera parte incluye cinco trabajos que analizan los 20 años del Mercosur desde la perspectiva de cada uno de los cuatro miembros plenos y un artículo sobre por qué Venezuela, aceptado como miembro pleno en 2005, no ha podido todavía alcanzar ese estatus.

Tullo Vigevani y **Haroldo Ramanzini Junior** inician esta sección con un capítulo sobre el papel de la integración regional y el Mercosur en la percepción de las elites y de los responsables de diseñar la política exterior de Brasil. Vigevani y Ramanzini Junior argumentan que la defensa del principio intergubernamental está estrechamente vinculada a la forma como las elites perciben el papel de la integración y el lugar del Mercosur en las relaciones internacionales del país. Destacan, en este aspecto, la defensa de los grandes principios de universalismo y autonomía que son analizados en el capítulo y sostienen que la defensa de estos dos principios afecta la profundización del proceso de integración. Sin embargo, consideran que la estructura actual del Mercosur sería coherente con las percepciones de parte de las elites brasileñas sobre el papel de la integración regional, aun cuando los autores reconocen que es insuficiente para garantizar el impulso necesario para su desarrollo.

Alberto Justo Sosa evalúa continuidades y rupturas en la política argentina hacia el Mercosur, comparando los periodos de Carlos Menem, Néstor Kirchner y Cristina Fernández de Kirchner. En este sentido, el estudio se divide en dos grandes secciones. El primero de ellos comprende los dos gobiernos de Menem (1989-1995; 1995-1999), mientras que el segundo incluye las presidencias del matrimonio Kirchner (2003-2007; 2007-2011). El autor destaca que los contextos internacionales de ambos gobiernos fueron distintos. Durante los gobiernos de Menem, el contexto internacional impulsaba la necesidad de una inserción exitosa a los mercados internacionales y de una reforma estructural, mientras que los Kirchner debieron enfrentar un escenario internacional muy distinto, adverso para la Argentina después del *default* de 2001 y caracterizado por la desilusión ante las recetas de libre mercado. Sosa sostiene que estos dos contextos tan diversos explican las posiciones divergentes de ambos gobiernos en cuanto a su forma de concebir el desarrollo, el papel del Estado en la economía, el Mercosur y la economía mundial. También destaca la importancia que tienen las relaciones con Brasil en la forma como los gobiernos argentinos perciben el Mercosur.

Lincoln Bizzozero describe el papel de Uruguay en el desarrollo del Mercosur, considerándolo como la llave geopolítica de la región. En el capítulo, Bizzozero aborda el papel de Uruguay en distintos momentos claves del desarrollo del Mercosur. Al respecto, se evalúan los inicios del proceso regional que condujo a la firma del Tratado de Asunción, el proceso de transición, la negociación y firma del Protocolo de Ouro Preto, el proceso de consolidación del bloque regional y, posteriormente, la crisis, su evolución y su transformación en la primera década del siglo XXI. Igualmente, el autor analiza el debate sobre el posible alejamiento de Uruguay y, finalmente, considera la evolución reciente.

El capítulo de **Lucas Arce** analiza la forma como Paraguay se ha insertado en el proceso del Mercosur, preguntándose si aún es una pieza sin montar. Arce considera que la integración al Mercosur ha sido importante para un país mediterráneo como Paraguay. Sin embargo, destaca Arce, la opinión pública y la mayoría de los actores económicos del país han sido y son renuentes a una profundización del proceso de apertura hacia la región. Las razones para el surgimiento de estas percepciones no han sido analizadas a lo largo de estos años, reduciéndose la discusión mayormente a los beneficios y los costos de la integración regional y a la pertinencia de la estructura institucional del Mercosur para su funcionamiento. En este capítulo, Arce analiza los cambios productivos, institucionales y de inserción internacional que tuvo Paraguay durante estos años, teniendo como trasfondo los cambios del bloque comercial. Este análisis, para Arce, permite entender la manera como Paraguay se ha insertado e inserta en la región, a fin de descubrir mecanismos viables para su mejor integración al Mercosur.

El libro cierra con el artículo de **Alejandro Gutiérrez**, quien realiza un estudio sobre el complejo proceso de ingreso de Venezuela como miembro pleno del Mercosur. Como es conocido, en junio de 2006, se suscribió en la capital venezolana el Protocolo de Caracas, en el cual se admitía a Venezuela como el quinto miembro pleno del bloque regional. Sólo se necesitaba que el mencionado Protocolo fuese ratificado por los Parlamentos de los países miembros para que Venezuela se convirtiese definitivamente en el nuevo miembro y socio pleno. No obstante, pasados más de 4 años, el Protocolo de Caracas aún no ha sido ratificado y Venezuela no ha logrado adquirir el estatus de miembro pleno del Mercosur. Gutiérrez analiza el complejo proceso de adhesión de Venezuela al bloque regional, las causas que explican la parálisis del ingreso al mismo y las perspectivas de la integración de Venezuela al Mercosur en el contexto de la actual política exterior del gobierno de Hugo Chávez.

Esta sintética descripción de los capítulos del libro evidencia el esfuerzo que hemos realizado para analizar los 20 años del Mercosur en sus diversas dimensiones. Se examina la dimensión comercial, aún el centro del Mercosur, pero también se consideran sus aspectos políticos, culturales, sociales y productivos. Igualmente, en la mayor parte de los capítulos se adopta un enfoque histórico, que considera la forma como los cambios que se han producido en la región y en el sistema internacional han determinado la evolución del bloque regional. De igual manera, se ha dado un lugar especial a las visiones nacionales sobre la evolución del Mercosur, incluyendo incluso un capítulo sobre Venezuela, un país aún en proceso de adhesión al grupo regional.

No cabe duda de que los 20 años del Mercosur han sido ocasión para la publicación de diversos estudios en los países que son miembros plenos y en otras regiones sobre el estado actual del bloque regional. En la Universidad de los Andes, consideramos importante ser partícipes de estos debates, debido no sólo a la perspectiva del ingreso de Venezuela como miembro pleno, sino también porque, a pesar de sus limitaciones, el Mercosur es una iniciativa de integración que lucha por seguir avanzando y consolidándose en la dinámica política de América del Sur.

Este libro surge gracias al esfuerzo y a la colaboración de los autores de los diversos capítulos, a quienes agradezco su compromiso desde el momento en que les propuse participar en este proyecto editorial y por su paciencia y disposición en las diversas etapas de elaboración y corrección del manuscrito final. Expreso mi agradecimiento al Vicerrector Administrativo de la Universidad de los Andes, profesor Manuel Aranguren por su incondicional apoyo a la publicación de este libro. Especial agradecimiento quiero hacer al Consejo de Desarrollo Científico, Humanístico, Tecnológico y de las Artes (CDCHTA) de la Universidad de los Andes y a su Programa de Financiamiento de Publicaciones por su apoyo económico que ha permitido la publicación de este libro. Agradezco especialmente al profesor Alejandro Gutiérrez, Coordinador General del CDCHTA, quien a pesar de las complejidades burocráticas existentes en la Venezuela actual para poder financiar un proyecto de este tipo, me brindó su entusiasta apoyo desde el inicio del mismo. Dos colegas y amigos merecen un especial agradecimiento por la colaboración que han brindado a mis actividades académicas en los últimos años: Raquel Álvarez de Flores y Alfonso Sánchez. Raquel, amiga dilecta en tiempos malos y tiempos buenos, ha sido un sostén permanente a todos mis proyectos académicos y lo ha hecho en los años recientes en su gestión como Directora del Centro de Estudios de Fronteras e Integración (CEFI) de la Universidad de los Andes. También expreso mis palabras de agradecimiento a Alfonso Sánchez, Decano Vicerrector del Núcleo Universitario del Táchira de la Universidad de los Andes, quien ha mostrado un apoyo y solidaridad incondicional a mi carrera académica, además de brindar sus consejos y su amistad en circunstancias complejas. Y, *last but not least*, agradezco a Lucía Torre, amiga y ciudadana argentina y venezolana, por su disposición a revisar el manuscrito con la dedicación y la excelencia a la que nos tiene acostumbrados.

Presentamos este libro al mundo académico, funcionarios y público en general, en América Latina, esperando que sea una contribución al debate sobre el Mercosur y la integración económica y política de nuestra región.

José Briceño Ruiz
Editor
Mérida, Venezuela, 5 de julio de 2011

PARTE I
ENFOQUES GLOBALES SOBRE EL PROCESO DE INTEGRACIÓN

LA INSTITUCIONALIDAD "LIGERA" DEL MERCOSUR Y SUS PERSPECTIVAS DE SOBREVIVENCIA EN LA SEGUNDA DÉCADA DEL SIGLO XXI

Mario E. Carranza

Introducción

El propósito de este capítulo es examinar la crisis y perspectivas del Mercado Común del Sur (Mercosur) enfocándose en el diseño y el funcionamiento de su estructura institucional y en la fallida transición del "viejo" modelo neoliberal a un "nuevo" Mercosur como proyecto geoestratégico, después de la crisis del Consenso de Washington a fines de los años 90 e inicios del nuevo milenio. La primera sección examina el modesto diseño institucional adoptado en el Tratado de Asunción de 1991 y las reformas aprobadas en el Protocolo de Ouro Preto de 1994. La segunda sección considera el debate entre los merco-optimistas y los merco-pesimistas, sus interpretaciones opuestas a la reciente dinámica del Mercosur y las implicaciones de este debate para la cuestión del diseño institucional. En la tercera sección se analiza el papel crucial de la diplomacia presidencial al tratar la crisis del bloque. ¿Puede el "inter-presidencialismo" profundizar la integración subregional en la ausencia de instituciones supranacionales permanentes? La cuarta sección examina cinco escenarios posibles de evolución institucional del Mercosur. Finalmente, en la conclusión se consideran las perspectivas de un salto cualitativo hacia la supranacionalidad en la segunda década del siglo XXI, el impacto del ingreso de Venezuela como miembro pleno en el proceso de toma de decisiones en el bloque regional y si el establecimiento de sólidas instituciones supranacionales es un pre-requisito para la sobrevivencia del Mercosur.

1. El Mercosur: bases e instituciones

El Mercosur fue creado por el Tratado de Asunción el 26 de marzo de 1991, firmado por los presidentes de Argentina, Brasil, Paraguay y Uruguay, con el objetivo último de crear un mercado común. Es el tercer bloque regional más grande del mundo (después de la Unión Europea [UE] y del Tratado de Libre Comercio de América del Norte [TLCAN]); sus cuatro Estados miembros tienen una población combinada de 200 millones de personas y un PIB agregado de 890 billones de dólares. En enero de 1995, el Mercosur era un área de libre comercio que cubría el 95% del comercio intrarregional y una unión aduanera (la segunda más grande del mundo, después de la UE) con un arancel externo común que cubría el 85% de los bienes intercambiados por el bloque con terceros países.

El programa de liberalización arancelaria –basado en la liberalización progresiva del universo arancelario, con ciertas excepciones para Uruguay y para Paraguay– logró un gran éxito y, a mediados de los años noventa, el Mercosur era considerada la iniciativa más avanzada de integración regional en América Latina. Sin embargo, después de las devaluaciones de la moneda brasileña en 1999 y 2001 y el colapso de la economía argentina en 2001, el bloque enfrentó crecientes dificultades para avanzar hacia un mercado común.

El fin del Mercosur ha sido anunciado muchas veces, a pesar de lo cual el bloque ha mostrado una remarcable persistencia y ha sobrevivido a tres crisis severas: la crisis originada por la devaluación del real brasileño en 1999; el fuerte tropiezo que provocó la crisis argentina de 2001-2002 y la crisis financiera global de 2008-2009. Si la recuperación económica del Cono Sur continúa, la creciente interdependencia entre los Estados miembros puede permitirles fortalecer el Mercosur. Sin embargo, las recurrentes disputas comerciales entre Argentina y Brasil son un síntoma de problemas internos más profundos. La débil estructura institucional del bloque ha creado incentivos para que los países miembros ignoren con frecuencia las reglas subregionales. Los esfuerzos repetidos de "relanzar" el Mercosur han sido puestos en riesgo por la tendencia de Argentina y Brasil a tomar de forma unilateral medidas proteccionistas que han debilitado la unión aduanera imperfecta. A fines de la primera década del nuevo milenio, existen aún 800 excepciones en el arancel externo común del bloque, y esto permite caracterizarlo más como una zona de libre comercio con un arancel externo común para algunos bienes que como una "verdadera" unión aduanera (incluso imperfecta). La adopción de un Código Aduanero en la Cumbre Presidencial de San Juan, en agosto de 2010, se propuso resolver este problema, pero existen aún excepciones al arancel externo común que necesitan ser eliminadas (el azúcar y los automóviles están aún sometidos a un régimen especial y excluidos del libre comercio intrarregional).

El Mercosur fue voluntariamente diseñado como una simple organización intergubernamental, sin instituciones supranacionales. El bloque tiene esencialmente tres instancias decisorias:

1. El Consejo del Mercado Común (CMC): formado por los cuatro Ministros de Relaciones Exteriores y los cuatro Ministros de Economía, es el representante legal del Mercosur. "Es el más elevado nivel de organización responsable de tomar las decisiones en el Mercosur y le corresponde supervisar el cumplimento de los objetivos estratégicos establecidos en el Tratado de Asunción y el Protocolo de Ouro Preto."[1] El Consejo formula las

---

[1]   Peña, Celina y Rozemberg, Ricardo. "Mercosur: A Different Approach to Institutional Development". En: *FOCAL Policy Paper*, Ottawa, Canadá, marzo de 2005, p. 2

políticas, negocia y firma acuerdos con terceros países, grupo de países y organizaciones internacionales. Las decisiones del CMC son obligatorias para los Estados miembros una vez que sean incorporadas en los sistemas legales nacionales.

2. El Grupo del Mercado Común (GMC): es la instancia ejecutiva del Mercosur, formada por cuatro representantes de cada país miembro de los Ministerios de Relaciones Exteriores, Economía y sus respectivos Banco Centrales. Le corresponde aplicar las decisiones adoptadas por el CMC y dirigir el funcionamiento adecuado del proceso de integración. Después de la aprobación del Protocolo de Ouro Preto, el GMC organizó sus operaciones en 14 Subgrupos de Trabajo constituidos por funcionarios de los cuatro países.

3. La Comisión de Comercio del Mercosur (CCM): incluye representantes de los cuatro países y es responsable de someter nuevas normas al Grupo del Mercado Común o cambios en la política comercial o aduanera. La Comisión puede establecer Comités Técnicos responsables de analizar temas específicos y recomendar soluciones a las disputas comerciales.

El Protocolo de Ouro Preto, suscrito en diciembre de 1994, también creó las siguientes instituciones:

1. Secretaría del Mercosur (SM): su sede permanente está en Montevideo. Es la única institución del Mercosur que tiene un personal permanente.

2. La Comisión Parlamentaria Conjunta (CPC): está formada por un máximo de 64 Parlamentarios (16 por Estado miembro), seleccionados por sus respectivos congresos según sus reglas internas.[2] Sólo tiene fun-

---

[2]   *Ibid.*, p. 3.

ciones consultivas y fue sustituido en el año 2005 por el Parlamento del Mercosur (Parlasur).

3. El Foro Consultivo Económico y Social (FCES): está formado por nueve representantes empresariales y sindicales de cada país miembro del Mercosur. Ni el FCES ni la CPC tienen poder de tomar decisiones, aunque sí expresan el surgimiento de un incipiente espacio público democrático en el cono sur.

1.1 Los procedimientos de solución de conflictos en el Mercosur

De acuerdo al Tratado de Asunción (Anexo III), las partes en controversia someterán sus disputas al GMC, el cual podría "establecer o convocar paneles de expertos de grupos calificados para brindar asistencia técnica". El Protocolo de Brasilia (diciembre de 1991) mantuvo este sistema sin crear un órgano permanente de solución de conflictos. La proliferación de disputas comerciales entre Argentina y Brasil fortaleció los argumentos a favor de lograr una mayor seguridad jurídica en el Mercosur mediante el establecimiento de un órgano permanente que actuase como la última instancia en las controversias que surgiesen en la construcción y en la aplicación de las normas del Mercosur. El Protocolo de Olivos, suscrito en febrero de 2002, fue un intento de cerrar esta brecha, al crear un Tribunal Permanente de Revisión (TPR) como autoridad permanente dirigida a garantizar la correcta interpretación, aplicación y vigencia de los instrumentos claves del proceso de integración. Sin embargo, este sistema es transitorio en su naturaleza y sometido a mejoras futuras. El sistema "final" de solución de disputas en el Mercosur previsto en el artículo 53 del Protocolo de Olivos no ha sido aún establecido, aunque la creación del TPR haya ubicado al Mercosur más cerca del supranacionalismo.

2. Explicando la evolución del diseño institucional del Mercosur: el debate del merco-optimismo vs. merco-pesimismo

El Mercosur ha sido incapaz de superar su crisis crónica y corre el riesgo de volverse irrelevante en la medida en que surjan nuevas organizaciones regionales de integración como la Unión de Naciones Suramericanas (UNASUR). Los especialistas están profundamente divididos sobre sus perspectivas de sobrevivencia. La capacidad de este bloque de superar su persistente crisis con el diseño institucional actual está en el centro del debate entre los merco-optimistas y los merco-pesimistas.

2.1. El merco-optimismo

A pesar de la crisis recurrente del Mercosur, los merco-optimistas consideran que el bloque está vivo y bien, mientras destacan sus logros en la primera parte de la década de los 90 y algunos éxitos más recientes (como la aprobación del Código Aduanero y la resolución de la controversia sobre la eliminación del doble pago del arancel externo común), así como su naturaleza política como contrapeso a la influencia de Estados Unidos en América del Sur.

En un trabajo del año 2000, Cason aseveraba que "el Mercosur [parecía] estar bien encaminado para convertirse en la primera robusta organización comercial en América Latina", porque debido a la magnitud del comercio intrazona sería muy difícil para los socios volver atrás.[3] Desde esta perspectiva, la importancia del mercado exportador del Mercosur para los cuatro Estados miembros crea significativos incentivos para resolver las crisis que puedan surgir

---

[3]   Cason, Jeffrey. "On the Road to Southern Cone Economic Integration". En: *Journal of Interamerican Studies and World Affairs*, vol. 42, n° 1, 2000, p. 38.

dentro del bloque más que incentivar el retiro del mismo. Otros merco-optimistas argumentan que el grupo regional es un proyecto de integración "política" (una "alianza estratégica") que ha eliminado de forma permanente los conflictos fronterizos y la carrera armamentista, mientras que une a los Estados miembros en su compromiso con formas democráticas de gobernanza.[4]

Una segunda tendencia del merco-optimismo es la tesis de Nicola Philips de la reconfiguración. Las presiones de la globalización, incluyendo las pretensiones hegemónicas de Estados Unidos, forzarían al Mercosur a reconfigurase como una "unidad política", con el objetivo de "compensar las divisiones internas al convertir a las negociaciones externas en el nuevo 'pegamento' del Mercosur".[5] Un Mercosur reconfigurado refundaría la agenda neoliberal de los años 90 "inventando" una variedad suramericana de globalización neoliberal que sería compatible con el proyecto de Estados Unidos de un regionalismo tipo TLCAN en las Américas.[6] A pesar de sus problemas internos, el Mercosur lograría sobrevivir debido a que el proceso de regionalización del mercado sería irreversible y requeriría algún tipo de gobernanza subregional. Desde esta perspectiva, la dinámica del proyecto de integración conduciría de forma casi in-

---

[4]   O'Keefe, Thomas A. "Recent Developments Affecting the Mercosur Economic Integration Project". En: *Thunderbird International Business Review*, enero/febrero, 2000, pp. 3-5.

[5]   Phillips, Nicola. "Regionalist Governance in the New Political Economy of Development: 'Relaunching' the Mercosur". En: *Third World Quarterly*, vol. 22, nº 4, 2001, p. 577; Phillips, Nicola. "Hemispheric Integration and Subregionalism in the Americas". En: *International Affairs*, vol. 79, nº 2, 2003, p. 343; Phillips, Nicola. "The Rise and Fall of Open Regionalism?: Comparative Reflections on Regional Governance in the Southern Cone of Latin America". En: *Third World Quarterly*, vol. 24, nº2, 2003, pp. 228-232; Phillips, Nicola. *The Southern Cone Model: The Political Economy of Regional Capitalist Development in Latin America*. Londres, Routledge, 2004, p. 127.

[6]   Phillips, Nicola. "The Rise and Fall...", *op. cit.*, p. 232.

evitable a una "profundización" en el ámbito institucional, abandonando el "institucionalismo ligero". De acuerdo a Nicola Philips, para Brasil, una de las lecciones de la crisis de 1999-2001, que casi acabó con el bloque, fue que "la resolución de las disputas sobre políticas de competencia claves con Argentina requeriría la construcción de instituciones permanentes".[7] La conclusión del cauto optimismo de Philips fue que Brasil terminaría aceptando la posición de sus socios menores sobre la necesidad de fortalecer las instituciones del bloque: "menos hacia la supranacionalidad abierta de Uruguay y Paraguay que hacia la nueva posición de Argentina que favorece una combinación de instituciones intergubernamentales y comunitarias".[8] Brasil giró hacia esa posición al aceptar en 2003 el establecimiento de un Tribunal Permanente de Revisión (TPR) y la creación de la Comisión Argentino-Brasileña de Monitoreo del Comercio, con el propósito de hacer seguimiento a flujos bilaterales de comercio en los sectores sensibles.[9] Como ha demostrado Laura Gómez Mera, los patrones de conflicto y cooperación en el Mercosur de los años 2000 muestran una tendencia hacia "una creciente flexibilidad en el diseño de las instituciones regionales",[10] como la aceptación por parte de Brasil de la institucionalización de una cláusula de salvaguardias dentro del bloque: el Mecanismo de Adaptación Competitiva formalmente establecido en febrero de 2006.

La tesis de reconfiguración de Nicola Phillips y la evaluación optimista de Laura Gómez Mera de un Mercosur más "flexible" en los años 2000 ayudan a comprender el surgimiento del Mercosur como un bloque político en el

---

[7]   Phillips, Nicola. "Regionalist Governance...", *op. cit.*, p. 577.

[8]   *Ibid.*

[9]   Gómez Mera, Laura. *Power, States, and Interests: The Politics of Conflict and Cooperation in the Southern Cone of Latin America.* Unpublished manuscript, 2010, p. 133.

[10]   *Ibid.*, p. 132.

segundo lustro de la primera década del nuevo milenio. Desde el establecimiento del Mercosur en 1991 ha existido siempre una tensión entre el "Mercosur político" y el "Mercosur económico". La explicación más frecuente de la creación del Mercosur en marzo de 1991 es que fue una respuesta a los nuevos retos planteados por la globalización y por el surgimiento de bloques económicos regionales, como el TLCAN y la Unión Europea. Se puede argumentar que el Mercosur ha sido siempre más que libre comercio y que siempre ha habido una lógica política detrás de la integración subregional. El expresidente brasileño Fernando Henrique Cardoso ha declarado que el Mercosur es el destino de Brasil, mientras que el Área de Libre Comercio de las Américas (ALCA) es sólo una opción. De acuerdo a la Declaración de Río de Janeiro de abril de 1997, el Mercosur es una "alianza estratégica" con una dimensión política, que incluye el compromiso formal de los Estados miembros de preservar la democracia en la sub-región.

La elección de presidentes de centro-izquierda en Brasil (2002) y Argentina (2003) contribuyó de forma significativa a la aparición del "Mercosur político", especialmente después de la admisión de Venezuela en el bloque durante la Cumbre Presidencial de Córdoba, en julio de 2006. Tanto Argentina como Brasil se opusieron a la creación de un ALCA al estilo del TLCAN en la Conferencia Comercial Ministerial de Miami, en noviembre de 2003. El presidente brasileño Lula y el presidente argentino Kirchner reafirmaron su compromiso con la integración subregional y garantizaron revitalizar la "alianza estratégica bilateral" entre Brasil y Argentina. Un elemento importante de la nueva agenda de "relanzamiento" de 2003 fue la creación de un TPR.

2.2 Merco-pesimismo

Los merco-pesimistas enfatizan las limitaciones institucionales del bloque, la brecha de implementación, y
rechazan el supuesto merco-optimista acerca de que el
bloque podría superar su crisis perenne creando fuertes
instituciones supranacionales basadas en el modelo de la
Unión Europea.

Una primera tendencia del merco-pesimismo argumenta que más que representar un proyecto autónomo
de desarrollo subregional, el Mercosur "sirve la función
de incorporar plenamente [a los Estados miembros] en el
sistema capitalista mientras se mantiene su *status* subordinado en el sistema".[11] Desde esta perspectiva, el Mercosur
sería sólo un mecanismo para adaptar a los Estados miembros a la globalización neoliberal y se desvanecería y se
volvería irrelevante una vez que el ajuste neoliberal fuera
completado. Este enfoque ignora la dimensión estratégica
del Mercosur, el hecho que ha sobrevivido a los intentos de
Estados Unidos de desarmarlo por etapas, y la existencia
de una agenda externa autónoma en el Mercosur, incluyendo las posiciones comunes del bloque en temas como
los subsidios agrícolas en las negociaciones del ALCA (que
colapsaron en 2005) y las negociaciones sobre comercio
mundial en la Ronda Doha de la OMC.

Una segunda tendencia del merco-pesimismo se enfoca en la interdependencia y "baja política" (comercio,
inversión, coordinación macroeconómica) y argumenta
que el "mayor déficit del Mercosur no es el democrático; en

---

[11]   Richards, Donald. "Dependent Development and Regional Integration:
A Critical Examination of the Southern Cone Common Market". En: *Latin
American Perspectives*, vol. 24, nº 6, noviembre de 1997, p. 133; Cammack,
Paul. "Mercosur: From Domestic Concerns to Regional Influence". En:
Hook, G. y Kearns, I. (eds.). *Subregionalism and World Order*. Londres,
Macmillan Press, 1999, p. 96.

vez de éste, su mayor problema comprende la integración económica imperfecta y un excesivo grado de politización, entendido como el manejo político de cuestiones técnicas".[12] Desde esta perspectiva, para superar su crisis actual, el bloque debería fortalecer sus "procedimientos técnicos" y avanzar hacia "una integración funcional más elevada, especialmente en lo referente a la infraestructura física".[13]

Existe una tercera tendencia dentro del enfoque del merco-pesimismo que enfatiza la ausencia de instituciones supranacionales, al prever que el desacuerdo entre los Estados miembros en cuanto al nivel del arancel externo común, incluso después del establecimiento de una unión aduanera imperfecta, provocaría conflictos sobre las ganancias relativas, lo que sería exacerbado por la asimetría de poder entre Brasil y sus socios menores.[14] Sin embargo, a pesar de los problemas de ganancias relativas intrabloque, el Mercosur sobrevivió a varias crisis financieras en los años 90 y al colapso de la economía argentina en 2001-2002. Contrariamente al pesimismo de Manzetti y Cammack, los Estados miembros superaron estas crisis con proyectos de desarrollo "estatistas" que se asemejan mucho a la criticada era de industrialización con sustitución de importaciones (ISI). En Argentina, la ISI reapareció como necesidad debido a que Estados Unidos y el Fondo Monetario Internacional (FMI) fríamente ignoraron su predicamento económico después de la implosión de la economía argentina en diciembre de 2001.

---

[12]   Malamud, Andrés y Castro, Pablo. "Are Regional Blocs Leading from Nation States to Global Governance?: A Skeptical View from Latin America". En: *Iberoamericana, Nordic Journal of Latin American and Caribbean Studies*, vol. 37, n° 1, 2007, p. 123.

[13]   *Ibid.*

[14]   Manzetti, Luigi. "The Political Economy of Mercosur". En: *Journal of Interamerican Studies and World Affairs*, vol. 35, n° 4, 1993-1994, p. 126.

3. La diplomacia presidencial: ¿una alternativa adecuada a las instituciones supranacionales?

Si la diplomacia presidencial es una buena alternativa a las instituciones supranacionales, en el Mercosur es el centro del debate entre los merco-pesimistas y los merco-optimistas. En un artículo publicado en 2004, Andrés Malamud inicialmente da una respuesta positiva a la pregunta, al argumentar que a pesar de sus crisis recurrentes, el Mercosur ha sido una "experiencia exitosa" y que "las democracias presidenciales han sido capaces de respaldar un proceso de construcción regional en una forma inédita. La conclusión es que las instituciones nacionales, en oposición a las supranacionales, pueden crear bases efectivas para la integración regional".[15] Para Malamud, "la intervención presidencial mejoró el proceso de integración y moldeó sus resultados, con los presidentes actuando no sólo como tomadores de decisiones sino también como 'instancias de solución' de conflictos y 'garantes de los compromisos'".[16] Sin embargo, cuatro años más tarde, Malamud era más pesimista:

> La mala noticia es que el inter-presidencialismo entró en crisis después de la devaluación brasileña de 1999, y colapsó virtualmente en medio de la crisis argentina de 2001. La retórica presidencial nunca ha cesado de apoyar la integración regional en general y al Mercosur en particular, pero después de 2001 la acción presidencial no hizo lo mismo.[17]

---

[15]   Malamud, Andrés. "Presidentialism and Mercosur: A Hidden Cause for a Successful Experience". En: Laursen, Finn (ed.). *Comparative Regional Integration: Theoretical Perspectives*. Aldershot, Gran Bretaña, Ashgate, 2004, p. 69.

[16]   Malamud, Andrés. "Presidential Diplomacy and the Institutional Underpinnings of Mercosur: An Empirical Examination". En: *Latin American Research Review*, vol. 40, nº 1, febrero de 2005, p. 158.

[17]   Malamud, Andrés. "Interdependence, Leadership and Institutionalization: The Triple Deficit and Fading Prospects of Mercosur". Lisboa, Instituto de Ciencias Sociales, Universidad de Lisboa, 2009, p. 13.

Andrés Malamud también ha argumentado que la distinción entre "nuevo" y "viejo" Mercosur es meramente retórica, que el Mercosur debe ser entendido más exactamente como un bloque comercial y que hay que abandonar la idea de que es un bloque político con una dimensión estratégica.[18] Es cierto que "los gobiernos nacionales son la única fuerza que impulsa la integración del Mercosur".[19] Sin embargo, la crisis del Consenso de Washington a fines de los años 90 e inicios de los 2000 ha forzado a los gobiernos nacionales a cambiar las políticas domésticas y exteriores, incluyendo su enfoque sobre el Mercosur. Por lo tanto, la distinción entre "nuevo" y "viejo" Mercosur no es puramente retórica. El presidente de Venezuela Hugo Chávez y Evo Morales en Bolivia existen y han creado una nueva dinámica regional que impulsa al Mercosur a escoger entre "viejo" y "nuevo". Una vez que Kirchner en Argentina y Lula en Brasil invitaron a Venezuela a incorporarse al Mercosur, no podían ignorar el enfoque bolivariano de Chávez sobre la integración regional, cuyos dos componentes básicos son: (1) la necesidad de promover la integración política en América del Sur, y (2) la necesidad de crear un mundo multipolar al establecer vínculos sur-sur entre los países suramericanos y otros países del Sur, para balancear la hegemonía de Estados Unidos en la era Pos-guerra Fría/Pos 11 de septiembre. La idea de crear un bloque suramericano unido que reta la hegemonía de Estados Unidos en América Latina es un proyecto que Brasil endosa, en la medida en que se mantiene como el *hegemon* regional.

---

[18] Malamud, Andrés. "Mercosur Turns 15: Between Rising Rhetoric and Declining Achievement". En: *Cambridge Review of International Affairs*, vol. 18, nº 3, octubre de 2005, pp. 423-424.

[19] *Ibid.*, p. 434.

Marcelo Medeiros ha explicado el desarrollo de las instituciones del Mercosur como "mimetismo institucional",[20]
pero los merco-pesimistas han argumentado que no existía
mimetismo institucional con la Unión Europea cuando el
Mercosur nació en 1991.[21] Es cierto que las instituciones
del Mercosur fueron originalmente completamente intergubernamentales (a diferencia de las instituciones de
la UE, que combinaron la supranacionalidad y el intergubernamentalismo). Sin embargo, los padres fundadores
del bloque no excluyeron la posibilidad de "avanzar hacia
lo supranacional". La estructura institucional original del
Mercosur era provisional. Incluso después del Protocolo de
Ouro Preto (diciembre de 1994) había espacio para mejorar.
El hecho de haber rechazado la creación de una merco-
burocracia *à la* UE no significaba que ellos rechazaran
todas las formas de gobernanza supranacional.

Se puede argumentar que a fines de la primera década de los años 2000, los socios del Mercosur giraron a un
sistema único, pragmático y flexible que puede conducir
a la creación de instituciones supranacionales. El Parlasur,
oficialmente inaugurado el 15 de diciembre de 2006, carece de poderes supranacionales de decisión similares
al Parlamento Europeo, pero el Protocolo Constitutivo
(aprobado por el CMC mediante la Decisión 23/05, el 8
de diciembre de 2005) da al Parlasur el derecho de solicitar información y el "derecho a emitir opiniones no
obligatorias sobre las candidaturas para ocupar importantes posiciones como el director de la Secretaría y el
Presidente de la Comisión de Representantes Permanentes
(CRPM). Además, el Parlamento votará el presupuesto del

---

[20]   Medeiros, Marcelo. *La Genèse du Mercosud: Dynamisme Interne, Influence de l'Union Européenne et Insertion Internationale.* París, L'Harmattan, 2000, pp. 323-362.

[21]   Malamud, Andrés y Castro, Pablo. "Are Regional Blocs Leading from Nation States to Global Governance?..." *Op. cit.,* p. 122.

Mercosur".[22] Como observa Dabène, la Decisión 23/05 del CMC crea:

> una especie de vía rápida [...] cualquier instancia con competencia de tomar decisiones tendrá que enviar sus proyectos al Parlamento. Sin embargo, no existe la obligación de adoptar la decisión final en conformidad con la opinión del Parlamento. Si esto sucede, la decisión será colocada en una vía rápida para entrar en vigencia. Este procedimiento de vía rápida puede llegar a ser útil, pues muchas normas adoptadas en el Mercosur nunca alcanzaron la fase final de incorporación en los sistemas legales nacionales.[23]

De esta manera, los socios del Mercosur mantienen la estructura intergubernamental establecida en el Protocolo de Ouro Preto de 1994, mientras que introducen un potencial proceso supranacional de toma de decisiones por la puerta trasera. Como Dabène señala, "las bases están definitivamente establecidas para que el Parlamento [del Mercosur] cumpla una función de control político sobre las autoridades del Mercosur".[24] Por otra parte, el TPR no es supranacional, pero en abril de 2009 los representantes del Mercosur lograron un acuerdo político que abre el camino para la creación de un verdadero Tribunal de Justicia Supranacional.

Por otro lado, la Decisión 24/05 del CMC autoriza a la Secretaría del Mercosur a administrar el presupuesto del FOCEM y fortalece así la Secretaría y en cierto modo cruza la línea de supranacionalidad, a pesar de la creación de unidades técnicas nacionales para "la coordinación

---

[22]   Dabène, Olivier. *The Politics of Regional Integration in Latin America: Theoretical and Comparative Explorations*. Nueva York, Palgrave Macmillan, 2009, p. 147.

[23]   *Ibid.*, p. 148.

[24]   *Ibid.*, p. 147.

interna de aspectos relativos a la formulación, presentación, evaluación y aplicación de los proyectos [del FOCEM]".[25]

La debilidad del merco-pesimismo es que inevitablemente lleva a considerar las perspectivas fallidas de recuperación, como muestra de que el bloque está condenado al estancamiento e irrelevancia. No obstante, el merco-pesimismo destaca de forma adecuada las debilidades internas del Mercosur (lo cual explica su incapacidad para implementar su agenda interna), incluyendo la ausencia de mecanismos para la incorporación y aplicación de las regulaciones del Mercosur en los Estados miembros. En consecuencia, como señala Malamud, "las instituciones regionales son incapaces de avanzar la integración de forma autónoma".[26]

Algunos merco-optimistas reconocen la capacidad del Mercosur de adaptarse ("reconfigurarse") al nuevo terreno de juego global creado por la globalización, pero de forma errónea creen que la ambiciosa agenda externa del bloque es una garantía de su sobrevivencia,[27] a pesar del sinnúmero de disputas comerciales entre los Estados miembros y la ausencia de progresos significativos para superar su déficit democrático e institucional, un tema pendiente clave en su agenda interna. Sin embargo, otros merco-optimistas predicen que Brasil adoptará una posición más flexible sobre la cuestión de la institucionalización, más cercana a la de los otros Estados del Mercosur. [28]

El dilema de la política exterior brasileña ha sido si debe aceptar la creación de instituciones supranacionales en el Mercosur. Siempre ha sido poco entusiasta en moverse

[25] *Ibid.*, p. 190.
[26] Malamud, Andrés. "Interdependence, Leadership and Institutionalization...". *Op. cit.*, p. 16.
[27] Phillips, Nicola. "Hemispheric Integration and Subregionalism...". *Op. cit.*, p. 343.
[28] Gómez Mera, Laura. *Power, States, and Interest... Op. cit.*, pássim.

en esa dirección, y permanece "lejos del papel de líder benigno y promotor del orden regional en el Cono Sur".[29] Sin embargo, Brasil ha adoptado un enfoque basado en el concepto de "reciprocidad asimétrica", que ha ayudado a cerrar la brecha con sus socios menores con la puesta en marcha de 23 proyectos en el marco del FOCEM y la solución exitosa de la distribución de los asientos en el Parlasur.

Por otro lado, la nueva política exterior brasileña "globalista", que toma alguna distancia del Mercosur, puede convertirse en un obstáculo para llevar al bloque más cerca de crear instituciones supranacionales. Debido a la crisis económica global de 2008-2011, ha habido un sutil pero importante cambio en la política exterior de Brasil. A inicios del nuevo milenio, antes del colapso de las negociaciones del ALCA, Brasil tenía una clara preferencia por el Mercosur, mientras se oponía al proyecto del ALCA, al punto que "cada nuevo movimiento de Estados Unidos [empujaba] a Brasil más cerca de los compromisos subregionales".[30] No obstante, luego del colapso de las negociaciones del ALCA en 2005, la ausencia de un "enemigo" común debilitó al Mercosur, pues Brasil comenzó a repensar su compromiso con el bloque bajo fuertes presiones domésticas, a pesar del apoyo retórico del presidente Lula. Unido al desinterés hacia la región durante la administración Bush y al impase en las negociaciones de libre comercio entre el Mercosur y la Unión Europea, la agenda externa dejó de ser el "pegamento" que mantenía unido al bloque, mientras que las fracturas en la agenda interna fueron más pronunciadas y difíciles de tratar. Por otro lado, a pesar de ciertas tendencias "unilateralistas" en su política exterior (como por ejemplo durante la Conferencia de OMC en Ginebra en julio de 2007), se puede argumentar que Brasil permanece

---

29 *Ibid.*, p. 162.
30 Phillips, Nicola. "Governance after Financial Crisis". *Op. cit.*, p. 394.

fuertemente comprometido con el Mercosur, especialmente después de la victoria de Dilma Rousseff en la elección presidencial de octubre de 2010.

El Tratado de Asunción (firmado en marzo de 1991) se basó en premisas realistas: la dirección y el ritmo de la integración regional serían determinados por la interacción de los Estados-nación soberanos; los presidentes de Argentina, Brasil, Uruguay y Paraguay decidieron atribuirse el comando directo de los asuntos del Mercosur. Sin embargo, como Malamud y Schmitter señalan, aunque el inicio de la integración sea totalmente intergubernamental, una vez que el proceso de integración comienza a generar sus efectos tiene consecuencias previstas o "imprevistas" que pueden ser explicadas de mejor forma por el neo-funcionalismo:

> De acuerdo a esta teoría, la integración regional es intrínsecamente un proceso esporádico y conflictual, pero en el cual, en condiciones de democracia y representación pluralista, los gobiernos nacionales se pueden encontrar sometidos de forma creciente a presiones regionales, y terminan por resolver sus conflictos concediendo una mayor esfera de autoridad a las organizaciones regionales que ellos han creado.[31]

Tales "presiones regionales" han ciertamente ocurrido en el Mercosur. Como consecuencia, está emergiendo un sistema único de gobernanza multinivel en el Cono Sur de América Latina. La diferencia obvia entre el Mercosur y la Unión Europea es que a diferencia de esta última, en el primero no se establecieron desde el comienzo instituciones supranacionales. No obstante, los creadores del Tratado de Asunción concibieron la estructura institucional del bloque como un proceso en marcha. Se puede argumentar

---

[31]   Malamud, Andrés y Schmitter, Phillippe. "The Experience of European Integration and the Potential for Integration in South America". En: IBEI Working Paper, n° 6, 2007, p. 5.

que las presiones creadas por las crisis subregionales de 1999 y 2001, exacerbadas por las demandas derivadas del fracaso del modelo neoliberal de integración regional promovido por Washington, llevaron a los presidentes de centro-izquierda, que llegaron al poder a mediados de la primera década de los años 2000, a responder a las demandas populares por un Mercosur democrático. La decisión de crear el Parlasur (superando la simplemente consultiva CPC) es una respuesta a las demandas de la sociedad civil de una mayor participación en el proceso de toma de decisiones del bloque.

Andrés Malamud ha argumentado que "la elevada retórica no es sustituta de los bajos niveles de interdependencia y débil liderazgo e instituciones".[32] Desde este punto de vista, el Mercosur estaría condenado al estancamiento y el fracaso. Sin embargo, Malamud también argumenta que incluso en ausencia de instituciones supranacionales "los presidentes de los países del Mercosur han contribuido a moldear el proceso de integración y hacer que éste funcione haciendo uso de sus capacidades políticas e institucionales".[33] Significa esto que los presidentes del Mercosur podrían posiblemente "salvar" al bloque al hacer "uso extensivo de la prerrogativas concedidas a ellos por las constituciones nacionales y la legislación".[34] Esto plantea la cuestión de si el Mercosur puede sobrevivir sin "una amplia reforma institucional", apoyando una agenda positiva de integración sub-regional.[35]

---

[32]   Malamud, Andrés. "Interdependence, Leadership and Institutionalization". *Op. cit.*, p. 1.

[33]   Malamud, Andrés. "Presidential Diplomacy and the Institutional...". *Op. cit.*, p. 161.

[34]   *Ibid.*, p. 159.

[35]   Vázquez, Mariana y Briceño Ruiz, José. "O Mercosul na epoca de Lula e Kirchner: Um balanço, seis anos depois". En: *Nueva Sociedad*, edición especial en portugués, diciembre de 2009, p. 46.

La naturaleza exclusivamente intergubernamental del Mercosur podría ser explicada por el hecho de que cada país del Mercosur tiene un régimen presidencial.[36] No obstante, el construir las instituciones del bloque sobre bases presidencialistas tiene un número de limitaciones. El problema más serio es que deja abierta la posibilidad de una seria fractura en el bloque cuando un candidato anti-integracionista gane la presidencia en un Estado miembro. Incluso en un escenario más benigno, el presidencialismo puede poner en riesgo al bloque, como durante la crisis económica argentina de 2001, cuando el Ministro de Economía Cavallo casi convenció al presidente De la Rúa de que sería mejor para Argentina negociar un acuerdo de libre comercio con Estados Unidos en vez de completar la unión aduanera y moverse hacia un mercado común, a menos que la profundización del Mercosur fuese hecha en sus términos (dolarización), una condición inaceptable para Brasil. El presidencialismo podría haber debilitado de forma significativa al Mercosur, si José Serra hubiese ganado la elección presidencial en Brasil de octubre de 2010.

4. El diseño institucional del Mercosur: escenarios para el futuro

El Mercosur corre el riesgo real de volverse irrelevante si se mantiene de forma indefinida la actual fase de "transición", sin tomar medidas significativas para completar la unión aduanera y avanzar hacia un mercado común. La precariedad de las normas y de las instituciones del Mercosur fue notoria durante la guerra comercial entre Argentina y Brasil provocada por la crisis económica global de 2008-2009. Durante la crisis, ambos países impusieron

---

[36]   Dabène, Olivier. *Op. cit.*, p. 102.

licencias de importación no automáticas en su comercio bilateral. Esto sucedió a pesar de que el Mercosur surgió de la necesidad de salvaguardar a los Estados miembros de decisiones unilaterales para proteger sus mercados domésticos. Como afirma Félix Peña, "el factor más alarmante es que la interpretación de cuáles son las normas que deberían ser aplicadas o no, depende del criterio unilateral de cada parte".[37] La solución a este problema es crear un tribunal permanente de solución de controversias con la capacidad de asegurar el cumplimiento de los acuerdos, en estricto cumplimiento de las normas establecidas. La creación del TPR es un avance importante en esa dirección, pero la esencia *ad hoc* de los procedimientos arbitrales se mantiene vigente.[38] Por otra parte, la aplicación del Protocolo de Olivos ha autorizado al TPR a emitir opiniones consultivas que interpreten los tres tipos de normas que existen en el Mercosur (las decisiones del CMC, las resoluciones del GMC y las directivas de la CCM). Esto dará lugar eventualmente al desarrollo de una jurisprudencia uniforme que pueda garantizar la primacía del Derecho Comunitario.

La tensión entre un Mercosur "económico" y un Mercosur "político" refleja la tensión entre el "viejo" modelo neoliberal y el surgimiento de un "nuevo" Mercosur como un proyecto geoestratégico después de la crisis del Consenso de Washington a fines de los años 90 e inicios del nuevo milenio. La crisis económica global ha acentuado esta tensión. Cuando la sociedad civil se convierte en una variable en este análisis, todo el enfoque hacia el Mercosur cambia. Los merco-pesimistas insisten en que el

---

[37] Peña, Félix. "Structural Cracks in Mercosur: Is it Possible to Adapt Some of its Ground Rules to the Current Realities?". En: *International Trade Relations Newsletter*, noviembre de 2009, p. 1. http://www.felixpena.com.ar (consulta: 28 de enero de 2011)

[38] Peña, Celina y Rozemberg, Ricardo. "Mercosur: A Different Approach to Institutional Development". *Op. cit.*, p. 12.

Mercosur es sólo comercio e integración con orientación de mercado y que enfatizar su potencial como un bloque político es "más pensar en términos de buenos deseos que realizar una acertada reflexión de la realidad".[39] Esto es ignorar el hecho de que los gobiernos del Mercosur están bajo presión de la sociedad civil movilizada para establecer un nuevo "contrato social" que combinaría el logro de bienes públicos –que van más allá del modelo neoliberal y se asemejan a la revolución "socialista" de Chávez– con medidas "amigables con el mercado".[40] Existen al menos dos rutas hacia un nuevo contrato social: el modelo brasileño y el modelo venezolano.[41]

A pesar de la falta de instituciones fuertes, el Mercosur logró sobrevivir a la crisis económica global y, en abril de 2009, representantes del bloque alcanzaron un acuerdo político que abre el camino para la creación de un Tribunal de Justica supranacional. También llegaron a un acuerdo sobre el tema complejo de la representación proporcional en el Parlasur. Por otro lado, ha habido algún progreso en el proceso de admisión de Venezuela en el bloque, el cual será completado después de la ratificación del Protocolo de Admisión por el congreso paraguayo.

Existen cinco posibles escenarios de evolución institucional en el Mercosur:

1. Ausencia de reforma institucional

En este escenario, debido a la ausencia de una reforma democrática institucional en el Mercosur, éste se convertiría en un bloque crecientemente irrelevante, especialmente

---

[39]   Malamud, Andrés. "Mercosur Turns 15". *Op. cit.*, p. 425.
[40]   Tussie, Diana. "Latin America: Contrasting Motivations for Regional Projects". En: *Review of International Studies*, vol. 35, 2009, p. 187.
[41]   Burges, Sean. "Building a Global Southern Coalition: The Competing Approaches of Brazil's Lula and Venezuela's Chavez". En: *Third World Quarterly*, vol. 28, n° 7, 2007, pp. 1343-1358.

si la UNASUR lo reemplaza como la nueva institución intergubernamental más importante en América del Sur.

2. Fortalecimiento del intergubernamentalismo

Este escenario sería una mejora significativa en el diseño institucional del bloque. Al Mercosur le falta un "promotor de la integración".[42] El CMC no desempeñó ese rol en los años 90 y en la mayor parte de la primera década del nuevo milenio, aunque se pueda argumentar que comenzó a desempeñar tal papel en 2010-2011.

En este escenario emergería un espacio permanente de toma de decisiones, pasándose de un "interguberna-mentalismo embrionario" a un "intergubernamentalismo responsable", reforzando la identidad del Mercosur como una organización internacional autónoma, sin traspasar la línea de la supranacionalidad. De acuerdo al Sector de Asistencia Técnica (SAT) de la Secretaría del Mercosur (SM), los órganos de toma de decisiones en el bloque (CMC, GMC y CCM) se reúnen sólo 19 días por semestre. El CMC (el órgano responsable del progreso hacia el mercado común) se reúne sólo una vez cada semestre, antes de la Cumbres Presidenciales. Como se señala en el Informe del SAT, "en el Mercosur, a la institución provista de sede central y un cuerpo permanente de funcionarios [es decir, la Secretaría Administrativa] le falta poder para tomar decisiones".[43] En 2003, el CMC creó el CRPM, pero su función principal es asistir al Presidente Pro-Tempore del bloque durante el periodo entre las Cumbres Presidenciales y le falta poder para tomar decisiones. El informe del SAT propone cuatro posibles competencias en materia de toma de decisiones para fortalecer el CRPM: (1) la capacidad de negociar, firmar y aplicar

---

[42]   Dabène, Olivier. *The Politics of Regional Integration in Latin America...* *Op. cit.*, p.98.

[43]   Secretaría del Mercosur. *Un Foco para el proceso de integración regional: Primer Informe Semestral.* Montevideo, julio de 2004, p. 50.

acuerdos de cooperación técnica; (2) la capacidad de tomar decisiones presupuestarias y financieras; (3) la capacidad de adoptar las medidas necesarias para aplicar las decisiones acordadas por el CMC; (4) la capacidad de dar una opinión sobre las propuestas sometidas en situaciones de emergencia al CMC por el GMC o por otros órganos y (5), la capacidad de supervisar las actividades de la Secretaría Administrativa.[44]

3. Intergubernamentalismo más supranacionalidad parcial

Éste es el escenario promovido por el SAT de la Secretaría del Mercosur en julio de 2004.[45] En este escenario, "una autoridad central manejaría la política comercial común, mientras que un Tribunal [Permanente] garantizaría la aplicación por parte de los Estados de compromisos libremente adquiridos, regulando el espacio transnacional de la integración económica".[46]

4. Supranacionalidad plena: creación de instituciones supranacionales modeladas según la estructura institucional de la Unión Europea

La Unión Europea combina el intergubernamentalismo con fuertes instituciones supranacionales. El Mercosur tendría que andar un largo camino para alcanzar un grado similar de supranacionalidad al de la UE, pero se han dado pasos significativos en esa dirección al establecer el TPR y el inicio de actividades del Parlasur en 2006. Sin embargo, la Secretaría es muy débil. Fue fortalecida cuando se "relanzó" el bloque en junio de 2003, en Asunción, cuando la entonces pequeña Secretaría se convirtió en una respetable Secretaría Administrativa asesorada por el SAT. Lamentablemente, en la Cumbre Presidencial de

---

[44] *Ibid.*, p. 51.
[45] *Ibid.*, pp. 46-55.
[46] *Ibid.*, p. 10.

diciembre de 2004 (Ouro Preto II), los cuatro presidentes decidieron no transformar la Secretaría en algo similar a la Comisión de la UE con funcionarios supranacionales autónomos. Después de las decepcionantes reformas introducidas en Ouro Preto II, la Secretaría fue degradada por el GMC, y el SAT perdió su capacidad de tomar iniciativas independientes, convirtiéndose en un "débil servicio de asistencia técnica, diluido en una Secretaría más grande", sin prerrogativas supranacionales.[47]

5. Democratización institucional sin supranacionalidad

Ésta es la situación presente. El Mercosur ha atestiguado la acelerada proliferación de nuevas instituciones sin cruzar la línea de supranacionalidad. Después de la creación del Parlasur, el bloque está en el camino de resolver el déficit democrático. En este escenario, los movimientos y las organizaciones de la sociedad civil dentro de los países del Mercosur y el activismo de la sociedad civil transnacional han promovido un "regionalismo desde abajo" forzando a las elites del Mercosur a democratizar el proyecto e incrementar las perspectivas del bloque para sobrevivir como una entidad regional autónoma.

El Parlasur abre la posibilidad de construir una nueva arquitectura institucional,

"en la medida que implica la presencia de estructuras regionales permanentes y autónomas, dotadas del poder y los recursos necesarios para administrar el proceso de integración. Un Parlasur con miembros [directamente] electos por representación proporcional y sufragio universal envía al mundo un mensaje fuerte e inequívoco de que el Mercosur es una realidad inexorable y irreversible".[48]

---

[47]   *Ibid.*, p. 101.
[48]   Porcelli, Emanuel. "El Parlamento del Mercosur como representante de demandas locales: El caso del FOCEM". En: *Anuario de la Integración Regional de América Latina y el Gran Caribe 2010*, n° 8, julio de 2010, p. 99.

Los merco-pesimistas argumentan que el Parlasur "sufre de la ausencia de competencias supranacionales en el Mercosur y de su estatus consultivo dentro del bloque. Formalmente, despliega todas la funciones parlamentarias tradicionales, pero sus contenidos son limitados".[49] Como señalan Mariana Vázquez y Rubén Geneyro, "el Parlasur no podrá crear normas",[50] es decir, no es una legislatura regional. Sin embargo, su establecimiento permitirá un mayor control de las instancias de toma de decisión del Mercosur (CMC, CMC y CCM) y supone "un salto cualitativo en las relaciones interinstitucionales del bloque".[51] Como ya se ha observado, el nuevo procedimiento de vía rápida permitirá superar el problema señalado por los críticos del intergubernamentalismo, al menos en relación con las decisiones en las cuales los tres órganos de decisión (CMC, GMC y CCM) decidan seguir las recomendaciones del Parlasur, porque esas decisiones ("normas") serán rápidamente incorporadas a los sistemas legales nacionales sin tener que esperar por la aprobación de los Parlamentos nacionales. Mariana Vázquez y José Briceño Ruiz han sugerido que el Parlasur será capaz a mediano y largo plazo de desbloquear el actual complejo sistema de incorporación de la normas del Mercosur en los sistemas legales nacionales.[52] Esto podría lograrse si el Parlasur se convirtiera en un órgano de co-decisión en las líneas propuestas por el SAT de la Secretaría en 2004, incluyendo la adopción de poderes presupuestarios, la obligación

---

[49]   Dri, Clarissa. "Limits of the Institutional Mimesis of the European Union: The Case of the Mercosur Parliament". En: *Latin American Policy*, vol. 1, n° 1, 2010, p. 69.

[50]   Vázquez, Mariana y Geneyro, Rubén. "La ampliación de la agenda política y social para el Mercosur Actual". En: *AmerSur*, p. 13, nota 13. http://www.amersur.org.ar/Integ/Vazquez/Geneyro.htm. (consulta: 20 de enero de 2011)

[51]   *Ibid.*, p. 9.

[52]   Vázquez y Briceño Ruiz. "O Mercosul na Epoca....". *Op. cit.*, p. 41.

de que el CMC rinda cuentas al Parlasur anualmente y el derecho de organizar interpelaciones a las autoridades del Mercosur.[53] No obstante, la decisión final de crear un Parlamento supranacional corresponde a los Presidentes del Mercosur. ¿Estarán dispuestos a sujetar su poder de toma de decisiones a controles democráticos para consolidar y fortalecer el bloque?

5. Conclusión: ¿marchando hacia lo supranacional? El dilema del Mercosur en la segunda década del siglo XXI

El ascenso al poder de regímenes de centro-izquierda en los cuatro países del Mercosur y la búsqueda de estrategias de desarrollo pos-neoliberales en la primera mitad de la década del 2000 condujo a algunos analistas a creer que como proyecto político el Mercosur tenía la oportunidad de dar un "salto cualitativo" hacia un modelo alternativo de integración regional, diferente del modelo neoliberal centrado en el comercio de la década de los 90. En las cumbres presidenciales de San Juan (agosto de 2010) y de Foz de Iguazú (diciembre de 2010) el bloque adoptó medidas significativas para implementar las agendas interna y externa: la aprobación del Código Aduanero, un método para eliminar el doble cobro del arancel externo y el reinicio de las negociaciones con la Unión Europea. Sin embargo, a pesar de la admisión de Venezuela en 2006, la metamorfosis del Mercosur en un "nuevo bloque" no se ha producido y el grupo permanece suspendido entre el viejo modelo neoliberal de integración regional y un nuevo modelo que está todavía tomando forma. No ha

---

[53]   Dabène, Olivier. *The Politics of Regional Integration in Latin America...* *Op. cit.*, p. 146.

habido "salto cuantitativo" hacia la supranacionalidad, aunque el establecimiento del Parlasur combinado con el ingreso pleno de Venezuela (una vez que sea aprobado por el Parlamento paraguayo) podría llevar a una variante *soft* del escenario 3 (intergubernamentalismo más supranacionalidad parcial), si los Presidentes deciden fortalecer el Parlasur y si los nuevos parlamentarios toman su trabajo seriamente. Acompañado con la creación de un Tribunal de Justicia del Mercosur (similar al Tribunal de Justicia de la UE), este "salto" parcial hacia la supranacionalidad tendría importantes implicaciones para la sobrevivencia del bloque. Durante la Cumbre Presidencial de Foz de Iguazú varios funcionarios del Mercosur enfatizaron el hecho de que el bloque es "irreversible". El fortalecimiento del Parlasur y la transformación del Tribunal Permanente de Revisión en un Tribunal de Justicia Permanente están en la agenda de integración para el periodo 2011-2012.

¿Es la creación de fuertes instituciones supranacionales un pre-requisito para la sobrevivencia del Mercosur? El Mercosur puede aún sobrevivir con el fortalecimiento de la simple estructura intergubernamental (escenario 2), si se realizan progresos hacia la unión monetaria y un mercado común, y el bloque se vuelve irreversible. Mientras tanto, el Parlasur y el TPR podrían convertirse en verdaderas instituciones supranacionales (escenario 3), si se establece una autoridad central que maneje la política comercial.

La buena noticia es que aunque el Mercosur está aún buscando una "identidad organizacional" definitiva, no sufre una "crisis de identidad". El "entendimiento intersubjetivo" que lo hizo posible fue la democratización regional. Las afinidades políticas entre las nuevas democracias en el Cono Sur facilitaron el Tratado Argentino-Brasileño de Integración, Cooperación y Desarrollo en noviembre de 1988 y el Tratado de Asunción en marzo de 1991. El *we-feeling* en el Mercosur tiene una base material: la proximidad geográfica, lo que hizo posible el dramático incremento del comercio intra-grupo en las décadas del 90 y 2000; el comercio intra-bloque creció de 10 billones de dólares en 2002 a cerca de 86 billones en 2008. La "cláusula democrática" –según la cual el Mercosur no reconoce a gobiernos que surjan de golpes militares– es un elemento importante de la identidad del bloque.

La mayor limitación de una explicación constructivista del Mercosur es que el bloque ha sido siempre un proyecto liderado por el Estado, en el cual los intereses nacionales de los Estados miembros, especialmente Brasil, han tendido a prevalecer sobre los intereses del bloque. No obstante, incluso en ausencia de una fuerte identidad institucional (debido a la ausencia de instituciones supranacionales *à la* UE), el Mercosur ha desarrollado una identidad regional –simbolizada por el hecho de que los ciudadanos de los cuatro países del bloque usan un pasaporte con la leyenda "Mercosur" en su portada–, lo que ha sido reforzado por el impacto de la crisis económica global en el bloque, así como por la política de Estados Unidos hacia la región. Desde esta perspectiva, los merco-pesimistas han exagerado la crisis del Mercosur. Aunque sea a un ritmo variable, el bloque ha logrado algunos progresos en la aplicación de su agenda interna y se mantiene fuertemente comprometido con la promoción de la democracia en la región.

Los pronunciamientos de los funcionarios del Mercosur –aunque sean retóricos– son importantes. Tanto en la Cumbre Presidencial de San Juan como en Foz de Igauzú, los Jefes de Estado destacaron la irreversibilidad del bloque. Durante el periodo 2009-2010 se sumaron nuevos logros, como el inicio de 23 proyectos aprobados con recursos del FOCEM y la aprobación el 30 de junio de 2008 del Programa de Integración Productiva, que agrupa una serie de iniciativas preexistentes, para promover la meta de crear "cadenas productivas" bajo un programa marco.[54]

El bloque esta posiblemente en mejor estado de lo que los merco-pesimistas piensan, pero la sobrevivencia del Mercosur no es una conclusión inevitable. Una lectura realista del Tratado de Asunción es que los países lo firmaron bajo la expectativa que éste protegería su soberanía y promovería sus (redefinidos) intereses nacionales. No obstante, como aseveran Schmitter y Malamud, "lo que sucede posteriormente, cuando el proceso de integración avanza y comienza a generar consecuencias previstas o *imprevistas*, es otro asunto".[55] Como hemos visto, después de veinte años, el proceso del Mercosur ha verdaderamente tenido "consecuencias imprevistas", incluyendo la creación del Parlasur y del TPR, que pueden abrir el camino a la supranacionalidad. Desde esta perspectiva neofuncionalista de las "consecuencias imprevistas", el Mercosur ha logrado crear un "*acquis communitaire*" y con la creación del FOCEM ha pasado de una integración negativa (eliminación de las barreras al comercio) a una integración positiva.

El mayor desacuerdo entre los merco-optimistas y los merco-pesimistas se relaciona con la cuestión normativa. ¿Es deseable el modelo de integración europea con fuertes instituciones supranacionales? ¿Debería el Mercosur cruzar la línea de supranacionalidad? Los merco-optimistas dan una cauta respuesta afirmativa a estas preguntas;[56] los

---

[54] Sobre el progreso de la aplicación de la agenda interna del bloque, cf. INTAL. *Mercosur Report No. 13*. Buenos Aires, IADB/INTAL, Mayo de 2009, capítulo 3, pp. 65-102, e INTAL. *Mercosur Report No. 14*. Buenos Aires, IADB/INTAL, Febrero de 2010, capítulo 3, pp. 41-71.

[55] Malamud, Andrés y Schmitter, Phillippe. "The Experience of European Integration...". *Op. cit.*, p. 8, cursivas añadidas.

[56] Cf. Phillips, Nicola. "Regionalist Governance in the New Political Economy of Development: 'Relaunching' the Mercosur". *Op. cit.*, passim.

merco-pesimistas son escépticos. Como afirman Malamud y
Castro, "los intereses, no las identidades, son el combustible
que impulsa estos procesos [de integración económica].
Las instituciones comunes, sean intergubernamentales o
supranacionales, deberían reconocer este hecho o correr
el riesgo de irrelevancia".[57] Sin embargo, una lectura puramente realista del Mercosur no explica bien la cuestión,
aunque ayude a entender la disputa sobre las papeleras
entre Argentina y Uruguay, que fue finalmente resuelta
por la diplomacia presidencial bilateral. Un énfasis exclusivo en los intereses nacionales de los Estados miembros
soslaya el hecho de que el Mercosur es un proceso en
construcción, lo que varios autores describen como la
"construcción social del Mercosur".[58] También desconoce
el impacto de la política doméstica en los desarrollos políticos e institucionales del bloque. Los cambios políticos
domésticos en Argentina y Brasil permitieron la admisión
de Venezuela como miembro pleno, lo cual ciertamente
transformará la dinámica del bloque. Como Briceño Ruiz
asevera, una vez que Venezuela participe en el CMC y el
GMC, la estructura institucional del bloque no estará más
basada en la "convergencia de intereses" entre Argentina
y Brasil.[59] Este cambio puede acelerar el establecimiento
de instituciones supranacionales con poder de decisión,
si Venezuela apoya las demandas en este sentido de los
socios de Brasil. Además, la admisión de Venezuela for-
talecerá la institucionalidad del bloque al balancear –o al

---

[57]   Malamud, Andrés y Castro, Pablo. "Are Regional Blocs Leading from
       Nation States to Global Governance?...". *Op. cit.*, p. 132.
[58]   Dabène, Olivier. *The Politics of Regional Integration in Latin America...*
       Op. cit., pp. 167-168; y Duina, Francesco. *The Social Construction of Free
       Trade: The European Union, NAFTA, and MERCOSUR*. Princeton, NJ,
       Princeton University Press, 2006.
[59]   Briceño Ruiz, José. "El Ingreso de Venezuela como miembro pleno del
       Mercosur: Las miradas de un proceso complejo". En: *Revista Aportes
       para la Integración Latinoamericana*, vol. 15, nº 20, junio de 2009, p. 22.

menos al reducir– el poder de toma de decisiones de Brasil y democratizar así el CMC y el GMC.

Convertirse en un bloque más democrático es un *sine qua non* para la sobrevivencia del Mercosur, porque es la única forma de establecer límites a la política de Brasil hacia sus socios. Sólo fuertes instancias supranacionales pueden atar a Brasil, como Gulliver entre los Lilliputianos. Además, en principio, las pretensiones de Brasil de tener un *status* de poder global no son incompatibles con el fortalecimiento del Mercosur con cierto grado de supranacionalidad (escenario 3).

El intergubernamentalismo no garantiza la sobrevivencia del Mercosur, debido al peligro permanente de la aparición de regímenes anti-integración en ciertos países. Se puede argumentar que Argentina y Brasil están más preparados que hace 20 años para aceptar la "transferencia de autoridad" que implica la creación de instituciones supranacionales. Uruguay y Paraguay han demandando por largo tiempo el "salto" hacia la supranacionalidad para poner fin al "duopolio" argentino-brasileño en el proceso de toma de decisiones. De momento, la institucionalización del FOCEM –y otras medidas aprobadas para reducir la brecha de desarrollo al interior del bloque– han calmado las preocupaciones uruguayas y paraguayas, que ya no consideran al Mercosur insignificante. Esto crea una ventana de oportunidad para que Argentina y Brasil asuman el tema de la reforma institucional del bloque seriamente. Defender las reglas del grupo y construir instituciones supranacionales es el gran reto del Mercosur en la segunda década del siglo XXI.

Bibliografía

Briceño Ruiz, José. "El Ingreso de Venezuela como miem-
bro pleno del Mercosur: Las miradas de un proceso
complejo". En: *Revista Aportes para la Integracion
Latinoamericana*, vol. 15, n° 20, junio de 2009, pp. 1-30.
Burges, Sean. "Building a Global Southern Coalition: The
Competing Approaches of Brazil's Lula and Venezuela's
Chavez". En: *Third World Quarterly*, vol. 28, n° 7, 2007,
pp. 1343-1358.
Cammack, Paul. "Mercosur: From Domestic Concerns to
Regional Influence". En: Hook, G. y Kearns, I. (eds.),
*Subregionalism and World Order.*Londres, Macmillan
Press, 1999, pp. 95-116.
Cason, Jeffrey. "On the Road to Southern Cone Economic
Integration". En: *Journal of Interamerican Studies and
World Affairs*, vol. 42, n° 1, 2000, pp. 23-42.
Dabène, Olivier. *The Politics of Regional Integration in Latin
America: Theoretical and Comparative Explorations.*
Nueva York, Palgrave Macmillan, 2009.
Dri, Clarissa. "Limits of the Institutional Mimesis of the
European Union: The Case of the Mercosur Parliament".
En: *Latin American Policy*, vol. 1, n° 1, 2010, pp. 52-74.
Duina, Francesco. *The Social Construction of Free Trade: The
European Union, NAFTA, and MERCOSUR.* Princeton,
NJ, Princeton University Press, 2006.
Gómez Mera, Laura. *Power, States, and Interests: The Politics
of Conflict and Cooperation in the Southern Cone of
Latin America.* Unpublished manuscript, febrero de
2010.
INTAL. *Mercosur Report No. 13*, Buenos Aires, IADB/INTAL,
Mayo de 2009.
——. *Mercosur Report No. 14*, Buenos Aires, IADB/INTAL,
Febrero de 2010.

Malamud, Andrés. "Presidentialism and Mercosur: A Hidden Cause for a Successful Experience". En: Laursen, Finn (ed.). *Comparative Regional Integration: Theoretical Perspectives*. Aldershot, Gran Bretaña, Ashgate, 2004, pp. 53-73.

——. "Mercosur Turns 15: Between Rising Rhetoric and Declining Achievement". En: *Cambridge Review of International Affairs*, vol.18, n° 3, octubre de 2005, pp. 421-436.

——. "Presidential Diplomacy and the Institutional Underpinnings of Mercosur: An Empirical Examination". En: *Latin American Research Review*, vol. 40, n° 1, febrero de 2005, pp.138-164.

——. "Interdependence, Leadership and Institutionalization: The Triple Deficit and Fading Prospects of Mercosur". Lisboa, Instituto de Ciencias Sociales, Universidad de Lisboa, 2009.

—— y Schmitter, Phillippe. "The Experience of European Integration and the Potential for Integration in South America". IBEI Working Paper n° 6, 2007.

——. "The Internal Agenda of Mercosur: Interdependence, Leadership and Institutionalization". En: Jaramillo, Grace (ed.). *Los Nuevos Enfoques de la Integración: Mas Allá del Regionalismo*. Quito, FLACSO, pp. 115-135.

—— y Castro, Pablo. "Are Regional Blocs Leading from Nation States to Global Governance?: A Skeptical View from Latin America". En: *Iberoamericana, Nordic Journal of Latin American and Caribbean Studies*, vol. 37, n° 1, 2007, pp. 115-134.

Manzetti, Luigi. "The Political Economy of Mercosur". En: *Journal of Interamerican Studies and World Affairs*, vol. 35, n° 4, 1993-1994, pp. 101-141.

Medeiros, Marcelo. *La Genèse du Mercosud: Dynamisme Interne, Influence de l'Union Européenne et Insertion Internationale*. París, L'Harmattan, 2000.

O'Keefe, Thomas A. "Recent Developments Affecting the Mercosur Economic Integration Project". En: *Thunderbird International Business Review*, enero-febrero 2000, pp. 1-7.

Peña, Celina y Ricardo Rozemberg. "Mercosur: A Different Approach to Institutional Development". FOCAL Policy Paper, Ottawa, Canadá, marzo de 2005.

Peña, Felix. "Structural Cracks in Mercosur: Is it Possible to Adapt Some of its Ground Rules to the Current Realities?". En: *International Trade Relations Newsletter*, noviembre de 2009, p. 1. http://www.felixpena.com.ar (consulta: 20 de febrero de 2011)

Phillips, Nicola. "Hemispheric Integration and Subregionalism in the Americas". En: *International Affairs*, vol. 79, n° 2, 2003, pp. 327-349.

——. "The Rise and Fall of Open Regionalism?: Comparative Reflections on Regional Governance in the Southern Cone of Latin America". En: *Third World Quarterly*, vol. 24, n° 2, 2003, pp. 217-234.

——. "Regionalist Governance in the New Political Economy of Development: 'Relaunching' the Mercosur". En: *Third World Quarterly*, vol. 22, n° 4, 2001, pp. 565-583.

——. *The Southern Cone Model: The Political Economy of Regional Capitalist Development in Latin America*. Londres, Routledge, 2004.

Porcelli, Emanuel. "El Parlamento del Mercosur como representante de demandas locales: El caso del FOCEM". En: *Anuario de la Integración Regional de América Latina y el Gran Caribe 2010*, n° 8, julio de 2010, pp. 93-102.

Richards, Donald. "Dependent Development and Regional Integration: A Critical Examination of the Southern Cone Common Market". En: *Latin American Perspectives*, vol. 24, n° 6, noviembre de 1997, pp. 133-155.

Secretaría del Mercosur. *Un Foco para el proceso de integración regional: Primer Informe Semestral.* Montevideo, julio de 2004.

Tussie, Diana. "Latin America: Contrasting Motivations for Regional Projects". En: *Review of Studies*, vol. 35, 2009, pp. 169-188.

Vázquez, Mariana y Geneyro, Rubén. "La ampliación de la agenda política y social para el Mercosur Actual". En: *AmerSur*, p. 13, nota 13. http://www.amersur.org.ar/Integ/Vazquez/Geneyro.htm (consulta: 20 de enero de 2011)

—— y José Briceño Ruiz. "O Mercosul na epoca de Lula e Kirchner: Um balanço, seis anos depois". En: *Nueva Sociedad* (edición especial en portugués), diciembre de 2009, pp. 33-48.

¿"SUR-REALISMO" O "SURREALISMO"?
20 AÑOS DEL MERCOSUR[60]

Gian Luca Gardini

En 2011, el Mercosur llega a 20 años, "vivo y coleando". Aún genera debate académico y político y, para bien o para mal, ha sido capaz de adaptarse a las cambiantes circunstancias a lo largo de ese tiempo. Considerando los antecedentes del regionalismo en América Latina, éste es *per se* un resultado significativo. Sin embargo, también existen limitaciones. El Mercosur no ha alcanzado un grado profundo de institucionalización, no siempre ha producido los beneficios económicos que se esperaban y su destino ha estado con frecuencia sometido a la voluntad de las prioridades nacionales del momento más que a una consistente y compartida estrategia regional. Estos resultados mixtos pueden ser interpretados con una visión bastante benigna o más bien de forma crítica.

Una evaluación benevolente enfatizaría los importantes logros del bloque y encontraría justificaciones creíbles para sus limitaciones. Desde el punto de vista político, el Mercosur ha contribuido a la consolidación de la democracia en el área.[61] Desde el punto de vista económico, el

---

[60] Comparto la paternidad del intrigante título "sur-realismo" versus "surrealismo" con mi amigo y colega Holger Hestermayer del Max Planck Institute of International and Comparative Law de la Universidad de Heildelberg. Algunas partes de este capítulo fueron publicadas originalmente en inglés en el *European Law Journal*, vol. 11, n° 5, 2011, siendo aún inéditas en español. Se publican con la debida autorización del *European Law Journal*, al cual el editor manifiesta su agradecimiento.

[61] Gardini, Gian Luca. *The Origins of Mercosur.* Nueva York, Palgrave MacMillan, 2010; Valenzuela, Arturo. "Paraguay: The Coup that Didn't Happen". En: *Journal of Democracy*, vol. 8, n° 1, 1997, pp. 43–55. Considera también a la democracia como un valor fundacional del proyecto regional y del establecimiento del Protocolo de Ushuaia en 1998.

comercio intra-regional ha crecido de forma significativa, aunque no lineal, a lo largo de la existencia de este esquema de integración.[62] El Mercosur ha sido capaz de elevar el perfil internacional del área y de actuar como un bloque unitario al menos en las importantes negociaciones sobre el Área de Libre Comercio de las Américas (ALCA). Del lado de las limitaciones, aunque es cierto que los padres fundadores del Mercosur intencionalmente no lo dotaron con poderes adicionales y mantuvieron el marco institucional al mínimo, es también cierto que en periodos políticos y económicos tumultuosos, el intergubernamentalismo permite un considerable grado de flexibilidad para enfrentar las crisis. Dada la intermitente voluntad política para apoyar el proceso, los limitados recursos invertidos, las asimetrías estructurales y las limitaciones que existen doméstica e internacionalmente, una evaluación benévola sugiere que el Mercosur ha logrado de hecho lo que era posible en circunstancias tan poco propicias. Su institucionalización limitada y su funcionamiento anómalo lo convertirían en un caso de "sur-realismo", o realismo en su versión del Sur, del Cono Sur.

Un enfoque mucho más crítico enfatizaría las limitaciones reales que tiene el Mercosur. De hecho, no es un mercado común. Es más bien una porosa zona de libre comercio que lucha para convertirse en una unión aduanera. Desde el año 2006, el Mercosur ha establecido un Parlamento regional (el Parlasur). Sin embargo, éste no tiene ninguna de las competencias que caracterizan a un Parlamento, no tiene poder de control y su capacidad para legislar es realmente inexistente. Para fortalecer el aún

---

[62]   Kaltenthaler, Karl y Mora, Frank O. "Explaining Latin American Economic Integration: The case of MERCOSUR". En: *Review of International Political Economy*, vol. 9, nº 1, 2002, pp. 72-97.

defectuoso sistema de resolución de disputas, se estableció en 2005 un Tribunal Permanente de Revisión (TPR). Sin embargo, el TPR no es ni permanente ni de revisión. En 2006, el Mercosur emprendió su primera ampliación y Venezuela suscribió un Protocolo de Adhesión con los cuatro miembros fundadores. No obstante, cinco años después de la firma, este tratado no ha entrado en vigencia y el *status* actual de Venezuela en el bloque es el de un miembro pleno en "proceso de adhesión": un oxímoron legal en el mejor de los casos y un sin sentido legal en el peor. Considerando el ámbito y la profundidad de estas incongruencias, una evaluación capciosa y desfavorable del Mercosur sugiere que éste ha producido paradojas "kafkianas" con poca funcionalidad. Las características más que imperfectas del Mercosur lo convertirían en un caso de "surrealismo" en el cual las imágenes soñadoras prevalecen sobre la realidad, lo que ves no es lo que realmente tienes.

En este capítulo se presenta un doble argumento. Para entender el *status* actual del Mercosur, con su particular mezcla de logros y limitaciones, se debe reconocer, por un lado, la necesidad de aceptar la diferencia significativa entre la retórica y la práctica que rodea a la integración en América Latina. Por otro lado, la historia importa, y las historias nacionales pueden explicar la evolución regional más que cualquier enfoque teórico.

En primer lugar, existe una clara brecha entre el concepto de integración regional como tal y la implementación concreta en acuerdos formales y sobre el terreno.[63] Con relación al término y a su uso, la retórica de la integración captura el corazón y las mentes latinoamericanas,

---

[63]   Gardini, Gian Luca. "Unity and Diversity in Latin American Visions of Regional Integration". En: Gardini, Gian Luca y Lambert, Peter (eds.). *Latin American Foreign Policies. Between Ideology and Pragmatism.* Nueva York, Palgrave MacMillan, 2011, pp. 235-254.

la atención de los medios y los votos. Su real contenido y aplicación, incluyendo el compromiso pragmático y la negociación, no lo hace. La retórica de la integración sirve a los intereses de los políticos y los medios, y alimenta el sentimiento de la sociedad civil de pertenecer a una gran América Latina, o a una familia subregional. Integración podría significar casi cualquier cosa en el nivel discursivo, pero su significado operacional es también diferente. En el caso específico del Mercosur puede presentarse un argumento más sofisticado y convincente: existe una "doble brecha".[64] Existe una primera brecha entre lo declarado por los políticos o reportado en los medios y lo que está actualmente siendo discutido o sobre lo que existe acuerdo a nivel técnico. Existe una segunda brecha también entre lo que se ha acordado a nivel técnico y lo que es de hecho la aplicación o la entrada en vigencia práctica.

En segundo lugar, la historia es importante. El enfoque que se propone en este capítulo es esencialmente una perspectiva histórica y se enfoca en las consecuencias reales de la acción, el rol de los agentes dentro de las limitaciones estructurales y las interpretaciones de los actores de esas limitaciones.[65] Sostengo que cualquier organización internacional refleja e incorpora un contexto histórico y

---

[64]　Vaillant, Marcel. "Entrevista con el autor". Montevideo, 9 de julio de 2010. Marcel Vaillant es Profesor de Comercio Internacional en la Universidad de la República, Montevideo, y antiguo miembro del Sector de Asistencia Técnica del Mercosur.

[65]　Esto se toma de la Escuela Inglesa de las Relaciones Internacionales, véase Bull, Hedley. *The Anarchical Society: A study of order in world politics*. Basingstoke, Palgrave, 2002; Bull, Hedley. "The Theory of International Politics, 1919-1969". En: Der Derian, James (ed.). *International Theory: Critical investigations*. Basingstoke, MacMillan, 1995, pp 181-209. Véase también la tradición francesa del personalismo: Mounier, Emmanuel. *Le Personnalisme*. París, Presses Universitaires de France, 1964. Para una aplicación de estos conceptos a la política exterior véase Carlsnaes, Walter. "Foreign Policy". En: Carlsnaes, Walter, Risse, Thomas y Simmons, Beth A (eds.), *Handbook of International Relations*. Londres, Sage, 2002.

político concreto y sus valores predominantes.[66] Aplicado al caso del Mercosur, el argumento general es que, en las diferentes fases de su evolución, este bloque regional y su arquitectura institucional reflejan las limitaciones, los valores predominantes y las agendas de sus Estados miembros durante aquellas fases históricas específicas. Las instituciones así creadas o reformadas han contribuido a promover la evolución del Mercosur, en tanto que esas instituciones, una vez establecidas, tienden a producir efectos independientes de sus Estados miembros.[67] Más importante aun, en este análisis, se coloca el énfasis en este enfoque con la esperanza de que las relaciones internacionales, como disciplina, reconozcan más fuertemente la centralidad y la decisión de los actores dentro las reconocidas limitaciones estructurales. El factor humano importa, y es primariamente este factor humano el que moldea la historia.

El argumento se presenta de la siguiente manera: en primer lugar, destaco las cuatro fases históricas en el desarrollo del Mercosur para demostrar cómo éstas han reflejado los valores prevalecientes y las agendas dentro de los Estados miembros en un momento determinado. En segundo lugar, enfocaré la agenda actual del Mercosur

---

[66]   Hall, John H. *International Orders*. Cambridge, Polity Press, 1996; Buzan, Barry y Little, Richard. *International Systems in World History*. Oxford, OUP, 2000.

[67]   Goldstein, Judith y Kohane, Robert O. "Ideas and Foreign Policy: An Analytical Framework". En: Goldstein, Judith y Kohane, Robert O. (eds.), *Ideas and Foreign Policy. Beliefs, Institutions and Political Change*, Ithaca Nueva York y Londres, Cornell University Press, 1993; Duffield, John. "What are International Institutions?". En: *International Studies Review*, vol. 9, n° 1, 2007, pp. 1-22; Barnett, Michael y Finnemore, Martha. "The Politics, Power and Pathology of International Organizations". En: *International Organization*, vol. 53, n° 4, 1999, pp. 699-732; Marshall, Katherine. *The World Bank: From Reconstruction to Development to Equity*. Londres, Routledge, 2008; Allen Pigman, Geoffrey. *The World Economic Forum. A Multi-Stakeholder Approach to Global Governance*. Londres, Routledge, 2007.

concentrándome en tres temas: el ingreso de Venezuela, la creación de un Parlamento regional y el perfeccionamiento de la unión aduanera. En tercer lugar, discutiré el surgimiento de iniciativas de integración competidoras en América Latina y las implicaciones para el Mercosur. Las conclusiones involucran los argumentos claves.

1. La trayectoria histórica del Mercosur: acomodándose a las agendas nacionales.

Si se considera la perspectiva histórica y se analizan episodios y eventos no como una ruptura repentina sino como el producto de la evolución gradual de las fuerzas "subyacentes de la historia",[68] entonces los orígenes del Mercosur anteceden a la firma de su tratado constitutivo en marzo de 1991.[69] En este sentido, la creación y la evolución del Mercosur atravesó por cuatro etapas: "los años de la génesis" (1984-1990), "los años neoliberales" (1990-1999), "los años de crisis" (1999-2003) y "los años de renovación" (2003 al presente). El análisis histórico explica el estado actual del Mercosur y su vigésimo aniversario mejor que cualquier otro argumento teórico.

1.1. "Los años de la génesis" (1984-1990)

Los "años de la génesis" y el gradual proceso de integración económica que conduciría más tarde a la creación del Mercosur comenzó cuando Argentina regresó a la democracia en 1983 y Brasil la siguió en 1985. El liderazgo democrático argentino tenía una visión clara de los intereses materiales e inmateriales que la nueva democracia

---

[68]   Renouvin, Pierre y Duroselle, Jean-Baptiste. *Introduction to the History of International Relations*. Londres, Pall Mall Press, 1968, p. v.
[69]   Gardini, Gian Luca. *The Origins of Mercosur. Op. cit.*

debía promover. El legado de los militares argentinos fue una estructura económica obsoleta, un sector industrial indigente, una enorme deuda externa y el aislamiento diplomático. Era imperativo modernizar la economía y concebir una estrategia efectiva de inserción internacional que incorporase los valores de la democracia y el respeto a los derechos humanos. Era crucial mantener un crecimiento económico sostenido para salvaguardar la paz social y evitar una posterior interferencia de los militares. En 1984, bajo estas circunstancias, el presidente Alfonsín de Argentina y su equipo concibieron una visión innovadora de la integración con Brasil.[70] En ese momento, Brasil estaba en la fase final de su larga transición a la democracia. También tenía que enfrentar importantes retos: un modelo de desarrollo exhausto, un ambiente proteccionista en sus tradicionales mercados de exportación y la necesidad de una nueva imagen externa de un país cooperativo y amante de la paz. Los militares brasileños, en sus últimos momentos, aceptaron las propuestas de Argentina, y la integración bilateral despegó cuando asumió el poder la nueva administración democrática del presidente Sarney.

El modelo de integración de los "años de la génesis" fue gradual, sectorial y flexible.[71] Fue gradual en el sentido de que durante dos años se negociaron protocolos adicionales; fue sectorial en cuanto a que sólo se aplicaba a sectores específicos que los gobiernos seleccionaban como adecuados para ser parte de una empresa común; y fue flexible puesto que todas las normas y las reducciones arancelarias eran negociadas y se estipulaban excepciones. El proceso se basaba en la complementación industrial

---

[70]   *Ibid.*
[71]   Como se consagró en el Acta de Buenos de 1986, los 24 protocolos sectoriales y el Tratado de Integración, Cooperación y Desarrollo de 1988.

negociada más que en la reducción arancelaria automática. El enfoque era enteramente consistente con las recetas económicas heterodoxas adoptadas a nivel nacional. La integración económica bilateral así como las políticas domésticas servían al propósito de la recuperación económica, la consolidación democrática y la inserción internacional. Desde sus inicios, los gobiernos mantuvieron un estricto control del proceso, dejando poco espacio para otros actores societales o institucionales.

1.2. "Los años neoliberales" (1990-1999)

Los "años neoliberales" coinciden con el triunfo del neoliberalismo y la adopción del Consenso de Washington a lo largo del mundo y en los países miembros del Mercosur. Hacia fines de los años ochenta, la situación económica en Argentina y en Brasil se había deteriorado significativamente, con altos niveles de inflación, deuda externa y poco crecimiento. La crisis había alcanzado tal extensión que las elites argentinas y brasileñas aceptaron la idea de que era necesario un cambio dramático en la política económica y que era inevitable un giro de la gestión económica heterodoxa a enfoques ortodoxos basados en principios neo-liberales.[72] Esto se extendió al proyecto de integración. El enfoque gradual y flexible había entrado en una fase de estancamiento y se necesitaba de un nuevo ímpetu para abrir la región al mundo y enfrentar la competencia global venidera.[73] Los presidentes recién electos, Menem de Argentina y Collor de Brasil, interpretaron esos sentimientos y los operacionalizaron en políticas domésticas y regionales.

---

[72]   Gardini, *The Origins of Mercosur. Op. cit.*
[73]   Acta de Buenos Aires, 9 de julio de 1990, Preámbulo. Roett, Riordan. *Mercosur: Regional Integration, World Market.* Boulder CO, Lynne Rienner, 1999.

Las nuevas administraciones en Buenos Aires y en Brasilia dieron gran énfasis al comercio por sobre la producción y adoptaron un programa de liberalización comercial. El modelo de integración fue severamente afectado. Cuando Argentina y Brasil constituyeron un mercado común bilateral en 1990, adoptaron un enfoque universal, automático y lineal. Como opuesta al enfoque sectorial, la liberalización universal afectaba todos los códigos arancelarios, era automática y no sujeta a negociaciones, y era lineal con un cronograma fijo para las reducciones arancelarias. Para enfrentar los retos globales, ganar representatividad y atraer inversiones extranjeras directas, Argentina y Brasil necesitaban asociar a los otros vecinos; Uruguay y Paraguay se sumaron a la iniciativa. En 1991, los cuatro países firmaron el Tratado de Asunción que creó el Mercosur. El bloque, a pesar de su incuestionable apuntalamiento político, se caracterizó desde sus inicios por la primacía de la economía sobre lo político, una débil estructura institucional, un fuerte papel de los países más grandes y un alto grado de control de los Ejecutivos sobre el proceso de integración. Estas características se adaptaban perfectamente a la concepción prevaleciente sobre la integración entre las elites en esos años.

La era neoliberal determinó la misma naturaleza del Mercosur, su estructura institucional, su funcionamiento y su futura agenda. El Protocolo de Ouro Preto de 1994 estableció la estructura institucional de la organización planteando mecanismos bastante flexibles de coordinación y ningún cuerpo supranacional. La integración quedó supeditada a la voluntad y la predisposición de las administraciones a cargo. Todas las decisiones relativas al manejo y al futuro del bloque fueron tomadas, y aún lo son hoy día, al nivel presidencial.[74] Mientras los primeros años se caracterizaron por un significativo crecimiento del comercio intra-bloque,[75] éste declinó hacia fines de los años 90. Esto abrió el camino a un amplio debate sobre la verdadera naturaleza –política versus meramente económica– y propósito de este bloque regional en los años a venir. Además, los temores generados por el fallido golpe de estado en Paraguay condujeron a la formalización de un principio de larga data, según el cual sólo las democracias podían ser miembros del Mercosur. El resultado de esto fue el Protocolo de Ushuaia que establece una cláusula democrática. Los inicios del Mercosur, su esencia y sus actividades en los años 90 estuvieron en gran medida dictados por las preferencias dominantes a favor del enfoque neoliberal de gestión económica y la persistente atención a los valores democráticos. No obstante, lo que parecía un pujante e internacionalmente bien respetado bloque comercial, en el segundo lustro de la década de 1990[76] era de hecho un débil agregado, con débiles compromisos y dirigido al estancamiento en el nuevo milenio.[77]

1.3. "Los años de las crisis" (1999-2003)

Los "años de crisis" del Mercosur comenzaron con la crisis económica que se expandió por el mundo desde Rusia y el Este asiático. Brasil en particular, de lejos la economía más grande del bloque, fue afectado. De forma unilateral,

[74]   Danese, Sergio. *Diplomacia Presidencial: História e Crítica*. Río de Janeiro, Topbooks, 1999; Malamud, Andrés. "Presidential Diplomacy and the Institutional Underpinnings of Mercosur. An Empirical Examination". En: *Latin American Research Review*, vol. 40, n° 1, 2005, pp. 138-164.
[75]   Kaltenthaler, Karl y Mora, Frank O. "Explaining Latin American Economic Integration...". *Op. cit.*
[76]   Roett, Riordan. *Mercosur: Regional Integration, World Market. Op. cit.*
[77]   Pérez, Romeo. "El MERCOSUR ante su extraña crisis". En: *CLAEH Working Paper*, Montevideo, noviembre de 2009.

y sin consultar a sus socios regionales, el gobierno brasileño devaluó su moneda nacional, el real, para enfrentar la crisis en su sector exportador. Esto causó considerables problemas para los países vecinos que vieron empeorar sus ya existentes desequilibrios comerciales con Brasil, y su capacidad exportadora hacia terceros mercados se vio más debilitada. Además, esto desencadenó varias violaciones de las normas comerciales del Mercosur por los otros Estados miembros.[78] El apogeo de la crisis se alcanzó con el colapso de Argentina en 2001. Factores internacionales influyeron en esta situación crítica cuya magnitud fue objetivamente difícil de tratar. Esto inevitablemente afectó el destino del Mercosur; la elección de las elites locales de rechazar el concierto regional y privilegiar la conveniencia nacional condujo a la declinación del proyecto de integración en esos años.

A inicios del nuevo milenio, el Mercosur había perdido su ímpetu. Los compromisos regionales fueron ignorados o eludidos. El Mercosur no sólo mostró su incapacidad de proveer estabilidad económica frente a las turbulencias internacionales, sino que expuso su debilidad tanto en términos políticos como económicos. En tiempos de crisis los intereses y conveniencias nacionales eclipsaron los valores regionales y la solidaridad. Sobre todo, el Mercosur ha hecho un trabajo muy limitado en la resolución de los problemas tradicionales de pobreza, desigualdad y marginalización. El proyecto de integración involucra a las restringidas elites políticas y económicas en áreas claves para los cuatro asociados, pero tiene un impacto limitado sobre el desarrollo general y el bienestar de la población. Preguntas sobre el propósito del bloque pidieron ser respondidas. La crisis del Mercosur reflejó una crisis más

---

[78] Bouzas, Roberto. "El Mercosur diez años después: ¿Proceso de aprendizaje o *déjà-vu*?" En: *Desarrollo Económico*, vol. 41, n° 162, pp.179-200.

profunda: la del modelo neoliberal en el cual se basó. Sin embargo, fue en los periodos de crisis cuando se generó la fuerza y el deseo de relanzamiento.

1.4. "Los años de renovación" (2003 hasta el presente)

El surgimiento de la denominada "marea rosada"[79] desde inicios de los años 2000 llevó al poder a administraciones con un discurso ampliamente progresista y reformista en una mayoría de países latinoamericanos, incluyendo los cuatro miembros del Mercosur.[80] Aunque a estas administraciones les faltaba una fuerte ideología común y tenían diferencias sobre muchos aspectos, compartían una posición crítica sobre el neoliberalismo, y una inclinación hacia soluciones locales para problemas locales, la centralidad del Estado como promotor del desarrollo y una preferencia por la integración y la solidaridad regional, al menos a nivel del discurso.[81] En un intento de combinar crecimiento económico con políticas sociales efectivas, estas nuevas administraciones reformularon sus políticas domésticas y exteriores, reconceptualizando también su enfoque sobre la integración regional. Desde 2003 en adelante se inició una fase de renovación, buscando establecer un equilibrio entre la política y la economía para alcanzar un efectivo desarrollo económico y social al mismo tiempo.

La necesidad de "generar un nuevo ímpetu negociador" se afirmó en la Cumbre Presidencial de 2003 en Asunción –la primera en la cual participaron Lula y Kirchner–, en la que se discutieron un número de propuestas para dar

---

[79]   Lievesley, Geraldine y Ludlam, Steve (eds.). *Reclaiming Latin America. Experiments in Radical Social Democracy.* Londres, Zed Books, 2009.

[80]   Los presidentes Lula de Brasil y Kirchner de Argentina fueron electos en 2003. El presidente Tabaré Vázquez de Uruguay asumió el poder en 2004. Fernando Lugo se convirtió en Presidente en 2008.

[81]   Lievesley, Geraldine y Ludlam, Steve (eds.). *Reclaiming Latin America... Op. cit.*

una nueva dirección al proyecto de integración.[82] Brasil presentó su propuesta *Objetivo 2006* para relanzar el perfeccionamiento de la unión aduanera y la búsqueda de las dimensiones políticas y sociales del Mercosur. Argentina propuso la creación del Instituto Monetario del Mercosur para disminuir la dependencia del bloque de las instituciones financieras internacionales. Paraguay enfatizó la necesidad de tratar las asimetrías entre los socios de tamaño grande y los pequeños. Aunque estos planes han logrado limitados resultados prácticos, confirmando así la brecha entre las intenciones y los hechos, contribuyeron a modificar el enfoque de la integración regional e impulsaron un cambio en la agenda del Mercosur.

El giro intelectual definitivo de la previa fase neoliberal tuvo lugar meses después, cuando los presidentes Lula y Kirchner firmaron un documento denominado el Consenso de Buenos Aires que marcó un claro inicio del abandono, al menos en términos conceptuales, del Consenso de Washington de los años 90. El documento afirmó el derecho de los pueblos al desarrollo y la centralidad del Estado en las políticas públicas, y enfatizó los valores de la integración así como la necesidad de participación de la sociedad civil.[83] Desde el año 2004, los temas sociales aparecen en la agenda del Mercosur, a través de iniciativas como *Somos Mercosur*, la organización de Cumbres de los actores sociales del Mercosur y la creación del Instituto Social del Mercosur que tendría su sede en Asunción.

---

[82]   Comunicado Conjunto de los Presidentes de los Estados parte del Mercosur, Asunción, 15 de agosto de 2003. http://www.mercosur.int/msweb/Documentos/Publicados/Comunicados/003672886_CMC_2003-08-15__COMU-CPR_S-N_ES.pdf (consulta: 20 de enero de 2011)

[83]   Consenso de Buenos Aires, 16 de octubre de 2003. Texto completo disponible en: http://www.laondadigital.com/LaOnda/LaOnda/Documentos/Consenso%20de%20Buenos%20Aires.htm (consulta: 20 de febrero de 2011)

Además, temas tradicionales adquirieron un nuevo *momentum* con la entrada en vigencia del Protocolo de Olivos que estableció el Tribunal Permanente de Revisión en 2004, la creación del Fondo de Convergencia Estructural (FOCEM) en 2004 y la apertura del Parlasur. Esto reflejó un cambio de actitud, prioridades y políticas en el ámbito nacional y regional. La lógica intergubernamental que caracteriza al Mercosur también amplifica la capacidad de respuesta a las preferencias nacionales con el transcurso del tiempo. No obstante, la brecha entre el discurso y la realidad del terreno persiste, como se muestra en la siguiente sección.

2. La agenda contemporánea

2.1. El ingreso de Venezuela

El Mercosur firmó su primer Protocolo de Adhesión con la República Bolivariana de Venezuela en el año 2006. Sin embargo, este Protocolo ha estado pendiente de ratificación en los últimos cinco años y no hay indicios tangibles de que la situación se vaya resolver de forma pronta. Esto expresa, por un lado, la usual brecha entre las declaraciones y los hechos y, por otro lado, el también usual predominio de los cambios de ánimo y de prioridades a nivel doméstico respecto de una estrategia regional consistente a mediano y largo plazo.

Cuando Hugo Chávez se convirtió en Presidente de Venezuela en 1998, inició un cambio revolucionario en la política exterior de su país, tradicionalmente bastante cercana a Estados Unidos. Chávez inició una fase de confrontación ideológica con Washington, cuestionando no sólo las políticas específicas de Estados Unidos hacia América Latina, como la propuesta de un Área de Libre Comercio de las Américas (ALCA), sino rechazando totalmente el modelo económico estadounidense basado en el capitalismo y el libre comercio. En vez de eso, Chávez proponía un modelo de desarrollo basado en una economía centralmente controlada, en ideas de solidaridad y en la lucha contra la pobreza y la desigualdad, estas dos últimas -en su opinión-alimentadas por las políticas neoliberales promovidas por Estados Unidos y avaladas por sus predecesores. En un intento de tomar distancia de Estados Unidos, boicotear el proyecto del ALCA y crear un frente sudamericano político e ideológico común, Chávez impulsa un acercamiento a Brasil y busca el ingreso de Venezuela al Mercosur.

En una primera fase, aproximadamente entre 2006-2007, el ingreso parecía tener significativas ventajas para Venezuela y para los Estados miembros del Mercosur. La solicitud de Venezuela sufría, no obstante, de un pecado original: que era posible sin compromisos económicos y comerciales reales. Para Venezuela el ingreso tenía de hecho un significado más político que económico y fue esencialmente concebido como un medio para influir en la agenda sudamericana.[84] En ese momento, 2004, Argentina, Brasil y Uruguay acababan de girar a la izquierda y Chávez quizás sobreestimó las afinidades ideológicas y las potenciales alianzas. El razonamiento fue que el Mercosur podría ayudarlo a acabar con el ALCA y, al mismo tiempo, al renunciar a la Comunidad Andina (CAN) para unirse a sus nuevos asociados, Chávez podía penalizar a aquellos

---

[84] Gutiérrez, Alejandro. "Venezuela en el Mercosur: Oportunidades y Amenazas". En: Briceño Ruiz, José y Gorodeckas, Heinrich (eds.). *El ALCA frente al Regionalismo Sudamericano. Las opciones para Venezuela.* Mérida, Venezuela, Universidad de los Andes - Universidad de Carabobo, 2006, pp. 137-182; Quijano, José Manuel. "Entrevista con el autor", Montevideo, 22 de julio de 2010. El Dr. Quijano fue antiguo Director de la Secretaría del Mercosur.

países andinos, como Colombia y Perú, que habían suscrito acuerdos de libre comercio con Estados Unidos.[85]

Los miembros del Mercosur también percibieron ventajas del ingreso de Venezuela. Este país tiene un mercado de cerca de 29 millones de personas con un ingreso bastante significativo en términos latinoamericanos,[86] tiene petróleo y recursos gasíferos, que Chávez estaba ansioso por compartir con sus aliados políticos, y Venezuela podía servir para establecer un nuevo equilibrio al abrumador peso económico y político de Brasil dentro del Mercosur. Cada país tenía alguna conveniencia específica. Brasil pensaba que podía atemperar los excesos de Chávez y las pretensiones venezolanas de liderazgo regional al insertar a Caracas en la estructura política e institucional del bloque. También era atractiva la idea de importar petróleo y vender productos manufacturados, al tiempo que una asociación formal con Venezuela podría ayudar a Brasil a patrullar su porosa frontera norte amazónica, potencialmente expuesta al narcotráfico, la guerrilla y la tala ilegal. Argentina tenía una percepción favorable de Chávez, puesto que él había aceptado comprar bonos argentinos, francamente a tasas de interés bastante elevadas, cuando nadie habría pensado en comprarlos.[87] La posición de Buenos Aires fue también

---

[85]   El costo de dejar la CAN fue mitigado por el hecho de que la totalidad de las preferencias comerciales estarían vigentes por cinco años y que después de este periodo se podría acordar un periodo adicional de adaptación. Es también plausible que los intereses de la comunidad de negocios venezolana en los mercados argentinos y brasileños hayan desempeñado un papel marginal en la decisión de ingresar al Mercosur.

[86]   El Ingreso Nacional Bruto de Venezuela es de cerca de 10 150 US$ según el Banco Mundial, citado por la BBC. BBC. Country Profile: Venezuela. http://news.bbc.co.uk/1/hi/world/americas/country_profiles/1229345. stm#facts (consulta: 22 febrero de 2011)

[87]   Malamud, Andrés. "Argentine Foreign Policy under the Kirchners: Ideological, Pragmatic or simply Peronist?" En: Gardini, Gian Luca y Lambert, Peter (eds.). *Latin American Foreign Policies between Ideology and Pragmatism*. Nueva York, Palgrave MacMillan, 2011, pp. 87-102.

influenciada por la buena relación personal entre Hugo Chávez y Néstor Kirchner y por la esperanza de reemplazar a Colombia como el mayor suplidor de Venezuela. Uruguay y Paraguay también tenían sus motivaciones. En particular, los uruguayos estaban interesados en hacer negocios con Chávez, incluyendo la exploración conjunta de la faja de Orinoco por sus respectivas empresas petroleras nacionales, la Administración Nacional de Combustibles, Alcohol y Portland (ANCAP) de Uruguay y Petróleos de Venezuela Sociedad Anónima (PDVSA). Mientras las conveniencias nacionales eran bastante claras, las perspectivas de beneficios regionales sistémicos, coherentes y verdaderos eran mucho menos obvias.

Después del *momentum* inicial que llevó a la acelerada ratificación del Protocolo de Adhesión por parte de Argentina y Venezuela, el proceso de ampliación se estancó. Surgieron reservas de ambos lados y nadie particularmente empujó para que se completase el proceso. Venezuela pronto se dio cuenta de que la adhesión significaba la aceptación plena de los compromisos comerciales, incluyendo las negociaciones de libre comercio con terceros países que no eran del agrado de Caracas. Además, la liberalización del comercio intra-bloque, la eliminación de las barreras no arancelarias y la incorporación a la unión aduanera tendrían serias implicaciones para la economía venezolana, exponiendo su mercado protegido a la feroz competencia de Brasil en el sector industrial y de Argentina en el sector agrícola.[88] Asimismo, la creación en 2008 de la Unión de Naciones Suramericanas (UNASUR) dio a Chávez la opor-

---

[88]   Mendoza, Carolina. "Venezuela en el Mercosur: ¿Tiene Ventajas Comparativas?" En: Briceño Ruiz, José y Acosta Kanquis, Nebis (eds.). *Los Nuevos Escenarios en la Dinámica de la Integración Suramericana*. Maracaibo, Banco Central de Venezuela, Universidad del Zulia y Universidad de los Andes, 2007, pp. 227-242; Gutiérrez, Alejandro. "Venezuela en el Mercosur: Oportunidades y Amenazas". *Op. cit.*

tunidad de manejar la agenda regional sin la carga de una estricta disciplina comercial. En consecuencia, desde 2008 Venezuela misma no ha promovido una campaña activa para concluir el proceso de ratificación.

Del lado de los países miembros del Mercosur, la radicalización de las políticas domésticas de Chávez y su cada vez más controversial política exterior generaron preocupación. De igual manera, el giro autoritario de Caracas provocó dudas sobre la capacidad de Chávez de cumplir con la cláusula democrática del Mercosur.[89] En el frente internacional, las disputas de Chávez con Colombia, con Perú, con los socialistas españoles y el Rey, su continua retórica anti-estadounidense y su aversión a una posible negociación de un acuerdo de libre comercio con la Unión Europea hacían la política exterior de Venezuela difícilmente compatible con la proyección externa del Mercosur. Los Estados miembros también pensaban que Venezuela podría traer su propia inestabilidad interna e inestabilidad institucional al bloque, politizando excesivamente, al mismo tiempo, el proceso de toma de decisiones.

El Protocolo de Adhesión epitomiza la doble brecha entre las declaraciones políticas y las negociaciones reales y entre los acuerdos negociados y su aplicación en el terreno. La primera brecha se refiere a la metodología de adhesión. Los proyectos de ampliación, como muestra la experiencia europea, se basan en una exhaustiva y detallada negociación en la que se definen los compromisos y las adaptaciones requeridas por las dos partes, los miembros y el candidato, con especial énfasis en el compromiso de este último de incorporar la legislación existente del bloque. Esto tiene lugar antes de la conclusión formal del tratado de adhesión que es el resultado de esas negociaciones. En

---

[89]   Dreyzin de Klor, Adriana y Morales Antoniazzi, Mariela. *Ampliación del Mercosur. El caso de Venezuela*. Buenos Aires, Zavalia, 2009.

el caso de Venezuela, el Protocolo de Adhesión fue firmado antes de las negociaciones técnicas, las cuales fueron dejadas para una etapa posterior. El principio político y el compromiso escrito precedieron la discusión sobre las implicaciones prácticas y las definiciones de los aspectos técnicos, como el cronograma de reducción arancelaria, la aceptación del arancel externo común, etc. La segunda brecha se refiere al *status* actual de Venezuela dentro del Mercosur. Dada la firma del Protocolo de Adhesión pero su falta de ratificación, Venezuela no es un miembro pleno sino un miembro *sui generis*, cuya posición práctica, derechos y deberes dentro del bloque no encuentran una referencia legal: se le permite participar en todas las sesiones del Mercosur y trabajar, pero no puede tomar parte del proceso de toma de decisiones.

La situación actual es, por lo menos, peculiar. Argentina, Uruguay y Brasil (después de un proceso largo y altamente complejo) han concluido sus procedimientos nacionales de ratificación. Paraguay y Venezuela misma no lo han hecho. El primero está esperando la aprobación del Senado y luego la ratificación del presidente Lugo, el último obtuvo la aprobación por parte de la Asamblea Nacional, pero no ha sido aún sancionada por Chávez, quien está esperando que sea ratificada por todos los miembros primero y así no exponer a su país a una situación política embarazosa, en el caso de una subsecuente no ratificación. En general, ningún lado parece ansioso en completar el proceso o definir de mejor manera su contenido y secuencia. Parece un círculo vicioso. Por un lado, los Estados miembros no parecen inclinados a completar la ratificación antes de que se hayan alcanzado acuerdos sobre las cuestiones técnicas y, por el otro, Venezuela no se propone involucrarse en negociaciones técnicas serias antes de la ratificación completa. Como consecuencia, "la negociación no está teniendo progreso"[90] y, entretanto, "no estamos cerca de la incorporación plena".[91]

2.2. El Parlamento del Mercosur (Parlasur)

Uno de los temas más importantes de la agenda actual del Mercosur es la composición y los poderes del Parlasur. En 1994, el Protocolo de Ouro Preto, que definió el marco institucional del bloque, no lo dotó de un órgano parlamentario propio sino sólo de una Comisión Parlamentaria Conjunta (CPC).[92] La creación del Parlasur expresaba el esfuerzo de las administraciones pos-neoliberales de fortalecer la integración, armonizar las legislaciones nacionales y promover la participación societal y la legitimidad dentro del marco regional.[93] Como siempre, la situación es más compleja que como aparece a primera vista y el Parlasur, al menos hasta ahora, existe, pero no tiene virtualmente ningún poder, su composición no ha sido completamente decidida y su funcionamiento es incompleto.

El deseo de diferenciar el enfoque de la "marea rosada" hacia la integración del de la fase neoliberal y el papel activo de la CPC en este aspecto son las raíces del proyecto del

---

[90]   Quijano, José Manuel. "Entrevista con el autor". Montevideo, 22 de julio de 2010.

[91]   Cancela, Walter. "Entrevista con el autor". Montevideo, 20 de julio de 2010. Antiguo Director del Banco Central Uruguayo. El Embajador Cancelar fue Director del Mercosur en el Ministerio de Relaciones Exteriores hasta 2010 antes de ser designado embajador en Bruselas.

[92]   MERCOSUR, Protocolo de Ouro Preto, sección IV, artículos 22-27. http://www.mre.gov.py/dependencias/tratados/mercosur/registro%20mercosur/Acuerdos/1994/español/10.%20Protocolo%20Ouro%20Preto.pdf (consulta: 20 de enero de 2011) Véase también el Treaty of Asunción, artículo 24, http://www.mre.gov.py/dependencias/tratados/mercosur/registro%20mercosur/Acuerdos/1991/español/1.Tratado%20de%20 Asunción.pdf. (consulta: 20 de enero de 2011)

[93]   MERCOSUR, Consejo del Mercado Común (CMC) Decisión 23/05, preámbulo. http://www.mercosur.int/show?contentid=1066 (consulta: 21 de febrero de 2011)

Parlasur. El presidente Duhalde y posteriormente Kirchner en Argentina y Lula en Brasil tenían una visión diferente a la de sus predecesores con respecto al Mercosur. Ellos querían darle un mayor sesgo político, en oposición al predominio de lo comercial. Con el ascenso al poder del izquierdista Frente Amplio en Uruguay también se superó la oposición uruguaya al proyecto del Parlamento. Al mismo tiempo, la CPC estaba buscando un papel más activo. Nacida con un papel consultivo, la CPC no fue formalmente consultada ni siquiera una vez y gastó su tiempo discutiendo temas tan peculiares y políticamente marginales como la denominación de "Mercosur" a una ballena o la participación de un astronauta del Mercosur en las misiones espaciales.[94] Con el apoyo político de los presidentes Lula y Kirchner, la máxima instancia de decisión del Mercosur, el Consejo del Mercado Común (CMC), le confirió a la CPC la función de tomar los pasos necesarios para crear un parlamento regional antes de fines de 2006.

Los trabajos de la CPC fueron relativamente fáciles y rápidos en comparación con los hábitos del Mercosur. La CPC creó un Grupo Técnico que operaba bajo una lógica tanto nacional como regional. De acuerdo a lo anterior, cada Estado designó dos representantes en el Grupo. Siguiendo esto último, la CPC reclutó a un número de expertos independientes. Algunos aspectos ambiciosos de los primeros proyectos, como el poder parlamentario para controlar todo el presupuesto del Mercosur o la facultad de designar al Director del Secretariado Técnico del Mercosur, fueron removidos por los representantes de los Estados miembros. Esto señala que hubo una lucha de poder, en el sentido

---

[94] Tomo estas anécdotas de Casal, Oscar. "Entrevista con el autor". Buenos Aires, 5 de agosto de 2010. Oscar Casal fue el Secretario de la Sección de Argentina de la CPC (2000-2002) y de la Secretaría Administrativa Parlamentaria Permanente de la CPC (2003-2006). En sus últimas funciones, él coordinó el tránsito de la CPC al Parlasur.

de que los representantes de los ejecutivos sentían que la atribución de competencias significativas al Parlamento implicaba la pérdida de control de los Estados sobre la integración, lo cual significaría un "cruce de aguas" en el proceso. La versión final fue producida en menos de un año y aprobada por el CMC. El Protocolo que estableció el Parlasur fue ratificado a fines de 2006.

Una vez establecido, el Parlasur tuvo que enfrentar los problemas concretos de su composición, atribuciones y lugar dentro del proceso de integración. Se establecieron varias etapas transitorias para alcanzar la fase final de elección directa de los miembros del Parlamento del Mercosur en 2011. Hasta entonces, cada país designaría 18 representantes. La elección directa generaba un problema en términos de la conversión de los votos en asientos, puesto que la población de los países miembros difiere de forma dramática. Brasil tiene 195 millones de habitantes, Argentina cerca de 40, Paraguay 6,5 y Uruguay 3,5.[95] Una distribución proporcional de los asientos no tendría sentido, pues Brasil podría manejar el Parlasur sin oposición. Se introdujo el principio de la "proporcionalidad atenuada", pero comenzaron los problemas. Un sistema que le concediese a Brasil muchos asientos sería inaceptable para los Estados más pequeños, mientras que otro sistema que le diese pocos asientos en el Parlamento, no sería endosado por Brasilia. Dos mecanismos adicionales podían ser puestos en práctica: un proceso de toma de decisiones de compleja mayoría calificada y una delicada negociación sobre los poderes del Mercosur. Los miembros insatisfechos con la distribución de los asientos podían jugar duro en temas de mayoría calificada o podían oponerse a la atribución de competencias reales al Parlamento regional. Aunque

---

[95]   BBC, Country profiles 2011. http://www.bbc.co.uk/news/world/la-tin_america/ (consulta: 20 de febrero de 2011)

el Parlasur ha alcanzado un compromiso interno en torno a un complicado sistema que combina un número de
asientos fijos más adiciones calculados en base al tamaño
de la población, esta propuesta no ha sido aprobada por
el Consejo del Mercado Común.[96] El resultado es que el
Parlamento no tiene poder real y la elección directa de
sus miembros en 2011 será probablemente pospuesta.[97]

El funcionamiento práctico del Parlasur también es
problemático. Encuentros regulares deberían realizarse
cada mes, pero los comités se reúnen de forma irregular y
tienen un amplio alcance para actuar de forma eficiente.[98]
Los Comités de hecho no parecen tener una condición
de miembro permanente pues las delegaciones nacionales no están siempre completamente formadas y se elige
de manera informal en cuáles comités participarán los
representantes. El quórum de los Comités es cuatro, un
representante por país, y con frecuencia no es alcanzado.
Además, las diferencias nacionales son con frecuencia tras-
ladadas a nivel regional. Todavía se deben lograr muchos
progresos. Paraguay ya ha realizado la elección directa de
los representantes del Parlamento y un embrionario Grupo
Progresista transnacional ("la bancada progresista") se
formó señalando el posible surgimiento de grupos ideológicos opuestos a los tradicionales grupos nacionales.[99]

El Parlasur puede ser visto de una forma más o menos
severa. Las voces críticas destacan que el Parlamento regional debería ser el resultado final de una integración exitosa

---

[96]   Parlamento del Mercosur. *Acuerdo Político para la consolidación del
       Mercosur y proposiciones correspondientes*, articulo 2. Asunción, 28 de
       abril de 2009.

[97]   Hasta ahora, sólo Paraguay ha elegido de forma directa sus represen-
       tantes en el Parlasur.

[98]   Abdala, Pablo. "Entrevista con el autor". Montevideo, 20 de julio de 2010.
       Pablo Abdala, miembro del Parlamento, Partido Nacional, Uruguay.

[99]   Caetano, Gerardo (ed.). *La bancada progresista del Parlamento del
       Mercosur. Un actor regional*. Montevideo, Friedrich Ebert Stiftung, 2009.

y no un instrumento para lograr esto.[100] Evaluaciones más benignas ven al Parlasur como un paso promisorio y detectan señales de un potencial papel central en el futuro.[101] Una vez que se han establecido, las instituciones tienden a producir efectos autónomos de los Estados que las han constituido.[102] Por lo tanto, el Parlasur, no de una manera muy diferente a la del Parlamento Europeo,[103] tiene el potencial de convertirse en un promotor de la integración y de asumir mayores poderes con el transcurso del tiempo. No se sugiere que esto vaya a ocurrir, pero nada en la legislación actual del Mercosur evita que en principio esto pueda suceder.

El surgimiento del papel parlamentario puede tomar dos formas. La primera: mientras que ahora los miembros del Parlamento dividen su tiempo entre los deberes nacionales y los con frecuencia no muy deseados deberes regionales, con la elección directa, los miembros del Parlamento serán representantes regionales a tiempo completo. Eso significa que tendrán tiempo para familiarizarse con las instituciones regionales y sus posibilidades y para discutir sobre ellas, posiblemente abogando por más competencias. Un Parlamento electo tiene el potencial de retar el dominio de los gobiernos en el proceso de integración, y

---

[100]　Sanguinetti, Julio María. "Entrevista con el autor". Montevideo, 15 de julio de 2010. Sanguinetti fue Presidente de Uruguay (1985-1990 y 1995-2000). Abreu, Sergio. "Entrevista con el autor". Montevideo, 20 de julio de 2010. Abreu fue Ministro de Relaciones Exteriores de Uruguay (1993-1995).

[101]　Casal Oscar. "Entrevista con el autor". Perotti, Alejandro D. "Entrevista con el autor". Buenos Aires, 5 de agosto de 2010. El Dr. Perotti es un antiguo miembro de Sector de Asistencia Técnica del Mercosur y uno de los más calificados expertos en Derecho del Mercosur.

[102]　Barnett, Michael y Finnemore, Martha. "The Politics, Power and Pathology of International Organizations". *Op. cit.*; Duffield, John. "What are International Institutions?". *Op. cit.*

[103]　Dabene, Olivier. *The Politics of Regional Integration in Latin America*, Nueva York, Palgrave MacMillan, 2009, pp. 134-137.

esto explicaría el rechazo de las Cancillerías al mismo.[104]
La segunda: el Protocolo que establece el Parlamento señala que, con el objetivo de acelerar los procedimientos
nacionales para la entrada en vigencia de la legislación
regional, el Parlasur debe manifestar una opinión sobre las
normas del Mercosur que requieren ser internalizadas.[105]
Este mecanismo de consulta puede convertirse en el antecedente de una especie de procedimiento de co-decisión.[106]
Si los congresos nacionales conceden una internalización
por "vía rápida" a aquellas normas previamente endosas
por el Parlasur, éste tendría *de facto* un poder de acelerar
o detener, incluso de paralizar, el proceso de entrada en
vigencia de la legislación regional. La negociación de los
procesos nacionales competentes adquiere enorme importancia. Actualmente, sólo el Congreso brasileño concede
"vía rápida" a las normas aprobadas por el Parlasur. Si se
maneja de forma adecuada y si se extiende a todos los
congresos nacionales esto podría ser un instrumento muy
poderoso para el Parlasur.

2.3. El perfeccionamiento de la unión aduanera

El tema de las asimetrías económicas y estructurales
ha ganado *momentum* puesto que los países grandes han
reconocido las dificultades objetivas que enfrentan los
países más chicos. Mientras que en los años 90, las administraciones neoliberales favorecieron los compromisos
recíprocos sin considerar las asimetrías estructurales, los
gobiernos pos-neoliberales han aceptado el principio de

---

[104]   Perotti, Alejandro D. "Entrevista con el autor". Buenos Aires, 5 de agosto
        de 2010.
[105]   MERCOSUR, Consejo del Mercado Común Council (CMC), Decisión 23/05,
        artículo 4, párrafo 12. http://www.mercosur.int/show?contentid=1066
        (consulta: 21 de febrero de 2011)
[106]   Casal, Oscar. "Entrevista con el autor". Buenos Aires, 5 de agosto de 2010.

tratamiento especial y diferenciado. Para este propósito, son posibles dos estrategias compatibles: dar acceso a los mercados a los países más pequeños y proveer fondos estructurales para financiar proyectos que reduzcan la brecha. Lo anterior trae a la discusión una cuestión de larga data que se refiere al perfeccionamiento de la unión aduanera (acceso al mercado interno) y la negociación de acuerdos de libre comercio con terceros (acceso a mercados externos), que será desarrollada en esta sección. La última lleva a la creación del Fondo de Convergencia Estructural del Mercosur (FOCEM) que ya es operacional.

Se supone que el Mercosur es un mercado común, pero en realidad es una zona de libre comercio incompleta luchando para convertirse en una unión aduanera. En la actualidad, el área de libre comercio está sometida a excepciones establecidas en acuerdos bilaterales (sectores del azúcar y los automóviles), a la persistencia de barreras no arancelarias (licencias y normas fitosanitarias) y a la imposición de derechos de exportación intra y extra zona (Argentina). Más importante aun, las regulaciones del área del libre comercio cubren los productos manufacturados dentro del bloque solamente, pero no se extienden a los bienes importados de terceros países. Las implicaciones son sustanciales. Los productos importados pagan un "doble arancel", primero cuando ingresan a la zona de libre comercio y segundo cuando cruzan las fronteras dentro de ésta. En ausencia de un Código Aduanero Común y con una barrera externa común porosa, las inversiones sólo irán a los mercados más grandes. En cualquier caso, debido a la ubicación geográfica y a la infraestructura, los puertos de llegada de la zona de libre comercio son limitados y la adopción de estos instrumentos comunes depende de la aprobación de mecanismos de distribución de los ingresos derivados del cobro del arancel externo común. De nuevo, aunque existen limitaciones sustanciales, algunos progresos han sido realizados.

La Cumbre de San Juan de agosto de 2010 marcó un paso significativo en el perfeccionamiento de la unión aduanera. El Consejo del Mercado Común aprobó tanto el Código Aduanero Común[107] como los principios para resolver el doble cobro.[108] Sin embargo, existe el riesgo de una doble brecha. Por un lado, el Código Común Aduanero requiere la incorporación a la legislación nacional y atribuye a los Estados el poder de realizar las consultas y los procedimientos necesarios. Esto ha resultado ser difícil y lento en el pasado. Por otro lado, el doble cobro será eliminado gradualmente en tres etapas de 2012 a 2019 pero los aspectos prácticos son dejados a los Estados para que sean negociados y no se ofrece ningún lineamiento sobre un punto crucial de desacuerdo: la modalidad de redistribución de ingreso del pago aduanero. Hasta el momento, en el mundo sólo se conocen dos modalidades. La Unión Europea ha adoptado un modelo centralizado, en el cual las autoridades nacionales cobran los derechos aduaneros, que son transferidos a Bruselas como parte integral de los recursos propios de la Unión. En la Unión Aduanera Sudafricana, las autoridades nacionales también colectan los derechos aduaneros, pero luego los redistribuyen a los otros miembros de acuerdo a porcentajes fijos. En estos momentos, en el Mercosur, el país que colecta los derechos aduaneros también los conserva. No será fácil encontrar una solución práctica satisfactoria para todos los Estados

---

[107] MERCOSUR, Consejo del Mercado Común (CMC), Decisión 27/10, San Juan, 2 de agosto de 2010. http://www.mercosur.int/show?contentid=2376 (consulta: 21 de febrero de 2011) Hasta ahora, cada Estado usa sus propios códigos aduaneros nacionales.

[108] MERCOSUR, Consejo del Mercado Común (CMC), Decisión 10/10, San Juan, 2 de agosto de 2010. http://www.mercosur.int/show?contentid=2376 (consulta: 21 de febrero de 2011)

miembros, especialmente para Paraguay dada su posición mediterránea. Queda ahora por ver cómo los acuerdos políticos y las normas legales adoptadas a nivel regional serán realmente transformadas en regulaciones nacionales y encontrarán aplicación en el terreno.

La cuestión del perfeccionamiento de la unión aduanera está estrictamente relacionada con el tema de las negociaciones con terceros países. Se supone que el área de libre comercio y la unión aduanera traerían beneficios a todos los Estados miembros, especialmente a los más pequeños que verían facilitado su acceso a los mercados más grandes.[109] Sin embargo, debido a la imperfección de ambos mecanismos, Uruguay y Paraguay aún encuentran dificultades de acceso a los mercados de Argentina y Brasil. En ausencia de mejoras en las reglas intra-zonales, una posible solución sería buscar terceros mercados. Pero el Mercosur requiere que los acuerdos comerciales con terceros países sean negociados solamente por el bloque y no individualmente, pues de lo contrario se minaría la unión aduanera.[110] No obstante, las terceras partes pueden preferir negociar con miembros individualmente más que de forma conjunta si la unión aduanera y la zona de libre comercio no están efectivamente en vigencia. Frente a este dilema, el Mercosur sólo ha sido capaz de suscribir un acuerdo de libre comercio con Israel, aunque se ha firmado otro acuerdo con Egipto que aún no está en vigencia. Otras negociaciones se están realizando con un número de países árabes, pero este activismo parece tener

---

[109]   Porzecanski, Roberto. *No Voy en Tren. Uruguay y las perspectivas de un TLC con Estados Unidos (2000-2010)*. Montevideo, Debate, 2010, p. 39.
[110]   MERCOSUR, Consejo del Mercado común (CMC) Decisión 32/00, Buenos Aires, 29 de junio de 2000. http://www.mercosur.int/ show?contentid=3189 (consulta: 21 de febrero de 2011)

un valor más político que económico.[111] De hecho, existen cada vez más voces reclamando un Mercosur más flexible, en vez de uno más estricto, tanto para los Estados grandes como para los pequeños, que permita a los países miembros suscribir individualmente acuerdos comerciales con terceros países.[112]

3. El surgimiento de bloques regionales en competencia

Aunque el Mercosur está en gran medida basado en la idea de regionalismo abierto de la década de los 90, con el libre comercio como corolario, el siglo XXI ha estado acompañado de un grado sustantivo de novedad en términos de regionalismo. El cuestionamiento del neoliberalismo por las administraciones de la "marea rosada" y por la búsqueda de autonomía internacional y multipolarismo condujo a un renovado vigor y a principios alternativos con relación a la integración. Esto resultó en el surgimiento de dos nuevos esquemas: la Alternativa Bolivariana para las Américas (ALBA) y la Unión de Naciones Suramericanas (UNASUR), que son ampliamente proyectos políticos con

---

[111] Banco Interamericano de Desarrollo. *Informe MERCOSUR*, N°. 15, Buenos Aires, BID-INTAL, febrero de 2011.

[112] El candidato presidencial brasileño José Serra en varias ocasiones demandó un Mercosur más flexible. MercoPress. "Serra llama a flexibilizar el Mercosur", 26 de abril de 2010. http://es.mercopress.com/2010/04/26 (consulta: 22 de febrero de 2011) Gerardo Caetano. "Entrevista con el autor". Montevideo, 9 de julio de 2010. El profesor Caetano presentó la posición de los países pequeños. Gerardo Caetano fue Director del Instituto de Ciencia Política, Universidad de la República, Montevideo y destacado analista sobre asuntos del Mercosur.

una dimensión económica marginal.[113] En principio, ambos pueden entrar en competencia con el Mercosur en cuanto que actúan en un mismo espacio geográfico, pero ofrecen paradigmas políticos y económicos diferentes, condición yuxtapuesta de país miembro y propuestas divergentes de estilo de liderazgo y aspiraciones. El Mercosur tendrá que redefinir su papel en la región teniendo en cuenta la existencia y la futura evolución de estos proyectos paralelos.

El ALBA es esencialmente un instrumento del activismo y de la agenda regional de Hugo Chávez, y más que nada es un concepto.[114] Sus asociados están inspirados en los ideales bolivarianos de unidad política latinoamericana, solidaridad y desarrollo endógeno, pero estos principios permanecen ligeramente codificados e institucionalizados. Es también primariamente un proyecto político y está orientado por la preeminencia de la política sobre la economía.[115] El modelo del ALBA es ciertamente innovador aunque bastante peculiar. Se otorga un papel central al desarrollo social, con proyectos sociales co-auspiciados por el Estado en funcionamiento y equipado con recursos

---

[113]   En este sentido es cuestionable si el ALBA y la UNASUR deben ser considerados como iniciativas de integración, cooperación o coordinación. Véase el debate sobre la definición en Dabene, Olivier. *The Politics of Regional Integration in Latin America, Op. cit.*, capítulo 1. Para una definición estricta de la integración regional Cf. Schmitter, Philippe, "Change in Regime Type and Progress in International Relations". En: Adler, Emanuel y Crawford, Beverly (eds.). *Progress in Postwar International Relations.* Nueva York, Columbia University Press, 1991, pp. 89-127. Para una comprensión de la integración regional como una dimensión del regionalismo véase Hurrell, Andrew. "Regionalism in Theoretical Perspective". En: Fawcett, Louise y Hurrell, Andrew (eds.). *Regionalism in World Politics.* Nueva York, Oxford University Press, 1995, pp. 37-73.

[114]   Fritz, Thomas, *ALBA contra ALCA.* Berlín, Centro de Investigación y Documentación Chile Latinoamérica (FDCL), abril de 2007.

[115]   Soto, Nayllivis N. N. "Alternativa Bolivariana para las Américas: Una Propuesta histórico política al ALCA". En: *Geoenseñanza*, vol. 9, n° 1, 2004, pp. 57-73.

compartidos regionalmente que atacan serias deficiencias en salud, educación y sanidad.[116] Un principio básico del ALBA es el papel del Estado como una fuerza central, opuesta a los mercados y a los inversionistas privados. El reconocimiento de que América Latina se caracteriza por diversos niveles de desarrollo conduce a la adopción del principio de tratamiento diferente para diferentes Estados miembros, con compromisos diferentes más que recíprocos en los acuerdos de cooperación. En términos de la proyección externa y la posición en las negociaciones globales, el ALBA rechaza no sólo el enfoque estadounidense de la integración encarnado en el ALCA sino que se opone a todos los modelos, como el Mercosur y la CAN, que aceptan una matriz neoliberal. Mayores complejidades y contradicciones emergen cuando se considera que Venezuela misma está buscando su ingreso como miembro pleno del Mercosur y es parte de la UNASUR.

La UNASUR, por su parte, es primariamente el resultado de la visión de Brasil de hacer de América del Sur una comunidad unida y activa políticamente. No obstante, el *status* de la UNASUR y su verdadera naturaleza permanecen relativamente indefinidos. Formalmente constituida en 2008 y agrupando a las 12 naciones suramericanas, la ratificación de su tratado constitutivo estuvo pendiente por más de dos años. De forma paradójica, también en ese periodo tuvieron lugar encuentros de sus órganos y se cuestionó el principio de no interferencia en los asuntos internos de los Estados miembros.[117] Además, las diferencias

---

[116] Ravsberg, Fernando. "Cumbre del ALBA en Cuba". En: *BBC Mundo*, 13 de diciembre de 2009. http://www.bbc.co.uk/mundo/economia/2009/12/091213_0626_cuba_alba_gm.shtml (consulta: 30 de octubre de 2010)

[117] Gardini, Gian Luca. "Verso una nuova guerra fredda?". En: *Affari Internazionali*, 24 de septiembre de 2008. http://www.affarinternazionali.it/articolo.asp?ID=955 (consulta: 30 de septiembre de 2010)

de idiosincrasias entre los países miembros son tan notables que pueden obstaculizar cualquier posterior desarrollo no sólo económico sino también institucional y político. En el ámbito regional, el Mercosur y la CAN promueven una amplia agenda neoliberal de eliminación de las barreras al comercio, crecimiento orientado a las exportaciones y a la integración dentro de los mercados globales, mientras que el ALBA rechaza las recetas neoliberales y coloca su énfasis en un comercio basado en el solidaridad, la compensación y el trueque. En el ámbito nacional, Chile adopta aranceles muy bajos y ha concluido tratados de libre comercio (TLC) con países de todo el mundo. Perú y Colombia están siguiendo el modelo chileno, mientras que Ecuador, Bolivia y Venezuela tienden a regular y restringir el comercio exterior y se están convirtiendo en economías fuertemente dominadas por los Estados. Como ninguna integración significativa es posible sin una convergencia en la política comercial, la cuestión que permanece es si la UNASUR constituye propiamente un proceso de integración o una mera instancia de coordinación inter-estatal y cooperación.[118]

Ahora bien, ¿cuáles son las implicaciones para el Mercosur de este escenario? El presente y el futuro del ALBA son altamente dependientes del liderazgo del Presidente Chávez y del deseo de compartir los recursos petroleros para propósitos políticos. Una pérdida de consenso y de poder de Hugo Chávez puede cambiar decisivamente la política exterior venezolana. Esto probablemente reduciría las tensiones ideológicas y facilitaría la adaptación de las posiciones de Venezuela tanto dentro del Mercosur como

---

[118]   Sepúlveda Muñoz, Isidro. "Introducción". En: Ministerio de la Defensa. *La creación de UNASUR en el marco de la seguridad y la defensa.* Madrid, Centro Superior de Estudios de la defensa nacional, Documentos de Seguridad y Defensa, n° 29, enero de 2010.

de la UNASUR. Podría esperarse un declive del ALBA. Sin embargo, se mantiene una pregunta: ¿Cuán genuino podría ser el compromiso de Venezuela con los principios del Mercosur sin un rechazo al bolivarianismo? Bajo las actuales circunstancias, si una participación yuxtapuesta se materializara, el ALBA y el Mercosur podrían sólo coexistir debido a dos circunstancias: a que los compromisos de integración sean muy flexibles, y por lo tanto maleables a todo tipo de compromiso pero sin contenido real; o a que la brecha entre la retórica política y la práctica diplomática sea en verdad sustancial. En cualquier caso el Mercosur aparece como el proceso más duradero.

La UNASUR ofrece tanto retos como oportunidades al Mercosur. En el caso del éxito de la UNASUR, por un lado, el Mercosur podría enfrentar una feroz competencia por los limitados recursos disponibles para la integración y eventualmente disolverse en el nuevo esquema. Por otro lado, el Mercosur puede representar el núcleo de una nueva empresa integracionista, especialmente en el campo económico, y dirigir la evolución hacia esta última de acuerdo a sus propias preferencias. En caso contrario, si la UNASUR resulta ser excesivamente ambiciosa, conflictiva y le falta la necesaria voluntad política y la convergencia económica, por un lado, todos los esquemas de integración regional podrían sufrir este anti-climax, pero por el otro, el Mercosur podría recuperar un papel político central y/o ser la vanguardia en un proyecto de integración regional que funcione a diversas velocidades. Lo que parece ser crucial es el papel de Brasil. ¿Podría éste liderar dos diferentes esquemas de integración al mismo tiempo? ¿A cuál privilegiaría? ¿Puede Brasil ignorar las preferencias de los otros miembros para uno u otro esquema?

4. Conclusiones

En cada etapa de sus veinte años de vida, el Mercosur ha reflejado y se ha adaptado a los humores políticos de su escenario doméstico y del contexto regional y global. En cada etapa, las visiones de los líderes nacionales han moldeado la agenda del Mercosur, las características institucionales y las transformaciones. En cada etapa, el Mercosur ha sido el resultado de la acción de los agentes en el marco de limitaciones estructurales y oportunidades de cada tiempo. Como los dos padres fundadores del Mercosur señalaron sobre las dos primeras fases del bloque, en una especie de visión premonitoria, cada fase aparece como una continuación natural de la otra,[119] y cada una refleja "el proceso apropiado a las circunstancias históricas, políticas y económicas del momento".[120] Esto se aplica perfectamente a la trayectoria histórica del Mercosur como un todo.

El impacto de los cambios domésticos ha tenido una importancia enorme en la agenda del Mercosur y en la filosofía que lo fundamenta. Esto se debió especialmente a la naturaleza altamente intergubernamental del bloque. Con la reciente oleada de administraciones progresistas, las dimensiones social y política han ganado terreno pero los tradicionales temas económicos y los intereses nacionales tienden a prevalecer sobre la agenda regional. En verdad, las expectativas nacionales y los intereses en el Mercosur divergen.[121] Para Brasil, el Mercosur, y la región

---

[119]   Lavagna, Roberto. *Argentina, Brasil, Mercosur. Una decisión estratégica.* Buenos Aires, Ciudad Argentina, 1998.

[120]   Campbell, Jorge. "Entrevista con el autor". Buenos Aires, 18 de marzo de 2003. Jorge Campbell fue el Sub-secretario de Comercio Exterior (1986-1987 y 1989) y Sub-secretario de Relaciones Económicas Internacional (1994-1999) de Argentina.

[121]   Malamud, Andrés. "El MERCOSUR va a Oxford". En: *El Estadista*, 22 de marzo de 2011.

en general, es una rampa de lanzamiento para sus aspiraciones globales y un instrumento para administrar sus relaciones con Argentina, pero Brasil no se siente obligado a representar al área en el plano global. Para Argentina, el Mercosur es primariamente un instrumento para limitar a Brasil y permanecer de alguna forma asociado a éste en los asuntos mundiales. Uruguay se mantiene en el Mercosur en base a dos lógicas: por un lado, los costos de exclusión serían muy altos y los beneficios de negociar libremente un acuerdo de libre comercio con el resto del mundo tienen que ser demostrados. Por otro lado, sectores significativos de la sociedad uruguaya todavía creen en el proyecto y en las ventajas que trae para el país. Finalmente, Paraguay, debido a su posición mediterránea, mira hacia el Mercosur esencialmente porque carece de opciones económicas y geoestratégicas alternativas.

En consecuencia, una profundización del Mercosur puede parecer poco probable en las actuales circunstancias. Aunque se puede producir una mayor construcción institucional, es dudoso que alguno de sus miembros esté realmente comprometido a expandir las competencias y la eficiencia del bloque, especialmente si esto implica al mismo tiempo limitaciones del margen de maniobra nacional. En lo referente a su ampliación, si el problema es la actual administración venezolana, no se espera que ésta dure por siempre y los futuros desarrollos dependerán mucho de la política doméstica en Paraguay y Venezuela. Finalmente, América Latina, y el Mercosur no es una excepción, está dividida entre una retórica, un apoyo casi teatral a la solidaridad continental y la integración, y una fuerte preferencia empírica por la soberanía y el interés nacional, acompañados por una tradicional aversión a la supranacionalidad.[122] El posicionamiento regional y la

---

[122]   Gardini, Gian Luca. "Unity and Diversity". *Op. cit.*

elección de la integración son parte esencial de la política
exterior nacional y, en consecuencia, el regionalismo debe
entenderse con relación a las agendas y las dinámicas
nacionales.

La política nacional y la voluntad política están estrictamente conectadas. Asimetrías geográficas, demográficas y
económicas dentro de la región afectan grandemente tanto
el deseo integracionista como las oportunidades objetivas
y la conveniencia de tal proceso. En un bloque regional en
el cual Brasil representa casi las 2/3 partes del territorio, ¾
de la población y 2/3 partes de la producción económica,
no sorprende que este país sea escéptico de ver su autonomía limitada por países más pequeños y que estos últimos
desconfíen del poder brasileño. En ambos casos, los lazos
regionales parecen llenos de retórica, pero encuentran
dificultades en la práctica. Para colocar las cosas en su
justa medida, si fuese posible transferir las asimetrías del
Mercosur al contexto europeo, obtendríamos una Unión
Europea con cuatro miembros, Alemania, Holanda, Letonia
y Estonia. Es discutible si bajo tales auspicios los europeos
estarían más inclinados hacia la integración regional que
los mercosureños.[123] Desde el punto de vista político, la
construcción de instituciones regionales comunes sería
igualmente difícil. La representación proporcional no sería
simplemente una opción y las mayorías calificadas acarrea-
rían lentitud, quizás discusiones sin fin y probablemente
generarían resultados indeseables e insostenibles.

Rasgos de "surrealismo" caracterizan algunas de las
ingeniosas características y etiquetas del Mercosur. Sin
embargo, la desilusión con el bloque está también conec-
tada con las poco realistas y elevadas expectativas, con

---

[123]   La ausencia de conflictos armados inter-estatales significativos en el
área del Mercosur en los últimos 140 años ha también removido un
incentivo que fue decisivo para la integración en Europa.

frecuencia reforzadas por una retórica hiperbólica que no toma en consideración la realidad y los hechos en el marco de los cuales nació y logró evolucionar el Mercosur. Este último es un caso *sui generis* de "sur-realismo", cuya adaptación pragmática y creatividad institucional han permitido a los Estados miembros superar las constricciones estructurales objetivas presentes en el Cono Sur y forjar un bloque regional al menos creíble y duradero. Aunque el bloque es perfectible, dos asuntos deben ser abordados: primero, dado que las limitaciones estructurales no se han modificado, ¿ha alcanzado el Mercosur un techo o un límite mayor que no es capaz de o no debería intentar superar? Segundo, a pesar de las deficiencias señaladas, ¿está el Cono Sur de América Latina mejor con el Mercosur que sin éste?

Bibliografía

Allen Pigman, Geoffrey. *The World Economic Forum. A Multi-Stakeholder Approach to Global Governance.* Londres, Routledge, 2007.

Barnett, Michael y Finnemore, Martha. "The Politics, Power and Pathology of International Organizations". En: *International Organization*, vol. 53, n° 4, 1999, pp. 699-732.

BBC. *Country Profile: Venezuela.* Disponible en: http:// news.bbc.co.uk/1/hi/world/americas/country_profiles/1229345.stm#facts (consulta: 22 de febrero de 2011)

——. *Country profiles 2011.* Disponible en: http://www.bbc.co.uk/news/world/latin_america/ (consulta: 20 de febrero de 2011)

Banco Interamericano de Desarrollo. *Informe MERCOSUR*, N°. 15, Buenos Aires, BID-INTAL, febrero de 2011.

Bouzas, Roberto. "El Mercosur diez años después: ¿Proceso de aprendizaje o *déjà-vu*?" En: *Desarrollo Económico*, vol. 41, nº 162, pp.179-200.

Bull, Hedley. *The Anarchical Society: A study of order in world politics*. Basingstoke, Palgrave, 2002.

——. "The Theory of International Politics, 1919-1969". En: Der Derian, James (ed.). *International Theory: Critical investigations*. Basingstoke, MacMillan, 1995, pp. 181-209.

Buzan, Barry y Little, Richard. *International Systems in World History*. Oxford, OUP, 2000.

Caetano, Gerardo (ed.). *La bancada progresista del Parlamento del Mercosur. Un actor regional*. Montevideo, Friedrich Ebert Stiftung, 2009.

Carlsnaes, Walter. "Foreign Policy". En: Carlsnaes, Walter, Risse, Thomas y Simmons, Beth A (eds.). *Handbook of International Relations*. Londres, Sage, 2002.

Dabène, Olivier. *The Politics of Regional Integration in Latin America*. Nueva York, Palgrave MacMillan, 2009.

Danese, Sergio. *Diplomacia Precidencial: História e Crítica*. Río de Janeiro, Topbooks, 1999.

Dreyzin de Klor, Adriana y Morales Antoniazzi, Mariela. *Ampliación del Mercosur. El caso de Venezuela*. Buenos Aires, Zavalia, 2009.

Duffield, John. "What are International Institutions?". En: *International Studies Review*, vol. 9, nº 1, 2007, pp. 1-22.

Fritz, Thomas. *ALBA contra ALCA*. Berlín, Centro de Investigación y Documentación Chile Latinoamérica (FDCL), abril de 2007.

Gardini, Gian Luca. "Verso una nuova guerra fredda?". En: *Affari Internazionali*, 24 de septiembre de 2008. Disponible en: http://www.affarinternazionali.it/articolo.asp?ID=955 (consulta: 30 de septiembre de 2010)

——. *The Origins of Mercosur*. Nueva York, Palgrave MacMillan, 2010.

——. "Unity and Diversity in Latin American Visions of Regional Integration". En: Gardini, Gian Luca y Lambert, Peter (eds,). *Latin American Foreign Policies. Between Ideology and Pragmatism*. Nueva York, Palgrave MacMillan, 2011, pp. 235-254.

Goldstein, Judith y Kohane, Robert O. "Ideas and Foreign Policy: An Analytical Framework". En: Goldstein, Judith y Kohane, Robert O. (eds.). *Ideas and Foreign Policy. Beliefs, Institutions and Political Change*. Ithaca Nueva York y Londres, Cornell University Press, 1993.

Gutiérrez, Alejandro. "Venezuela en el Mercosur: Oportunidades y Amenazas". En: Briceño Ruiz, José y Gorodeckas, Heinrich (eds). *El ALCA frente al Regionalismo Sudamericano. Las opciones para Venezuela*. Mérida-Venezuela, Universidad de los Andes – Universidad de Carabobo, 2006, pp. 137-182.

Hall, John H. *International Orders*. Cambridge, Polity Press, 1996.

Hurrell, Andrew. "Regionalism in Theoretical Perspective". En: Fawcett, Louise y Hurrell, Andrew (eds.). *Regionalism in World Politics*. Nueva York, Oxford University Press, 1995.

Kaltenthaler, Karl y Mora, Frank O. "Explaining Latin American Economic Integration: The case of MERCOSUR". En: *Review of International Political Economy*, vol. 9, n° 1, 2002, pp. 72-97.

Lavagna, Roberto. *Argentina, Brasil, Mercosur. Una Decisión Estrategica*. Buenos Aires, Ciudad Argentina, 1998.

Lievesley, Geraldine y Ludlam, Steve (eds.). *Reclaiming Latin America. Experiments in Radical Social Democracy*. Londres, Zed Books, 2009.

Malamud, Andres. (2005). "Presidential Diplomacy and the Institutional Underpinnings of Mercosur. An Empirical Examination". En: *Latin American Research Review*, vol. 40, n° 1, 2005, pp. 138-64.

——. "Argentine Foreign Policy under the Kirchners: Ideological, Pragmatic or simply Peronist?". En: Gardini, Gia Luca y Lambert, Peter (eds.). *Latin American Foreign Policies between Ideology and Pragmatism*. Nueva York, Palgrave MacMillan, 2011, pp. 87-102.

——. "El MERCOSUR va a Oxford". En: *El Estadista*, 22 de marzo de 2011.

Marshall, Katherine. *The World Bank: From Reconstruction to Development to Equity*. Londres, Routledge, 2008.

Mendoza, Carolina. "Venezuela en el Mercosur: ¿Tiene Ventajas Comparativas?". En: Briceño Ruiz, José y Acosta Kanquis, Nebis (eds.). *Los Nuevos Escenarios en la Dinámica de la Integración Suramericana*. Maracaibo, Banco Central de Venezuela, Universidad del Zulia y Universidad de los Andes, 2007, pp. 227-242.

MercoPress. "Serra llama a flexibilizar el Mercosur". 26 de abril de 2010. Disponible en: http://es.mercopress. com/2010/04/26 (consulta: 22 de febrero de 2011)

MERCOSUR. "Comunicado Conjunto de los Presidentes de los Estados parte del Mercosur", Asunción, 15 de agosto de 2003. Disponible en: http://www. mercosur.int/msweb/Documentos/Publicados/ Comunicados/003672886_CMC_2003-08-15__COMU-CPR_S-N_ES.pdf (consulta: 20 de enero de 2011)

——. "Tratado de Asunción, 26 de marzo de 1991". Disponible en: http://www.mre.gov.py/dependencias/tratados/ mercosur/registro%20mercosur/Acuerdos/1991/es-pañol/1.Tratado%20de%20Asunción.pdf (consulta. 20 de enero de 2011)

——. "Protocolo de Ouro Preto, 17 de diciembre de 1994". Disponible en: http://www.mre.gov.py/de-pendencias/tratados/mercosur/registro%20merco-sur/Acuerdos/1994/español/10.%20Protocolo%20 Ouro%20Preto.pdf (consulta: 20 de enero de 2011)

——. "Consejo del Mercado Común (CMC), Decisión 32/00". Disponible en: http://www.mercosur.int/ show?contentid=3189 (consulta: 21 de febrero de 2011)

——. "Consejo del Mercado Común (CMC), Decisión 23/05". Disponible en: http://www.mercosur.int/ show?contentid=1066 (consulta: 21 de febrero de 2011)

——. "Consejo del Mercado Común (CMC), Decisión 10/10". Disponible en: http://www.mercosur.int/ show?contentid=2376 (consulta: 21 de febrero de 2011)

——. "Consejo del Mercado Común (CMC), Decisión 27/10". Disponible en: http://www.mercosur.int/ show?contentid=2376 (consulta: 21 de febrero de 2011)

Mounier, Emmanuel. *Le Personnalisme*. París, Presses Universitaires de France, 1964.

Pérez, Romeo. "El MERCOSUR ante su extraña crisis". *CLAEH Working Paper*. Montevideo, noviembre de 2009.

Porzecanski, Roberto. *No Voy en Tren. Uruguay y las perspectivas de un TLC con Estados Unidos (2000-2010)*. Montevideo, Debate, 2010.

Ravsberg, Fernando. "Cumbre del ALBA en Cuba". En: BBC Mundo, 13 de diciembre de 2009. Disponible en: http://www.bbc.co.uk/mundo/economia/2009/12/091213_0626_cuba_alba_gm.shtml (consulta: 30 de octubre de 2010)

Renouvin, Pierre y Duroselle, Jean-Baptiste. *Introduction to the History of International Relations*. Londres, Pall Mall Press, 1968.

Roett, Riordan. *Mercosur: Regional Integration, World Markets*. Boulder CO, Lynne Rienner, 1999.

Schmitter, Philippe. "Change in Regime Type and Progress in International Relations". En: Adler, Emanuel y Crawford, Beverly (eds.). *Progress in Postwar International Relations*. Nueva York, Columbia University Press, 1991.

Sepulveda Muñoz, Isidro. "Introducción". En: Ministerio
de la Defensa, *La Creacción de UNASUR en el Marco
de la Seguridad y la Defensa*. Madrid, Centro Superior
de Estudios de la defensa nacional. Documentos de
Seguridad y Defensa N° 29, enero de 2010.

Soto, Nayllivis N. N. "Alternativa Bolivariana para las
Américas: Una propuesta histórico política al ALCA".
En: *Geoenseñanza*, vol. 9, n° 1, 2004, pp. 57-73.

Valenzuela, Arturo. "Paraguay: The Coup that Didn't
Happen". En: *Journal of Democracy*, vol. 8, n° 1, 1997,
pp. 43-55.

Entrevistas

Abdala, Pablo. "Entrevista con el autor". Montevideo, 20
de julio de 2010.

Abreu, Sergio. "Entrevista con el autor". Montevideo, 20
de julio de 2010.

Caetano, Gerardo. "Entrevista con el autor". Montevideo
9 de julio de 2010.

Campbell, Jorge. "Entrevista con el autor". Buenos Aires,
18 de marzo de 2003.

Cancela, Walter. "Entrevista con el autor". Montevideo, 20
de julio de 2010.

Casal, Oscar. "Entrevista con el autor". Buenos Aires, 5 de
agosto de 2010.

Perotti, Alejandro D. "Entrevista con el autor". Buenos Aires,
5 de agosto de 2010.

Quijano, José Manuel. "Entrevista con el autor". Montevideo,
22 de julio de 2010.

Sanguinetti, Julio María. "Entrevista con el autor".
Montevideo, 15 de julio de 2010.

Vaillant, Marcel. "Entrevista con el autor". Montevideo, 9
de julio de 2010.

El Mercosur veinte años después y su futuro

Félix Peña

Los veinte años que han transcurrido desde la firma del Tratado de Asunción, el 26 de marzo de 1991, brindan una oportunidad para reflexionar sobre la experiencia adquirida en la trayectoria del Mercosur. Es, además, un buen momento para reflexionar sobre el impacto que los profundos cambios que se han generado desde entonces en el mundo y en la región –incluyendo por cierto a sus países miembros–, tienen en la vigencia de la idea estratégica que lo impulsó (su dimensión existencial) y en la de los métodos de trabajo que se emplean para lograr su concreción (su dimensión metodológica).

A la luz de la experiencia adquirida y en el contexto de las nuevas realidades globales y regionales, nos interrogaremos sobre el futuro del Mercosur como proceso subregional de integración sudamericana. Asimismo, presentaremos para su discusión, algunas sugerencias prácticas orientadas a fortalecer su eficacia y su legitimidad social, como instrumento funcional al desarrollo económico y social de sus países miembros y a la gobernabilidad del espacio geográfico sudamericano.

1. La idea estratégica y el enfoque metodológico según los instrumentos fundacionales

La lectura comparada de los dos instrumentos fundacionales firmados en el periodo que va de diciembre de 1990 a marzo de 1991 permite tener más claro el alcance de la idea estratégica y de los métodos de trabajo originales del Mercosur. Ambos instrumentos siguen formalmente vigentes y son los que han cumplido veinte años. En tal lapso fueron objeto de modificaciones y de adiciones que, sin embargo, no significaron introducir cambios sustanciales a los planteamientos originales.

El contraste entre ellos arroja luz sobre la dimensión existencial del Mercosur en su momento fundacional –el hecho de que no fuera concebido sólo como un proceso de integración comercial– y sobre su dimensión metodológica –el hecho de que se lo concibiera con un alcance estratégico de largo plazo y como una construcción gradual, cuyo ritmo debían fijarlo los propios gobiernos pero con una fuerte participación de los sectores de la producción, especialmente a través de los acuerdos sectoriales–.

El primero de esos instrumentos es el Acuerdo de Complementación Económica Nº 14 (ACE Nº 14) firmado por Argentina y Brasil en el ámbito de la Asociación Latinoamericana de Integración (ALADI), el 20 de diciembre de 1990. Desde entonces se le han incorporado 39 protocolos adicionales, el último en marzo de 2010. La mayoría de esos protocolos adicionales se relacionan con el sector automotriz.[124]

El segundo es el Tratado de Asunción firmado el 26 de marzo de 1991.[125] A diferencia del anterior instrumento, incluye también a Paraguay y a Uruguay (originalmente se había previsto que participara además Chile como miembro pleno). Luego se firmaron Protocolos que complementan el Tratado fundacional y que desarrollan distintos aspectos de los compromisos asumidos, especialmente en relación con la estructura institucional, con el compromiso con la democracia, con la solución de

---

[124] http://www.aladi.org/nsfaladi/textacdos.nsf/vaceweb?OpenView&Start=1&Count=100&Expand=5#5).

[125] http://www.mercosur.org.uy/innovaportal/file/719/1/CMC_1991_TRATADO_ES_Asuncion.pdf.

controversias y con la incorporación de Venezuela como miembro pleno.[126]

Como era necesario proteger sus preferencias arancelarias en el marco de lo establecido en el artículo 44 del Tratado de Montevideo de 1980 ("Las ventajas, favores, franquicias, inmunidades y privilegios que los países miembros apliquen a productos originarios de o destinados a cualquier otro país miembro o no miembro, por decisiones o acuerdos que no estén previstos en el presente Tratado o en el Acuerdo de Cartagena, serán inmediata e incondicionalmente extendidos a los restantes países miembros"),[127] los compromisos comerciales preferenciales asumidos en el Tratado de Asunción fueron luego incorporados al ámbito de la ALADI, por el Acuerdo de Complementación nº 18 (ACE Nº 18) firmado el 29 de noviembre de 1991. Desde entonces fueron firmados 74 protocolos adicionales, el último en mayo de 2010. La mayoría de los protocolos adicionales se relacionan con el régimen del comercio intra-Mercosur y con las reglas de origen.[128]

El hecho de que se recurriera a dos instrumentos jurídicos internacionales separados pero complementarios, negociados y firmados casi en forma simultánea, indica entonces mucho con respecto a la dimensión existencial del Mercosur en su momento fundacional. En efecto, el primer instrumento –el ACE Nº 14– tuvo como objetivo preservar y profundizar el acervo de compromisos comerciales preferenciales asumidos por Argentina y Brasil, tanto en el marco de la ALADI como en el del Programa de Integración y Cooperación bilateral lanzado en 1986 en base a lo acordado en 1985 por el Acta de Iguazú. Dio lugar

---

[126] http://www.mercosur.org.uy/t_generic.jsp?contentid=2485&site=1&channel=secretaria.

[127] http://www.aladi.org/nsfaladi/juridica.nsf/vtratadoweb/tm80

[128] http://www.aladi.org/nsfaladi/textacdos.nsf/vaceweb?OpenView&Start=1&Count=100&Expand=7#7

luego al Tratado de Integración, Cooperación y Desarrollo, firmado en Buenos Aires por Argentina y por Brasil el 28 de noviembre de 1988,[129] y que está vigente desde el año 1989. Si el objetivo hubiera sido prioritariamente de contenido comercial, el ACE N° 14 habría sido suficiente para asegurar el desarrollo futuro de la relación bilateral entre las dos principales economías del área, sin necesidad de crear el Mercosur. De hecho el programa de liberación comercial incluido en tal instrumento internacional era similar al que luego se incorporó al Tratado de Asunción abarcando también a los otros dos países, Paraguay y Uruguay. Es ésta entonces una de las evidencias de que el Mercosur fue creado por razones estratégicas y políticas que trascendían el plano comercial.[130]

El segundo instrumento internacional –el Tratado de Asunción– contiene compromisos más amplios y no limitados a objetivos comerciales. Tiene jerarquía de tratado internacional y vocación de permanencia en el tiempo. En el caso de Argentina tiene una jerarquía superior a la de la legislación nacional. Se lo concibió como el marco de un proceso orientado a construir un mercado común en los términos definidos por su artículo 1°, que tiene un alcance programático. Las implicancias de tal construcción se reflejan en el carácter evolutivo que tuvieron los compromisos iniciales asumidos, así como en el hecho de que aquellos

[129]   http://www.infoleg.gov.ar/infolegInternet/anexos/0-4999/97/norma.htm
[130]   Sobre el alcance que se le otorgó a la creación del Mercosur, ver nuestro artículo titulado "Mercosur: una idea con fuerza", en nuestro libro *Memorias y Perspectivas: La Argentina en el Mundo y en América Latina.*, Buenos Aires, Eduntref, 2003, en: http://www.felixpena.com.ar/contenido/libro/capitulo12-mercosur-una-idea-con-fuerza.pdf y que fuera originalmente publicado en la *Perspectiva Internacional*, revista del Partido Justicialista dirigida por José Octavio Bordón, n° 4, año 3, julio de 1991. En ese momento el autor se desempeñaba como Coordinador Nacional del Grupo Mercado Común y en tal carácter había participado en la etapa final de la negociación del Tratado de Asunción.

pocos que eran exigibles en plazos cortos (contenidos en su artículo 5º y en sus anexos) en su esencia eran similares a los contenidos en el mencionado ACE Nº 14.

La idea de lanzar un proceso orientado a construir a través del tiempo un espacio común entre los cuatro países fundacionales, de contenido económico pero, a la vez, multidimensional –como lo demuestran, por ejemplo, las acciones emprendidas desde el comienzo en el plano de la educación y las reuniones ministeriales especializadas que se organizaron– y con claras implicancias políticas puede explicar también la dimensión metodológica original. Ella consistió en prever que el núcleo duro de compromisos exigibles sería desarrollado por un mecanismo institucional embrionario, de composición intergubernamental. Tal núcleo duro tendría luego una primera evolución con la firma del Protocolo de Ouro Preto de 1994, y coincidiría con el paso dado a través del establecimiento del arancel externo común, como instrumento principal de una unión aduanera.

Los pasos siguientes en la evolución institucional no alteraron el alcance fundamentalmente intergubernamental de la estructura institucional y de los métodos de trabajo del Mercosur. Ni la creación posterior de la Secretaría Técnica, ni la de la Presidencia del Comité de Representantes significaron –a pesar de su potencial– pasos consumados en la dirección de establecer una instancia independiente que pudiera reflejar, en los distintos mecanismos de decisión, una perspectiva independiente a la reflejada por los respectivos representantes gubernamentales.

Dada las asimetrías de dimensión económica y de poder relativo que existen entre los países miembros, la carencia de una instancia que permita preservar una visión de conjunto y facilitar la construcción de los consensos necesarios para la adopción de decisiones que efectivamente se cumplan, puede ser visualizada como una de las deficiencias más notorias del Mercosur.

2. Veinte años después: los cambios en el entorno externo

Veinte años después, el entorno externo del momento fundacional ha cambiado significativamente. Ello es así, tanto para el contexto sudamericano –el "barrio" en el sentido de entorno inmediato a cada uno de los países que comparten un espacio geográfico regional– como para el global. Es ésta entonces una oportunidad para reflexionar sobre el futuro del Mercosur a la luz de la experiencia acumulada. Tres consideraciones son relevantes al respecto.

La primera consideración tiene que ver con cambios profundos de circunstancias y necesidades, producidos desde que se firmó el Tratado de Asunción. Al principio de los años 90, las circunstancias resultaban, entre otros factores, de los múltiples impactos del fin de la Guerra Fría; de la iniciativa de EUA de impulsar un área hemisférica de libre comercio; del desarrollo de la Rueda Uruguay en la Organización Mundial del Comercio (OMC) y del relativo estancamiento en la metodología de integración bilateral entre Argentina y Brasil.

A su vez las principales necesidades eran: competir con países de Europa del Este en la atracción de inversiones productivas; reunir masa crítica negociadora para encarar la decisión estadounidense de tener una fuerte presencia comercial en América del Sur y profundizar la alianza estratégica enhebrada entre Argentina y Brasil por los presidentes Alfonsín y Sarney.

Son circunstancias y necesidades que hay que visualizarlas, además, en la perspectiva del complejo cuadro político y económico interno que caracterizaba entonces a Argentina y a Brasil. Cabe tener presente, en particular, que el restablecimiento de la democracia aún no se había consolidado y que tampoco se habían logrado estabilizar las respectivas economías.

Hoy, circunstancias y necesidades son diferentes. El mundo es más multipolar y todos los países –incluyendo los del Mercosur, cualquiera que sea su dimensión económica– tienen diversas opciones para insertarse en la competencia económica global. El foco de atención no cruza más sólo por Washington o algunas capitales europeas. Los desplazamientos del poder económico relativo entre las naciones y el creciente protagonismo de países asiáticos en el comercio mundial y en las inversiones internacionales abren un escenario de fuertes oportunidades, pero también de desafíos para los países del Mercosur. El surgimiento de China y de otras economías emergentes ha cambiado radicalmente la geografía de la competencia económica global y los impactos políticos son cada vez más visibles. China tiende a ser un protagonista de creciente relevancia en América del Sur, tanto en el plano del comercio exterior como en el de las inversiones. Otro dato, no menor, es el hecho de que Brasil se percibe y es percibido como un país con creciente capacidad y vocación para ser un actor global. En tal sentido parece significativo el valor que le puede aportar, ante terceros países, su protagonismo y eventual liderazgo para presentarse como artífice y posible garante de la gobernabilidad del espacio sudamericano. Y ello puede contribuir a explicar su claro interés en afirmar la institucionalización del espacio regional en torno al Mercosur, como un núcleo duro, y a la Unión de Naciones Sudamericanas (UNASUR), como un ámbito más amplio y complementario, que abarque toda Sudamérica. Es un interés en el cual se puede observar, por lo demás, una clara coincidencia estratégica con Argentina.

En cuanto al contexto sudamericano, las demandas originarias de gobernabilidad regional –entendida como predominio de paz y estabilidad política– tenían, en el momento fundacional del Mercosur, un fuerte énfasis en el espacio denominado Cono Sur (que incluso fue durante el proceso negociador el nombre del mercado común a crearse y que fue modificado a propuesta de Brasil en el momento de inicializarse el texto acordado) y, en particular, en las relaciones entre Argentina y Brasil. Por iguales razones también se extendían a Chile y de allí que fuera el país convidado inicialmente a participar del Mercosur, pero que prefirió no ser miembro fundador por razones que probablemente trascendían el plano de las políticas comerciales.

Hoy y hacia el futuro, las demandas de gobernabilidad regional abarcan todo el espacio geográfico sudamericano. De allí lo que señalara el canciller de Brasil, Celso Amorim, en el World Economic Forum de Davos, en 2008, cuando afirmó que para Brasil el Mercosur es equivalente a "paz y estabilidad en América del Sur". Por lo demás, en el momento fundacional tuvo una fuerte incidencia la iniciativa de los Estados Unidos de desarrollar un área de libre comercio hemisférica, que luego se plasmaría en el intento fracasado del denominado ALCA. Tanto en la percepción estratégica de Argentina y de Brasil, como también en la de los europeos, esta iniciativa estadounidense requería de una respuesta en el plano sub-regional, así como también en el de la relación bi-regional con la entonces Comunidad Europea. Ni la iniciativa de construir el Mercosur, lanzada en junio de 1990 poco después de iniciarse el proceso que conduciría al Tratado de Libre Comercio de América del Norte (TLCAN), ni la de promover un entendimiento bi-regional con Europa han sido ajenas entonces al hecho de que Estados Unidos hubiera señalizado su intención de tener una presencia comercial preferencial en todo el espacio latinoamericano.

La segunda consideración es sobre la validez de la idea estratégica que impulsa la construcción del Mercosur. Se asienta en el núcleo duro de una relación bilateral de calidad entre Argentina y Brasil. Está basada en la confianza recíproca, con especial énfasis en la cooperación nuclear. No tiene un alcance exclusivo ni excluyente, pero sí una proyección sudamericana. Implica preferencias económicas previsibles que incentiven una integración productiva de ganancias mutuas y un tejido de todo tipo de redes sociales transfronterizas que, por su densidad, generen solidaridades de hecho difíciles de desatar. Es una idea estratégica que, en su esencia, sigue teniendo validez en los gobiernos y en la ciudadanía. O que, al menos, refleja conciencia sobre la carencia de estrategias alternativas factibles entre naciones que comparten un mismo espacio geográfico regional, en especial teniendo en cuenta los posibles costos políticos.

Y la tercera consideración se refiere a la metodología del trabajo conjunto entre los países socios. Es mucho lo que se ha aprendido en los años pasados sobre cómo cooperar en distintos planos. Los resultados no son pocos. Conviene ahora capitalizar experiencias y activos acumulados. El stock de preferencias comerciales y las redes de intereses cruzados no son un dato a subestimar. El sector automotriz es sólo un ejemplo.

En tal sentido, tres aspectos metodológicos son relevantes para el desarrollo futuro del Mercosur. El primero es liberarse de fórmulas rígidas inspiradas en elaboraciones teóricas o en modelos de otras regiones. En la construcción gradual de la unión aduanera, lo principal a tener en cuenta son las reglas de la OMC y los respectivos intereses nacionales. El segundo es privilegiar la idea de pocas reglas que efectivamente se cumplan, dotadas de flexibilidad suficiente para su adaptación a cambios en las realidades. Y el tercero es fortalecer mecanismos de decisión que permitan alcanzar compromisos reales de integración productiva, encarar con eficacia y pragmatismo las negociaciones con terceros países y abordar los múltiples efectos sociales de los compromisos de integración.

3. La tarea futura

Al cumplir sus veinte años, el Mercosur dista de haber alcanzado plenamente sus objetivos originales. Quizás ellos no se cumplan tampoco en un futuro previsible. Sigue siendo un proceso en construcción. No responde a ningún modelo pre-existente. No deja de ser ello algo positivo.

Sin embargo, en el nuevo contexto externo, su dimensión existencial sigue vigente. Como se señaló antes, implica desarrollar desde el sur de América del Sur un proyecto estratégico que se visualiza como esencial a la gobernabilidad del espacio geográfico sudamericano, a la transformación productiva de sus países socios en un marco de democracia y cohesión social y a la facilitación de la capacidad de cada uno de ellos para proyectarse en el nuevo contexto global, aprovechando las oportunidades que se están abriendo para tener un protagonismo a la vez relevante y activo.

Es entonces en la dimensión metodológica donde habrá que poner más atención hacia el futuro. Ello implica continuar desarrollando las múltiples dimensiones de una agenda que no se limita al comercio, acentuando la integración productiva y social, y perfeccionando sus mecanismos institucionales, incluyendo los que faciliten una efectiva participación ciudadana, como condición para su eficacia y legitimidad social, como así también los que permitan fortalecer el papel del Parlamento del Mercosur.

Implica, asimismo, continuar avanzando en el plano de las negociaciones comerciales internacionales con un número amplio de protagonistas relevantes de la competencia económica global –y no necesariamente sobre preferencias arancelarias ni tampoco sólo con la Unión Europea (UE)–, así como también en la capacidad para poder expresarse como región en mecanismos globales, tal el caso, por ejemplo, del G20.[131]

La necesaria renovación metodológica del Mercosur se facilitaría, asimismo, con un sustancial *"aggiornamiento"* en los marcos conceptuales que se emplean para el abordaje sistemático del fenómeno de la integración de espacios geográficos regionales. Ese abordaje demanda un enfoque trans-disciplinario que asuma toda la complejidad de procesos que, como lo ha demostrado la crisis financiera que se hiciera evidente hacia finales del 2008 –especialmente, la del euro en la UE–, no pueden ser entendidos si se los coloca en la perspectiva de un sólo prisma disciplinario como sería, por ejemplo, el económico.

La densidad de un proceso de integración entre naciones independientes que no aspiran a dejar de serlo, tal el caso del Mercosur, entre otros factores, se refleja en el impacto de los compromisos asumidos en flujos de comercio e inversiones, en la conectividad física, en el desarrollo de redes sociales y productivas, en la articulación de diversas políticas públicas y en la concertación de las políticas externas.

---

[131] Un desarrollo más detenido de la dimensión metodológica del Mercosur hacia el futuro lo hemos efectuado en dos artículos del año 2010. Uno fue publicado con el título "¿Es posible una visión realista pero positiva de la integración latinoamericana y del Mercosur?", en la *Revista Diálogo Político*, de la Fundación Konrad Adenauer, y el otro con el título "¿Cuán denso será el Mercosur del futuro?", en *Letras Internacionales*, diciembre de 2010, de la Universidad ORT de Uruguay (ver al respecto: www.felixpena.com.ar). Sin embargo, en ninguno de esos artículos se han tomado en cuenta las implicancias de la plena incorporación de Venezuela al Mercosur, incluso en sus negociaciones comerciales internacionales y, en particular, en las que se desarrollan actualmente con la UE. Hasta diciembre de 2010, el Parlamento de Paraguay no había aprobado aún el Protocolo de Caracas firmado en 2006, ver su texto en: http://www.mercosur.org.uy/innovaportal/file/2485/1/2006_PROTO-COLO_ES_AdhesionVenezuela.pdf).

Pero en particular, su vitalidad se aprecia en la proximidad que sus resultados concretos tengan con la vida diaria de los ciudadanos. Un indicador crucial al respecto, con valor político y humano, es la relación que la gente puede establecer entre el proceso de integración y su empleo, sus niveles de bienestar y sus expectativas de futuro. Facilita el que los ciudadanos de un país identifiquen como una comunidad a las naciones con las que comparten un espacio geográfico regional.

En tal perspectiva, un proceso como el del Mercosur puede tener grados diferenciados de densidad al menos en dos planos. Uno es el plano factual, resultante de hechos concretos susceptibles de medición que impactan tanto en la realidad económica como en la vida de la gente. El otro plano es el de la retórica que enuncia lo que deberían o podrían ser tales hechos. A veces implican relatos e incluso normas que no necesariamente penetran en la realidad. En tal caso, su métrica se refleja sólo en el número de palabras empleadas para enunciarlos.

Tras sus primeros veinte años, la tendencia en el Mercosur ha sido hacia una baja densidad factual, en buena medida por la dilución de compromisos básicos de apertura irrestricta de los mercados, orientada a incentivar inversiones productivas en función del espacio económico ampliado. Los resultados existen pero se los percibe como menos impactantes que los esperados.

A su vez, una tendencia del Mercosur hacia una alta densidad retórica contribuye a explicar expectativas superiores a las que realidades políticas y económicas permitían razonablemente sustentar. Asimetrías de poder relativo y de grados de desarrollo parecerían ser lo que más impacto ha tenido en limitar avances concretos de la integración. Relatos y normas que carecieron de efectividad han alimentado un Mercosur por momentos marcado por una "diplomacia mediática" generadora de una especie de

integración "de utilería", sin suficiente sustento en la realidad cotidiana de la política, la economía y la vida social
de sus países miembros.

Hacia el futuro y asumiendo voluntad política en dar
saltos cualitativos hacia un Mercosur en el que la densidad
factual se correlacione con la retórica, tres planos brindan
posibilidades significativas para la acción.

Uno es el del perfeccionamiento de la unión aduanera
y el de la integración productiva, en particular si se orienta
al aprovechamiento de oportunidades abiertas por el nuevo
escenario global –por ejemplo, para llegar a las góndolas
del mundo con alimentos "inteligentes" y "verdes"– y las
que se supone resultarán de las negociaciones con la UE
y con otras economías relevantes.

El otro es el de los aportes que los países del Mercosur
efectúen, actuando como un conjunto, a cuestiones relevantes de la agenda global, tales como el futuro desarrollo
del G20, la conclusión de la Rueda Doha en el ámbito de
la OMC y los acuerdos en materia de cambio climático.

Y el tercer plano es el de traducir a la realidad la pro-
clamada y postergada idea de que los ciudadanos del
Mercosur puedan apreciar que son parte de un efectivo
espacio común cuando realizan sus trámites migratorios
en los respectivos aeropuertos de la región.

Pero también parece necesario introducir algunas
modificaciones a sus instrumentos operativos. Tres innovaciones en las reglas de juego permitirían adaptar los
instrumentos del Mercosur a las nuevas realidades internacionales y de sus países miembros. Permitirían introducir
elementos de geometría variable y múltiples velocidades
en su funcionamiento.

Una primera innovación sería la reglamentación de
las restricciones comerciales compatibles con el funcionamiento adecuado de la unión aduanera. No serían entonces
"restricciones unilaterales" –como las que se aplican en la

actualidad y a las que se refiere el artículo 1º del Anexo I del Tratado de Asunción–, ya que serían adoptadas en las condiciones establecidas por una normativa común, que podría estar inspirada en la de la OMC en relación con las licencias automáticas y no automáticas.

Una segunda innovación sería modificar la Decisión CMC 32/00 –que obliga a los países miembros a negociar juntos acuerdos comerciales preferenciales–, previendo la posibilidad de negociaciones comerciales preferenciales bilaterales con terceros países, al menos en los casos de Paraguay y Uruguay, y en las condiciones que establezca la nueva normativa común. El precedente de las negociaciones comerciales con México, e incluso con los países de la Comunidad Andina (CAN), podría ser evaluado y eventualmente tomado en cuenta. Sin embargo, es un paso que requeriría garantías suficientes sobre que no implicaría reducir o eliminar los efectos de las respectivas preferencias comerciales otorgadas entre los socios.

Y la tercera sería establecer un régimen de válvulas de escape del Mercosur, que también en condiciones especiales permita retirar temporalmente productos del libre comercio irrestricto. Ni en la actual estructura jurídica del Mercosur ni en la de la OMC (artículo XXIV del GATT-1994) existirían impedimentos legales sólidos a tal régimen.

Ninguna de estas innovaciones requeriría la modificación del Tratado de Asunción. Contribuirían a enviar señales claras sobre la voluntad de continuar la construcción del Mercosur, a través de pasos que demostrarían mucho pragmatismo y el reconocimiento de la necesidad de conciliar los diferentes intereses nacionales en juego.

Bibliografía

Peña, Félix. "Mercosur: una idea con fuerza". En: Peña, Félix. *"Memorias y Perspectivas: La Argentina en el Mundo y en América Latina"*. Buenos Aires, Eduntref, 2003, pp. 167-179.

Peña, Félix. "¿Es posible una visión realista pero positiva de la integración latinoamericana y del Mercosur?". En: *Revista Diálogo Político*, Fundación Konrad Adenauer.

Peña, Félix. "¿Cuán denso será el Mercosur del futuro?". En: *Letras Internacionales*, diciembre de 2010.

Protocolo de Caracas, http://www.mercosur.org.uy/innovaportal/file/2485/1/2006_PROTOCOLO_ES_AdhesionVenezuela.pdf.

http://www.aladi.org/nsfaladi/textacdos.nsf/vaceweb?OpenView&Start=1&Count=100&Expand=5#5).

http://www.mercosur.org.uy/innovaportal/file/719/1/CMC_1991_TRATADO_ES_Asuncion.pdf.

http://www.mercosur.org.uy/t_generic.jsp?contentid=2485&site=1&channel=secretaria.

http://www.aladi.org/nsfaladi/juridica.nsf/vtratadoweb/tm80

http://www.aladi.org/nsfaladi/textacdos.nsf/vaceweb?OpenView&Start=1&Count=100&Expand=7#7

http://www.infoleg.gov.ar/infolegInternet/anexos/0-4999/97/norma.htm

DEL REGIONALISMO ESTRATÉGICO AL REGIONALISMO SOCIAL Y PRODUCTIVO. LAS TRANSFORMACIONES DEL MODELO DE INTEGRACIÓN DEL MERCOSUR

José Briceño Ruiz

En marzo de 1991 se suscribió el Tratado de Asunción que dio origen al Mercado Común del Sur (Mercosur). Heredero del proceso de integración bilateral argentino- brasileño iniciado en 1985, en Foz de Iguazú, por los presidentes José Sarney de Brasil y Raúl Alfonsín de Argentina, al que se sumaron Uruguay y Paraguay, el Mercosur se convirtió durante sus primeros años en una suerte de paradigma de un bloque comercial exitoso entre países en desarrollo. No obstante, a fines de la década de los 90, el Mercosur entró en un periodo de crisis, del que aún no termina de salir completamente a pesar de sus diversos intentos de "relanzamiento". Durante este complejo proceso, el Mercosur se ha ido transformando en su estrategia y en su contenido. Nacido como una iniciativa casi exclusivamente comercial, fue cambiando gradualmente al incluir en su agenda objetivos en materia socio-laboral y educativa. Esta ampliación de la agenda se profundiza a partir de 2003, cuando comienza a elaborarse una agenda social y productiva. El resultado ha sido el actual modelo de integración del Mercosur, marcado por una compleja yuxtaposición de objetivos e instrumentos comerciales, políticos, sociales y productivos.

En este capítulo se analiza el proceso de construcción del modelo de integración del Mercosur. En el análisis se parte de la premisa de que el modelo de integración de un bloque regional es un proceso dinámico, que se desarrolla a lo largo del tiempo. La experiencia de integración europea hasta ahora conocida, la Comunidad Europea/ Unión Europea se fue desarrollando de forma gradual y su modelo se ha vuelto más complejo en la medida en que se fueron incluyendo nuevas metas e instrumentos. No es distinto en el caso del Mercosur, cuyo modelo ha ido evolucionando de uno meramente comercial a un complejo modelo con amplias metas y objetivos.

Un segundo supuesto es que aunque se trata de un proceso dinámico, su viabilidad depende de que exista coherencia entre las diversas dimensiones que conforman un modelo de integración. Esta coherencia hace que el modelo sea sustentable. En caso contrario, el modelo se puede estancar o ser parte de una retórica creciente. La integración es un proceso complejo y multifacético, que tiene dimensiones económicas, sociales, productivas e institucionales. La dimensión institucional es crucial pues involucra la creación de organismos y procedimientos que serán los responsables de su funcionamiento. En este sentido, la evolución de las dimensiones política, social o productiva, para que sea efectiva, debe ser acompañada por un progreso paralelo en el ámbito institucional.

Acudiendo a Max Weber,[132] se argumenta que la integración regional es una forma de "acción social económica" y, en consecuencia, es desarrollada por actores individuales y colectivos que van a determinar su forma y contenido. Es, además, un proceso asociativo complejo que se desarrolla en un sistema internacional aún anárquico, pero en el cual la dinámica política doméstica tiene todavía gran influencia en los resultados finales. Estos actores que determinan el modelo de integración van a estar entonces influenciados, al mismo tiempo, por

---

[132]   Sobre el concepto de acción social, cf. Weber, Max. *Economía y sociedad.* México, Fondo de Cultura Económica, 1977.

una serie de variables vinculadas al sistema internacional y variables ligadas a la forma en que la estructura de oportunidad política nacional en el seno de los países determina la acción de los actores políticos. Éste es el tercer supuesto planteado en este capítulo.

Finalmente, y acudiendo de nuevo a Weber, se proponen tres tipos ideales de modelos de integración. En general, en la literatura de la década de los 90, se solía realizar una distinción entre regionalismo cerrado y regionalismo abierto para definir los dos grandes periodos históricos de la integración regional en América Latina durante el siglo XX. En vez de utilizar esta dicotomía histórica (regionalismo cerrado, regionalismo abierto), siguiendo a Max Weber, construimos tres tipos ideales de modelos de integración, cada uno de ellos vinculado a distintas concepciones económicas. En realidad, la división entre regionalismo abierto y regionalismo cerrado no da una explicación completa de la realidad. En la teoría de la integración, se pueden observar ideas neoliberales o estructuralistas, intervencionistas o marxistas, que han propuesto modelos de integración muy diversos. La experiencia empírica que provee la historia de la integración regional evidencia la existencia de procesos orientados por el modelo liberal, como el TLCAN (Tratado de Libre Comercio de América del Norte), otros basados en el modelo intervencionista-estructuralista, como la Unión Europea (UE) o el Mercosur, y otras iniciativas, ya desaparecidas, basadas en el modelo de planificación marxista, como el Consejo de Ayuda Mutua Económica (CAME). A partir de estas premisas, se propone la existencia de tres "modelos económicos" de integración: el regionalismo estratégico, el regionalismo social y el regionalismo productivo.

El análisis del proceso de construcción del Mercosur se orienta sobre la base de estos planteamientos. Previamente se discute la forma como se ha analizado la naturaleza del modelo de integración del Mercosur en la literatura, para describir, posteriormente, los tres tipos ideales de integración que se proponen en este trabajo. A continuación, se acude al análisis histórico para verificar empíricamente su existencia en la evolución del Mercosur y luego se examina la yuxtaposición de estos tres modelos ideales en la conformación actual de este esquema de integración y en qué forma esto constituye una fortaleza o una debilidad para el bloque regional. Finalmente, se presentan algunas conclusiones.

1. El debate sobre el Mercosur como modelo de integración

Para clasificar el Mercosur como modelo de integración, primero tenemos que evaluar los diferentes enfoques existentes en la literatura especializada que explican los orígenes de este bloque regional.

El énfasis en la dimensión comercial y en la inserción internacional conduce a varios especialistas a describir el Mercosur como un simple modelo de integración neoliberal y hegemónica. De acuerdo con estos autores, no existe una distinción conceptual entre el regionalismo abierto y el neoliberalismo, sino que el primero es la manifestación de una estrategia regional destinada a promover la apertura comercial, la inserción internacional y las actividades de las empresas multinacionales. Especialistas como Paul Kellogg,[133] Michael Mecham,[134] Iris Mabel

---

[133]   Cf. Kellogg, Paul. "Regional Integration in Latin America: Dawn of an Alternative to Neoliberalism?". En: *New Political Science*, vol. XXIX, n° 2, junio de 2007, pp. 187-209.

[134]   Cf. Mecham, Michael. "Mercosur. A Failing Develpoment Project". En: *International Affairs*, vol. LXXIX, n° 2, 2003, pp. 369-383.

Laredo[135] y su grupo de investigación de la Universidad Nacional de Rosario, Julio Gambina[136] y Claudio Katz[137] consideran que el Mercosur se basa en las premisas neoliberales. Algunos miembros de este grupo describen el Mercosur como un modelo hegemónico de integración. Laredo sostiene que el Mercosur ha sido creado, en su conjunto, en el marco de la economía de mercado y la promoción del comercio, que por su dinámica pretende consolidar las relaciones de poder que existen en cada sociedad nacional y mantener una inserción pasiva en el sistema internacional estratificado.[138] Para Julio Gambina, el Mercosur fue creado durante el periodo de expansión mundial de la política neoliberal y por gobiernos que apoyaban esta estrategia. El nombre del bloque regional mostró, según Gambina, la orientación de la integración, cuyo objetivo era promover una reestructuración de las relaciones económicas y sociales para favorecer la dominación del capital concentrado. Todo estaba subordinado

---

[135]   Cf. Laredo, Iris Mabel, Eugenio Helman, Juan Pablo Angelone, Irma Rosa y Gloria Cignacco. "Alternativa al modelo Mercosur de integración: ampliación del mercado vs. desarrollo humano sustentable". En: Laredo, Iris Mabel (ed.). *Estado, Mercado y Sociedad en el Mercosur. Pautas para su viabilización.* Vol. V, Rosario, Universidad Nacional de Rosario, 1998; Laredo, Iris Mabel y Angelone, Juan Pablo. "El neoliberalismo como sustento teórico de la integración en el Mercosur". En: Laredo, Iris Mabel (ed.). *Estado, Mercado y Sociedad. Pautas para su viabilización.* Vol. III, Rosario, Universidad Nacional de Rosario, 1996.

[136]   Cf. Gambina, Julio C. "El Mercosur en los avatares de la lucha entre la liberalización y la liberación". En: *Seminario Internacional REG GEN: Alternativas Globalização*, 13 de octubre de 2005, Río de Janeiro, Brasil UNESCO, Organización de las Naciones Unidas para la Educación, la Ciencia y la Cultura, 2005, http://bibliotecavirtual.clacso.org.ar/ar/libros/reggen/pp08.pdf (consulta: 25 de mayo 2010)

[137]   Katz, Claudio. *¿Crisis o resurgimiento del MERCOSUR?.* http://lahaine.org/b2-img/katz_cris.pdf (consulta: 23 de enero de 2010)

[138]   Laredo, Helman, Angelone, Rosa y Cignacco, Gloria. "Alternativa al modelo...". *Op.cit.*, p. 2.

a una estrategia de libre comercio con el apoyo del capital global.[139]

Un segundo grupo de expertos, que incluye a Nicola Philips,[140] Sebastián Santander,[141] Andrés Musacchio[142] y Mario Carranza,[143] Roberto Bouzas y José María Fanelli,[144] Félix Peña,[145] sostiene que los nuevos proyectos de integración impulsados en América Latina representan la adopción de un nuevo modelo de desarrollo relacionado con la globalización. La creación del Mercosur estuvo en gran parte relacionada con la necesidad de consolidar las reformas neoliberales que se estaban adoptando a nivel nacional por los distintos países. En ese sentido, Nicola Philips argumenta que los nuevos proyectos de integración desarrollados en

---

[139] Gambina, Julio C. "El Mercosur en los avatares de la lucha entre la liberalización y la liberación". *Op. cit.*

[140] Cf. Phillips, Nicola. *The Southern Cone Model: The Political Economy of Regional Capitalist Development in Latin America. Op. cit*

[141] Cf. Santander, Sebastian. *Le régionalisme sud-américain, l'Union européenne et les Etats-Unis.* Bruxelles, éditions de l'Université de Bruxelles, 2008; Santander, Sebastian. *"The European Partnership with Mercosur: a Relationship Based on Strategic and Neoliberal Principles".* En: *Journal of European Integration,* vol. XXVII, n° 3, 2006, pp. 285-306.

[142] Cf. Musacchio, Andrés. "De la ALALC al Mercosur: la experiencia argentina". En: Rapoport, Mario y Hernán Colombo (eds.). *Nación, región, provincia en Argentina.* Buenos Aires, Imago Mundi, 2007, pp. 107-146.

[143] Carranza, Mario E. "Clinging Together: Mercosur's Ambitious External Agenda, its Internal Crisis, and the Future of Regional Economic Integration in South America". En: *Review of International Political Economy,* vol. 13, n° 5, 2006, pp. 802 -829.

[144] Bouzas, Roberto y Fanelli, José María. *Mercosur: integración y crecimiento.* Buenos Aires, Grupo Editor Altamira, 2001.

[145] Peña, Félix. "Mercosur: una idea con fuerza". En: *Revista Perspectiva Internacional* (julio de 1991), http://www.felixpena.com.ar/index.php?contenido=wpapers&wpagno=documentos/1991-07-mercosur-una-idea-con-fuerza (consulta 23 de enero de 2010); Peña, Félix. "Integración americana: el gran desafío". En: *Revista Ejecutivos de finanzas* (noviembre de 1991), http://www.felixpena.com.ar/index.php?contenido=wpapers&wpagno=documentos/1991-11-integracion-americana-el-gran-desafio (consulta: 23 de enero de 2010)

América Latina representaban la adopción de un nuevo modelo de desarrollo y buena parte de su racionalidad estaba ligada a la necesidad de consolidar las reformas neoliberales que se estaban adoptando en el plano doméstico por los diversos países. La idea era que al "atar" la reforma económica doméstica a un acuerdo comercial con otros países se incrementarían los costos de un eventual desvío o abandono de la misma. La integración tendría entonces un efecto "candado" o *"lock in"* de la reforma doméstica. Según Philips, en el caso del Mercosur, "los acuerdos iniciales buscaban facilitar y continuar la liberalización doméstica y el proceso de desregulación al crear mecanismos para reforzarlos a escala regional."[146] Un segundo elemento que Philips considera es la conexión entre las estrategias neoliberales dominantes y el proceso de restructuración global, en cuyo contexto la integración regional se presentaba como una respuesta estratégica a los retos generados por la globalización. Ésta es la razón por la cual el Mercosur se describía como un *"building block"* que facilitaría la construcción de un comercio internacional más abierto.[147]

Según Sebastian Santander, existe un vínculo profundo entre el modelo regionalista del cual el Mercosur es una manifestación y el proceso de globalización neoliberal. Santander describe este proceso como "regionalismo estratégico". No obstante, para él, el "regionalismo estratégico" implica la promoción de una "nueva gobernanza" global a través de un proceso de integración regional basado en políticas económicas neoliberales. Para los especialistas brasileños Amado Cervo y Alcides Costa Vaz, el Mercosur es un proceso favorable a la inserción internacional de Brasil sin considerar el reforzamiento de las economías nacionales o la aplicación de mecanismos para

---

[146] Phillips, Nicola. *Op. cit.*, p. 86.
[147] *Ibid.*

superar las desigualdades entre los países miembros.[148] Para Roberto Bouzas y José María Fanelli, el Mercosur es un instrumento para mejorar el bienestar al promover el crecimiento económico y una mayor inserción de la región en la economía mundial.[149] Félix Peña describe al Mercosur como una asociación que se propone la modernización y la integración competitiva en los mercados mundiales.[150]

Una tercera tendencia distingue entre el neoliberalismo y el regionalismo abierto. Los partidarios de esta posición consideran que la propuesta del "regionalismo abierto" supone la aplicación de ciertos instrumentos de políticas públicas más allá de la simple apertura comercial. Ésta es la posición de la Comisión Económica para América Latina (CEPAL),[151] que vincula su proposición de regionalismo abierto a una transformación productiva con equidad. Éste sería el caso del Mercosur. Evidentemente, el Tratado de Asunción tiene numerosos elementos que pueden ser considerados como manifestaciones de regionalismo abierto. Si se considera el hecho que el proyecto de integración del Tratado de Asunción promueve una liberalización comercial entre sus miembros sin imponer obstáculos al comercio con terceros, su asimilación al regionalismo abierto podría ser válida.

---

[148]   Cervo, Amado. "Relações Internacionais do Brasil. Um balanço da era Cardoso". En: *Revista Brasileira de Política Internacional*. Vol. LXV, n° 1, 2002, pp. 5-35; Vaz, Alcides Costa. *Cooperação, integração e processo negociador. A construção do Mercosul*. Brasilia, FUNAG, IBRI, 2002, p. 76.

[149]   Cf. Bouzas, Roberto y Fanelli, José María. *Mercosur: integración y crecimiento. Op. cit.*

[150]   Peña, Félix. "Mercosur: una idea". *Op. cit.*.

[151]   Cf. CEPAL. *El regionalismo Abierto en América Latina. La integración al servicio de la transformación productiva con equidad. Op. cit.*

Ésta es también la posición de Andrés Cisneros y Jorge Campbell, quienes fueron Viceministro y Secretario de Relaciones Económicas Internacionales de Argentina, respectivamente. Para ellos,

> el proceso de integración del Mercosur es un componente fundamental de las estrategias de apertura económica y transformación estructural emprendida por cada país miembro. Desde sus orígenes, el Mercosur fue concebido como un mecanismo para facilitar la inserción internacional de éstos en la economía internacional.[152]

Esta visión del regionalismo abierto puede ser interpretada en el conjunto como una integración que no crea murallas ni busca crear una fuerza aislada del resto del mundo y habría sido la idea tanto de los "padres fundadores" del Mercosur como de sus continuadores.[153] El especialista argentino Alexis Saludjian, por su parte, considera que el Mercosur se basa en el enfoque del regionalismo abierto en la versión propuesta por los neoestructuralistas de la CEPAL, que mantiene elementos de la estrategia de integración que tiene sus orígenes en la propuestas cepalistas de los años cincuenta como la complementariedad productiva, coordinación de políticas macroeconómicas y cierto grado de protección frente a terceros. Estos aportes cepalistas se combinan con elementos de la teoría del nuevo regionalismo económico, especialmente la apertura comercial.[154]

---

[152]   Cisneros y Campbell. "El Mercosur: Regionalismo abierto o un Building Bloc": En *Boletim de Integração Latino-Americana*, vol. 19, julio-diciembre, 1996, p. 2. http://www.mre.gov.bt/getec/WEBGETEC/BILA (consulta: 6 de noviembre de 2000).

[153]   *Ídem.*

[154]   Saludjian, Alexis. "Critiques du régionalisme ouvert a partir de l'économie géographique appliquée au Mercosur". En: *Journal of Latin American Geography*, vol. 4, n° 2, 2005, pp. 78-79.

La cuarta tendencia es representada por especialistas como Aldo Ferrer,[155] Helio Jaguaribe[156], y Víctor Soria.[157] Estos autores consideran que ciertos factores generan dudas sobre la total adhesión del Mercosur a las ideas del nuevo regionalismo económico o del neoliberalismo y destacan la dimensión estratégica del bloque regional. Algunos de estos especialistas describen al Mercosur como un modelo basado en el estructuralismo latinoamericano, "que considera la integración regional como un componente importante de desarrollo económico y social, como un medio de fomentar la industrialización, obtener economías de escala, disminuir la dependencia tecnológica, e incrementar el bienestar social".[158] Este enfoque es complementado por la propuesta de crear un mercado común que se asemeje a la experiencia de integración en Europa, "mercado que se inserta en un proceso progresivo de unificación, en principio de tipo comunitario, en el cual no será excluido ninguno de los factores de producción".[159]

Se trata de un enfoque estructuralista que se complementa con una concepción de la política regional en la cual el Mercosur es visto como la última etapa en la construcción de un espacio de cooperación en América del Sur para insertar de mejor manera a esta región en la política mundial. En este marco, el Mercosur se convierte en un mecanismo que permite a los países del Cono

---

[155]   Ferrer, Aldo. "El Mercosur: entre el Consenso de Washington y la Integración Sustentable". En: *Comercio Exterior*, México, vol. XLVII 47, n° 5, mayo de 1997, p. 347-354.

[156]   Jaguaribe, Helio. "Significaçâo e alcance do Mercosul". En: *Aportes para la Integración Latinoamericana*, La Plata, Argentina, vol. II, n° 3, diciembre de 1996, pp. 15-29.

[157]   Soria Murillo, Víctor. *Integración económica y social de las Américas. Una evaluación del libre comercio*. México, Universidad Autónomo Metropolitana, INTAM, ITACA, 2007.

[158]   *Ibid.*, p. 205

[159]   *Ibid.*, p. 206.

Sur alcanzar el desarrollo económico y político indepen-
dientemente de la hegemonía de Estados Unidos. Samuel
Pinheiro Guimarães,[160] Alberto Moniz Bandeira,[161] Mario
Rapport,[162] y Alberto Methol Ferré[163] pertenecen a esta tendencia. Sin embargo, la ausencia de políticas industriales
comunes o, al menos hasta ahora, de estrategias regionales
de integración de producción, hace que el Mercosur difícilmente pueda ser descrito como una manifestación del
"modelo estructuralista latinoamericano" de integración.
Sólo el artículo 5 menciona la coordinación de políticas y
la firma de acuerdos sectoriales, pero en sí no implica un
reconocimiento de las ideas neo-estructuralistas cepalistas.

2. La delimitación del modelo del Mercosur

La dicotomía regionalismo cerrado vs. regionalismo
abierto no ayuda a explicar de forma completa el modelo
de integración del Mercosur. En primer lugar, el análisis histórico reciente demuestra que las propuestas de
los años cincuenta de la CEPAL y Prebisch admitían que
una vez que la región estuviese preparada para competir
debía "abrirse al mundo" reduciendo su protección arancelaria. En este sentido, no se proponía un regionalismo
cerrado sino más bien un regionalismo autonómico, que
incrementaría el poder de negociación de la región en el
sistema internacional al ser un mecanismo para favorecer

---

[160]   Pinheiro Guimarães, Samuel. "Aspectos econômicos do MERCOSUL".
        En: *Revista Brasileira de Política Internacional*, vol. XXXIX, n° 1, 1996,
        pp. 48-71.
[161]   Cf. Moniz Bandeira, Luiz Alberto. *Brasil, Argentina e Estados Unidos.*
        Da tríplice aliança ao Mercosul. 1870-2003. Río de Janeiro, Revan, 2003.
[162]   Cf. Rapoport, Mario. "Mercosur: la construction historique d'un espace
        regional". En: *Cahiers de l'Amérique Latine*, n° 27, 1998, pp. 89-100.
[163]   Cf. Methol Ferre, Alberto. *Los Estados continentales y el Mercosur.* Buenos
        Aires, Instituto de Estudios Superiores Arturo Jauretche, 2009.

la transformación productiva de la región. En cambio, iniciativas como el Tratado de Libre Comercio de América del Norte (TLCAN), surgidas en el ámbito del regionalismo abierto, se han negado a eliminar los subsidios y apoyos a la agricultura, lo que dista mucho de ser una política "abierta" a la competencia mundial.

En realidad, no existen formas puras de regionalismo cerrado, ni existen formas puras de regionalismo abierto. La Asociación Latinoamericana de Libre Comercio (ALALC) fue muy favorable a la inversión extranjera en el área industrial a través de los Acuerdos de Complementación Industrial, pero el Mercosur ha protegido fuertemente su sector automotriz. Esto obedece a que en la determinación del modelo económico que se adopta en un bloque regional entran en juego fuerzas políticas, con poder de *lobby* e influencia variada tanto en su intensidad como en el tiempo. Estas fuerzas tienen a veces intereses y visiones contradictorias de cómo debe ser la integración regional y despliegan todas sus herramientas políticas para hacer valer su posición en las políticas que finalmente se adoptan. Por ello, en un proceso de integración se observan al mismo tiempo políticas que pueden ser descritas como propias de una estrategia abierta o una estrategia cerrada, lo cual no es una contradicción sino expresión de los intereses y el poder e influencia de los actores políticos en juego.

Si se limita el análisis de la construcción de un modelo de integración a seguir una simple "lógica económica", según la cual la estrategia de desarrollo e integración es más conveniente por conducir a un uso más eficiente de los recursos productivos, se pueden pasar por alto procesos vinculados al sistema internacional y al sistema político doméstico que son cruciales para entender el modelo del Mercosur. El tema es mucho más complejo, porque en el fondo plantea cuál es el "consenso societal" que existe en un determinado momento de la historia de un país o de una región acerca del "modelo económico" que debe ser adoptado para promover la unidad a través de la integración regional. No se trata sólo de un problema económico, sino de un proceso político, pues las decisiones sobre política económica y política de integración, como cualquier política pública, son resultado de la interacción de diversos actores que intentan influenciar sobre decisores públicos, a su vez constreñidos por limitantes de la estructura política doméstica e internacional.

En otras palabras, el problema no es regionalismo cerrado vs. regionalismo abierto. Las ideas de Max Weber nos ayudan a dilucidar este asunto: la construcción de un modelo de integración es un "proceso social". La integración económica es una forma de "acción social económica" que es desarrollada por actores individuales y colectivos. No se puede entender el modelo económico que adopta un bloque regional sin considerar la acción política de estos actores. Ahora bien, no se trata de limitar la explicación a un individualismo metodológico por el cual es la acción individual la que determina la forma de los procesos sociales. En esta investigación se reconoce que existen factores estructurales que son determinantes en la formación del modelo económico de un proceso de integración. Esto es aun más relevante si se considera que la integración se promueve entre Estados, los cuales, a su vez, son parte de un sistema internacional anárquico, y esa estructura internacional anárquica es una variable fundamental a ser considerada. En este sentido, por ejemplo, procesos como la Guerra Fría y su conclusión, la globalización económica y financiera o la histórica búsqueda de la autonomía por los países latinoamericanos tienen un impacto en la determinación del modelo económico que adopte un bloque regional. Sin embargo, éstas no son variables suficientes, sino que conviven con los procesos políticos domésticos en los cuales la acción política de los actores es crucial y con

los "procesos históricos nacionales" que también inciden
en la determinación del modelo de integración.

Para comprender mejor el modelo de integración se
debe complementar la dicotomía regionalismo abierto vs.
regionalismo cerrado, que son más bien grandes etapas de
la evolución del regionalismo latinoamericano, con "tipos
ideales" de modelos de integración, que se han desarrollado
en la última fase del regionalismo.

El modelo de regionalismo estratégico tiene un sesgo
particularmente "comercial", al centrase en la promoción
de la apertura y la integración a la economía mundial internacional de los países que forman parte de un proceso
de integración, aunque se acuerda al mismo tiempo brindar "protección" a sectores considerados estratégicos. Este
modelo está estrechamente vinculado con las ideas del
regionalismo abierto, en cuanto a que la liberalización del
comercio y la apertura regional no implican un rechazo a
la apertura al mundo. Sin embargo, lo que distingue a este
modelo de integración es el hecho de que los Estados podían excluir de la apertura a algunos sectores considerados
estratégicos. Este modelo de integración proliferó en lo que
la literatura sobre la integración denominó "el nuevo regionalismo", tanto en su dimensión económica como política, y se
percibió como una respuesta de algunos Estados al proceso
de globalización y a la proliferación de bloques regionales
en otras partes del mundo. Una de las expresiones de este
nuevo regionalismo es el regionalismo estratégico.

Los antecedentes del regionalismo estratégico se
remontan a la denominada política comercial estratégica
que de forma unilateral comenzaron a aplicar algunos
países desarrollados desde la década de los 80 del siglo XX.
Para James A. Brander,[164] la expresión "política comercial

---

[164] Brander, James A. "Strategic Trade Policy". EN: *NBER Working Paper
Series*, n° W5020, Cambridge, Massachusetts, febrero de 2005, p. 2

estratégica" describe una forma de política comercial que condiciona o altera la "relación estratégica" entre las compañías. Esta "relación estratégica" supone la existencia de empresas que tienen una interdependencia reconocida mutuamente. La aplicación de medidas basadas en la política comercial estratégica se desarrollaba en un momento en que el mundo experimentaba un renacer del regionalismo económico. A pesar de su tradicional recelo de los acuerdos preferenciales, Estados Unidos decidió incorporarse a esta nueva oleada de integración regional, pero utilizando a esta última como un mecanismo para continuar promoviendo la política comercial estratégica. Surge entonces un "regionalismo estratégico", que aunque era apoyado formalmente por los Estados Unidos, tenía como objetivo permitir la expansión de las actividades de las Empresas Transnacionales (ETN) cuyo control mayoritario pertenece a accionistas de este país líder.

El regionalismo estratégico[165] es un proceso que resulta de una alianza entre Estados-nación y ETN, pero también

---

[165]   La extensión de este capítulo no permite un análisis extenso del regionalismo estratégico. Al respecto véase Briceño Ruiz, José. "El regionalismo estratégico en las interacciones entre Estados Unidos y Brasil en el ALCA: un análisis desde el liberalismo intergubernamental". En: Shigeru Kochi, Philippe de Lombaerde y José Briceño Ruiz (eds.). *Del regionalismo latinoamericano a la integración interregional.* Madrid, Siglo XXI, 2008, pp. 99-136; Briceño Ruiz, José. "Strategic Regionalism and Regional Social Policy in the FTAA Process". En: *Global Social Policy,* vol. 7, n° 3, 2007, pp. 294-315; Briceño Ruiz, José. "Regionalismo estratégico e interregionalismo en las relaciones externas del Mercosur". En: *Revista Aportes para la Integración Latinoamericana,* Universidad Nacional de la Plata, Argentina, año XII, n° 15, diciembre de 2006, pp. 28-42; Briceño Ruiz, José. "Strategic Regionalism and the Remaking of the Triangular Relations between the EU, The United States and Latin America". En: *Journal of European Integration,* Essex, Inglaterra., vol. 23, n° 2, pp. 105-138. El tema fue desarrollado con mayor amplitud en Briceño Ruiz, José. *Acteurs et modèles d'intégration le cas du Mercosur.* Tesis para la obtención del título de Doctor en Ciencia Política, Instituto de Estudios Políticos de Aix-en-Provence, Francia, diciembre de 2010.

participan de él empresas nacionales que han iniciado un proceso de internacionalización de sus actividades económicas. Su antecedente se remonta a la política comercial estratégica, una modalidad aceptada en la nueva teoría del comercio internacional para describir en parte el funcionamiento de ciertos mercados oligopólicos. Se entendía que existían ciertos sectores, como la industria de la aviación, que requerían algún tipo de intervención del Estado, que apoyaría a los sectores privados, en principio, responsables de su desarrollo. La política comercial estratégica se comenzó a promover en Estados Unidos y en otros países desarrollados en la década de los 80 del siglo XX, cuando se estableció una alianza entre los Estados-nación y las ETN, cuya sede central estaba en estos países.[166]

A fines de los años 80 y durante los años 90, la creciente competencia intra-empresa condujo a ciertas ETN a presionar a los gobiernos para establecer medidas que evitasen el deterioro de su influencia en la economía mundial. Para un Estado, el apoyar a sus empresas también se convirtió en un mecanismo para evitar que sus capacidades fuesen disminuidas o que las ganancias obtenidas por otras ETN cuya sede central estuviese en otro Estado se lograsen a expensas suyas. Es entonces, en ese momento, cuando se gira de la política comercial estratégica al regionalismo estratégico, es decir, cuando se comienza a utilizar la integración regional como mecanismo para promover los intereses de la alianza Estado-nación- ETN.

Frente al predominio del enfoque del regionalismo estratégico, desde hace algunos años se ha venido planteando la necesidad de fomentar un regionalismo social, en

[166] Briceño Ruiz, José. "El regionalismo estratégico en las interacciones entre Estados Unidos y Brasil en el ALCA: un análisis desde el liberalismo intergubernamental". En: De Lombaerde, Philippe, Shigeru Kochi y José Briceño Ruiz (eds.). *Del regionalismo latinoamericano a la integración interregional.* Madrid, Siglo XXI, 2008, pp. 99-133.

particular, en los trabajos de Nicola Yeates, Bob Deacon y sus colaboradores.[167] Estos autores proponen que la integración regional no es sólo un instrumento para la construcción de un espacio comercial o de promoción de las inversiones, sino un mecanismo para construir y aplicar una política social regional. La integración se concibe como un medio para establecer estándares sociales a escala regional, fomentar políticas redistributivas e incluso crear instituciones que permitan a los ciudadanos hacer valer sus derechos sociales. A través de la aplicación de esta política social regional se establecerían medidas para reducir los efectos negativos que genera la apertura comercial en un proceso de integración y se aprobarían mecanismos para reducir las asimetrías existentes entre los países y al interior de ellos.

El tercer modelo es el regionalismo productivo, que en la línea de la escuela estructuralista cepalista[168] y el estructuralismo francés[169], recientemente actualizado en estudios de la Organización de las Naciones Unidas sobre el Comercio

---

[167]   Deacon, Bob. "The Governance and Politics of Global Social Policy".En: *Social Policy & Society*, vol. IV, n° 4, 2005, pp. 437-445; Deacon, Bob, Isabel Ortiz y Sergei Zelenev. "Regional Social Policy". En: *DESA Working Paper*, n° 37, ST/ESA/2007/DWP/37, junio de 2007, Nueva York, United Nations, Department of Economic and Social Affairs; Yeates, Nicola y Irving ZOË. "Introduction. Transnational Social Policy". En: *Social Policy &Society*, vol. IV, n° 4, 2005, pp. 403-405; Yeates, Nicola. "Globalization and Social Policy in a Development Context: Regional Responses". En: *Social Policy and Development Program, Program Paper*, n° 18, abril de 2005, United Nations Research Institute for Social Development, Geneva.

[168]   CEPAL. *El Mercado Común Latianomericano.* Santiago, CEPAL, 1959; CEPAL. *El Regionalismo Abierto en América Latina y el Caribe. La Integración al Servicio de la Transformación Productiva con Equidad.* Santiago, CEPAL, 1994.

[169]   Marchal, André. *Integración y Regionalización de la Economía Europea.* Madrid, Seminarios y Ediciones S.A, 1970; Marchal, André. *L'intégration territoriale.* París, PUF, 1965; Perroux, François. "Intégration économique. Qui intègre ? Au bénéfice de qui s'opère l'intégration?". En: *Économie appliquée*, vol. XIX, n° 3-4, julio – diciembre de 1966, pp. 389-414.

y Desarrollo (UNTACD),[170] propone que la integración sea una vía que favorezca la transformación productiva de los países menos desarrollados, la promoción de un desarrollo industrial conjunto y la búsqueda de la unificación de las economías en base al principio de solidaridad. Ahora bien, este modelo no propone exactamente un regreso a un modelo de "crecimiento hacia adentro", sino que se acerca más a lo que el especialista Osvaldo Sunkel[171] describe como "crecimiento desde dentro", lo que significa utilizar las capacidades endógenas y recursos nacionales para promover la diversificación productiva, en particular la industrialización, pero partiendo de la premisa de que la búsqueda de tal diversificación no está en contradicción con la conquista de los mercados mundiales y la atracción de la inversión extranjera. Es por esto que el modelo de regionalismo productivo no sólo plantea la promoción de grandes proyectos industriales con fuerte participación estatal, sino también mecanismos como la creación de cadenas productivas en las cuales participan empresas locales, regionales, nacionales y transnacionales.

3. Del modelo del Tratado de Asunción al Programa de Integración Productiva

El Mercosur nace como un modelo de regionalismo estratégico. En el Tratado de Asunción se adoptaron en casi su totalidad las recomendaciones del Consenso de Washington. Sus objetivos eran la inserción competitiva de los países en los mercados mundiales, la promoción de economías de escala y la ampliación del comercio y las inversiones. Para ello se

---

[170]   United Nations. "Conference on Trade and Development (UNCTAD)". En: *Regional Cooperation for Development, Trade and Development Report 2007*. Nueva York y Ginebra, United Nations, 2007.

[171]   Cf. Sunkel, Osvaldo (ed.). *El desarrollo desde dentro: un enfoque neo-estructuralista para la América Latina*. México, Fondo de Cultura Económica, 1995.

promovía el desmantelamiento de las barreras al comercio recíproco y el establecimiento del arancel externo común, que en la práctica constituyeron el núcleo del Mercosur.[172] En consecuencia, el énfasis en la apertura comercial fue una meta fundamental en el Mercosur.

No obstante, a diferencia de otras iniciativas de integración latinoamericana, el sesgo neoliberal de algunas políticas del Mercosur se contrapuso a algunas formas limitadas de intervención pública o a una regulación no excesivamente flexible de los temas de la agenda neoliberal. El caso de la política automotriz es un ejemplo bastante útil para demostrar este argumento. Éste ha sido un sector tradicionalmente protegido, tanto en Argentina como en Brasil, a través de aranceles e incentivos fiscales. En el Tratado de Asunción fue excluido del Programa de Liberalización y el intercambio automotriz argentino-brasileño continuó regulado mediante acuerdos bilaterales que se basaban en formas de comercio compensado. Cisneros y Campbell describen el Mercosur como una modalidad de regionalismo abierto, pero explican las razones de la exclusión del sector automotor del programa de libre comercio. Al respecto señalan:

> Teniendo en cuenta tanto el "peso económico, social y político" del sector [automotriz], especialmente en cuanto a su historia, a su participación en el producto y en el empleo industrial [...] y a su capacidad –real o potencial– de generar encadenamientos hacia el resto de la economía, ¿pueden países como Argentina o Brasil "entregar" en forma irrestricta su industria automotriz, en nombre del libre mercado o la apertura, aun teniendo en cuenta que casi todos los países desarrollados mantienen distinto tipo de regímenes sectoriales específicos y en atención a las condiciones particulares que esta actividad reviste?[173]

---

[172] Lerman Alperstein, Aída. "El regionalismo abierto: Mercosur". En: *Revista Política y Cultura*, México, Universidad Autónoma Metropolitana - Xochimilco, México, nº 8, primavera 1997, p. 365.

[173] Cisneros y Campbell. *Op. cit.*, p. 9.

Existe otro aspecto que relativiza la dimensión neoliberal o la aplicación del enfoque del nuevo regionalismo al caso del Mercosur. En materia de integración regional, el resto de la agenda neoliberal comprende la regulación flexible e incluso se plantean compromisos mayores a los existentes en el ámbito multilateral de la OMC (conocido como OMC plus) de las inversiones extranjeras; el comercio de servicios, la apertura de los mercados públicos, la normativa sobre propiedad intelectual no fueron parte del articulado del Tratado de Asunción. Si bien algunos de estos aspectos fueron luego objeto de regulación en el seno del Mercosur a través de decisiones de las instancias comunes, la normativa aprobada distó mucho de estar inspirada en las ideas neoliberales de desregulación y flexibilización de tipo OMC plus.

En cuanto a la estructura institucional, el Tratado de Asunción repite el enfoque intergubernamental del ACE 14 y el Acta de Buenos Aires, estableciendo el Consejo del Mercado Común y el Grupo del Mercado Común. El Consejo es el órgano superior del Mercado Común, y le corresponde la conducción política y la toma de decisiones para asegurar el cumplimiento de los objetivos y los plazos establecidos para la constitución definitiva del Mercado Común. El Grupo del Mercado Común es el órgano ejecutivo del Mercosur, y es coordinado por los Ministerios de Relaciones Exteriores y tendrá facultad de iniciativa.[174] Finalmente, el Grupo del Mercado Común cuenta con una Secretaría Administrativa, cuyas principales funciones son la guarda de documentos y comunicación de actividades del mismo.

Sin embargo, en el artículo 18 del Tratado de Asunción se determina que antes del 31 de diciembre de 1994, fecha establecida para perfeccionar la unión aduanera, se debía

---

[174]   Tratado de Asunción, artículo 10 al 18.

acordar una estructura institucional definitiva. Esto ocurre en la fecha fijada, cuando los cinco países suscriben el Protocolo de Ouro Preto, en el cual se confirmó el Consejo del Mercado Común y el Grupo del Mercado Común (GMC), pero se crearon nuevas instancias como la Comisión de Comercio del Mercosur, la Comisión Parlamentaria Conjunta, el Foro Consultivo Económico-Social (FCES) y la Secretaría Administrativa del Mercosur (SAM).[175]

No obstante, ni en el Tratado de Asunción, ni en el Protocolo de Ouro Preto se incluyó una dimensión social para el proceso de integración. Ciertamente, en el Preámbulo del Tratado se señaló como meta última del proceso de la integración "el desarrollo económico con justicia social" y "mejorar la calidad de vida de los habitantes de la región". Sin embargo, en el Tratado se ordenaba al Grupo Mercado Común (GMC) la instalación de 10 Sub-grupos de trabajo a los efectos de coordinar las políticas económicas y sociales, descritos en el Anexo V, dentro de los cuales no existía ninguno para tratar la cuestión social o, al menos, laboral.

A pesar de ello, ya en 1991, en un encuentro de Ministros de Trabajo del Mercosur se aprueba la Declaración de Montevideo y la creación de un Sub-Grupo de Trabajo sobre Asuntos Laborales (conocido posteriormente como SGT-11) y se sugiere elaborar una Carta Social del Mercosur. Posteriormente, en el Protocolo de Ouro Preto, se crea el Foro Consultivo Económico Social (FCES) y se reestructura el SGT-11, que pasó a denominarse Sub-Grupo de Trabajo nº 10 sobre "Relaciones Laborales, Empleo y Seguridad Social" o SGT-10. Éste fue el inicio del "Mercosur Socio-Laboral", el ámbito inicial en el cual los actores sociales, en especial el sector sindical, se movilizarían políticamente durante la década de los 90.

---

[175]   Véase Protocolo de Ouro Preto, capítulo I.

También en esos años se produjo un desborde del proceso de integración más allá de lo económico y comercial hacia el sector educativo, que se conocería luego como el "Mercosur educativo". En diciembre de 1991, se estableció el Sector Educativo del Mercosur (SEM) mediante la firma de un Protocolo de Intenciones por parte de los Ministros de Educación de los países miembros. Ese mismo año, se realizó la Reunión de Ministros de Educación con la función de proponer al Consejo, a través del Grupo Mercado Común, las medidas tendientes a coordinar las políticas educativas de los Estados miembro. En junio de 1992, en la Reunión de Ministros de Educación se aprobó el primer Plan Trienal para el sector educación del Mercosur. Finalmente, en 1994, se suscribió el Protocolo de integración Educativa y Reconocimiento de Certificados, Títulos y Estudios de Nivel Primario y Medio no Técnico (1994).[176]

Todas estas acciones se desarrollaban al margen o en paralelo a la dinámica comercial regulada por el Tratado de Asunción, creándose el embrión de lo que ahora se conoce como la dimensión social del Mercosur. Entonces, frente a la lógica comercial del texto fundador del Mercosur, la dinámica política y social de la región fue creando espacio para articular iniciativas en materia de trabajo y educación, que comenzaron a desarrollarse incluso en el periodo de transición.

En la década de los 90, se fue desarrollando gradualmente una normativa e institucionalidad para tratar los asuntos sociales en el seno del bloque regional. Esta estructura institucional y normativa fue en gran medida el resultado de las

---

[176]   Cf. Fulquet, Gaston A. *El Proyecto Educativo para el MERCOSUR y los Debates en torno a la Internacionalización de la Educación Superior*. Buenos Aires, Centro Argentino de Relaciones Internacionales. http://www.caei.com.ar/ebooks/ebook15.pdf (consulta: 5 de agosto de 2008)

actividades del Sub-Grupo de Trabajo 10. Así, por ejemplo, en 1997, se aprobó el Acuerdo Multilateral de Seguridad Social, como un esfuerzo para comenzar el proceso de armonización de los sistemas de seguridad social. El Tratado consagró algunos principios para garantizar niveles de protección social mínimos, como la Igualdad de Trato entre nacionales de los cuatro países, la conservación de los derechos adquiridos, la totalización de los periodos computados y el prorrateo de las prestaciones.[177] Las normas de este acuerdo no están por encima de las legislaciones de los países del Mercosur y en realidad se trata de una normativa que busca armonizar y hacer converger las legislaciones nacionales para que sus trabajadores y sus familiares tengan los mismos derechos en términos de seguridad social cuando se muden de su país para trabajar en otros Estados del Mercosur. Así, si un nacional y su familia migran a otro país del Mercosur, se le debe reconocer los mismos derechos y deberes relativos a la seguridad social que a los ciudadanos nativos.[178]

De igual manera, en 1998, se aprobó La Declaración socio laboral del Mercosur,[179] en la cual se establece una serie de Derechos Fundamentales que deben ser respetados por los países miembros del bloque regional. El proceso de construcción de la dimensión social del Mercosur continuó en los inicios del nuevo milenio. En la XVII Cumbre del Mercosur realizada en Buenos Aires, en junio de 2000, se

---

[177]   Di Pietro Paolo, Luis José. "La dimensión social del Mercosur. Recorrido institucional y perspectivas". Ponencia presentada en el "Foro Integración Regional y Agenda Social" realizado en Buenos Aires, el 12 y 13 de diciembre de 2003, bajo los auspicios del BID-INTAL, p. 14.

[178]   Goveia, Luana. *O Acordo Multilateral de Seguridade Social do Mercosul e seu papel na agenda social do processo de integração*. FLACSO Andes Debate, http://www.flacsoandes.org/web/debate.php?c=1486&debate=85 (consulta: 7 de agosto de 2008)

[179]   *Declaración Socio Laboral del Mercosur.* http://www.mercosur.int/msweb/ Documentos/Publicados/Declaraciones%20Conjuntas/003671454_ CMC_10-12-1998__DECL-DPR_S-N_ES_SocioLaboral.pdf

presentaron propuestas que, de alguna forma, implicaban cambios al modelo del Tratado de Asunción. Uno de ellos fue la aprobación de la Carta de Buenos Aires sobre el Compromiso Social en el Mercosur, Chile y Bolivia. En este documento, los Presidentes reconocieron que resultaba "prioritario profundizar la dimensión social del Mercosur teniendo en cuenta que todos los aspectos del proceso de integración deberán avanzar en forma conjunta."[180] Éste es el inicio de un proceso de avance en la dimensión social del Mercosur más allá de lo socio-laboral y lo educativo, que fueron las dos esferas más desarrolladas durante los años 90.

El proceso se profundiza a partir del año 2003, cuando asumen el poder Néstor Kirchner en Argentina y Luiz Inácio Lula da Silva en Brasil, ambos Presidentes inclinados a dotar al Mercosur de una dimensión social mucho más fuerte. La expresión "Mercosur social" comienza a utilizarse más ampliamente a partir de 2004 y tiene una doble dimensión. Por un lado, describe el conjunto de temas que son parte de la agenda de la reunión de los Ministros y Altas Autoridades de Desarrollo Social del Mercosur y que comprende básicamente las políticas sociales, como por ejemplo, desnutrición infantil y soberanía alimentaria. Así, en la estructura institucional del Mercosur, existe la Reunión de Ministros de Desarrollo que depende del Foro de Consulta y Concertación Política, el cual articula el trabajo de varios ministerios que llevan las áreas de trabajo no económico-comerciales.[181] La expresión "Mercosur Social"

---

[180]   Esta información se toma de la Carta de Buenos Aires sobre el Compromisos Social en el Mercosur, Chile y Bolivia. http://www.oas.org/ddse/english/cpo_cs_referencia3.asp.

[181]   Entrevista con Mariana Vásquez, Profesora de la Universidad de Buenos Aires y antigua funcionaria del Ministerio de Economía de la República Argentina y Excoordinadora Técnica del Consejo Consultivo de la Sociedad Civil de la Sub-Secretaría de Integración Americana y Mercosur de la Cancillería Argentina, realizada el 22 de junio de 2009 en la Ciudad de Buenos Aires, Argentina.

también comprendería la cuestión de la participación social, es decir, la creación de un espacio para permitir la participación de la sociedad civil en el proceso de integración del Cono Sur. A esto se deben sumar las denominadas Reuniones Especializadas, que son distintas a las reuniones de Ministros de un sector específico como la educación o la salud, pues en aquéllas se incluye la participación de los actores sociales en su seno.

En el Tratado de Asunción tampoco se previó política alguna para promover una estrategia industrial conjunta y, en vez de ello, el asunto continuó siendo parte de la política económica nacional. Tampoco se incluyeron mecanismos para tratar las asimetrías existentes en este proceso de integración, excluyéndose un tratamiento preferencial y diferenciado a los países de menor desarrollo relativo (Uruguay y Paraguay), lo que significó una ruptura de la tradición integracionista latinoamericana, pues medidas de ese tipo fueron parte de la ALALC, la Asociación Latinoamericana de Integración (ALADI), el Pacto Andino y el Mercado Común Centroamericano. Es especialmente después de 2003, cuando tras más de una década de existencia del Mercosur y como resultado de la constatación de una cada vez mayor brecha productiva entre Brasil y sus tres socios, que el tema de la integración productiva adquiere de nuevo relevancia, aunque con un enfoque algo distinto al previsto en el Tratado de Asunción.

En este sentido, el modelo de regionalismo productivo supone la introducción en el seno del bloque regional de mecanismos de complementación o integración productiva, expresiones que se usan de forma indiferente en la literatura para referirse a la mayor articulación de las actividades productivas, sea a través de mecanismos de mercado o mediante formas de intervención estatal. Este objetivo adquirió creciente importancia en el bloque regional a partir de su inclusión como uno de los fines del

Programa de Trabajo 2004-2006, aprobado en la Cumbre
de Asunción, en 2004. Posteriormente, en la Cumbre de
Presidentes, y el simultáneo Encuentro por un Mercosur-
Social y Productivo, ambos realizados en Córdoba, en julio
de 2006, el tema de la integración productiva fue igualmente
destacado. El 1 de febrero de 2006 se creó el germen de
una política industrial del Mercosur, mediante la firma
del Mecanismo de Adaptación Competitiva, Integración
Productiva y Expansión Equilibrada de Comercio (MAC).
En este contexto, se iniciaron discusiones para aprobar
un programa de integración productiva. En la Cumbre
del Mercosur realizada en Tucumán, Argentina, en junio
de 2008, se aprobó el Programa de Integración Productiva
del Mercosur. Según este documento,

> un proceso de integración entre países en desarrollo con
> economías asimétricas en su tamaño y estructura, no se
> debe limitar a los aspectos comerciales, y debe propender
> a eliminar las diferencias de desarrollo interno y a evitar
> la concentración de los beneficios de la integración en los
> actores de mayor tamaño.[182]

Otras innovaciones al modelo del Tratado de Asunción
se han producido en materia social y de equidad. Una de
ellas es la creación del Fondo de Compensación Económica
del Mercosur (FOCEM), en 2004, que se propone contribuir a resolver las asimetrías existentes. El FOCEM tiene
un capital de inicio bastante limitado y será formado con
aportes de cada país miembro. Estos aportes se distribuirán
en proporción inversa al tamaño de las economías, lo cual
introduce un elemento de equidad; su monto parece limitado. Su objetivo es la gradual eliminación de las asimetrías
en la región, para lo cual se crearon cuatro programas: el

---

[182]   Programa de Integración Productiva del Mercosur, Justificación, disponible en línea: http://www.mercosur.coop/recm/IMG/pdf/ANEXO_I_-_
Programa_Integracion_Productiva.pdf

Programa de Convergencia Estructural, el Programa de Desarrollo de la Competitividad, el Programa de Cohesión Social y el Programa de Fortalecimiento de la Estructura Institucional y del Proceso de Integración.

En el ámbito institucional, durante estos años, también se ha intentado mejorar la estructura institucional del Mercosur. En el Protocolo de Olivos de 2002 se aprobó la creación de un Tribunal Permanente de Revisión, que aunque apenas es una instancia de revisión de las decisiones tomadas por una primera instancia, supone al menos un intento de ir más allá de lo previsto en el Protocolo de Ouro Preto. En la Cumbre del Mercosur, realizada en Ouro Preto en 2004, se creó el Parlamento del Mercosur, instancia de participación política y cuyos miembros serán electos por el voto directo de los ciudadanos de los países miembros.

4. La construcción social del modelo del Mercosur

La breve descripción realizada en la sección anterior permite demostrar que el modelo del Mercosur se ha ido construyendo a lo largo de sus años de existencia y quizás el proceso aún no ha terminado. El Mercosur actual dista mucho del proyecto exclusivamente comercial previsto en el Tratado de Asunción. Si el Mercosur se hubiese circunscripto a lo dispuesto en su tratado creador y si hubiese abandonado totalmente el legado del del Programa de Integración y Cooperación Económica (PICE), quizás sería más parecido al TLCAN. Empero, la evolución del proceso de integración, sus éxitos iniciales y sus posteriores fracasos han llevado a modificar el modelo original. Los logros del periodo de transición permitieron un desborde hacia la esfera política, dado el prestigio que el bloque tenía a nivel regional y global. Sin embargo, sus fracasos mostraron la debilidad institucional, en materia productiva o social. Esto generó una acción política de actores gubernamentales y de actores sociales y económicos para lograr la inclusión de estos sectores en el proceso de integración. En consecuencia, en la actualidad, el Mercosur es un híbrido de las ideas del nuevo regionalismo económico, el regionalismo abierto de la CEPAL, con limitadas forma de intervencionismo para proteger sectores estratégicos, a lo que se ha sumado en los años recientes una medianamente desarrollada normatividad e institucionalidad en materia social y productiva.

Está claro que, en sus inicios, el Mercosur adoptó las premisas del modelo de regionalismo estratégico. El interés mayor era construir un bloque regional cuyo objetivo fuera lograr la liberalización del comercio y crear un arancel externo común, todo en el marco de la promoción de políticas favorables a la inversión extranjera. Esto sucedía dentro de un contexto mundial cambiante, en el cual se percibía, aunque la realidad posteriormente se encargara de desmentirlo, que los temas militares y de seguridad que caracterizaron el periodo de la Guerra Fría y el conflicto este-oeste serían sustituidos por una creciente competencia económica global entre bloques regionales. La conversión de Estados Unidos al regionalismo era la comprobación de esta tendencia. Esto se acompañaba por una creciente regionalización de las actividades productivas que, guiadas por la acción de las empresas transnacionales, habían modificado su estrategia productiva de un modelo fordista a uno post-fordista.[183]

Estos cambios en la estructura mundial fueron acompañados por la adopción, en los países del Mercosur, de una nueva estrategia de desarrollo económico basada en reformas de mercado, uno de cuyos elementos era la eliminación de los "resabios proteccionistas" que se aplicaron durante las décadas previas a la hegemonía de la política de sustitución de importaciones. La forma como los actores

---

[183]   Briceño Ruiz, *Acteurs et modèles. Op. cit.*, pp. 307-344.

domésticos configuraron su acción política y su influencia sobre los gobiernos se vio afectada por este cambio en la estrategia económica. El viejo Estado corporatista se debilitó limitando la influencia de algunos actores, en particular, los sindicatos, y fortaleciendo a otros, como los empresarios.

Se produjo entonces una convergencia de intereses entre ciertos actores nacionales y transnacionales, estatales y no estatales, que determinaron el particular modelo de integración que se adoptó en el Tratado de Asunción, que definimos como regionalismo estratégico, y en cuyo diseño tuvieron influencia los actores políticos ganadores en el proceso de recomposición del Estado corporatista, a los que la particular estructura de oportunidad política existente en esos años les daba un mayor acceso a las instancias de decisión, como es el caso de los empresarios favorables a la apertura.

A estos actores a nivel nacional se sumaba un actor transnacional que había logrado una gran influencia en las economías de la región, articulando una estrecha relación con los Estados, en particular Brasil, en el fomento de su estrategia de desarrollo económico: las ETN. Se destacan en particular las empresas del sector automotor, tanto las ensambladoras como las empresas de auto-partes, que no sólo fueron parte de la estrategia de desarrollo industrial de países como Argentina y Brasil, sino que también comenzaron a desarrollar formas "regionalizadas" de producción en la lógica postfordista. Descartando el argumento generalizado en la literatura de un conflicto o una oposición entre la ETN y los Estados-nación del mundo en desarrollo, la experiencia del Mercosur demuestra una creciente articulación entre estos dos actores,[184] las ETN, el Estado-nación y sus agentes gubernamentales, en particular los Presidentes y representantes del poder ejecutivo (Ministerios de Relaciones

---

[184]   *Ibid*, p. 323-345.

Exteriores, Ministerios de Economía), que tuvieron un papel protagónico en la integración del Cono Sur, incluso desde los años precedentes a la creación del Mercosur, cuando debido al impulso de los Jefes de Estado de Argentina y de Brasil se desarrolló el PICE.[185]

El modelo de regionalismo estratégico adoptado en el Tratado de Asunción para el entonces naciente Mercosur y cuyo núcleo era la apertura comercial, salvo aquellos sectores considerados estratégicos como el automotor, era el reflejo de esa coalición hegemónica de actores en ese momento, en la región. La importancia del Estado y sus intereses geopolíticos, la eliminación de hipótesis de conflicto, la defensa y consolidación de la naciente democracia en la región y las necesidades geo-económicas de crear un bloque sudamericano para responder a una tendencia mundial de apertura comercial en el marco de la OMC y de creación de bloques regionales en otras partes del mundo son también variables cruciales para entender la decisión de adoptar el modelo de regionalismo estratégico.

Ese modelo no fue del agrado de todo el espectro de actores políticos. Sectores económicos poco competitivos cuyas actividades estaban escasamente internacionalizadas, Pequeñas y medianes empresas (PYMES) o sindicatos, no sólo no percibían ganancias del Mercosur sino que temían a sus potenciales efectos negativos en términos de pérdida de mercados, reducción de los niveles de empleo o disminución de los derechos sociales. Sin embargo, su poder de *lobby* había disminuido de forma creciente en un momento

---

[185]   La influencia de los Presidentes en el proceso del Mercosur ha sido analizada ampliamente por Andrés Malamud. Cf. "Mercosur: An Empirical Examination". En: *Latin American Research Review*, vol. 40, n° 1, febrero de 2005, pp.138-164; Malamud, Andrés. "Presidentialism and Mercosur: A Hidden Cause for a Successful Experience." En: Laursen, Finn (ed.). *Comparative Regional Integration: Theoretical Perspectives*. Aldershot, Gran Bretaña, Ashgate, 2004, pp. 53.73.

histórico en el cual la estructura de oportunidad política de los Estados limitaba el acceso a actores que no fuesen favorables a un modelo económico basado en la lógica de mercado, desregulación y apertura, con excepción de aquellos que representaban sectores considerados estratégicos.

Ese escenario comenzó a cambiar desde mediados de la década de los 90 cuando surgen las primeras demandas de ir más allá del modelo de regionalismo estratégico. Los primeros pasos en la diversificación del modelo de integración del Mercosur comienzan en el área laboral y educativa en los años siguientes a la firma del Tratado de Asunción. El proceso se inicia en 1994 cuando la denominada "crisis del tequila" en México comienza a mostrar las debilidades de la política de reforma económica. Esta crisis tuvo un efecto negativo en casi todas las economías de la región. En el caso del Mercosur incide en la profundización de las primeras diferencias entre los socios, en particular en cuanto a la política automotriz y la exclusión de algunos bienes de la zona de libre comercio. Aun mayor fue al impacto que la crisis tuvo en la acción política de actores sociales como los sindicatos y otras Organizaciones no Gubernamentales (ONG) que percibían en ella un fracaso del modelo económico que se estaba aplicando en la región. A su vez, estos sectores consideraban que eran los sectores económicos más vulnerables quienes tenían que pagar los costos de la crisis y temían que se aplicasen o profundizasen nuevas reformas en aspectos como la seguridad social o la normativa laboral para "recuperar la competitividad" y salir más rápido de la recesión.

Se comienza a producir una nueva alianza de actores que se proponen, al menos en una primera fase, dotar al bloque regional de una dimensión socio–laboral más fuerte para establecer mecanismos que compensasen a los trabajadores por el impacto negativo de la apertura. Esta nueva alianza de actores comprendía la pionera actividad transnacional de la Coordinadora de Centrales Sindicales del Mercosur (CCSCS), que logró establecer una alianza con aquellos actores gubernamentales que fueron excluidos en las negociaciones iniciales del Mercosur, como fue el caso de los Ministerios de Trabajo. En línea con el modelo de regionalismo social, comienzan entonces a intensificarse las demandas de normas sociales regionales, políticas sociales de tipo redistributivo e incluso instituciones que garantizasen a los ciudadanos la defensa de sus derechos sociales. Esto significó el inicio, si bien no de forma automática o exenta de dificultades, de un cambio del modelo de integración del Mercosur que reflejaba un nuevo contexto regional diferente al que existía en 1991.

La crisis del real en Brasil, en 1998, mostró aun más la debilidades del Mercosur, pues dio lugar literalmente a una "guerra de medidas" unilaterales que comenzaron a afectar la credibilidad e imagen del proceso de integración. A partir de entonces surgen mayores demandas entre algunos actores para proveer al bloque regional, ya no sólo de una dimensión social sino también de una mayor dimensión productiva. En particular se destacan los primeros reclamos de los países de menor tamaño (Uruguay y Paraguay) sobre la distribución inequitativa de los costos y beneficios del proceso de integración y la necesidad de establecer medidas compensatorias.

Sin embargo, la revisión del modelo de integración del bloque regional se profundiza a partir del cambio ideológico que se produjo en el Mercosur desde el año 2003. Expresión de esto fue la firma, en octubre de 2003, del Consenso de Buenos Aires, que supuso un "nuevo discurso" integracionista en el cual se colocaba la dimensión social y productiva de la integración en el mismo nivel que la dimensión comercial. En este contexto, se consolida la dimensión social de la integración, que trasciende lo meramente socio-laboral para incluir una política social regional, y surgen con mayor fuerza las demandas para incluir en el Mercosur instrumentos del modelo de regionalismo productivo, como la creación de foros de competitividad o la creación del FOCEM.

Entonces, la forma como se ha ido delimitando el modelo económico del Mercosur evidencia que no se trata de un proceso estático sino dinámico. No es igual el "Mercosur de Collor Mello y Carlos Menem" que "el Mercosur de Lula y Kirchner". En consecuencia, no era de extrañar que se produjese una transformación del modelo de regionalismo estratégico puro del Tratado de Asunción. Éste resultó de un contexto en el cual había un gran optimismo con las ideas de economía de mercado, dentro de la cual la integración se consideraba un componente para impulsar uno de los elementos de la reforma: la apertura comercial. Sólo los sectores considerados estratégicos estaban al margen del proceso. El Consenso de Buenos Aires replanteaba la filosofía de la integración retomando viejas ideas "desarrollistas" propias del modelo de regionalismo productivo y mecanismos del modelo de regionalismo social que venían siendo demandados por algunos actores sociales, en particular los sindicatos. El caso del Mercosur confirma lo arriesgado que es el análisis estático de un modelo de integración. Continuar centrando el análisis sólo en la evaluación de si se ha cumplido o no lo acordado en el Tratado de Asunción en materia comercial es adoptar este enfoque, lo que supone obviar el carácter dinámico y las transformaciones sufridas por el modelo de integración original del Mercosur a lo largo de su desarrollo.

Conclusiones

El Mercosur ha avanzado de un modelo exclusivamente estratégico comercial a un complejo híbrido con objetivos sociales y productivos, además de haber realizado esfuerzos para mejorar la calidad institucional del bloque al crearse el Tribunal Permanente de Arbitraje y el Parlamento del Mercosur. Esta ampliación de la esfera de competencias del Mercosur ha generado un intenso debate académico sobre su real impacto en el desarrollo de un bloque comercial que cumple 20 años sin haber logrado aún cumplir objetivos planteados en el Tratado de Asunción, como por ejemplo el perfeccionamiento de la unión aduanera.

La realidad es que el Mercosur y la construcción de su modelo, como cualquier proceso de integración, no puede ser analizado sin considerar el contexto histórico. La historia importa. Un aspecto central que el análisis histórico del regionalismo latinoamericano demuestra es su vinculación con la obtención de dos grandes objetivos: la autonomía y el desarrollo. Los actores políticos y sociales favorables a la integración siempre la han visto como un mecanismo para alcanzar ambos. En los años fundacionales del Mercosur, los actores políticos y sociales con más capacidad de incidir en el diseño del modelo de integración estaban subsumidos en la euforia de la hegemonía de las ideas de libre comercio, apertura e inserción internacional. En ese contexto, el discurso era que las viejas ideas del "regionalismo autonómico" eran equivocadas para un mundo globalizado. Esto explica el giro del modelo gradual y sectorial del PICE, el último intento de "regionalismo autonómico", al Mercosur que, como modelo de regionalismo estratégico, tenía como núcleo la inserción internacional. Sin embargo, como la "historia cuenta", el viejo objetivo de la autonomía no desapareció, a pesar del discurso. Por ello, el modelo de regionalismo estratégico combinaba la apertura global con la protección de los sectores considerados estratégicos, es decir, fundamentales para lograr la autonomía *vis-à-vis* de los centros de poder mundial. Esto fue notorio en Brasil, país en el cual el Mercosur se insertó en el paradigma global de su política exterior ampliamente

analizado por Tullo Vigevani[186] y descrito como "autonomía por la integración", en el cual se reconocía uno de los
principios fundamentales de la política exterior de este
país, como lo es la autonomía. Esta nueva forma de "au-
tonomismo" se basaba en la idea de que el desarrollo se
lograría no sólo a través del impulso de políticas estatales
intervencionistas de fomento del desarrollo industrial sino
también mediante la inserción en el mundo en base a las
ventajas comparativas. Era así que se lograría defender la
autonomía del país. En consecuencia, los compromisos
de integración no podían implicar el desmontaje de la
protección a los sectores productivos considerados estratégicos (automóviles o bienes de capital) o una cesión de
la "autonomía decisional" a instancias supranacionales. En
otras palabras, la opción era un modelo de regionalismo
estratégico.

Ya a mediados de la década de los 90, especialmente
después de la crisis mexicana de 1994, la hegemonía del
pensamiento neoliberal comenzó a ser cuestionada, lo que
influyó en la forma de concebir la integración. Aunque no
se planteaba retroceder hacia modelos proteccionistas o
introvertidos, sí se destacaba que optar por un modelo de
regionalismo estratégico solamente no era suficiente para
garantizar la continuidad del proceso de integración. La
crisis de fines de los años 90 y el retroceso que ocasionó
en la interdependencia regional profundizó esta crítica y
fortaleció las demandas por la inclusión de elementos de
los modelos de regionalismo social y productivo en el proceso regional. Esto trajo de nuevo a la mesa de discusión

---

[186]   Vigevani, Tullo, de Oliveira, Marcelo F. y Rodrigo Cintra. "Política externa
no periodo de FHC: a busca da autonomia pela integração". En: *Tempo
Social*, vol. 15, nº 2, noviembre de 2003, pp. 31-61; Vigevani, Tullo y
Haroldo Ramazini Jr. "Autonomia e integração regional no contexto do
Mercosul. Uma analise considerando a posição do Brasil". En: *OSAL*,
Buenos Aires, CLACSO, año XI, nº 27, abril de 2010, pp. 45-63.

viejos elementos del "regionalismo autonómico" como el desarrollo de mecanismos de integración productiva o el tratamiento preferencial y diferenciado para resolver los problemas distributivos y las asimetrías regionales.

El Mercosur se transforma así en el híbrido que conocemos actualmente, con ambiciosas metas comerciales, sociales y productivas. La cuestión que se plantea es si este complejo modelo de integración puede ser efectivamente aplicado en el marco de la poco eficiente estructura institucional del Mercosur y si, en consecuencia, existe un riesgo de proliferación de lo que Philippe Schmitter describió como efectos de *spill back, spill around* y encapsulación. Igualmente, también queda por saber si las propuestas recientes de integración en el ámbito social y productivo son, en el mejor de casos, buenas intenciones. Esto supone superar una brecha histórica entre discurso y práctica en la integración en América Latina.

Bibliografía

Bouzas, Roberto y José María Fanelli. *Mercosur: integración y crecimiento.* Grupo Editor Altamira, 2001.

Brander, James A. *Strategic Trade Policy.* En: *NBER Working Paper Series,* nº W5020, Cambridge, Massachusetts, febrero de 2005, p. 2.

Briceño Ruiz, José. *Acteurs et modèles d'intégration le cas du Mercosur.* Tesis para la obtención del título de Doctor en Ciencia Política, Instituto de Estudios Políticos de Aix-en-Provence, Francia, diciembre de 2010.

———. "Regionalismo estratégico e interregionalismo en las relaciones externas del Mercosur". En: *Revista Aportes para la Integración Latinoamericana,* Universidad Nacional de la Plata, Argentina, año XII, nº 15, diciembre de 2006, pp. 28-42.

——. "Strategic Regionalism and Regional Social Policy in the FTAA Process". En: *Global Social Policy,* vol. 7, n° 3, 2007, pp. 294-315.

——. "Strategic Regionalism and the Remaking of the Triangular Relations between the EU, The United States and Latin America". En: *Journal of European Integration,* Essex, Inglaterra., vol. 23, n° 2, pp. 105-138.

——. "El regionalismo estratégico en las interacciones entre Estados Unidos y Brasil en el ALCA: Un análisis desde el liberalismo intergubernamental". En: Shigeru Kochi y Philippe de Lombaerde y José Briceño Ruiz (eds.). *Del regionalismo latinoamericano a la integración interregional.* Madrid, Siglo XXI editores, 2008, pp. 99-136.

Carranza, Mario E. "Clinging Together: Mercosur's Ambitious External Agenda, its Internal Crisis, and the Future of Regional Economic Integration in South America". En: *Review of International Political Economy,* vol. 13, n° 5, 2006, pp. 802 -829.

Carta de Buenos Aires sobre el Compromisos Social en el Mercosur, Chile y Bolivia, disponible en línea http:// www.oas.org/ddse/english/cpo_cs_referencia3.asp.

CEPAL. *El Mercado Común Latianomericano.* Santiago, CEPAL, 1959.

CEPAL. *El Regionalismo Abierto en América Latina y el Caribe. La Integración al Servicio de la Transformación Productiva con Equidad.* Santiago, CEPAL, 1994.

Cervo, Amado. "Relações Internacionais do Brasil. Um balanço da era Cardoso". En: *Revista Brasileira de Política Internacional,* vol. LXV, n° 1, 2002, pp. 5-35.

Deacon, Bob. "The Governance and Politics of Global Social Policy". En: *Social Policy & Society,* vol. IV, n° 4, 2005, pp. 437-445.

Deacon, Bob, Isabel Ortiz y Sergei Zelenev. "Regional Social Policy". En: *DESA Working Paper,* n° 37, ST/ESA/2007/

DWP/37, junio de 2007, Nueva York, United Nations, Department of Economic and Social Affairs.

Declaración Socio Laboral del Mercosur. http://www. mercosur.int/msweb/Documentos/Publicados/ Declaraciones%20Conjuntas/003671454_CMC_10-12-1998__DECL-DPR_S-N_ES_SocioLaboral.pdf

Di Pietro Paolo, Luis José. "La dimensión social del Mercosur. Recorrido institucional y perspectivas". Ponencia presentada en el "Foro Integración Regional y Agenda Social" realizado en Buenos Aires, el 12 y 13 de diciembre de 2003, bajo los auspicios del BID-INTAL, p. 14.

Diuna, Francesco. *The Social Construction of Free Trade: the European Union, NAFTA and Mercosur.* Princeton, Princeton University Press, 2006.

Entrevista con Mariana Vásquez, Profesora de la Universidad de Buenos Aires y antigua funcionaria del Ministerio de Economía de la República Argentina y Excoordinadora Técnica del Consejo Consultivo de la Sociedad Civil de la Sub-Secretaría de Integración Americana y Mercosur de la Cancillería Argentina, realizada el 22 de junio de 2009 en la Ciudad de Buenos Aires, Argentina.

Ferrer, Aldo. "El Mercosur: entre el Consenso de Washington y la Integración Sustentable". En: *Comercio Exterior*, México, vol. XLVII 47, n° 5, mayo de 1997, p. 347-354.

Fulquet, Gaston A. *El Proyecto Educativo para el MERCOSUR y los Debates en torno a la Internacionalización de la Educación Superior,* Buenos Aires, Centro Argentino de Relaciones Internacionales. http://www.caei.com. ar/ebooks/ebook15.pdf (consulta: 5 de agosto de 2008)

Gambina, Julio C. "El Mercosur en los avatares de la lucha entre la liberalización y la liberación". En: *Seminario Internacional REG GEN: Alternativas Globalização*, 13 de octubre de 2005, Río de Janeiro, Brasil UNESCO, Organización de las Naciones Unidas para la Educación, la Ciencia y la Cultura: 2005, http://bibliotecavirtual.

clacso.org.ar/ar/libros/reggen/pp08.pdf (consulta: 25 de mayo 2010)

García Delgado, Daniel y Chojo, Martín. *Desarrollo e integración regional. Hacia un modelo productivo social.* Buenos Aires, FLACSO, Ediciones CICCUS, 2006, p. 119-138.

Goveia, Luana. *O Acordo Multilateral de Seguridade Social do Mercosul e seu papel na agenda social do processo de integração.* FLACSO Andes Debate, http://www.flacsoandes.org/web/debate.php?c=1486&debate=85 (consulta: 7 de agosto de 2008)

Jaguaribe, Helio. "Significaçâo e alcance de Mercosur". En: *Aportes para la Integración Latinoamericana.* La Plata, Argentina, vol. II, n° 3 (diciembre de 1996), pp. 15-29.

Katz, Claudio. *¿Crisis o resurgimiento del MERCOSUR?* http://lahaine.org/b2-img/katz_cris.pdf (consulta: 23 de enero de 2010)

Kellogg, Paul. "Regional Integration in Latin America: Dawn of an Alternative to Neoliberalism?". En: *New Political Science,* vol. XXIX, n° 2, junio de 2007, pp. 187-209.

Laredo, Iris Mabel y Angelone, Juan Pablo. "El neoliberalismo como sustento teórico de la integración en el Mercosur". En: Laredo, Iris Mabel. *Estado, Mercado y Sociedad. Pautas para su viabilización.* Vol. III, Rosario, UNR, 1996.

Laredo, Iris Mabel; Helman, Eugenio; Angelone, Juan Pablo; Irma Rosa y Cignacco, Gloria. "Alternativa al modelo Mercosur de integración: ampliación del mercado vs. Desarrollo humano sustentable". En: Laredo, Iris Mabel (eds.). *Estado, Mercado y Sociedad en el Mercosur. Pautas para su viabilización.* Vol. V, Rosario, Universidad Nacional de Rosario, 1998.

Lerman Alperstein, Aída. "El regionalismo abierto: Mercosur". En: *Revista Política y Cultura.* México,

Universidad Autónoma Metropolitana - Xochimilco, México, n° 8, primavera 1997, pp. 353-366.

Marchal, André. *Integración y Regionalización de la Economía Europea*. Madrid, Seminarios y Ediciones S.A, 1970.

Marchal, André. *L'intégration territoriale*. París, PUF, 1965.

Mecham, Michael. "Mercosur. A Failing Develpoment Project". En: *International Affairs*, vol. LXXIX, n° 2, 2003, pp. 369-383.

Medeiros, Marcelo. *La genèse du Mercosud*. París, L'Harmattan, 2000, p. 304.

Methol Ferre, Alberto. *Los Estados continentales y el Mercosur*. Buenos Aires, Instituto de Estudios Superiores Arturo Jauretche, 2009.

Moniz Bandeira, Luiz Alberto. *Brasil, Argentina e Estados Unidos. Da tríplice aliança ao Mercosul. 1870-2003*. Río de Janeiro, Revan, 2003.

Mukhametdinov, Mikhail. "Mercosur and the European Union: Variation among the Factors of Regional Cohesion". En: *Cooperation and Conflict, Journal of the Nordic International Studies Association*, vol. 42, n° 207, 2007, pp. 207-228.

Musacchio, Andrés. "De la ALALC al Mercosur: la experiencia argentina". En: Rapaport, Mario y Hernán Colombo (eds.). *Nación, región, provincia en Argentina*. Buenos Aires, Imago Mundi, 2007, pp. 107-146.

Peña, Félix. "Integración americana: el gran desafío". En: *Revista Ejecutivos de finanzas* (noviembre de 1991), http://www.felixpena.com.ar/index.php?contenido=wpapers&wpagno=documentos/1991-11-integracion-americana-el-gran-desafio (consulta: 23 de enero de 2010)

Peña, Félix. "Mercosur: una idea con fuerza". En: *Revista Perspectiva Internacional* (julio de 1991), http://www.felixpena.com.ar/index.php?contenido=wpapers&wp

agno=documentos/1991-07-mercosur-una-idea-con-fuerza (consulta 23 de enero de 2010)

Perroux, François. "Intégration économique. Qui intègre ? Au bénéfice de qui s'opère l'intégration?". En: *Économie appliquée*, vol. XIX, n° 3-4, julio-diciembre de 1966, pp. 389-414.

Pinheiro Guimarães, Samuel. "Aspectos econômicos do MERCOSUL". Em: *Revista Brasileira de Política Internacional*, vol. XXXIX, n° 1, 1996, pp. 48-71.

Programa de Integración Productiva del Mercosur, Justificación. http://www.mercosur.coop/recm/IMG/pdf/ANEXO_I_-_Programa_Integracion_Productiva.pdf

Protocolo de Ouro Preto, capítulo I.

Rapoport, Mario. "Mercosur: la construction historique d'un espace regional". En: *Cahiers de l'Amérique Latine*, n° 27, 1998, pp. 89-100.

Saludjian, Alexis. "Critiques du régionalisme ouvert a partir de l'économie géographique appliquée au Mercosur". En: *Journal of Latin American Geography*, vol. 4, n° 2, 2005 pp. 77-96.

Santander, Sebastian. "The European Partnership with Mercosur: a Relationship Based on Strategic and Neoliberal Principles". En: *Journal of European Integration*, vol. XXVII, n° 3, 2006, pp. 285-306.

Santander, Sebastian. *Le régionalisme sud-américain, l'Union européenne et les Etats-Unis*. Bruxelles, éditions de l'Université de Bruxelles, 2008.

Soria Murillo, Víctor. *Integración económica y social de las Américas. Una evaluación del libre comercio*. México, Universidad Autónomo Metropolitana, INTAM, ITACA, 2007.

Sunkel, Osvaldo (ed.). *El desarrollo desde dentro: un enfoque neo-estructuralista para la América Latina*. México, Fondo de Cultura Económica, 1995.

Tratado de Asunción.

United Nations. "Conference on Trade and Development (UNCTAD)". En: *Regional Cooperation for Development, Trade and Development Report 2007*. Nueva York y Ginebra, United Nations, 2007.

Van Euwenn, Daniel. "Les nouvelles intégrations latino-américaines à l'heure de la mondialisation". En: *La Revue International et Stratégique*, nº 31, otoño, 1998, pp. 123-132.

Vaz, Alcides Costa. *Cooperação, integração e processo negociador. A construção do Mercosul*. Brasilia, FUNAG, IBRI, 2002.

Vigevani, Tullo, de Oliveira, Marcelo F. y Cintra, Rodrigo. "Política externa no periodo de FHC: a busca da autonomia pela integração". En: *Tempo Social*, vol. 15, nº 2, noviembre de 2003, pp. 31-61.

—— y Ramazini Jr., Haroldo. "Autonomia e integração regional no contexto do Mercosul. Uma analise considerando a posição do Brasil". En: *OSAL*, Buenos Aires: CLACSO, año XI, nº 27, abril de 2010, pp. 45-63.

Weber, Max. *Economía y sociedad*. México, Fondo de Cultura Económica, 1977.

Yeates, Nicola y Irving Zoë. "Introduction. Transnational Social Policy". En: *Social Policy &Society*, vol. IV, nº 4, 2005, pp. 403-405.

Yeates, Nicola. "Globalization and Social Policy in a Development Context: Regional Responses". En: *Social Policy and Development Program, Program Paper*, nº 18, abril de 2005, United Nations Research Institute for Social Development, Geneva.

PARTE II
BALANCE DE DOS DÉCADAS
DE INTEGRACIÓN

El Mercosur a los veinte años. Una evaluación económica

Renato Baumann

Introducción

La concesión de un trato preferencial en el comercio –que encuentra su máxima expresión en las iniciativas de integración regional– refleja objetivos de política y es el resultado de procesos de economía política interna en los países participantes.

Como en cualquier proceso, existen costos y beneficios. La decisión de conceder un trato preferencial en el comercio a un determinado país o grupo de países implica una expectativa de ganancia a mediano y largo plazo. En el caso de los países no industrializados, estos beneficios están relacionados con la promoción del desarrollo económico y social. La integración regional es vista así como una herramienta auxiliar en el proceso de desarrollo.

La teoría del comercio no considera explícitamente la dimensión del desarrollo en relación con la integración regional. Sin embargo, como el tratamiento comercial diferenciado genera una reasignación de recursos, es razonable suponer que existen argumentos no estrictamente económicos que conducen a una sociedad a privilegiar el desarrollo de sectores productivos específicos. El ejemplo más común es el sector manufacturero:[187] una reducción discriminatoria de las barreras comerciales permite a un país proporcionar a su socio un aumento de las exportaciones y

---

[187] Cf. Johnson, Harry. "The Economic Theory of Protectionism, Tariff Bargaining and the Formation of Customs Unions". En: *Journal of Political Economy*, n° 73, 1965, pp. 256-283.

de la producción industrial, sin que su propia producción sea afectada de forma negativa por la desviación del comercio que sustituya los productos originarios de terceros países.

Los acuerdos comerciales que promueven la creación de "espacios económicos comunes" entre los países se pueden considerar, así, como instrumentos para promover el desarrollo económico. En la medida en que exista, entre dos países, semejanza en la "preferencia social" por el crecimiento del sector manufacturero, ambos pueden beneficiarse de la reducción de barreras en el comercio bilateral. Y eso es más cierto cuanto menor sea el grado de competitividad de estos países en el mercado internacional de productos manufacturados.

Éste es el punto de partida del análisis en este artículo. Considerando los esfuerzos para promover la integración entre las cuatro economías del Cono Sur, el objetivo es evaluar en qué medida se ha avanzado en términos de desarrollo económico en esos países, de modo que se pueda calificar al Mercosur, efectivamente, como una herramienta relevante en ese sentido.

En marzo de 2011 se cumplieron 20 años de la firma del Tratado de Asunción por parte de Argentina, Brasil, Paraguay y Uruguay. Durante ese periodo, el Mercado Común del Sur (Mercosur), creado por ese tratado, atravesó varias etapas que suscitaron, en algún momento, expectativas favorables sobre su futuro y pesimismo en otros momentos.

La iniciativa de integración planteada a partir del Tratado de Asunción es única en diversos sentidos. Es probable que no exista otro grupo de países tan dispares en tamaño y con la pretensión de crear una unión aduanera. Además, ninguna otra iniciativa en el Hemisferio Occidental experimentó un aumento tan pronunciado de las transacciones intra-regionales (comercio e inversión) como el Mercosur hasta 1998, así como ninguna otra iniciativa presentó una reducción tan intensa en esas mismas transacciones entre 1998 y 2003.

Una peculiaridad adicional es que el Mercosur –a diferencia de otros acuerdos preferenciales en América Latina y en el Caribe– no se corresponde con una aproximación histórica entre los países de acuerdo con la estructura del virreinato de la época de la colonización. Es esencialmente el resultado de una decisión política de aproximar las economías geográficamente cercanas, con un historial limitado de transacciones económicas entre sí.

Otro aspecto que no puede pasarse por alto es que el proceso de acercamiento entre los países del Cono Sur coincidió con la re-democratización de sus sociedades. En el tiempo transcurrido desde entonces, ha habido tanto episodios en los que la acción conjunta evitó intentos de golpe de Estado, como episodios de sucesión breve de varios mandatarios. Si por un lado hubo un beneficio en términos de estabilidad democrática, al mismo tiempo las turbulencias políticas localizadas fueron una complicación adicional a la convergencia deseable, por ejemplo, de las políticas macroeconómicas. El Mercosur es una de las pocas iniciativas de integración cuyos objetivos incluyen de forma explícita la dimensión política. Veinte años es un periodo de tiempo suficiente como para justificar un análisis de los resultados. Sin embargo, no es trivial aislar los efectos del Mercosur sobre las economías de los países miembros.

El periodo transcurrido desde la firma del Tratado de Asunción en 1991 corresponde a una aceleración de la apertura comercial y financiera, a momentos de expansión de las crisis en el ámbito internacional, a desequilibrios en los precios relativos, a la entrada extraordinaria de inversión extranjera directa, a la superposición entre negociaciones subregionales y negociaciones a nivel multilateral, entre muchos otros factores.

Además, este periodo fue testigo de grandes cambios en la política macroeconómica de los países que conforman el Mercosur. Los diferentes programas de estabilización adoptados redujeron significativamente la tasa de inflación. Varias reformas económicas se llevaron a cabo. Se han observado diferentes estrategias de estabilización, que resultaron en diferentes trayectorias de crecimiento, con periodos de rápida expansión, y una disminución abrupta del producto interno. No es fácil, por lo tanto, atribuir a la existencia o al formato negociador del Mercosur los resultados observados en la estructura productiva de los países que lo componen: son la consecuencia de un gran número de influencias que van más allá del ámbito de aplicación del acuerdo regional.

El propósito de este trabajo es comparar las características básicas de las cuatro economías en el inicio de las negociaciones y en la actualidad. Si existe voluntad política para seguir con el proceso de integración regional, es importante considerar en qué medida y en qué sentido las condiciones económicas en los cuatro países han cambiado durante este periodo, como condición previa para definir las direcciones a seguir en el diseño del proyecto a largo plazo.

El análisis está estructurado de la siguiente manera: después de esta introducción, la primera sección muestra una visión general del desempeño comercial de las cuatro economías, así como los indicadores de la importancia relativa del Mercosur en las exportaciones e importaciones de los cuatro países y los saldos en las transacciones regionales. La segunda sección analiza el desempeño en términos de crecimiento de la producción y de la convergencia del potencial económico obtenidos en este periodo. Se argumenta que son elementos que contribuyen a las expectativas de los agentes económicos: la concentración de la población en centros urbanos, la evolución de la pobreza y la oferta de alimentos *per capita*. En la tercera sección se analiza con más detalle la relación entre el crecimiento y el comercio regional. Se evidencia la notable trayectoria en términos de apertura de las transacciones con el resto del mundo, el desempeño comercial de los cuatro países y sus diferencias. En particular, se discute el papel del comercio regional en bienes de producción, como un indicador de complementariedad productiva. La cuarta sección sistematiza algunas observaciones finales.

1. El comercio regional

El proceso formal de acercamiento de las economías del Cono Sur permitió un aumento considerable del volumen de comercio negociado. Las exportaciones entre los cuatro países aumentaron casi seis veces en valor entre inicios de la década de los 90 y fines de la década siguiente. Esto supera el aumento de poco más de cuatro veces de las exportaciones mundiales totales durante el mismo periodo. Por consiguiente, existió una ganancia relativa en términos de incremento del grado de interacción entre las cuatro economías.

Este desempeño superó, a su vez, por un escaso margen, el crecimiento de las exportaciones totales de los cuatro países –lo que significa que hubo un aumento en la participación en las transacciones regionales–, así como fue mayor que la variación del producto interno bruto de los cuatro países, como se muestra en el cuadro 1.

Cuadro 1 - Desempeño comparado de las exportaciones regionales del Mercosur - 1992 – 2008	
Exportaciones Regionales del Mercosur	5,64
Exportaciones totales de los países del Mercosur	5,50
Exportaciones Totales Mundiales	4,27
PIB Agregado del Mercosur	1,69
PIB Mundo	1,61

Fuente: World Bank, World Development Indicators, 2010

Hubo, no obstante, ganancias en términos de la importancia relativa del mercado regional. Sin embargo, estos indicadores agregados para todo el periodo son engañosos, ya que el mercado regional tiene un peso diferente para los participantes individualmente considerados. En el gráfico 1 se muestra la importancia relativa del mercado regional para cada uno de los países miembros.

Gráfico 1 - Importancia relativa del Mercosur en las exportaciones totales de cada país

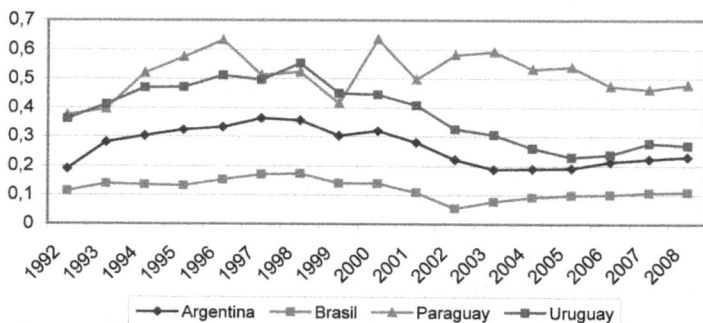

Fuente: Banco Mundial, World Development Indicators, 2010

Hubo un momento de clara recuperación durante la segunda mitad de la década de los 90, y una pequeña recuperación a partir de 2003. Los resultados obtenidos recientemente están muy influenciados por el desempeño de las exportaciones totales, en gran parte determinados por la variación en los precios de exportación, lo que afectó el valor total exportado, como será explicado más adelante.

De todos modos, es importante tener en cuenta la notable diferencia en la importancia relativa del mercado regional para cada uno de los socios. Como era previsible, las economías más pequeñas son más dependientes del comercio que sus pares, que llegaron a absorber en algunos casos más de la mitad del valor total exportado por los socios más pequeños.

El comercio intra-Mercosur representa la mayor parte de las transacciones de estos países con otros socios de América Latina, como se muestra en el gráfico 2. Sin embargo, la diversificación geográfica de los flujos comerciales dentro de la región hizo que el comercio con otros vecinos que no son miembros del Mercosur haya aumentado su participación: en el caso de Brasil, por ejemplo, de un máximo de 65% a mediados de los años 90, el Cono Sur comenzó a absorber aproximadamente la mitad de sus exportaciones regionales.

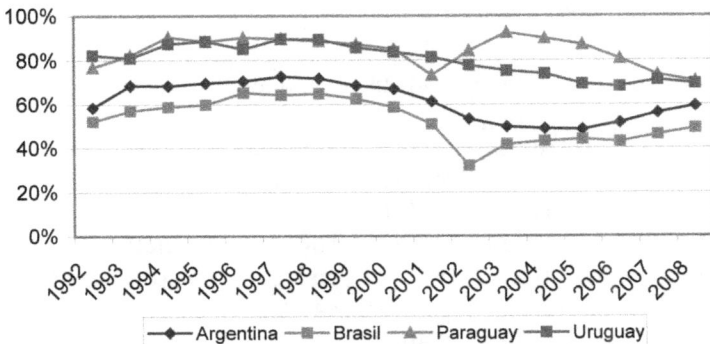

Gráfico 2 - Importancia del Mercosur en las exportaciones hacia América Latina

Fuente: Banco Mundial, World Development Indicators, 2010

El Mercosur también tiene un peso diferenciado en términos del valor importado: si para Uruguay y Paraguay significa más del 40% del valor total de las importaciones,

para la economía brasileña representa aproximadamente una décima parte. La trayectoria más notable es la de
Argentina, con un aumento pronunciado en las compras
de productos procedentes de los cuatro socios.

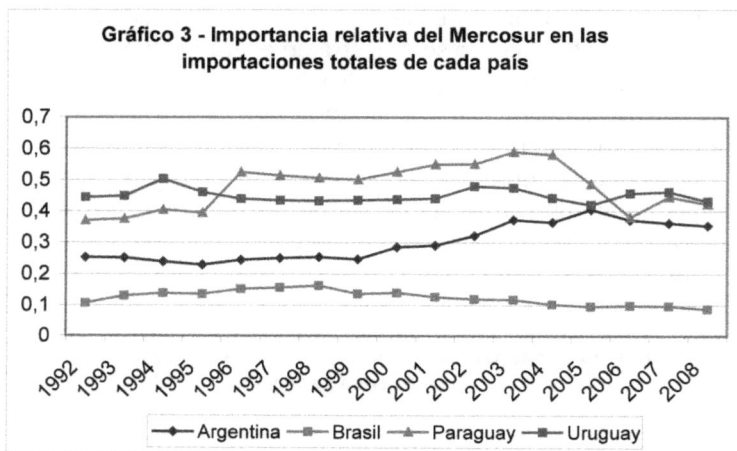

Gráfico 3 - Importancia relativa del Mercosur en las
importaciones totales de cada país

Fuente: Banco Mundial, World Development Indicators, 2010

Esta estructura comercial tiene como consecuencia
una dispersión igualmente pronunciada en términos de
resultados en la balanza bilateral. Las dos economías más
pequeñas han sido, a lo largo del tiempo, sistemáticamente
deficitarias en sus relaciones con los dos socios mayores.
Brasil y Argentina tienen, en los últimos años, trayectorias simétricamente dispares, con crecientes superávits
comerciales para el primero, y déficits recurrentes para
el segundo.

Gráfico 4 - Saldo del comercio regional

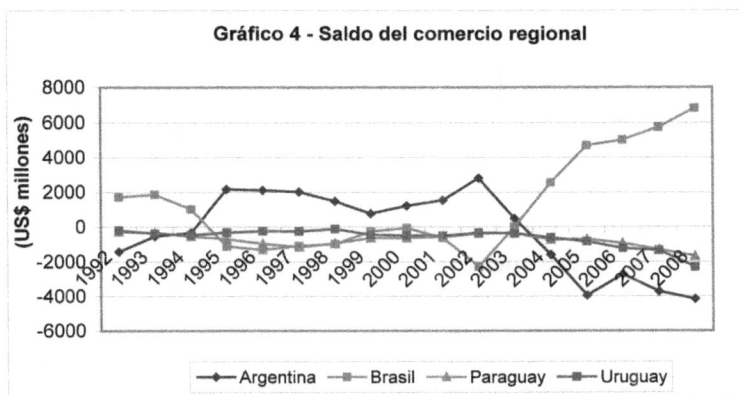

Fuente: Banco Mundial, World Development Indicators, 2010.

Este resultado conduce a una primera consideración con respecto al papel deseado de la integración regional como una herramienta auxiliar de desarrollo económico: parece ser una dificultad para la sostenibilidad del proceso el hecho de que las economías más pequeñas no encuentren en su comercio con los socios mayores el dinamismo que la actividad comercial externa les puede ofrecer.

El argumento puede enunciarse como sigue: las diferencias de potencial económico frecuentemente causan diferencias entre las perspectivas y los intereses de los diversos participantes, y afectan la probabilidad de que el conjunto de países alcance de manera uniforme posiciones comunes de negociación entre sí y en relación con terceros países. Por lo tanto, un ejercicio de integración es, probablemente, beneficiado: a) por la similitud entre las estructuras de demanda y de producción entre los países participantes, b) en caso de disparidades entre el potencial económico de los países participantes en el ejercicio, por la existencia de fondos regionales que puedan contribuir a estimular la capacidad productiva y/o compensar los posibles desequilibrios en el comercio intra-regional, así como c) en ausencia de tales recursos, por la posibilidad de que los socios más pequeños puedan explorar el mercado del socio más grande, de modo de beneficiarse de los efectos multiplicadores positivos derivados de las exportaciones netas en el ámbito regional, y así aumentar su propia demanda para los productos originarios de ese socio.

Así, en ausencia de homogeneidad de potencial económico y en ausencia de fondos de compensación para los eventuales desequilibrios, el equilibrio dinámico de una iniciativa de integración depende de que los socios de mayor potencial competitivo contribuyan a reducir el déficit comercial externo de sus socios. La existencia de relaciones regionales sostenibles presupone la presencia de claros beneficios para cada uno de los países participantes. Las economías más grandes pueden beneficiarse, por ejemplo, de la existencia de un mercado seguro para sus productos y sus servicios con mayor valor agregado y/o contenido tecnológico, mientras que para los países más pequeños, el beneficio está fuertemente relacionado con la generación de superávit en las relaciones comerciales con sus socios.

Guardando todas las reservas –ya que fueron propuestas para caracterizar una economía hegemónica–, tiene sentido esperar que la relación entre el socio mayor y los otros socios, en una iniciativa de integración, reúna las condiciones propuestas por Kindleberger[188] como criterios que un país líder debe cumplir. Se pueden observar cinco funciones básicas: a) mantener un mercado relativamente

---

[188]   Kindelberger, Charles. *The World in Depression, 1929-1939*. Berkeley, University of California, Press, 1986, citado en Eichengreen, Barry, "The Endogeneity of Exchange-Rate Regimes". En: Kenen, Peter, (org). *Understanding Interdependence – The Macroeconomics of the Open Economy*. Princeton, Princeton University Press, 1995, pp. 3-34.

abierto (a los productos de los socios, en este caso), b) conceder préstamos, si no en carácter contra-cíclico, al menos en términos estables, c) tratar de mantener un sistema en el que las paridades cambiarias se mantengan relativamente estables, d) asegurar la coordinación de políticas macroeconómicas y e) actuar como prestamista de última instancia, proveyendo liquidez en situaciones de crisis financieras.

Entre los argumentos a favor de una mayor intensidad del comercio regional está el hecho de que el regionalismo puede ayudar en el proceso de industrialización y ofrecer ganancias de eficiencia a través del comercio intra-industrial.[189] Sin embargo, la distribución de las ganancias entre los miembros de un bloque regional y los agentes económicos puede ser desigual. En principio, se esperaría que las economías más pequeñas fuesen las más beneficiadas por la ampliación del mercado, obteniendo con las preferencias logradas en el ámbito regional el acceso a mercados que, debido a su baja competitividad, no podrían lograr en mercados más desarrollados. No obstante, las propias fuerzas del mercado pueden exacerbar las desigualdades.

Un indicador de la distribución de las ganancias en un bloque regional, por lo tanto, es la distribución intra-regional de los excedentes comerciales. Sin embargo, como se muestra en otro trabajo,[190] el Mercosur es de hecho una de las pocas (si no la única) iniciativas de integración regional en las que el socio mayor es superavitario en sus transacciones con los otros socios. Una condición que se encuentra en otras iniciativas exitosas es el sistemático superávit comercial obtenido por las economías más pequeñas.

---

[189]   UN/UNCTAD, World Development Report.
[190]   Baumann, Renato. *Integração da América do Sul: Dois temas menos considerados*. CEPAL, LC/BRS/R.208, julio de 2009.

Estas consideraciones llevan a la evaluación del desempeño en términos de crecimiento de la producción y de las características estructurales básicas en cada una de las cuatro economías, tema de la siguiente sección.

2. Algunos indicadores de desempeño

Las economías de los países del Mercosur tuvieron, en estas dos décadas, un desempeño superior al obtenido en la década de los 80, la llamada "década perdida", pero ciertamente su carrera no fue nada brillante, en comparación con el crecimiento a tasas de dos dígitos, registrado por algunas economías emergentes, particularmente en Asia. El cuadro 2 muestra las tasas de crecimiento promedio del PIB de estos países.

Para todo el periodo considerado, la última columna del cuadro 2 indica que el crecimiento promedio de estos países no alcanzó el 5%. Las trayectorias son también diferenciadas entre los países y sub-periodos, con una clara inflexión en las tasas promedio entre 1996 y 2005 para Argentina, Paraguay y Uruguay (no así para Brasil). En el caso de la economía paraguaya de la segunda mitad de la década de los 90, fue incluso recesivo.

Cuadro 2 - Crecimiento promedio (%) del PIB (US$ constantes de 2000)					
	1990-1995	1996-2000	2001-2005	2006-2009	1990-2009
Argentina	5,2	2,7	2,3	6,2	4,0
Brasil	1,9	2,0	2,8	3,7	2,5
Paraguay	3,7	-0,2	2,6	3,3	2,4
Uruguay	3,4	2,2	1,2	5,8	3,0

Fuente: Banco Mundial, World Development Indicators, 2010

Si tomamos en cuenta que la población de esos países entre 1990 y 2009 creció, en promedio, a las tasas siguientes: Argentina, 1,1%, Brasil 1,4%, Paraguay 2,1% y Uruguay 0,4%, se infiere que ese desempeño, sin duda, incidió en el nivel de ingresos *per capita*, la variable indicativa básica del grado de desarrollo económico de forma diferenciada en las cuatro economías.

Cuadro 3 - PIB *per capita* (Crecimiento anual promedio)				
PIB *per capita* (US$ PPP de 2005)				
	1990-1999	2000-2009	1990	2009
Argentina	9641	10922	7491	13202
Brasil	7503	8562	7178	9454
Paraguay	4106	3945	3999	4107
Uruguay	8370	9756	7310	11976
Tasa de Crecimiento (%) promedio anual				
	1990-1999	2000-2009	1990-2009	
Argentina	3,2	2,6	2,9	
Brasil	0,1	2,1	1,1	
Paraguay	0,1	0,3	0,2	
Uruguay	2,6	2,6	2,6	

Fuente: Banco Mundial, World Development Indicators, 2010

El cuadro 3 muestra el valor y la tasa media de crecimiento anual del producto *per capita* en los cuatro países. Al comparar los años 1990 y 2009 (las dos últimas columnas del cuadro 3) destaca el hecho de que la economía más pequeña haya tenido un desempeño tan menos favorable que los demás, con un aumento del PIB *per capita* de menos del 3%, mientras que en los otros países esta variable aumentó más del 30% (Brasil) y el 60% (Argentina y Uruguay).

Comparando las dos últimas décadas, la más reciente fue positiva en términos de crecimiento promedio del PIB *per capita* para Brasil, Uruguay y Paraguay (aunque en este último el valor medio fue menor que el observado en la década anterior), pero muy negativa para la Argentina, donde se produjo una disminución significativa en el ritmo de crecimiento de esta variable. Esta diferencia en el desempeño no contribuyó en nada a reducir la distancia económica entre los cuatro países, una condición básica para la sostenibilidad de una iniciativa en la que se adopta una barrera comercial externa común.

Una forma de medir el grado de convergencia de los PIB de un grupo de países es a través del denominado índice de la entropía relativa.[191] Este índice mide la contribución relativa de cada país al conjunto. En la medida en que el proceso se vuelve más homogéneo, aumenta el peso individual y el índice es más elevado. El cuadro 4 muestra las estimaciones de este índice para un conjunto de países para el periodo 1992 a 2008.[192]

---

[191]   El índice de entropía relativa (IER) es computado como IER = suma(Yij * Ln(1/Yij) / max(Ln(1 / Yij)), donde Yij es la participación del PIB del país i en el PIB total de la región j.

[192]   Este conjunto de países se definen como sigue. Más adelante se utilizará clasificación de países "*hub*" (los líderes regionales) y "*spoke*", definidas a partir del potencial económico de cada economía. Los primeros son identificados, para cada grupo, con un asterisco: Este de Asia: China (*), Hong Kong, Japón (*), Mongolia, Corea del Sur, Taiwán, Indonesia, Malasia, Filipinas, Singapur, Tailandia y Vietnam; Asia del Sur: Bangladesh, India (*), Pakistán y Sri Lanka; América Central: Costa Rica, El Salvador, Guatemala, Honduras, México (*), Nicaragua y Panamá; los países andinos: Bolivia, Chile, Colombia (*), Ecuador, Perú y Venezuela (*); el Mercosur: Argentina, Brasil (*), Paraguay y Uruguay.

Cuadro 4 - Índices de Entropía de los PIB en grupos de países seleccionados

	1992-1994	2006-2008	Variación	1992-1999	2000-2008	Variación
Este de Asia	0,131	0,169	29%	0,139	0,161	16%
Sur de Asia	0,224	0,188	-16%	0,218	0,197	-10%
América Central	0,098	0,114	16%	0,103	0,110	6%
Países Andinos	0,393	0,406	3%	0,399	0,412	3%
Mercosur	0,159	0,153	-4%	0,158	0,151	-5%

Fuente: procesado a partir de los datos del Banco Mundial, World Development Indicators, 2010.

De acuerdo con el cuadro 4, de forma amplia, el grupo de países donde más aumentó el grado de homogeneidad entre los países participantes fue en el Este de Asia. Como será considerado más adelante, el proceso de complementariedad productiva adoptado en esta región ha permitido un alto grado de convergencia entre los diversos países. Esto no es, obviamente, un atributo de toda Asia, pues en el sur de ese continente los resultados indican un aumento de las desigualdades.

En América Latina, el resultado más notable se encuentra en los países andinos, que ya presentaban un grado de homogeneidad superior al de las demás sub-regiones y mantuvieron prácticamente constante esta condición.

En el caso del Mercosur, que nos concierne más de cerca, de hecho, hubo un ligero deterioro de la homogeneidad, comparando los primeros momentos con los años más recientes. Para una iniciativa que pretende consolidarse como una unión aduanera, y donde la diferencia económica potencial entre el socio más grande y el más pequeño es la más elevada entre las diversas iniciativas con política comercial exterior común, esto debería ser un hecho preocupante. Así pues, tenemos un escenario donde no sólo los socios mayores no ofrecen a los socios menores dinamismo a través de fondos regionales suficientes de inversión o de superávit del comercio bilateral, sino que con el tiempo se produce de hecho un aumento en la brecha en el potencial económico de estos países.

Un conjunto de preferencias comerciales diferenciadas sólo es sostenible en el tiempo si los agentes económicos de los países participantes tienen una percepción clara de que existen ventajas derivadas de la concesión de este tratamiento especial a otro país. Notamos que en el caso del Mercosur, los indicadores agregados indican un desequilibrio comercial recurrente y diferentes desempeños en materia de crecimiento del producto. Esto es aún más fuertemente percibido por los agentes económicos, en la medida en que éstos estén más informados en relación con el proceso.

El acceso a la información es facilitado por las condiciones de comunicación. Sin embargo, aun sin considerar los avances en este ámbito, la concentración de la población en los centros urbanos es sin duda un factor decisivo en la configuración de los patrones de la demanda. Como se muestra en el cuadro 5, en todos los países del Mercosur la mayoría de la población vive en centros urbanos (en algunos casos un porcentaje muy superior al promedio regional para el conjunto de América Latina y el Caribe), lo que facilita el acceso a la información, mientras se desarrolla un sentido de demanda de nuevos bienes y servicios con mayor rapidez que en el contexto rural.

Cuadro 5 – Población Urbana (% de la población total)		
	1990	2010
Argentina	85,8	93,1
Brasil	74,7	85,0
Paraguay	48,7	61,4
Uruguay	88,9	92,4
América Latina y el Caribe	**70,6**	**79,4**

Fuente: CEPAL, Anuario Estadístico de América Latina y el Caribe 2009

Esta concentración de población en los centros urbanos, en un contexto de bajo ritmo de creación de nuevas oportunidades, naturalmente conduce a un aumento de la población urbana de menores ingresos. El cuadro 6 muestra algunos indicadores en este sentido. En términos generales, hubo en estos países –y en general en América Latina durante este periodo– una reducción del número de pobres como porcentaje de la población total. La notable excepción es Paraguay, donde la pobreza (medida por la CEPAL en cuanto a la ingesta de calorías/día) alcanzó su punto máximo en el periodo 1990-2008, no menos del 56% de la población total.

Cuadro 6 - Pobreza urbana – 1990 – 2008 (% de la población total)			
	1990	**2008**	**Nivel máximo**
Argentina (área metropolitana)	21.2	19.3*	41.5% en 2002
Brasil	41.2	22.8	41.2% en 1990
Paraguay (área metropolitana)	43.2	48.8	55.6% en 2004
Uruguay	17.9	14.0	20.9% en 2004

(*) 2006
Fuente: CEPAL, Anuario Estadístico de América Latina y el Caribe 2009

La concentración urbana y los porcentajes aún elevados de pobreza son también factores que afectan la calidad de vida. Esto se puede medir de varias maneras, pero una discusión de esta cuestión trasciende los propósitos del presente artículo. Para caracterizar la evolución de las diferencias en la calidad de vida en los cuatro países se optó por considerar aquí apenas un indicador agregado, la oferta de productos agrícolas en general y de alimentos, en particular, en términos del número de habitantes de cada país. Como no son economías industrializadas, en las cuales esos bienes se pueden obtener con mayor facilidad a través de las importaciones, el análisis de la producción nacional de estos productos parece ser un indicador razonable para el nivel de bienestar social.

El cuadro 7 muestra que el marco de la heterogeneidad regional se complica aun más si se considera que entre 1990-2000 y 2001-2008 las mayores ganancias en términos de producción agrícola, en particular de alimentos, se concentraron en las dos mayores economías de la región. Las economías más pequeñas ni siquiera siguen el ritmo de producción, incluso en los sectores básicos de sus economías.

Es importante destacar, además, cierta ironía en estos resultados: el sector agrícola representa menos de una décima del PIB en estos países, la principal excepción es Paraguay, donde el peso de este sector osciló entre el 19 y el 25% entre 1990 y 2008.

Cuadro 7 – Aumento (%) de la producción agrícola total y de alimentos por habitante (promedio 2001-2008 en relación al promedio 1990-2000)		
	Aumento de la producción agrícola/habitante	Aumento de la producción de alimentos/habitante
Argentina	16,9	19,0
Brasil	30,5	29,1
Paraguay	7,4	15,2
Uruguay	13,5	18,1

Fuente: CEPAL, Anuario Estadístico de América Latina y el Caribe 2009

Estos resultados agregados deben complementarse con la evaluación de las estructuras productivas, el ritmo de su expansión y su relación con la estructura de los flujos del comercio intra-regional, para que se pueda obtener una perspectiva de análisis a largo plazo para el Mercosur. Éste es el tema de la siguiente sección.

3. Crecimiento y comercio regional

La primera década del nuevo milenio fue un periodo de mayor relación económica con el mundo exterior, expresada en un mayor peso de las transacciones en bienes y servicios en relación con el producto nacional de los países. Los miembros del Mercosur no son una excepción. Como se muestra en el gráfico 5, en general, se produjo una ampliación del grado de apertura de estas economías en el periodo reciente. El gráfico 3 refleja esta mayor vinculación con el sector externo que produjo, entre otras características, un aumento del grado de dispersión geográfica de los flujos de comercio, con la intensificación de las transacciones con otros países de la región que no son miembros del Mercosur.

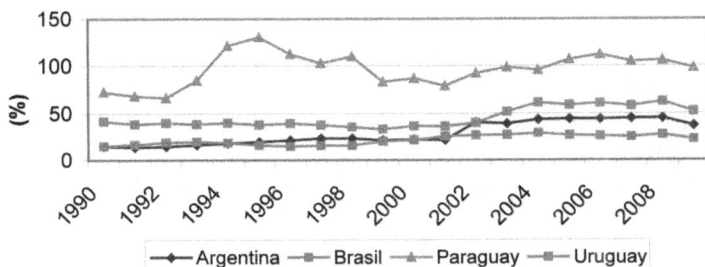

Gráfico 5 - Grado de apertura
(Exportaciones + importaciones de bienes y servicios como % del PIB)

Fuente: Banco Mundial, World Development Indicators, 2010

Y como era de esperar, esta participación del sector externo fue más pronunciada en las economías más pequeñas, que tienen un mayor grado de apertura. Esto no es sólo una constatación numérica. El hecho de que estas pequeñas economías dependan más de sus relaciones externas, dado el menor tamaño de su mercado interno, aumenta la ironía de los resultados mostrados anteriormente, de bajo grado de estímulo encontrado en la relación con los socios más grandes.

El cuadro 8 muestra que, para los cuatro países, una comparación entre el volumen exportado a inicios de la década de los 90 y al final de la década siguiente, indica que el esfuerzo exportador (que se refleja en el volumen exportado) se triplicó en ese periodo. Esta actuación fue aun más significativa en valores, ya que en los casos de Argentina y Brasil, el valor de las exportaciones se ha quintuplicado. Estos resultados reflejan claramente ganancias significativas en las relaciones de intercambio, especialmente en la última década: en el promedio del periodo 2006-2008, las ganancias en los términos de intercambio en relación al año 2000 fueron[193] 21,4% para Argentina, 7,1% para Brasil y 1% para Paraguay. La excepción fue Uruguay, con una pérdida de casi el 10%.

Por lo tanto, tenemos un escenario de creciente relación económica con el exterior, con un contexto internacional favorable para la mayoría de los países miembros que se beneficiaron de los precios de sus productos de exportación; pero en el ámbito regional, los intercambios entre estos países miembros no incrementaron su grado de importancia relativa en el comercio exterior de estos países, mientras que se acentúan los desequilibrios comerciales y aumenta la disparidad entre el potencial económico de los participantes.

La permanencia de los desequilibrios en un contexto internacional favorable plantea una reflexión sobre la composición de los flujos de comercio entre los países

---

[193]   Datos del Banco Mundial, World Development Indicators 2010.

miembros del Mercosur. Es razonable pensar que en presencia de complementariedad habría un beneficio más generalizado entre los participantes. Como se ha mostrado, esto no es lo que se verifica.

Cuadro 8 – Desempeño Exportador 1990- 2009			
Volumen exportado (índice promedio; 2000=100)			
	1990-1992	2007-2009	Variación
Argentina	53,1	154,0	2,9
Brasil	59,8	184,8	3,1
Paraguay	101,3	310,8	3,1
Uruguay	62,8	163,3	2,6
Valor exportado (índice promedio; 2000=100)			
	1990-1992	2007-2009	Variación
Argentina	46,3	230,9	5,0
Brasil	59,8	309,4	5,2
Paraguay	90,2	400,6	4,4
Uruguay	72,6	237,1	3,3

Fuente: Banco Mundial, World Development Indicators, 2010

El cuadro 9 muestra la importancia del Mercosur como mercado de destino y origen de las exportaciones y las importaciones de los cuatro países, por capítulos de la clasificación de los productos, como valor promedio en dos décadas.

Cuadro 9- Importancia del Mercosur, por capítulos de la SITC					
EXPORTACIONES			IMPORTACIONES		
	Promedio 1992-2000	Promedio 2001-2009		Promedio 1992-2000	Promedio 2001-2009
Cap. 0 – Alimentos y animales vivos					
Argentina	23%	15%	Argentina	44%	51%
Brasil	5%	2%	Brasil	59%	65%
Paraguay	49%	47%	Paraguay	78%	85%
Uruguay	42%	18%	Uruguay	73%	72%
Cap. 1 –Bebidas y tabaco					
Argentina	24%	16%	Argentina	21%	37%
Brasil	15%	3%	Brasil	10%	15%
Paraguay	26%	21%	Paraguay	43%	64%
Uruguay	88%	73%	Uruguay	48%	54%
Cap. 2 – Materiales crudos, exc. Combustibles					
Argentina	12%	6%	Argentina	45%	68%
Brasil	4%	3%	Brasil	21%	14%
Paraguay	47%	56%	Paraguay	70%	62%
Uruguay	7%	4%	Uruguay	46%	32%
Cap. 3 – Combustibles minerales					
Argentina	40%	25%	Argentina	22%	29%
Brasil	17%	5%	Brasil	15%	8%
Paraguay	100%	n.d.	Paraguay	77%	63%
Uruguay	96%	30%	Uruguay	33%	n.d.
Cap. 4 – Aceites animales y vegetales					
Argentina	6%	2%	Argentina	29%	32%
Brasil	2%	1%	Brasil	54%	27%
Paraguay	76%	70%	Paraguay	76%	91%
Uruguay	70%	27%	Uruguay	86%	65%

Cuadro 9- Importancia del Mercosur, por capítulos de la SITC

EXPORTACIONES			IMPORTACIONES		
	Promedio 1992-2000	Promedio 2001-2009		Promedio 1992-2000	Promedio 2001-2009
Cap. 5 – Productos químicos					
Argentina	45%	46%	Argentina	20%	25%
Brasil	29%	25%	Brasil	6%	8%
Paraguay	42%	45%	Paraguay	60%	65%
Uruguay	81%	63%	Uruguay	44%	39%
Cap. 6 – Productos manufacturados clasificados por material					
Argentina	25%	21%	Argentina	39%	46%
Brasil	14%	11%	Brasil	13%	8%
Paraguay	45%	46%	Paraguay	62%	73%
Uruguay	39%	39%	Uruguay	62%	56%
Cap. 7 – Maquinaria y material de transporte					
Argentina	65%	50%	Argentina	22%	34%
Brasil	25%	18%	Brasil	8%	7%
Paraguay	66%	43%	Paraguay	25%	25%
Uruguay	87%	73%	Uruguay	31 %	34%
Cap. 8 – Productos manufacturados diversos					
Argentina	34%	31%	Argentina	16%	24%
Brasil	13%	13%	Brasil	6%	5%
Paraguay	61%	71%	Paraguay	20%	24%
Uruguay	52%	59%	Uruguay	38%	35%

Fuente: CEPAL, Anuario Estadístico de América Latina y el Caribe 2010

El mercado del Mercosur tiene un peso específico significativo para algunos sectores. Por ejemplo, de acuerdo al cuadro 9, el Mercosur es particularmente importante para las ventas de bebidas y tabaco por parte de Uruguay, de aceites animales exportados por Paraguay y por Uruguay, de maquinaria y equipo de transporte por Argentina, por Paraguay y por Uruguay y de manufacturas diversas por Paraguay y por Uruguay.

Del lado de las importaciones, más de la mitad de las compras de alimentos y animales vivos en los cuatro países provienen del mercado conjunto, así como las importaciones de combustibles, de aceites animales y de productos manufacturados clasificados según el material por parte de los socios menores son predominantemente originarias del Mercosur.

Es notable constatar al mismo tiempo la comparativamente baja participación del Mercosur en las importaciones de maquinaria y equipo de transporte, así como de productos manufacturados diversos. Estos productos son principalmente importados de terceros países. La relevancia de esta observación es doble: a) los sectores productores de estos artículos se encuentran entre aquellos donde más se genera y propaga el progreso técnico, y b) la alta elasticidad-renta de la demanda de estos productos hace que ellos contribuyan de forma significativa a afectar la balanza comercial agregada de estas economías. Las indicaciones son, por lo tanto, una concentración relativa del comercio regional en productos de consumo final, con un bajo grado de complementariedad de producción.

Este resultado sugiere la oportunidad de analizar el comercio de bienes de producción en el Mercosur. Un primer obstáculo para ello es la definición misma de esos productos. Para efectos de este análisis, se utilizó una categorización "*ad hoc*" que identifica como bienes de producción a 1919 para la clasificación de 5 dígitos,[194] que

---

[194]   Cf. Baumann, Renato. *Regional Trade and Growth in Asia and Latin America: the Importance of Productive Complementarity.* CEPAL, LC/BRS/R.238, noviembre de 2010.

comprende las materias primas utilizadas en los procesos productivos, además de los bienes de capital (equipos, piezas y accesorios).

El cuadro 10 muestra la participación de los bienes de producción así determinados en las exportaciones y las importaciones intra- Mercosur.

Cuadro 10 – Los bienes de producción en el comercio intra-Mercosur		
	Exportaciones	
	Promedio 1992-2000	**Promedio 2001-2008**
Argentina	34%	39%
Brasil	64%	62%
Paraguay	13%	9%
Uruguay	33%	37%
	Importaciones	
Argentina	63%	59%
Brasil	30%	36%
Paraguay	43%	47%
Uruguay	49%	47%

Fuente: ver texto; tabulaciones a partir de datos primarios de la base UN/COMTRADE

Según el Cuadro 10, Brasil es la economía con mayor presencia de bienes de producción en sus exportaciones a los otros socios. Existe, de hecho, un predominio de estos ítems, que se mantuvo en las dos décadas. Del lado de las importaciones, es en Argentina donde la mayor parte de las compras del Mercosur consiste en bienes de producción, aunque esos productos también correspondan a una porción significativa de las compras efectuadas por los otros socios regionales.

Se debe destacar la importancia relativa del Mercosur para las exportaciones e importaciones de bienes de

producción para estos cuatro países. Esto se muestra en
el Cuadro 11.

Cuadro 11 – Importancia relativa (%) del Mercosur para el comercio de bienes de producción				
	1992-1995	1996-1999	2000-2004	2005-2008
Exportaciones				
Argentina	0,36	0,45	0,36	0,36
Brasil	0,18	0,23	0,14	0,16
Paraguay	0,42	0,52	0,40	0,57
Uruguay	0,56	0,61	0,42	0,49
Importaciones				
Argentina	0,23	0,22	0,28	0,33
Brasil	0,07	0,07	0,06	0,06
Paraguay	0,43	0,44	0,55	0,43
Uruguay	0,43	0,40	0,44	0,44

Fuente: ver texto; tabulaciones a partir de datos primarios de
la base UN/COMTRADE

En sus primeros años, el Mercosur fue acusado[195]
de ser una iniciativa ineficiente, ya que generaba una
fuerte desviación de comercio. Este argumento se basó
en la evidencia de que la mayor parte del comercio de
productos manufacturados exportados por estos países
se había dirigido al mercado regional, a partir de preferencias comerciales diferenciadas. De acuerdo con la
interpretación realizada en esos años, esto era una clara
evidencia de desviación de comercio, pues estos países
no eran competitivos a nivel mundial y sólo podían
vender los productos manufacturados cuando estaban
protegidos por regímenes comerciales favorables. Esta

---

[195]   Cf. Yeats, Alexander J. "Does Mercosur´s Trade Performance Raise
Concerns about the Effects of Regional Trade Arrangements?". En: *World
Bank Policy Research Working Paper*, n° 1729, febrero de 1997.

acusación originó diversas reacciones, que mostraban, entre otros aspectos, que las transacciones con el resto del mundo no habían sido tan afectadas como los críticos querían.

El hecho es que los datos del cuadro 11 muestran que el mercado regional es importante (participación cercana al 40%) para las exportaciones de bienes de producción, para Argentina, Paraguay y Uruguay, así como (aun más) para la importación de estos productos por parte de Paraguay y de Uruguay. La economía brasileña se distingue por su grado de diversificación geográfica del comercio de bienes de producción bastante superior a la de sus socios.

No es de extrañar que esta diferencia en el peso relativo se traduzca también en diferencias en términos de resultados en el comercio de bienes de producción. El cuadro 12 muestra los resultados.

Cuadro 12 – Saldo en el comercio regional de bienes de producción (US$ millones)				
	1992-1995	1996-1999	2000-2004	2005-2008
Argentina	-1326	-1594	-961	-4509
Brasil	2078	2507	1778	6085
Paraguay	-351	-509	-465	-1106
Uruguay	-290	-358	-334	-697

Fuente: ver texto; tabulaciones a partir de datos primarios de la base UN/COMTRADE

Dos informaciones son relevantes en el cuadro 12. La más notable es que la economía brasileña es sistemáticamente superavitaria en el comercio de bienes de producción en el ámbito del Mercosur. Esto en sí refleja un bajo grado de complementariedad de la producción, y al mismo tiempo un grado de relativa autonomía por parte de Brasil en relación con sus socios. La segunda información relevante es que este desequilibrio ha aumentado en valor con el tiempo. Por lo tanto, la economía brasileña no sólo es sistemáticamente superavitaria en el comercio total con otros socios del Mercosur, sino que sus resultados positivos tienen un fuerte componente de competitividad diferenciada en el comercio de bienes de producción.

El argumento tradicional (oficial) para explicar estos resultados es el limitado potencial de capacidad productiva encontrado en las economías más pequeñas. Esto explicaría parte de los resultados comerciales de Brasil, no sólo en sus transacciones con el Mercosur, sino con el resto de América del Sur. No existe forma de estar en desacuerdo. Sin embargo, cuando se verifica que en otras regiones, incluso economías de potencial más limitado, afectadas durante mucho tiempo por conflictos armados, como Vietnam y Camboya, en el Este de Asia, hoy son ejemplos de desempeño exportador, habiéndose convertido en importantes proveedores de bienes de producción para vecinos más grandes, este argumento pierde mucho de su vigor como justificación para la perpetuación de una situación de desequilibrio comercial y baja interacción productiva.

Es posible demostrar que en otras regiones –sobre todo aquellas donde se ha aumentado el grado de homogeneidad entre las economías de los diversos países, como se muestra en el cuadro 4– una peculiaridad es precisamente el hecho de que existe un intenso comercio de bienes de producción, y que tanto las economías más grandes como las que tienen menor potencial, son partícipes activos en el comercio.

Una forma de demostrar esto es mediante el indicador de intensidad de las operaciones en productos del mismo tipo o comercio intra-industrial. Existen varias maneras de medir la intensidad relativa de este tipo de comercio, pero el indicador más utilizado es el denominado índice de Grubel-Lloyd.[196] Este índice fue estimado para algunas regiones seleccionadas, al nivel de cinco dígitos de la clasificación de productos, para los bienes de producción y para el conjunto de los demás productos objeto de intercambio comercial. El cuadro 13 muestra los resultados.

Lo más destacado es sin duda el alto y creciente grado de interacción en el comercio de bienes de producción entre los países del Este de Asia. Según las estimaciones en el cuadro 13, más de la mitad de las transacciones regionales en estos productos ya son de tipo intra-industrial, lo que significa que está alcanzando un grado de complementariedad productiva notable, con países de diferentes tamaños participando como proveedores de bienes de producción a sus socios. Lo mismo puede decirse de otros tipos de productos, pero el grado de intensidad es menor.

En las otras regiones consideradas en el Cuadro 13, estos indicadores son mucho más limitados. En el caso específico del Mercosur hubo un momento máximo de este índice en la segunda mitad de la década de 1990, justamente cuando el comercio intrarregional alcanzó su mayor participación relativa, como se muestra en el gráfico 1, pero desde entonces el índice para bienes de producción decreció fuertemente, mientras que el índice para otros productos tuvo un ligero aumento en los últimos años. Se debe notar que el grado de transacciones intra-industria en bienes de producción en el Mercosur es poco superior al registrado, por ejemplo, en América Central.

---

[196]   Este índice es estimado como: $GLj = 1 - [soma|Xij - Mij| / (Xij + Mij)]$, em donde Xi e Mi son valores totales exportados e importados de los productos i respectivamente por el país j, a nivel de 5-dígitos de la SITC (Rev. 3). El valor del índice varía entre 0 y 1.

Cuadro 13 - Índice Grubel-Lloyd en comercio regional para grupos de países				
	1992-1995	1996-1999	2000-2004	2005-2008
Este de Asia				
Bienes de Producción	41%	49%	54%	53%
Otros productos	25%	27%	28%	31%
Sul de Asia				
Bienes de Producción	14%	16%	22%	21%
Otros productos	7%	8%	12%	15%
América Central				
Bienes de Producción	17%	23%	27%	27%
Otros productos	19%	23%	27%	29%
Países Andinos				
Bienes de Producción	19%	24%	24%	21%
Otros productos	14%	17%	17%	15%
Mercosur				
Bienes de Producción	27%	40%	36%	32%
Otros productos	17%	24%	23%	29%

Fuente: ver texto; tabulaciones a partir de datos primarios de la base UN/COMTRADE

La gran diferencia entre estos grupos de países en lo que se refiere al desempeño en el comercio de bienes de producción se centra en los países con menor potencial económico en cada región. Un estudio previo[197] mostró que, con respecto a estos productos, los países líderes en Asia y en América Latina tienen un comportamiento similar. Lo que es realmente diferente en ambos casos es la participación de las economías más pequeñas.

---

[197]   Baumann, Renato. *Regional Trade and Growth in Asia and Latin America... Op. cit.*

Esto puede verse en una comparación de los resultados –tanto en el comercio mundial como en el mercado regional– de las exportaciones de bienes de capital de las economías desarrolladas, o "*hubs*" (definido a partir de su potencial económico en la región) y las economías más pequeñas ("*spokes*"). Una forma de proceder en esta comparación es a través de un indicador como el de las ventajas comparativas reveladas.[198]

Los gráficos siguientes muestran estos índices, para el Mercosur y el Este de Asia. Los índices reportados en los gráficos 6 al 9 son estimaciones basadas en datos primarios de la base de datos COMTRADE de las Naciones Unidas, para bienes de capital identificados en la lista mencionada.

Gráfico 6
Asia del Este: Ventajas Comparativas en bienes de producción - Mercado mundial

---

[198] El índice de las ventajas comparativas reveladas es estimado como: VCR= (xij / Xj) / (xiw / Xw), donde xij = exportaciones del producto i por el país (o grupo de países) j; Xj = exportaciones totales del país (o grupo de países) j; xiw = exportaciones del producto i por el mundo (o región); Xw= exportaciones totales del mundo (o región). Si el valor del índice supera 1 se dice que el país o región j tiene ventaja comparativa en aquel producto.

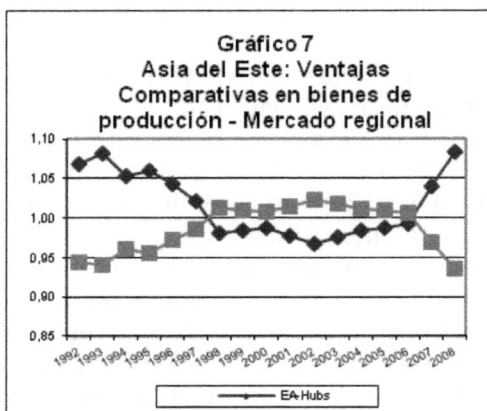

Gráfico 7
Asia del Este: Ventajas Comparativas en bienes de producción - Mercado regional

EA-Hubs

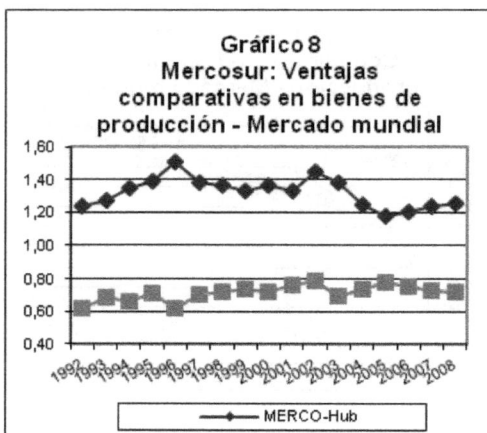

Gráfico 8
Mercosur: Ventajas comparativas en bienes de producción - Mercado mundial

MERCO-Hub

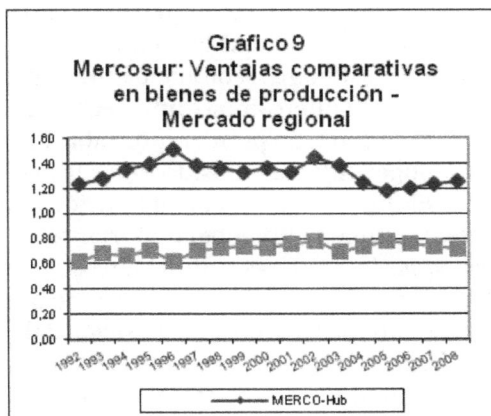

Gráfico 9
Mercosur: Ventajas comparativas
en bienes de producción -
Mercado regional

Fuente: datos primarios de la base de datos COMTRADE.

Los gráficos 6 y 7 muestran que en el Este de Asia no sólo los dos tipos de países han mostrado un patrón creciente en las ventajas comparativas, sino que en el comercio mundial esos índices han sido muy cercanos en los últimos años, tanto en las economías líderes como en las otras. En el comercio regional es aun más interesante, pues hubo superación en la competitividad por parte de las economías más pequeñas.

En el Mercosur, por el contrario, el índice relativo a los socios menores indica niveles no-competitivos en el comercio internacional de bienes de producción. Más preocupante aun, esos índices se mantuvieron constantes durante todo el periodo considerado, y –al igual que los índices de entropía entre el PIB de los países– no hubo ningún cambio significativo en la distancia que separa al mayor socio de los demás participantes. Como se muestra en el gráfico 9, es notable que este mismo resultado apretado se obtenga también en el mercado regional.

Estos resultados refuerzan la percepción de que, en primer lugar, no es casualidad que en el Este de Asia, la composición de los flujos del comercio intra-regional, con un alto porcentaje de intercambio intra-sectorial en bienes de producción, sea en gran parte responsable del más alto grado de homogeneidad alcanzado entre las economías de la región. El proceso de complementación productiva ciertamente desempeña un papel importante.

De ser así, los indicadores para el Mercosur son consistentes, al revelar un bajo grado de procesos de interacción de los procesos productivos, una composición del comercio con un fuerte componente de productos de consumo final, en su mayoría con bajo grado de transformación y un grado elevado de dispersión en el potencial económico de los cuatro países, con desequilibrios comerciales recurrentes.

4. Consideraciones finales

A veinte años de la firma del Tratado de Asunción, el Mercosur se está acercando a lo que para una persona sería la mayoría legal. Éste es un tiempo suficientemente largo como para evaluar la adecuación de la dirección de un proceso.

En este artículo se pretendió realizar tal valoración a partir de una perspectiva que considera la integración regional como un instrumento adicional para promover el desarrollo económico y social de los países participantes. Está claro que –incluso por el grado relativamente limitado de la participación de los intercambios regionales en la actividad económica de los países miembros– no puede asignarse toda la responsabilidad al Mercosur por los avances o retrasos registrados en el periodo. Siempre se puede argumentar que cualquier indicador negativo podría ser aun peor si no fuese por la existencia de relaciones preferenciales a nivel regional, de la misma forma que se puede ver en el Mercosur el origen de algún avance localizado. Con todas las salvedades, sin embargo, algo se puede decir en términos de lo que podría ser la expectativa de los agentes económicos sobre los indicadores de desarrollo y en relación a lo efectivamente obtenido.

Así, se demostró que la participación en el comercio total de los países miembros del Mercosur no es nada brillante (sobre todo si se considera en relación con la observada en otras zonas del mundo), incluso en términos del comercio de estos países con el conjunto de América Latina. Al mismo tiempo, estos veinte años han registrado tasas de crecimiento del producto relativamente modestas y muy diferentes entre las cuatro economías. El hecho de que la población esté concentrada en centros urbanos y de que la oferta de alimentos *per capita* en los países más pequeños haya sido algo más baja que la observada en los grandes socios, puede contribuir a empeorar la percepción de aquéllos de los beneficios limitados de su participación en esta iniciativa.

También se demostró que las cuatro economías del Mercosur ampliaron su relación económica con el resto del mundo, pero las notables ganancias en términos de comercio registrado en los últimos años se han diferenciado en favor de los miembros más grandes.

El mercado regional es importante para algunos sectores de exportación y otros tantos de importación, pero es notable que en el caso de maquinaria y equipos, el Mercosur dependa en gran medida de los proveedores de otras regiones. Existe un desequilibrio claro y creciente entre los cuatro países en el comercio regional en estos productos, y tienen como contraparte una baja interacción de tipo intra-industrial.

En retrospectiva, y en comparación con otras experiencias –en particular la europea y la del Este del Asia–, parecen existir argumentos a favor de dar prioridad a la modificación de la pauta de comercio regional, como un medio para promover una mayor uniformidad en el desempeño, y con ello crear condiciones más favorables para la sostenibilidad del proceso.

En los ya muchos años en los que se argumenta a favor de la integración regional en América Latina –y en el Mercosur en particular–, raramente ésta se presenta como una herramienta para la promoción conjunta de la competitividad. En el caso del Mercosur, las diferencias en el potencial económico hacen que la racionalidad de un esfuerzo de integración sea algo difusa, ya que –argumentos geopolíticos aparte– no existe una justificación clara para un compromiso económico por parte de Brasil, por ejemplo. Esto ha dado lugar a que algunos analistas hayan defendido a veces un regreso a una zona de libre comercio sin una política común de comercio exterior.

El punto que tratamos de explorar en este trabajo es que, si existe una decisión política de seguir adelante en la consolidación del Mercosur, esto será más sostenible a largo plazo en tanto se identifiquen más las ganancias de los agentes económicos. Y lo que la experiencia ha demostrado es que estas ganancias son más seguras cuando existe complementariedad productiva.

La recomendación de política que sigue a estas observaciones es que –aun teniendo en cuenta el ejemplo de los desafíos planteados por la competencia de productos asiáticos– el fomento de la competitividad a través de la complementariedad productiva entre los países miembros, como elemento para reducir los costos de la producción, daría un sentido y una dirección clara al proceso de negociación en sí. La falta de capacidad de oferta en condiciones eficientes de la región es sin duda el mayor obstáculo. De ser así, sin embargo, deberían aumentarse de forma mucho más intensa los esfuerzos para superar esta limitación.

En ausencia de una incorporación mucho más estructurada de los socios más pequeños en los procesos productivos, el riesgo es que en los próximos años se podrían continuar registrando indicadores como los que se muestran aquí, con desequilibrios comerciales recurrentes y disparidades en el potencial económico, que ciertamente contribuyen a desalentar los esfuerzos para promover la integración.

Bibliografía

Baumann, Renato. *Regional Trade and Growth in Asia and Latin America: the Importance of Productive Complementarity.* CEPAL, LC/BRS/R.238, noviembre de 2010.

Baumann, Renato. *Integração da América do Sul: Dois Temas Menos Considerados.* CEPAL, LC/BRS/R.208, julio de 2009.

Banco Mundial. *World Development Indicators 2010.* Washington, DC

Eichengreen, Barry. "The Endogeneity of Exchange-Rate Regimes". En: Kenen, Peter (ed.), *Understanding Interdependence – The Macroeconomics of the Open Economy.* Princeton, Princeton University Press, 1995, pp. 3-34.

Johnson, Harry. "The Economic Theory of Protectionism, Tariff Bargaining and the Formation of Customs Unions". En: *Journal of Political Economy*, n° 73, 1965, pp. 256-283.

Kindelberger, Charles. *The World in Depression, 1929-1939.* Berkeley, University of California Press, 1986.

UN/UNCTAD. *World Development Report.* Geneva, 2007.

Yeats, Alexander J. "Does Mercosur´s Trade Performance Raise Concerns about the Effects of Regional Trade Arrangements?". En: *World Bank Policy Research*, Working Paper n° 1729, febrero de 1997.

Institucionalización y politización de la integración

Maria Izabel Mallmann y Clarissa Dri

Introducción

Los orígenes del Mercosur están explícitamente vinculados a objetivos económicos. A pesar de los esfuerzos precedentes y de las declaraciones de principio, los instrumentos creados con la firma del Tratado de Asunción, en 1991, priorizan la aproximación comercial entre los socios, lo que fue en alguna medida logrado. Sin embargo, aun considerando su relativo éxito, esa vía de integración se mostró limitada, especialmente como consecuencia de las profundas asimetrías regionales que se profundizaron por la crisis económica y financiera mundial de fines de la década de los 90 del siglo XX y la crisis del año 2008.

Para efectos de este análisis, es importante destacar que desde la creación del Mercosur, en 1991, la defensa del sesgo comercial no fue unánime. Se esgrimieron importantes argumentos en contra, resaltando que, en un mundo en recomposición, los desafíos internacionales podrían ser mejor enfrentados con una estructura institucional menos permisiva que la meramente intergubernamental y por una cooperación más extensa que incluyese las dimensiones social y política. La crisis de los años 80 del siglo XX, el final de la Guerra Fría y los primeros pasos de la globalización recomendaban estrategias conjuntas de inserción internacional. Además de esto, se entendía que a los liderazgos políticos que alcanzaron el poder con la re-democratización en el Cono Sur, se les imponía la necesidad de encontrar salidas innovadoras a los desafíos comunes. Se trataba de reencontrar antiguos vecinos, superar enemistades, estrechar lazos diplomáticos y fomentar asociaciones económicas. Había también metas sociales en la integración. El modelo del nuevo regionalismo insistía en que el desarrollo, la integración y la democracia debían ser vías de una misma ruta. Bajo esta perspectiva, la aproximación entre Brasil y Argentina que resultó en la creación del Mercosur debía buscar la justicia social y la mejora de la calidad de vida de sus habitantes. No obstante, a pesar de las reiteradas declaraciones y esfuerzos de algunos gobiernos a favor de la integración, existía una difundida comprensión de los límites institucionales del Mercosur. Esas limitaciones serían responsables del lento y errático avance del bloque y reflejarían la baja disposición de los Estados parte de mayor tamaño de comprometer sus autonomías decisorias.

En este capítulo se analiza el proceso mediante el cual, no obstante su nacimiento en medio de directrices neoliberales, particularmente destacadas en el inicio de los años 90, el Mercosur logró dotarse de instrumentos que lo hicieron ultrapasar el nivel de un bloque meramente económico, a pesar de su precaria institucionalización. Se argumenta que una de las razones de esta trayectoria fue la llegada al poder, durante la primera década del siglo XXI, de fuerzas políticas partidarias de un regionalismo más complejo, que respondieron a las limitaciones de la vía anterior dirigiendo los esfuerzos de integración hacia las áreas sociales y políticas. La baja institucionalización de los nuevos espacios de negociación se debería a la ausencia de consenso interno en los Estados parte, particularmente en los más grandes, sobre las ventajas de un mayor compromiso con la integración.

El capítulo está dividido en dos secciones, además de esta introducción y de las consideraciones finales. En la primera, se abordan los dilemas de la precaria institucionalización del Mercosur y de la creación de espacios de negociación sin poder de decisión. Se argumenta que la politización de tales espacios, particularmente del Parlamento del Mercosur (Parlasur), puede presionar para alcanzar una mayor institucionalización del proceso. La segunda sección se ocupa de la creación y de la dinámica del Parlasur como indicativo de la progresión de los esfuerzos de institucionalización y de la consecuente politización de la integración regional.

1. Los límites institucionales del Mercosur

En esta sección se abordan los dilemas de la limitada institucionalización del Mercosur, expresión de la falta de voluntad política de sus miembros y de la creación de espacios de negociación sin poder de decisión. Se considera que el surgimiento de demandas precariamente procesadas en espacios poco institucionalizados propicia la politización de la toma de decisiones del bloque y la internalización de las materias aprobadas, como una manera de presionar por una mayor institucionalización de los procesos. En líneas generales, se puede decir que la politización de la toma de decisiones se produce por el choque entre vías alternativas normalmente identificadas con diferentes matrices ideológicas. En el Parlasur, la politización se evidencia con la formación de grupos políticos plurinacionales que denotan el cambio del enfoque nacional-territorial "al ideológico, de las poblaciones territorialmente delimitadas hacia los sectores de la sociedad civil, representados en su dimensión transfronteriza".[199]

---

[199]   Drummond, Maria Claudia. "Parlamento do Mercosul: consolidação e desenvolvimento de suas competências". En: Caetano, Gerardo (coord.). *La reforma institucional del Mercosur: del diagnóstico a las propuestas.* Montevideo, CEFIR, 2009, p. 116.

1.1. La naturaleza institucional del Mercosur

Conforme fue establecido en el Tratado de Asunción (1991), el Mercosur es una organización intergubernamental dotada originalmente de pocos órganos, jerárquicamente establecidos, siendo los principales el Consejo del Mercado Común (CMC), órgano político decisivo, el Grupo Mercado Común (GMC), órgano ejecutivo, y la Secretaría Administrativa, con sede en Montevideo.[200] La Comisión Parlamentaria Conjunta fue uno de los tres órganos de la estructura institucional del Mercosur desprovistos de capacidad decisoria, junto con el Foro Consultivo Económico y Social y la Secretaría del Mercosur.

Como recuerda Gerardo Caetano, durante la creación del Mercosur se discutía sobre la conveniencia de un arreglo intergubernamental de integración, sin espacios de supranacionalidad y sin precisión de reglas.[201] La concentración de poder en pocas instituciones sin autonomía con relación a los Estados parte, se confirmó como uno de los mayores obstáculos para el progreso del bloque. De forma paralela a tales instituciones, proliferaron espacios de negociación sin capacidad decisoria en los cuales son represadas las demandas que deberían ser institucionalmente procesadas. Según Caetano, Vázquez y Ventura, esta situación revela la disfuncionalidad entre la estructura institucional del bloque y los objetivos y metas derivados de contextos nuevos que demandan, entre otras políticas, la integración productiva, además

[200]   Ginesta, Jacques. *El Mercosur y su contexto regional e internacional.* Porto Alegre, Editora da UFRGS, 1999.
[201]   Caetano, Gerardo. "Introducción". En: Caetano, Gerardo (coord.). *La reforma institucional del Mercosur: del diagnóstico a las propuestas.* Montevideo, CEFIR, 2009, pp. 11-20.

de la aplicación de políticas públicas regionales, ya que muchos desafíos son comunes.[202]

El Protocolo de Ouro Preto de 1994 preservó el diseño institucional y el *modus operandi* del bloque, dejando, así, de prepararlo para enfrentar dificultades comunes de forma coordinada. Se mantuvieron, conforme la voluntad de Argentina y Brasil, la estructura orgánica intergubernamental, las decisiones consensuadas y el régimen existente de solución de controversias, en detrimento de las alternativas preferidas por Uruguay y Paraguay.[203]

A fines de la década de los 90, el Mercosur enfrentó una profunda crisis, víctima de las divisiones regionales, de las crisis económicas y financieras que sufrieron los países del Este de Asia, en 1997, y Rusia, en 1998. Los sucesivos choques externos, unidos a la ineludible devaluación de la moneda brasileña llevaron a la recesión profunda de la economía argentina que, en esa época, mantenía la paridad entre el peso y el dólar. La repercusión de este contexto en la dinámica del bloque fue desastrosa, provocando que los intercambios comerciales descendieran en más de diez puntos porcentuales. Además de esto, se evidenciaron los límites de una estructura institucional que reforzaba los sentimientos y las soluciones soberanas en detrimento de la búsqueda de alternativas comunes.

El programa de relanzamiento del Mercosur ganó nuevo aliento a partir de 2003, con la elección como presidente de Luis Inácio Lula da Silva en Brasil y de Néstor Kirchner en Argentina, cuyos gobiernos nacieron anclados en la crisis de los años anteriores y comprometidos con agendas políticas emancipadoras. La afinidad ideológica de ambos

---

[202] Caetano, Gerardo; Vázquez, Mariana y Ventura, Deisy. "Reforma institucional del Mercosur: análisis de un reto". En: Caetano, Gerardo (coord.). *La reforma institucional del Mercosur: del diagnóstico a las propuestas.* Montevideo, CEFIR, 2009, PP. 21-76.

[203] Vaz, Alcides. *Cooperação, integração e processo negociador: a construção do Mercosul.* Brasilia, IBRI, 2002.

gobernantes permitió consensos en pautas importantes, como la necesidad de reforzar la integración para enfrentar los desafíos del desarrollo y los eventuales choques económicos externos. Fueron adoptados una serie de mecanismos destinados a estimular la liberalización comercial, promover la eficacia jurídica de la normativa regional y fortalecer las instituciones del bloque.[204] Parecía evidente para los gobiernos que, sin una regulación adecuada, la globalización podría traer perjuicios inconmensurables. Así, el Mercosur, visto precedentemente como un proyecto comercial, necesitaba dotarse de instrumentos de regulación macroeconómica con un carácter eminentemente político. Sin embargo, lo que se observó en los años siguientes provoca, sin duda, percepciones positivas acerca de las dimensiones social y política del bloque, pero, en lo que concierne a su estructura organizacional, los avances se revelan lentos y erráticos. En términos institucionales, las reformas más importantes se refieren a la transformación de la Secretaría del Mercosur, que pasó a contar con un órgano técnico de asesoramiento y elaboración de propuestas con la meta de consolidar el proceso de integración,[205] y a la aprobación del Protocolo de Olivos, que perfecciona, aunque de modo limitado, el sistema de solución de controversias. No es exagerado afirmar de que, antes que el Grupo Ad Hoc de Alto Nivel para la Reforma Institucional (GANRI), creado en 2005, produjera algún resultado, la crisis financiera y económica de 2008 advirtió, nuevamente, sobre la necesidad de crear mecanismos comunes de coordinación.

Para Gerardo Caetano, son bastante evidentes los obstáculos para el desarrollo institucional del bloque. Según el autor, "no es aventurado afirmar que se acumulan las evidencias múltiples sobre que no existe en la actualidad

---

[204]   Decisiones del CMC 22 a 32/2000.
[205]   Decisión CMC 30/2002.

una genuina voluntad política de avanzar –incluso en clave gradualista e incremental– en una reforma institucional efectiva del Mercosur".[206] Se produjo así "un raro consenso entre los gobiernos actuales de los países del Mercosur: ninguno de ellos quiere asumir públicamente el 'cierre' del tema en la agenda, pero nada concreto se hace o se acuerda en una dirección proactiva".[207]

Muchos analistas coinciden en la constatación de que existe un vacío de liderazgo capaz de, o dispuesto a, absorber los costos materiales y políticos del avance de la integración. Autores como Vaz,[208] Burges[209] y Lima[210] identifican diferentes aspectos que explican el poco compromiso de Brasil en la profundización de la integración. Para Lima, aunque el gobierno de Lula da Silva tuviera disposición política para impulsar la integración regional, las dificultades de coordinación doméstica encontradas muestran que existen intereses de los sectores productivo y exportador, poco dispuestos a ello. Según la autora, no habría consenso en la sociedad brasileña en cuanto a las ventajas de un liderazgo regional del país y, por eso, no estaría dispuesta a acarrear con los costos resultantes. Burges asevera que aunque Brasil posea las condiciones materiales para asumir los costos de la profundización de la integración, no está dispuesto a ello, lo que plantea serios límites al proceso. Vaz atribuye el mantenimiento de la estructura intergubernamental y de decisiones por

---

[206]   Caetano, Gerardo. "Introducción". *Op. cit.*, p. 13.
[207]   *Ibíd.*, p. 13.
[208]   Vaz, Alcides. *Cooperação, integração e processo negociador... Op. cit.*
[209]   Burges, Sean W. "Bounded by the Reality of Trade: Practical Limits to a South American Region". En: *Cambridge Review of International Affairs*, vol. 18, nº 3, octubre de 2005, pp. 437-454.
[210]   Lima, Maria Regina Soares de. "Liderazgo regional en América del Sur: ¿tiene Brasil un papel a jugar?". En: Lagos, Ricardo (comp.). *América latina: ¿integración o fragmentación?*. Buenos Aires, Edhasa, 2008, pp. 89-114.

unanimidad en el ámbito del Mercosur al apego a la autonomía de decisiones por parte de los dos países más grandes del bloque, Argentina y Brasil.

No obstante, paralelamente al déficit institucional, no cesa de avanzar el surgimiento de espacios de construcción de la ciudadanía regional. Ejemplo de esto, según Oroño[211] y Aguerre y Arboleya[212], son las Mercociudades, el Foro Consultivo Económico y Social, las Reuniones Especializadas, el Instituto Social del Mercosur, el Programa Somos Mercosur y el Parlasur. Para algunos analistas, esto no deja de ser una distorsión, pues estos espacios de negociación no poseen poder decisorio y refuerzan el carácter intergubernamental de la estructura organizacional del bloque y el carácter altamente concentrado de sus decisiones.[213] Sin embargo, se puede esperar que las demandas generadas por tales iniciativas y espacios creados tiendan a presionar en el sentido de institucionalizar las relaciones intra-bloque. El ritmo de los avances generados de esa forma es, sin duda, lento. Sin embargo, no se puede dejar de valorarlos, en especial frente a la inoperancia de los gobiernos.

Caetano destaca que, incluso no faltando elementos que refuercen una visión pesimista sobre la viabilidad de una reforma institucional, existen motivos (déficits de coordinación, sociales y políticos) que justifican continuar impulsándola y advierte: "los actores más comprometidos con esta reforma tratan de evitar actitudes maximalistas y maniqueas

---

[211]   Oroño, Abel. "La cuestión local en el Mercosur. Estado de situación, desafíos y temas para una nueva agenda". En Caetano, Gerardo (coord.). *La reforma institucional del Mercosur: del diagnóstico a las propuestas.* Montevideo, CEFIR, 2009, pp. 125-150.

[212]   Aguerre, María Julia y Arboleya, Ignacio. "Estrategias para un Mercosur ciudadano". En Caetano, Gerardo (coord.). *La reforma institucional del Mercosur: del diagnóstico a las propuestas.* Montevideo, CEFIR, 2009, pp. 151-180.

[213]   Caetano, Gerardo; Vázquez, Mariana y Ventura, Deisy. "Reforma institucional del Mercosur: análisis de un reto". *Op. cit.*

para promover proactividad efectiva respecto al tema".[214] Por esta razón, quien se propone analizar el avance institucional del bloque no puede desconsiderar los pequeños avances. El aumento de tales espacios, precariamente institucionalizados o institucionalizados por debajo de las expectativas, fue concomitante con el descrédito de la vía esencialmente comercial y con el surgimiento de iniciativas principalmente en los campos político y social. Ese cambio se operó, como se analizó *supra*, con la llegada al poder de fuerzas situadas a la izquierda del espectro político que optaron por rehabilitar el proceso de integración, en crisis desde fines de los años 90, diversificando su agenda y, particularmente, introduciendo temas que eran parte de la crítica de izquierda al sesgo neoliberal precedente. Por esa razón, se entiende que el surgimiento de esos espacios, particularmente del Parlasur, propicia la politización del bloque por la lucha entre, por lo menos, dos vías de integración: una liberal-comercial y otra político-institucional que se expresan en la conformación de grupos políticos plurinacionales. No obstante, es preciso reconocer que si la primera no progresó aisladamente, la segunda tampoco adquirió autonomía.

2. La politización del proceso de integración

En esta sección, se analiza el proceso de creación y la dinámica del Parlamento del Mercosur como elemento indicativo del avance de los esfuerzos de institucionalización y de la consecuente politización de la integración regional.

Con el ascenso al poder de Lula da Silva en Brasil y Néstor Kirchner en Argentina, se creó un consenso sobre la necesidad de un consistente marco político que auxiliara en la consolidación del Mercosur y aumentara su

---

[214]   Caetano, Gerardo. "Introducción". *Op. cit.*, p. 18.

credibilidad internacional. Así, se proyectó la creación del Parlamento del Mercosur, defendido por Lula durante la campaña presidencial de 2002 y presentado a Kirchner ya en su primer mes de gobierno. Según Lula da Silva,

> a lo largo de toda la campaña que me condujo a la Presidencia de mi país insistí en que América del Sur sería la prioridad de nuestra política exterior. Dar prioridad a América del Sur pasa, necesariamente, por rescatar la vitalidad y el dinamismo del Mercosur. [...] Reforzaremos las dimensiones política y social del Mercosur. Construiremos instituciones que garanticen la continuidad de lo que alcanzamos y nos ayuden a superar los desafíos que tendremos que enfrentar. Es fundamental garantizar la más amplia participación de nuestras sociedades en este proceso, con la revitalización de instituciones como el Foro Económico y Social y la Comisión Parlamentaria Conjunta, y con la creación, en un plazo relativamente breve, de un Parlamento del Mercosur.[215]

2.1. Antecedentes del Parlasur

Hasta entonces, los poderes legislativos estaban representados en el Mercosur a través de la Comisión Parlamentaria Conjunta (CPC). La CPC era heredera de la Comisión Parlamentaria Conjunta de Integración, prevista en el Tratado de Integración, Cooperación y Desarrollo, suscrito entre Brasil y Argentina en 1988. En aquel momento, los poderes ejecutivos, preocupados por consolidar la democracia, invitaron a los parlamentarios a acompañar las negociaciones. En 1991, delegaciones de los parlamentos de los cuatro países fueron invitadas a participar de la firma del Tratado de Asunción que, a diferencia del Tratado de 1988, no preveía un órgano parlamentario. Fue la articulación de los parlamentarios presentes

---

[215] "Discurso do Presidente Luiz Inácio Lula da Silva por ocasião da visita do Presidente da República Argentina, Eduardo Duhalde", Brasilia, 14 de enero de 2003.

en Paraguay, debido a su experiencia en las negociaciones previas, lo que les permitió presionar a los ejecutivos para que se estableciese la Comisión Parlamentaria Conjunta en el Tratado, en el último artículo de las disposiciones transitorias. La creación de la CPC representó así una formalidad destinada a apaciguar los ánimos de los parlamentarios y facilitar la posterior ratificación del Tratado por los congresos nacionales.

La Comisión aprobó su primer reglamento interno en 1991. Estaría compuesta por hasta 64 diputados y senadores, divididos igualmente entre los Estados parte. El reglamento creó doce sub-comisiones y estipuló dos reuniones ordinarias anuales, además de las extraordinarias. Cada país ejercería la presidencia de la Comisión por seis meses, según la rotación de la presidencia *pro tempore* del Mercosur. La mesa directora era formada por el presidente de la CPC y por los otros tres presidentes de las secciones nacionales. En 1994, el Protocolo de Ouro Preto confirió poderes representativos y legislativos amplios a la CPC. El reglamento interno fue luego alterado, en 1995, para incorporar las nuevas funciones y, nuevamente, en 1997, cuando fue establecida la Secretaría Administrativa Parlamentaria Permanente. Con sede en Montevideo, la Secretaría tenía como objetivo centralizar y organizar la documentación de la Comisión, otrora itinerante de acuerdo con la presidencia temporal, además de asesorar técnicamente a los parlamentarios. Fue creada después de la solicitud de la Comisión Europea, que pedía la creación de un órgano de contacto para negociar el proyecto de cooperación. A ese respeto, María Claudia Drummond destaca la importancia del convenio de cooperación con la Unión Europea que habría sido, según la autora, responsable de aspectos fundamentales de la evolución de la dimensión parlamentaria del Mercosur.[216]

---

[216]   Drummond, Maria Claudia. "Parlamento do Mercosul: consolidação e desenvolvimento de suas competências". *Op. cit.*, p. 106.

El reglamento de 1997 también reestructuró las sub-comisiones, que pasaron a ser diecisiete. Se mantuvo el consenso en el proceso de toma de decisiones, así como la falta de definición de la periodicidad de las reuniones de la Mesa Ejecutiva y de las sub-comisiones. El reglamento fue nuevamente reformado en 2006 para establecer que los Estados en proceso de adhesión al Mercosur pueden ser representados en la CPC con 16 parlamentarios, que tienen derecho a voz pero no a voto, lo que se debía al inicio de las negociaciones para el ingreso de Venezuela en el bloque.

La CPC era uno de los tres órganos de la estructura institucional del Mercosur desprovistos de capacidad decisoria, juntamente con el Foro Consultivo Económico y Social y la Secretaría del Mercosur. Poseía un carácter consultivo, deliberativo y de formulación de propuestas. Su naturaleza jurídica era de órgano de conexión entre el Mercosur y los parlamentos nacionales.[217] Podría formular recomendaciones al Consejo Mercado Común, declaraciones sobre la marcha del proceso de integración y disposiciones sobre su funcionamiento interno, además de realizar estudios dirigidos a la armonización de las legislaciones de los Estados miembros, acelerar los procedimientos nacionales para la entrada en vigor de las normas del Mercosur y solicitar informaciones a los órganos decisorios.

La reforma propuesta en Ouro Preto fue limitada y no alteró el papel secundario de la CPC en la estructura del Mercosur, en cuanto que establece la representación de los Parlamentos nacionales. Las propuestas de los parlamentarios fueron raramente consideradas por los ejecutivos. Además de esto, los diputados no exploraron sistemáticamente el espacio que les fue conferido, posiblemente porque estaban atados a la noción de representación territorial que

---

217   Baptista, Luiz Otávio. *O Mercosul, suas instituições e seu ordenamento jurídico*. San Pablo, LTr, 1998, p. 30.

el propio reglamento reforzaba. Esto causó que gran parte de las funciones quedaran sin aplicación, lo que ocasionó el aumento gradual de la marginalidad de la Comisión en las decisiones del bloque. Esa situación coincidió con el contexto general de la respuesta parlamentaria al proceso de integración. Los cuatro poderes legislativos iniciales

> no sostuvieron un compromiso sistemático y asiduo con la conducción del proceso, con su impulso, con su profundización. No prestaron la atención mínima exigible en relación con lo que habían fundado (porque aprobaron el Tratado de Asunción y todos sus complementos) ni al encadenamiento de cambios históricos que quisieron provocar (¿o las provocaron sin conciencia perfecta?). Es igualmente reprobable que no hayan percibido cómo el Mercosur penetraba capilarmente en las sociedades que co-gobernaban y no hayan adaptado la visión de cada asunto "argentino", "brasileño", "paraguayo", "uruguayo" a la dimensión "mercosuriana" que se había agregado.[218]

Aunque la participación de la mayoría de los parlamentarios haya sido escasa, una parte de cada delegación siempre se involucraba en las discusiones regionales. En sus 15 años de actividad, la Comisión nunca dejó de realizar por lo menos dos sesiones plenarias anuales, además de reuniones de la mesa directiva y seminarios sobre temas regionales. El objetivo de crear un parlamento del Mercosur que, desde 1991, nunca había salido de la agenda, ganó fuerza en la primera década del nuevo milenio impulsado, como se señaló *supra*, por el contexto político favorable a la institucionalización y politización del bloque por el ascenso al poder de gobiernos de izquierda en Brasil y en Argentina.

---

[218] Caetano, Gerardo y Antón, Romeo Pérez. "Hacia un parlamento del Mercosur". En: Caetano, Gerardo; Perina, Rubén (coord). *La Encrucijada Política del Mercosur: parlamentos y nueva institucionalidad*. Montevideo, CLAEH, UPD-OEA, 2003, p. 316.

2.2. La creación del Parlasur

En base a un primer calendario esbozado por la Secretaría Parlamentaria en 1999, las discusiones sobre la creación del Parlamento del Mercosur se fueron concretando de forma progresiva. En 2003, las secciones nacionales presentaron sus propuestas sobre el Parlamento, que fueron reunidas, en 2004, en la primera versión del Protocolo Constitutivo del Parlamento del Mercosur. Sin la aprobación esperada en la Cumbre Conmemorativa de los 10 años del Protocolo de Ouro Preto, en diciembre de 2004, los parlamentarios se organizaron para mejorar el proyecto, constituyendo el llamado Grupo Técnico de Alto Nivel, formado por especialistas y por representantes de los Estados miembros, de las Secretarías del Mercosur y de la CPC. El Protocolo Constitutivo del Parlamento del Mercosur fue finalmente aprobado por el Consejo Mercado Común (CMC) en diciembre de 2005 y ratificado por los congresos nacionales durante el año 2006. La incorporación nacional de las normas que establecen reglas de funcionamiento de las instituciones regionales es condición necesaria para su validez, conforme al esquema intergubernamental adoptado por el bloque. La sesión inaugural de la asamblea tuvo lugar en Brasilia en diciembre de 2006.

A partir de la vigencia del Protocolo Constitutivo, el Parlamento sustituyó la Comisión Parlamentaria Conjunta. La asamblea es unicameral y tiene sede en Montevideo. Está compuesta por dieciocho parlamentarios de cada Estado miembro, indicados por los respectivos Parlamentos nacionales. El Protocolo prevé, sin embargo, que el Parlamento y el Consejo Mercado Común tienen que establecer en conjunto un criterio de representación proporcional, que deberá entrar en vigencia a partir de 2011. Después de complejas negociaciones, en especial con la delegación paraguaya que se mostraba desfavorable a la proporcionalidad, el Parlamento aprobó en 2009 la siguiente propuesta:

75 parlamentarios para Brasil, 43 para Argentina, 18 para Uruguay y 18 para Paraguay. Venezuela, cuando concluya su proceso de adhesión, tendrá 43 diputados. Esa configuración fue refrendada por el CMC en diciembre de 2010, que extendió el plazo para el sufragio, a más tardar en 2014, cuando todos los Estados deberán haber realizado elecciones directas para designar sus representantes; Paraguay fue el primer Estado en organizar el sufragio, en abril de 2008. Ya se tramita en Brasil un proyecto de ley que propone adaptaciones a la legislación electoral con el objetivo de realizar las elecciones en 2012,[219] mientras Argentina debe realizar el sufragio en 2011.

Los parlamentarios tienen mandato de cuatro años y podrán ser reelegidos. Deberán respetar los requisitos de elegibilidad existentes para los diputados nacionales, y no podrán acumular el cargo con ningún otro cargo ejecutivo o legislativo en su Estado o en el Mercosur. Los diputados deben realizar reuniones plenarias mensuales y pueden organizarse en grupos políticos según afinidades ideológicas, que deben ser formados por lo menos por un 10% de los miembros del Parlamento, si son provenientes del mismo país, o por 5 diputados, si son originarios de más de un Estado miembro.

El Parlasur cuenta ya con diez comisiones permanentes establecidas por el reglamento interno, que se reúnen, en general, una vez por mes en la mañana que antecede a la sesión plenaria. Además, en este periodo inicial ya fueron creadas cuatro comisiones temporales para tratar cuestiones relacionadas con la coyuntura política de la región. En términos funcionales, las características más destacadas son la ausencia de poderes legislativos, el *status* meramente consultivo de la asamblea y el bajo grado de utilización, en los años iniciales, de los poderes de control a disposición del Parlamento (cuadro 1).

---

[219]   Projeto de lei 5279/2009.

Cuadro 1. Funciones del Parlamento del Mercosur	
Representativa	El Parlamento representa a los pueblos del Mercosur.
Deliberativa	-El Parlamento organiza audiencias públicas y seminarios con la sociedad civil, movimientos sociales y sectores productivos. -El Parlamento puede concluir acuerdos de cooperación y asistencia técnica con organismos públicos o privados. Dos veces por año, debe reunirse con representantes del Foro Consultivo Económico y Social para intercambiar puntos de vista sobre el proceso de integración. - El Parlamento adopta declaraciones sobre temas de interés público. - El Parlamento publica un informe anual sobre la situación de los derechos humanos en los países del Mercosur.
Control	A fin de controlar los órganos del Mercosur, el Parlamento debe: -recibir un informe anual de la ejecución del presupuesto de la Secretaría del Mercosur; -producir un informe anual sobre la situación de los derechos humanos en la región; -recibir peticiones de personas físicas o jurídicas relacionadas con actos u omisiones de los órganos del Mercosur; -solicitar informaciones por escrito a las instituciones del Mercosur, que deben ser respondidas a lo sumo en 180 días; -invitar a representantes de los órganos del Mercosur para discutir el proceso de integración; -recibir a las autoridades de la presidencia *pro tempore* en el inicio y a finales de cada semestre para presentar su programa semestral y una evaluación de las actividades desarrolladas; -solicitar opiniones consultivas al Tribunal Permanente de Revisión.
Legislativa	El Parlasur cuenta con los siguientes instrumentos normativos: -Pareceres: opiniones formales sobre proyectos legislativos del CMC. Si las sugerencias del Parlamento fuesen consideradas, el proyecto se tramitaría en los congresos nacionales de modo acelerado; -Proyectos de ley: propuestas legislativas presentadas al CMC; -Anteproyectos de ley: propuestas presentadas a los parlamentos nacionales con el propósito de armonizar las legislaciones de los Estados miembros; -Recomendaciones: propuestas de políticas para que sean llevadas a cabo por los órganos decisorios del Mercosur; -Informes: estudios sobre asuntos específicos elaborados por las comisiones del Parlamento; -Disposiciones: reglas administrativas sobre la organización interna de la institución.

Fuente: elaboración de las autoras con base en el Protocolo Constitutivo y en el Reglamento del Parlasur.

Se observa que los poderes legislativos y de control están por debajo de las necesidades democráticas del Mercosur. La función de control de los actos ejecutivos se resume básicamente a la solicitud de informaciones y al análisis de informes. Un control parlamentario eficaz presupone otros tipos de mecanismos que propicien la transparencia, la publicidad y la responsabilidad de las acciones del órgano ejecutivo, tales como influenciar en la elaboración del presupuesto, realizar investigaciones y sancionar operarios por irresponsabilidad criminal o política. De igual forma, el papel legislativo del Parlamento es casi inexistente, teniendo en cuenta la imposibilidad de intervención decisiva en el proceso de elaboración de las normas que serán dirigidas a los congresos nacionales.

Las funciones representativa y deliberativa son equiparables a las de una asamblea nacional. Lo que llama la atención, en el caso del Parlasur, es el detalle de las actividades deliberativas, que confieren al Parlamento espacios importantes en lo que se refiere al diálogo con la sociedad. Para Drummond, el mecanismo de consulta parlamentario adoptado para acelerar los trámites de internalización de las normas del bloque en los Estados parte podrá contribuir a dar publicidad y transparencia a las materias en negociación. Esto porque, en la elaboración de los pareceres, los parlamentarios deberán recoger informaciones en los sectores interesados, mediante audiencias públicas y seminarios ampliamente divulgados. Las contribuciones recogidas en los sectores involucrados y de los especialistas deberán, según la autora, mejorar la calidad técnica de las normas negociadas, además de legitimar el proceso como un todo.[220]

---

[220] Drummond, Maria Claudia. "Parlamento do Mercosul: consolidação e desenvolvimento de suas competências". *Op. cit.*, p. 110.

En términos representativos, la determinación de la representación de los pueblos del Mercosur mediante elecciones directas debe minimizar los vínculos de los parlamentarios con la dimensión territorial y nacional de la representación, vinculándolos más de cerca a las demandas transversales provenientes de sectores organizados en las sociedades involucradas. Es preciso recordar que los parlamentarios son susceptibles a las presiones populares y que la continuidad de su trabajo depende del contacto constante con el electorado, por lo que se volverán gradualmente más sensibles a las cuestiones abiertas por el proceso regional. Demandas por el derecho a la libre circulación, por la elevación o disminución de los aranceles aduaneros, por la ampliación o protección del mercado consumidor llegan fácilmente a los parlamentarios llevándolos a buscar más participación en las decisiones del Mercosur. El avance en la dimensión parlamentaria del bloque, al mismo tiempo que lo politiza, representa un elemento central para su mayor institucionalización.

En lo que se refiere a la politización del bloque, es importante resaltar que el aspecto de la nacionalidad y de la territorialidad que definía las opciones de los parlamentarios ha sido subyugado por el sesgo ideológico. Grupos políticos plurinacionales se han articulado según sus preferencias políticas en detrimento de la nacionalidad. Existe el denominado Grupo Progresista, compuesto por fuerzas de centro-izquierda y otro grupo, de derecha o centro-derecha. Drummond ejemplifica esa polaridad con la votación del proyecto de declaración relativa a la crisis política en Bolivia, de autoría del grupo situado a la derecha, compuesto por parlamentarios de Brasil y Argentina. Debido a la acción del Grupo Progresista, formado por representantes de Argentina, Brasil, Uruguay y Paraguay, fue retirado del proyecto de declaración el artículo relativo al rechazo a la presencia de tropas extranjeras en la región, colocado allí en alusión a las tropas estadounidenses en Colombia y rusas en Venezuela.

Consideraciones finales

Se observa que con el Parlasur, el proceso de integración alcanza su nivel más elevado de politización, hasta ahora. Temas transversales, de interés de las sociedades de los Estados parte, podrán ser canalizados a partir de los foros de interlocución previstos, discutidos y representados en los órganos del Mercosur y en los Parlamentos nacionales, de modo que puedan ser difundidos y crear consenso en torno a ellos. Demandas sociales, como la implementación de políticas públicas regionales, ciertamente encontrarán resonancia en tales grupos políticos, que podrán actuar para hacer avanzar la institucionalización del proceso de integración.

Haciendo llegar al CMC estudios, propuestas legislativas, declaraciones y recomendaciones, preferentemente fruto de debates realizados en audiencias públicas o en otros órganos consultivos del Mercosur, el Parlasur puede contribuir sobre bases sólidas a su plena institucionalización. Frente a una asamblea bien informada y activa, la burocracia diplomática del bloque no podrá evitar considerar sus sugerencias. La lucha política que deriva de la formación de grupos políticos plurinacionales ciertamente contribuirá a la mayor participación de los parlamentarios en la conducción de la agenda de integración.

Bibliografía

Aguerre, María Julia y Arboleya, Ignacio. "Estrategias para un Mercosur ciudadano". En: Caetano, Gerardo (coord.). *La reforma institucional del Mercosur: del diagnóstico a las propuestas.* Montevideo, CEFIR, 2009, PP. 151-180.

Baptista, Luiz Otávio. *O Mercosul, suas instituições e seu ordenamento jurídico.* San Pablo, LTr, 1998.

Burges, Sean W. "Bounded by the Reality of Trade: Practical Limits to a South American Region". En: *Cambridge Review of International Affairs,* vol. 18, n° 3, octubre de 2005, pp. 437-454.

Caetano, Gerardo y Antón, Romeo Pérez. "Hacia un parlamento del Mercosur". En: Caetano Gerardo y Perina, Rubén (coord). *La encrucijada política del Mercosur: parlamentos y nueva institucionalidad.* Montevideo, CLAEH, UPD-OEA, pp. 305-322.

Caetano, Gerardo. "Introducción". En: Caetano, Gerardo (coord.). *La reforma institucional del Mercosur: del diagnóstico a las propuestas.* Montevideo, CEFIR, 2009, pp. 11-20.

Caetano, Gerardo; Vázquez, Mariana y Ventura, Deisy. "Reforma institucional del Mercosur: análisis de un reto". En: Caetano, Gerardo (coord.). *La reforma institucional del Mercosur: del diagnóstico a las propuestas.* Montevideo, CEFIR, 2009, pp. 21-76.

Drummond, Maria Claudia. "Parlamento do Mercosul: consolidação e desenvolvimento de suas competências". En: Caetano, Gerardo (coord.). *La reforma institucional del Mercosur: del diagnóstico a las propuestas.* Montevideo, CEFIR, 2009, pp. 105-124.

Ginesta, Jacques. *El Mercosur y su contexto regional e internacional.* Porto Alegre, Editora da UFRGS, 1999.

Lima, Maria Regina Soares de. "Liderazgo regional en América del Sur: ¿tiene Brasil un papel a jugar?". En:

Lagos, Ricardo (comp.). *América latina: ¿integración o fragmentación?*.. Buenos Aires, Edhasa, 2008, pp 89-114.

Oroño, Abel. "La cuestión local en el Mercosur. Estado de situación, desafíos y temas para una nueva agenda". En: Caetano, Gerardo (coord.). *La reforma institucional del Mercosur: del diagnóstico a las propuestas.* Montevideo, CEFIR, 2009, pp. 125-150.

Vaz, Alcides. *Cooperação, integração e processo negociador: a construção do Mercosul.* Brasilia, IBRI, 2002.

Democratizar para integrar: las dificultades y las posibilidades de participación social en el Mercosur[221]

Marcos Costa Lima

1. Introducción

Iniciar esta reflexión asociando tres conceptos de naturaleza polisémica, democracia, participación social y procesos de integración regional, merece una atención preliminar, especialmente porque son conceptos que además de sufrir el impacto de la historia –y por lo tanto del cambio constante–, son apropiados e instrumentalizados para justificar intenciones muchas veces antagónicas. Además, aunque el ejercicio teórico-abstracto permita el planteamiento de un amplio conjunto de reflexiones, análisis o jerarquías, el objeto estudiado, en gran medida, será comparativo y carece de una vía ida y vuelta entre la teoría y la realidad.

Este artículo está dividido en cuatro partes: en la primera se introducen algunos elementos empíricos e indicadores educativos y de pobreza en América del Sur; en segundo lugar, se trata la participación y los movimientos sociales en la región; en tercer lugar, el proceso de institucionalización del Mercosur, evaluando tanto la nueva geografía política regional a partir de 2003 como las dificultades de implantación de la Agenda Social del Mercosur y, finalmente, las conclusiones.

Hechas estas breves observaciones epistemológicas, me gustaría traer a colación un comentario del economista

[221] Este trabajo es dedicado mi querida amiga Iris Laredo, de la Universidad Nacional de Rosario, una entusiasta del Mercosur. Agradezco a Juju por su atenta lectura y sugerencias valiosas.

argentino Aldo Ferrer.[222] Según él, en otras latitudes, como
por ejemplo Europa, la integración ocurrió entre economías
industriales avanzadas o emergentes que eran comparables,
en sus niveles de desarrollo, con una fuerte cohesión de sus
estructuras sociales y una relación simétrica no subordinada
al orden mundial. Como se sabe, no es el caso del Mercosur,
pues en éste la integración se produce entre países que aún no
consolidaron su "densidad nacional"[223] en cuestiones como
la cohesión social, que están en una posición vulnerable en
el contexto del modelo centro-periferia y que tienen entre sí
asimetrías profundas de dimensión y de nivel de desarrollo.

Al considerar sólo un aspecto fundamental, el nivel de
educación general de la población, mientras que en algunos
países europeos ya se había alfabetizado la amplia mayoría
de su población, como Francia e Inglaterra, aún hoy esto
no se ha producido en los países que integran el bloque
del Mercosur. Si tomáramos el Índice de Alfabetización
establecido por el PNUD 200=/2008, tenemos lo siguiente:

Cuadro 1
Índice de alfabetización por países seleccionados

Índice de Alfabetización	Porcentual
Estados Unidos	99,0
Bélgica	99,0
Dinamarca	99,0
Alemania	99,0
Francia	99,0
Países Bajos	99,0
Reino Unido	99,0

---

[222]   Ferrer, Aldo. "Densidad nacional y densidad regional". En: *Densidades*,
n° 1, mayo de 2008, Buenos Aires, pp. 7-11.

[223]   Concepto elaborado por Ferrer, quien entiende como densidad nacional los
siguientes elementos: cohesión social, liderazgos nacionales, pensamiento
crítico, que, según él, fundamentan políticas de desarrollo factibles y exitosas.

Índice de Alfabetización	Porcentual
Portugal	94.9
Chile	96,5
Venezuela	95.2
Paraguay	94.6
Brasil	90.0
Argentina	97.6
Uruguay	97.9

Fuente: PNUD, *Human Development Report 2009. Overcoming Barriers: Human Mobility and Development.* Nueva York, UNDP, 2009.

Observando estos índices, la primera impresión es que la distancia en términos educativos entre los países de alto nivel de desarrollo y aquellos de América del Sur no es significativa. No obstante, si evaluáramos otros indicadores, percibiríamos de inmediato la falsa impresión. Esos indicadores, si son refinados y ampliados, siguen mostrando los fuertes contrastes entre el centro y la periferia. El cuadro 2 muestra los matices, incluso entre países del centro, y no sólo entre centro y periferia, sino también entre países periféricos. Obsérvese, por ejemplo, el camino que tiene por delante Brasil, principal economía de América Latina, en términos de ampliación de la capacitación de su población con 25 años o más, en el nivel de estudios "medios" y "altos". Al mismo tiempo, nótese el diferencial entre Estados Unidos y los países europeos.

Otro problema que acentúa las distorsiones educativas en la región es apuntado por Bernardo Kliksberg,[224] asesor principal del Programa de las Naciones Unidas para el Desarrollo (PNUD) para América Latina, al afirmar que uno de los motivos del abandono de la escuela en América Latina es la permanencia del trabajo infantil. Se estima que

---

[224] Kliksberg, Bernardo. "El estado de la infancia en América Latina". *Infolatam*, Nueva York, 1 de abril de 2010.

más del 11% de los niños menores de 14 años de edad se ve obligado a trabajar para colaborar con el ingreso familiar, la mayoría de las veces en tareas insalubres, que además de robarles la infancia les impide ir la escuela, limitando los márgenes de su inserción futura en el mercado de trabajo. Según Kliksberg, temas concretos y reales para los niños, como la atención familiar durante el primer año de vida, el pre-escolar, la vacunación, la alimentación saludable, la educación creativa y de calidad, deberían estar en el centro de las prioridades de las sociedades latinoamericanas.

Cuadro 2
Nivel educacional de población con 25 años o más en países seleccionados.
2007-2008

Países	Nivel educacional		
	Bajo (primer ciclo de enseñanza primaria)	Medio (secundario completo)	Alto (terciario)
Estados Unidos	14.8	49.0	36.2
Bélgica	42.3	31.0	26.8
Dinamarca	25.8	43.7	30.3
Alemania	21.5	57.1	21.4
Francia	42.6	35.9	19.8
Países Bajos	34.8	38.6	26.0
Reino Unido	-	-	-
Portugal	72.4	11.4	11.2
Chile	-	-	-
Venezuela	63.9	21.7	12.8
Paraguay	72.6	23.6	3.7
Brasil	70.4	21.2	8.1
Argentina	65.7	23.2	11.1
Uruguay	72.4	15.1	9.6

Fuente: PNUD, *Human Development Report 2009. Overcoming Barriers: Human Mobility and Development.* New York, UNDP, 2009, pp.199-200.

Incluyendo otro indicador que revela la evidente disparidad centro-periferia, la CEPAL[225] nos informa que el número de pobres creció de 136 millones en 1980 a 210 millones en 2001, justamente cuando la región sufrió los efectos perversos de las políticas de ajuste económico bajo la tutela del Fondo Monetario Internacional y las medidas privatizadoras y neoliberales del Consenso de Washington, aceptadas acríticamente por los gobiernos regionales.

En 2008, el porcentaje de la población de la región considerada pobre era del 33%, incluyendo el 12,8% que vivía en condiciones de indigencia. En 2006, la región comienza a reducir significativamente el número de pobres e indigentes con relación al 2002, como se puede observar en el cuadro 3. Cifras más actualizadas también evidencian una mejora en la distribución de la renta en relación a 2002 y a 1990, lo que contribuyó parcialmente a la reducción de la pobreza. Estos indicadores son en gran medida resultado de los cambios políticos habidos en la región. Aun manteniendo la configuración macroeconómica de gobiernos pasados, hubo más intensidad en las medidas para establecer políticas sociales, antes descuidadas. El caso brasileño es emblemático en este sentido. En una tesis de doctorado reciente, en la cual se analiza la dimensión de los gastos sociales de la Unión, José Albino Cordero[226] indica que la diferencia entre los gastos del primer gobierno de Lula y los del primer gobierno de Fernando Henrique Cardoso fue de R$ 127 billones, y entre el primer gobierno de Lula y el segundo gobierno de Fernando Henrique Cardoso fue de R$ 65 billones. Estos gastos abarcaron los siguientes sectores: a) agrario y medio ambiente; b) asistencia social;

[225] CEPAL. *Panorama Social da América Latina*. Santiago de Chile, CEPAL. 2009.

[226] Cordeiro, Jorge Albino D. *O Estado e a Seguridade Social: dimensionamento dos gastos sociais da união (1995/2006). Impactos dos benefícios assistenciais*. Tesis de Doctorado/PIMES, IE, Recife, UFPE, 2010.

c) educación y cultura/deportes; d) infraestructura socio-económica; e) política agraria; f) sanidad social; g) salud; h) seguridad pública; i) trabajo y empleo.

En cualquier caso, se puede afirmar que los Estados de la región están preparados de forma bastante asimétrica para proteger a sus sectores vulnerables frente a un contexto económico internacional adverso.

Cuadro 3
Pobres e indigentes en América Latina
1980-2008 (porcentual y nominal)

Porcentual	1980	1990	1999	2002	2006	2008
Pobres	40,5	48,3	43,8	44,0	36,3	33,0
Indigentes	18,6	22,5	18,5	19,4	13,3	12,9
En millones de pobres						
Pobres	136	200	211	221	193	180
Indigentes	63	93	89	97	71	71

Fuente: CEPAL. *Panorama Social de América Latina.* Santiago de Chile, CEPAL, 2009.

La complejidad característica de un proceso de integración como el Mercosur es ampliada por la excesiva concentración de la renta y de los salarios en los países que lo constituyen, por las fracturas sociales y la subordinación económica al pensamiento y a modelos oriundos de los países del centro. Por lo tanto, en este espacio, el proceso no puede ser reducido a la fijación de reglas institucionales para la integración, ni al establecimiento de políticas públicas de alcance comunitario. Engloba y está condicionado por las decisiones propias de cada país en la construcción de su desarrollo nacional y en las acciones conjuntas iniciadas para la inserción regional en el escenario de la globalización y para la resolución de las asimetrías estructurales existentes.

Estas circunstancias condicionan la estrategia integracionista pues, en gran medida, la situación social aumenta los problemas de la integración. Como afirmó Ferrer, "en América latina, la integración está condicionada por las diversas estrategias de los países respecto de su inserción con el resto del mundo"[227]. El economista reafirma la tradición del pensamiento latinoamericano, presentes en Celso Furtado y Raúl Prebisch, para quienes la región debe contar con sus propias fuerzas y capacidades para construir un camino abierto al mundo.

Cuadro 4
Población vulnerable a la pobreza en países seleccionados
de América Latina. En porcentaje - 2008

Países	Indigente (1)	Vulnerable a Pobreza (2)	Pobres (3)	No Vulnerables (4)
Uruguay	4,5	14,7	17,5	63,3
Chile	4,4	15,5	17,9	62,2
Argentina	9,5	17,9	16,9	58,0
Brasil	12,5	19,4	15,7	52,4
Venezuela	10,9	25,5	21,7	41,9
Paraguay	34,3	32,0	15,0	18,7

Fuente: CEPAL. Panorama Social de América Latina. Santiago de Chile, CEPAL, 2009, p.34
(1) Hasta 0,6 de la línea de pobreza
(2) 1,2 a 1,8 de la línea de pobreza
(3) pobres y altamente vulnerables (0,61 a 1,2 de la línea de pobreza)
(4) no vulnerables

---

[227] Ferrer, *op.cit.*, p.10

Impresiona, en el cuadro 4, el reducido porcentaje de personas no vulnerables en Paraguay, pero aun los países con mejor situación social en la región tienen también un largo camino que recorrer para disminuir el nivel de pobreza, pues Uruguay, que presenta la mejor situación, tiene un 36,7% de su población viviendo en condiciones de pobreza.

2. Participación y movimientos sociales

Acompañando la interpretación de Immanuel Wallerstein,[228] el sociólogo uruguayo Alfredo Falero[229] señala que las dos variedades de movimientos sociales que emergieron en el siglo XIX fueron el socialismo, que planteaba la existencia de un patrón de opresión de clase, y el movimiento nacional, cuyo patrón de opresión era de carácter étnico-nacional. Ya en los años sesenta del siglo XX, surgió un nuevo tipo de movimiento anti-sistémico con un conjunto de reivindicaciones muy amplio, que comenzó con el movimiento estudiantil, el movimiento negro, el movimiento contra la guerra de Vietnam, el movimiento de mujeres e, incluso, los movimientos contra el "socialismo real" y la burocratización de los sindicatos. Desde mediados de los años sesenta, América Latina vivió los "años de plomo". Regímenes dictatoriales gobernaron durante un periodo de casi 26 años, a partir del golpe militar de 1964 en Brasil, y concluyeron con la restauración de la democracia

---

[228]   Wallerstein, Immmanuel. *Conoce el mundo, saber el mundo: el fin de lo aprendido. Una ciencia social para el siglo XXI*. México, Siglo XXI/ CHCH UNAM, 2001

[229]   Falero, Alfredo. *Las batallas por la subjetividad: luchas sociales y construcción de derechos en Uruguay. Una aproximación desde la teoría sociológica*. Montevideo, Fanelcor Editorial/Universidad de la República, 2008.

en Argentina, en 1983, en Uruguay y en Brasil, en 1985; en Paraguay, con la caída de Stroessner en 1989, y finalmente en 1990 en Chile, con el fin del régimen de Pinochet. Como afirma Enrique Serra Padrós,[230] para imponer la violencia del mercado fue necesaria la reestructuración económica de estos países periféricos, además del "disciplinamiento" de la fuerza de trabajo y de los movimientos sociales. "La originalidad de los regímenes de seguridad nacional del Cono Sur está en la unión del Estado represivo con la exigencia de apertura de los mercados nacionales por los sectores económicos internacionalmente hegemónicos".[231]

La versión contemporánea de estas luchas son los movimientos anti-globalización o también alter-mundialistas, en los que se incorporan nuevos temas como, por ejemplo, la cuestión ambiental, los derechos humanos, los grupos étnicos y los refugiados e inmigrantes, cuya convergencia se produce en el Foro Social Mundial que, por la forma de conducción y diversidad de propósitos, no llegó a conformar un programa claro de lucha y de reivindicaciones.

En una interpretación pesimista, Garretón *et al.*,[232] planteando el concepto de matriz socio-política, afirman: "[y] existen razones para creer que no surgirá un nuevo movimiento social central que dé significado a la multiplicidad de movimientos sociales que operan actualmente en los países de América Latina".[233] Estos autores parten de la idea según la cual la matriz nacional-estatal-popular (sindicatos y partidos) estaba superada, pero que con el

[230]   Padrós, Enrique Serra. "Repressão e Violência: segurança nacional e terror de Estado nas ditaduras latino-americanas". En: Fico, C; Ferreira, Marieta M; Araújo, Maria Paula; Quadrat, Samantha V. (orgs.). *Ditadura e democracia na América latina: balanço histórico e perspectiva*. Río de Janeiro, Fundação Getúlio Vargas, 2008, pp. 143-178.
[231]   Padrós, Enrique Serra. "Repressão e Violência...". *Op.cit*, p.156.
[232]   Garretón, Manuel *et al. América Latina no Século XXI*. Río de Janeiro, FGV, 2007.
[233]   *Ibid*, p. 119.

surgimiento de una variedad de formas de movilización de características más autónomas, a corto plazo, y menos influenciadas por los políticos, no sería posible un movimiento social cohesionado: "la diferenciación social puede significar fragmentación, identidades tenues y vulnerables, demandas sin voz y conflictos endémicos, con una sociedad civil dominada por los intereses de las empresas y, en general, incapaz de ejercer mucha influencia en el gobierno".[234] Sin embargo, los mismos autores admiten el fracaso del neoliberalismo e incluso que los cambios que se han producido son capaces de ampliar la voz de los países de América Latina en un mundo globalizado mediante la profundización de la integración económica y política de la región.

Para Emir Sader,[235] la dimensión autonomista de estos movimientos apuntaba a la centralidad de la "sociedad civil", al rechazo al Estado, a la política, a los partidos, al poder conforme fue consagrado en el 1° Foro Social Mundial, lo que se identifica con las tesis de Toni Negri y John Holloway. Para Sader, con el debilitamiento del neoliberalismo, la lucha en América Latina pasó a otra fase: la de la construcción de alternativas y la disputa por una nueva dirección política que lleva a la conquista del gobierno para afirmar derechos.

También me gustaría incluir en estas reflexiones sobre los movimientos sociales, por la naturaleza del cargo que ejerce actualmente, algunos pasajes de un artículo del matemático y sociólogo Álvaro García Linera,[236] vicepresidente del Estado Plurinacional de Bolivia. Según él, se

---

[234]   *Ibid.*, p. 132.
[235]   Sader, Emir. "Autonomia e Hegemonia". www.cartamaior.com.br, 17 de junio de 2008. (consulta: 21/04/2010).
[236]   García Linera, Álvaro. "América Latina y el futuro de las políticas emancipatorias". *Crítica y Emancipación*, año II, n° 3, primer semestre 2010, pp. 293-306.

observa en América Latina un proceso de revitalización de movimientos sociales, de acción colectiva de protagonismo colectivo como respuesta a las demandas pos-neoliberales. "Hay lugares más densos en este protagonismo social, pero en general se puede decir que el continente es escenario de un renacimiento, de una revitalización de múltiples movimientos sociales, varios de ellos con un horizonte de carácter político estatal".[237]

Linera plantea cuestiones importantes y que, según él, deben ser reflexionadas y respondidas:

> ¿Cuál es la naturaleza social de estos cambios? ¿Cuán profundos, cuán superficiales, cuán duraderos, cuán estructurales o, meramente, cuán formales son cada uno de estos cambios que acabamos de mencionar de esta América Latina en movimiento? ¿Son procesos que sólo afectan la forma de la sociedad capitalista mundial? Y, por lo tanto, ¿son la antesala de una otra forma de la reorganización del capitalismo planetario? ¿O son modificaciones que llevan el germen, la fuerza, la intencionalidad o las realidades de sociedades pos-capitalistas?[238]

En este nuevo contexto, característico de lo que denomino "30 años de hegemonía neoliberal", las sociedades latinoamericanas sufrieron los efectos más fuertes de las políticas de liberalización económica, de desregulación financiera, de privatización del Estado, de flexibilización laboral y la articulación de estas políticas con resultados económicos disgregadores que, por la violencia de las medidas, fueron justamente la causa de cambios de gobierno con tendencias que, en mayor o menor medida, señalan el reinicio de políticas sociales más amplias, capaces de recomponer el desmantelamiento del Estado y aun de profundizar el proceso integracionista regional, incluso de

---

[237] García Linera, *op. cit.*, p.296
[238] Ídem.

ampliar las relaciones internacionales Sur-Sur, reduciendo los procesos anteriores de subordinación a las potencias del Norte.

3. El proceso institucional del Mercosur

Son muchos los análisis críticos de los mecanismos establecidos por el Mercosur para garantizar o para impulsar la participación de la sociedad civil en el proceso de integración. Mariana Vázquez,[239] que se ha especializado en la cuestión social relativa a la integración, apunta, en primer lugar, lo que denomina las "deficiencias transversales", es decir, aquellas que atraviesan toda la estructura y metodología del proceso del Mercosur. Vázquez identifica deficiencias que trascienden la cuestión de la participación directa, para remitir al problema más amplio del déficit democrático del proceso de integración y de su mayor o menor capacidad para obtener legitimidad.[240] Articula un conjunto de problemas como, por ejemplo, el déficit de rendición de cuentas a la sociedad, o quién toma las decisiones, o incluso quién es el responsable del proceso de integración. Habría una ausencia de legitimidad técnica, social y/o política, con un impacto importante sobre el nivel de efectividad y eficacia de las decisiones.

También sería sustantivo el déficit de transparencia, pues el estado de aplicación del principio de publicidad, que está presente en el ordenamiento jurídico de los Estados miembros, no es considerado ni en el Tratado de Asunción de 1991, ni en el Protocolo de Ouro Preto de

---

[239] Vázquez, Mariana. "Luces y sombras de la participación social en el MERCOSUR". En: *Densidades*, nº 1, mayo de 2008, Buenos Aires, pp. 88-96.
[240] *Ibid.*, p.90.

1994. La cuestión de la transparencia no se vincula sólo a la publicidad, sino también al acceso a los documentos, sin carácter de inteligibilidad para la ciudadanía. El Mercosur sufre de una carencia de visión regional, potenciada por un modelo institucional y metodológico en el cual predomina lo intergubernamental; además de la dificultad política para establecer y para promover una agenda regional y la concepción restrictiva de la participación directa, entendida sólo como una sumatoria de organizaciones reconocidas a nivel nacional y consideradas con representatividad en su ámbito. Estos elementos presentes en el modelo del Mercosur cristalizan en una cultura institucional en la cual predominan la visión nacional en la negociación y la reserva con respecto a la información, que no favorece ni mucho menos estimula la profundización del proceso en sus múltiples dimensiones posibles.

3.1. "Elitización" y reducción de los interlocutores del bloque

El Foro Consultivo Económico Social (FCES) es un órgano de representación de los sectores económicos y sociales que tiene su definición legal en el Protocolo de Ouro Preto y entre sus principales atribuciones establecidas por resolución n° 68 de 1996[241] del Grupo Mercado Común (GMC) está la emisión de recomendaciones. Sus funciones son: la cooperación activa en el progreso social y económico del Mercosur y en la cohesión económica y social; el análisis y la evaluación del impacto de las medidas y de las políticas en el proceso de integración; la proposición de normas y de políticas económicas en materia de integración, así como la contribución a una mayor participación de la sociedad en el proceso. El FCES se organiza en secciones nacionales autónomas que pueden definir qué sectores

---

[241]   Grupo del Mercado Común, Decisión n° 68 de 1996.

económicos y sociales son los más representativos y, por lo tanto, deben integrarlo.

En un documento producido por la Secretaría del Mercosur,[242] se señalan algunas de las deficiencias externas e internas de la participación de la sociedad civil, entre las cuales se destacan:

- el papel exclusivamente consultivo del Foro;
- el Grupo del Mercado Común no tiene la obligación normativa de responder a la consultas realizadas por el Foro. Según Vásquez,[243] en diciembre de 2005, de un total de 23 recomendaciones hechas por el FCES al GMC, se encontraban sólo 2 consultas. En ninguno de los casos la institución con poder decisivo se manifestó sobre la recomendación realizada, lo que significa una absoluta falta de rendición de cuentas vinculada a este procedimiento;
- en cuanto a las deficiencias internas, se señala que la participación en el FCES es muy limitada. Las secciones nacionales concentran el registro y el reconocimiento de los actores de la sociedad civil autorizados a participar, de modo que ninguna organización puede hacerlo si la sección de su país no la admite.

Señala el documento de la Secretaría del Mercosur, citado *supra*:

> el escaso grado de compromiso de las decisiones tomadas en el marco institucional del Mercosur constituye una clara señal de que muchos actores gubernamentales y no gubernamentales tienen dificultades para aplicar o para hacer cumplir decisiones respecto de las cuales no fueron consultados.[244]

---

[242]   AA. VV. *Participación de la sociedad civil en el Mercosur. Montevideo: Proyecto de Cooperación.* Secretaría del MERCOSUR, BID, 2005, p. 241.

[243]   Vázquez, Mariana. "Luces y sombras de la participación social en el MERCOSUR". *Op.cit*, pp. 91-92.

[244]   AA.VV. *Participación de la sociedad civil en el Mercosur. Montevideo... Op.cit*, apéndice A.3

El mismo documento hace alusión incluso a un conjunto de problemas relativos a la indisponibilidad de informaciones al público en general sobre los mecanismos de participación, de quién participa y cómo lo hace, sobre la presentación de cuentas, etc. Lo que revela una buena dosis de falta de transparencia.

Estos problemas son señalados también por Gerardo Caetano:

> aunque, como ha sido señalado por diversos autores, hay en el Mercosur un "déficit de democracia" en la negociación formal de la integración, las sociedades y los agentes sociales tienen sus propias maneras de encarar el proceso y crecientemente llevan adelante actividades y estrategias comunes, como, por otra parte, lo han hecho a lo largo de la historia.[245]

3.2 ¿Una nueva geografía política regional a partir de 2003?

Mucho ha sido escrito sobre los cambios de gobierno que se produjeron en América del Sur después de 1999, con una secuencia de presidentes electos, *soi-disant* de izquierda o de centro-izquierda: Hugo Chávez en Venezuela (1999); Luiz Inácio Lula da Silva en Brasil (2003); Néstor Kirchner en Argentina (2003); Tabaré Vázquez en Uruguay (2005); Michelle Bachelet en Chile (2006); Evo Morales en Bolivia (2006); Rafael Correa en Ecuador (2007) y Fernando Lugo en Paraguay (2008). Según Rubén Geneyro y Mariana Vázquez: "el Mercosur tenía ya 11 años desde que nació en 1991, pero respondía a una lógica neoliberal que pregonaban, con diverso énfasis, los gobernantes de ese momento. [...] el libre comercio era el objetivo".[246]

---

[245]   Caetano, Gerardo. *Los retos de una nueva institucionalidad para el Mercosur.* Montevideo, Friedrich Ebert Stiftung, diciembre de 2004, p. 20.

[246]   Geneyro, Rubén; Vázquez, Mariana. *El Mercosur por dentro.* Bogotá, Ed. Antropos, 2007, p. 21.

Estos cambios alteraron los caminos de la integración regional, iniciando un proceso aún tímido pero permanente, dirigido a reducir el peso de lo comercial y a dar lugar a una agenda social. En 2003, el Consejo del Mercado Común decidió elaborar el Programa de Trabajo para el periodo 2004-2006, realizando estudios para el establecimiento de Fondos Estructurales destinados a elevar la competitividad de los socios menores, así como de aquellas regiones menos desarrolladas. Esto condujo posteriormente a la creación del Fondo para la Convergencia Estructural del Mercosur (FOCEM),[247] que comenzó a funcionar en 2007.[248]

También con relación a la participación de la sociedad civil, se intentó estimular la aplicación del proyecto de cooperación con la Unión Europea, referente a la Dimensión Socio-laboral del Mercosur, que poco avanzó. En lo que se refiere a los temas sociales, se propuso delinear y desarrollar, a lo largo de 2004, las estructuras de articulación de los centros de investigación social de los cuatro países asociados, con el objetivo de establecer reflexiones sobre los temas sociales, en especial sobre aquellos referidos a la pobreza, al intercambio de experiencias nacionales con éxito en programas y proyectos sociales y al desarrollo de indicadores sociales armonizados que pudieran servir de base para el establecimiento de metas para la política social de los países del Mercosur.

---

[247] http://www.bid.org.uy/intal/detalle_introduccion.asp?eid=472

[248] El FOCEM dispuso inicialmente de US$ 100 millones por año, en el cual Brasil contribuye con el 70% de ese monto, Argentina con el 27%, Uruguay con el 2% y Paraguay con el 1%. La distribución de los recursos es inversa, o sea, Paraguay recibe un 48% del total y Uruguay un 32%. Los proyectos presentados por Argentina y Brasil no pueden ultrapasar un 10% de los recursos del Fondo. Véase el Anexo 1 al final de este trabajo. En http://www.planejamento.gov.br/secretaria.asp?cat=156&sub=279&sec=10 (consulta: 08 de febrero de 2011)

Con relación a la ciudadanía, se proponía fortalecer el funcionamiento del Foro de Consulta y Concertación Política (FCCP) para adaptarlo a las nuevas demandas de una agenda política que requiere un seguimiento más firme del proceso de negociación, aprobación e incorporación de las normas relacionadas con el Mercosur ciudadano, con la integración educativa, social y cultural.

Esas iniciativas representaron, en términos políticos, cierto cambio en las directrices de los países involucrados en el proceso, pero también en la atmósfera política que vivía la región, que representaba, por ejemplo, un rechazo a los principios establecidos en el Consenso de Washington. Es importante señalar que la mayor articulación política del Mercosur permitió que el bloque se opusiera a la propuesta del Área de Libre de Comercio (ALCA).

En 2005, la presidencia *pro tempore*, entonces a cargo de Uruguay, presentó la iniciativa Somos Mercosur, que efectivamente dio inicio a un proceso de movilización; aunque necesite revisiones y ajustes, vino a fortalecer y a permitir una mayor expresión de los movimientos sociales y las ONG en el proceso de integración. El presidente Tabaré Vázquez propuso, en junio de 2005, la creación de este Programa como condición para concretar un proyecto capaz de fortalecer la ciudadanía regional, a partir de una amplia agenda productiva, cultural y social.

Es importante señalar la creación del Parlamento del Mercosur, en diciembre de 2005. El Protocolo para la instalación de este nuevo órgano regional señala:

El [...] Parlamento del Mercosur, con una adecuada representación de los intereses de los ciudadanos de los Estados partes, significará un aporte a la calidad y equilibrio institucional del Mercosur, creando un espacio común en el que se reflejen el pluralismo y las diversidades de la región y que contribuya a la democracia, la participación, la representatividad, la transparencia y la legitimidad social en el desarrollo del proceso de integración y de sus normas.[249]

Una buena descripción de las atribuciones de este Parlamento es realizada por Geneyro y Vázquez, que al mismo tiempo establecen un comentario equilibrado y comedido sobre las posibilidades de esa nueva instancia deliberativa:

> Si bien sus atribuciones son aún limitadas (ya que, por ejemplo, no podrá dictar normas), su establecimiento permitirá, además, un mayor control político de los decisores y un salto cualitativo en el tipo de relaciones inter-institucionales del bloque (está previsto, entre otros, un trabajo conjunto con los Parlamentos nacionales). Sin embargo, no resuelve por sí solo el importante déficit democrático que caracteriza al Mercosur. Finalmente, la calidad del vínculo que este Parlamento establezca con la sociedad civil será, a su vez, central para avanzar hacia una cultura política e institucional favorable a un proceso de integración cualitativamente diferente.[250]

En julio de 2006 fue realizado el Primer Encuentro por un Mercosur Social y Productivo, en Córdoba, Argentina, que reunió a más de 500 organizaciones sociales, inaugurando una serie de Cumbres Sociales que continúan hasta la actualidad. En el marco de este Programa se estableció una política de formación, a través de la difusión del Curso "Somos Mercosur",[251] con el objetivo de capacitar a la ciudadanía en general sobre la temática de la integración regional y de la participación social.

---

[249]   Citado en Genayro, Rubén; Vázquez, Mariana. *El Mercosur por dentro*. *Op. cit.*, p. 88.

[250]   *Ibid*, p. 90.

[251]   http://www.somosmercosur.org/?q=es/node/5 y http://www.somos-mercosur.net/

En la XXX Reunión de Cumbre de los Jefes de Estado del Mercosur, que se realizó inmediatamente después de la Cumbre Social, el presidente Lula afirmó que:

> Nuestro bloque, a ejemplo de lo que ocurrió con la Unión Europea, tiene delante de sí el gran desafío de la legitimidad. La presidencia brasileña dará especial atención a todos los temas que constituyen la agenda de la ciudadanía del Mercosur. Estaré personalmente empeñado en aproximar el Mercosur a los poderes locales y a los ciudadanos.[252]

En diciembre de 2006, en Brasilia, fue realizada la I Cumbre Social del Mercosur, coordinada por la Secretaría General de la Presidencia de la República de Brasil y convocada en el marco del Programa "Somos Mercosur". En cuanto a la declaración final del evento, que contó con más de 500 representantes de la sociedad civil, se estableció un conjunto de 23 reivindicaciones y recomendaciones, incluyendo un amplio abanico temático: de la reforma agraria a la educación, de la salud al empleo y trabajo, de la promoción de los derechos humanos al desarrollo sustentable, de la protección de la juventud a la cultura y a los problemas urbanos.[253] En particular, se enfatizó la ampliación de los horizontes de la participación ciudadana en la toma de decisiones sobre el destino del Mercosur.[254] En la presentación del documento, el Ministro Jefe de la

---

[252] Cúpula Social do MERCOSUL. *Declaração Final, Brasília.* Secretaria Geral da Presidência da República, 2008, p. 4.

[253] En este sentido vale acompañar la rica experiencia participativa producida por el movimiento de las Ciudades del Mercosur, una Red creada en 1995 (Mercociudades), que el año 2000 alcanzó una afiliación de 67 ciudades y en 2005 contaba con 138 ciudades asociadas, de Argentina, Brasil, Paraguay, Uruguay, Chile, Bolivia y Perú. Geneyro, Rubén; Vázquez, Mariana. *El Mercosur por dentro. Op. cit.* y Vázquez, Mariana. "Luces y sombras de la participación social en el MERCOSUR". *Op. cit.,* pp. 94-97, realizan una buena descripción de las trabas políticas de esta Red con El Grupo Mercado Común. Cf. www.mercociudades.org

[254] Cúpula Social do MERCOSUL. *Op. cit.,* p.11, ítem 6.

Secretaría General de la Presidencia de la República (que ha sido el órgano del gobierno brasileño coordinador de las acciones con relación al Mercosur social), Luis Dulci, afirmó: "para que el Mercosur avance aun más rápidamente, la sociedad debe participar de forma efectiva en los espacios decisorios. Canales institucionales necesitan ser creados con este objetivo".[255]

La amplitud temática, la densidad de las redes y de las organizaciones sociales en la región que han participado de las cuestiones referentes al Mercosur superan los diversos espacios institucionales y mecanismos previstos. Son organizaciones vinculadas a los trabajadores urbanos y rurales, a las cooperativas, a los derechos humanos, de género, etnias, ambientales, universidades, entre otros. Existe, sin embargo, una dinámica regional que no se refleja en la estructura y metodología del bloque y que genera obstáculos importantes en cuanto a su capacidad para influir en el destino de éste. Es en ese sentido que se han realizado análisis que proponen una "reingeniería institucional y metodológica" para producir más transparencia e incluir nuevos sujetos en la dirección de la ampliación y calificación de la democratización del bloque.

4. Dificultades en la implantación de la agenda social del Mercosur

Esperamos que haya quedado claro a lo largo de este texto que son muchas las dificultades que se presentan para la plena concretización del bloque y, en especial, para una efectiva participación social. Se presentan a continuación, de forma bastante esquemática, algunos elementos que reflejan estas dificultades, a partir de las esferas de

---

[255] *Ibid.*, p. 9.

la salud, de la cuestión sindical, de la educación y de los movimientos agrarios en el Mercosur.

Sonia Draibe[256] atribuye la baja eficacia de las políticas sociales menos al déficit de institucionalidad presente en los sistemas nacionales de políticas sociales y más a la política social que ocupa, según ella, un lugar marginal o dependiente en la política económica. El fortalecimiento de estas políticas parece depender de la profundización de sus vínculos con la política económica, en un modelo de crecimiento económico en el cual y a partir de su propio centro, la política social opere como sistema de protección social y simultáneamente como factor productivo, es decir, como palanca del propio crecimiento.

4.1 Salud

Al estudiar la política de salud en el Mercosur, la investigadora de la UNICAMP señala avances institucionales importantes, a partir del SGT 11 Salud, de la estructura oficial del Mercosur que congrega comisiones y subcomisiones: Comisión de Productos para la Salud; Comisión de Vigilancia Epidemiológica y Control Sanitario (de puertos, aeropuertos, terminales y puntos de frontera); Comisión de Servicios de Atención a la Salud; Subcomisión de Servicios de Salud; Subcomisión de Desarrollo y Ejercicio Profesional; y Subcomisión de Evaluación y Uso de Tecnología en Salud.

Sonia Draibe apunta incluso a la Reunión de Ministros de Salud del Mercosur y Estados Asociados –un foro para la discusión de las macro-políticas y estrategias para el sector salud– que definió pautas negociadoras, basadas en estructura de proyectos y planes comunes consubstanciados

---

[256] Draibe, Sonia. "Coesão social e integração regional: a agenda social do MERCOSUL e os grandes desafios das políticas sociais integradas". En: *Cadernos. Saúde Pública*, vol. 23, suppl. 2, Río de Janeiro, 2007, pp. 174-182.

en diversas comisiones intergubernamentales conjuntas, de temas como: Políticas de Medicamentos; Programa de Vigilancia y Control de Enfermedades Transmisibles, Sarampión, Cólera, Dengue y Fiebre Amarilla; Control del Dengue; VIH/SIDA; Salud Sexual y Reproductiva; Control del Tabaco; Salud y Desarrollo; Gestión de Riesgos y Reducción de Vulnerabilidades; Salud Ambiental y del Trabajador; Aplicación de la Normativa Sanitaria Internacional; Donación y Trasplantes; Sistema de Información y Comunicación en Salud; y Banco de Precios de Medicamentos del Mercosur. No es poca cosa.

Draibe hace comentarios coherentes en lo que se refiere a las instituciones de la política social de la integración. Según ella, el Mercosur

> trata de conciliar o armonizar dos estrategias de ámbito o ambición distintas, o sea, en el plano de las instituciones de la política social de la integración opera con una estrategia **minimalista**, de baja efectividad, mientras que en el plano de los conceptos y objetivos de la integración, opera con una estrategia **maximalista**, apuntando hacia un nivel supranacional de unificación de las políticas de protección social. O sea, propone lo máximo en términos de contenido (la ciudadanía social bajo políticas sociales unificadas) y lo mínimo de instituciones (o ninguna, en la práctica), que viabilizarían tal contenido.[257]

La conclusión no podría ser otra; si la movilización social no fuese efectiva y no provocase avances, habría una profusión de instituciones burocráticas sin eficacia. Un dilema "lampedusiano", de proponer instituciones para no cambiar nada. O en otros términos, los resultados concretos para la sociedad serán muy reducidos y la pompa institucional tendrá un efecto meramente retórico y político en el peor sentido.

---

[257]   *Ibid.*, p. 179.

Las conclusiones de la autora parecen correctas, si el *impasse* aludido no es superado. En otras palabras, para alcanzar los objetivos de bienestar social integrado en el proceso de integración, vale más para el desarrollo económico y social de los países miembros "un modelo que, a diferencia del escenario actual, incluya y privilegie el progreso social en sus propias metas económicas."[258]

4.2 La cuestión sindical

Incluso considerando la sistemática pérdida de beneficios laborales y la "precarización" de la mano de obra en estos 30 años neoliberales, tanto a escala mundial como en América Latina, y considerando la poca o nula disposición de los gobiernos para adoptar derechos sociales, la movilización de los trabajadores sufrió sustantivamente.

Luis Eduardo Wanderley,[259] no obstante, destaca la articulación existente entre las centrales sindicales de la región desde 1986 en la Coordinadora de Centrales Sindicales del Cono Sur (CCSCS), compuesta por la Central General de Trabajadores (CGT) y Central de Trabajadores Argentina (CTA) (en Argentina), la Central Única de Trabajadores (CUT), la Central General del Trabajo (CGT) y Fuerza Sindical (en Brasil), la Central Única del Trabajo (CUT) (en Chile), la Central Única del Trabajo (CUT) (en Paraguay), y la Plenaria Inter-sindical de Trabajadores-Convención Nacional de Trabajadores (PIT/CNT) (en Uruguay).[260]

Fue importante el reconocimiento que tuvieron los sindicatos junto al Foro Consultivo Económico y Social (FCES), constituido de forma regional y con secciones nacionales,

---

[258]   *Ibid.*, p. 182.
[259]   Wanderley, Luis Eduardo W. "A construção de um Mercosul Social". En: *Revista Ponto e Vírgula*, nº 1, 2007, pp. 90-104.
[260]   Costa Lima, Marcos. "Os trabalhadores no Mercosul". En: *Política Hoje*, año 6, nº 10, enero-junio de 1999, pp. 49-79.

y que llega a aglutinar un 65% de los trabajadores sindica-
lizados del Cono Sur y un 90% de los países del Mercosur.
Wanderley menciona incluso el Consejo de Trabajadores
del Cono Sur (CTCS), que incluye un 35% de los trabajadores organizados. La participación de los trabajadores
se produce, además, en los distintos grupos de trabajo
temáticos (transporte, industria, agricultura, energía, etc.),
y hace mención al Subgrupo sobre Relaciones Laborales,
Empleo y Seguridad Social (SGT-11), que reúne a gobiernos, empresarios y sindicatos, con el objetivo de asegurar
el mínimo de garantías laborales para los trabajadores de
la región, aunque no obliga a los órganos decisivos, pre-
sentándose más bien como una "expresión de intención". A
esto se debe sumar la creación del Observatorio de Empleo.

La participación en los subgrupos ha contribuido también a la aglutinación de las entidades sindicales a nivel
sectorial, como en el sector automovilístico, energía eléctrica, agricultura, entre otros, aunque falten aún iniciativas
en otros sectores. En cuanto a reivindicaciones como la
Carta Social y la creación de Fondos, no se han producido,
aunque continúen en la agenda política.

El 25 de febrero de 2004 en Montevideo, la CCSCS
(Montevideo) realizó comentarios críticos sobre el grupo
regional en el documento *Mercosur después de Ouro Preto:
las prioridades del movimiento sindical*, considerando las
resoluciones tomadas en Ouro Preto II. Estas críticas, no
obstante, han tenido, desde entonces, poca repercusión
y eficacia. Aún la región se ve constreñida sea por la des-
composición social, la creciente desigualdad, la ruptura
de la identidad de clase y la despolitización, provocadas
por el proyecto neoliberal.

En 2008, los representantes de las centrales sindicales
estuvieron presentes en las Cumbres de América Latina y
Caribe (CALC), del Mercado Común del Sur (Mercosur)
y de la Unión de las Naciones Suramericanas (UNASUR)

que se realizó en Salvador, Bahía. En esa ocasión, el representante de la CUT de Brasil (Director General de la CUT Nacional), Mesías Melo aseveró:

> nosotros, desde las centrales sindicales de América del Sur, hemos apoyado fuertemente el proceso de integración de nuestros países. Estamos convencidos de que nuestros países solos no conseguirían alcanzar un grado de desarrollo igual al de los países más ricos sin esa unión. Sin embargo, esa integración tiene que servir a todo el pueblo, principalmente a los trabajadores. De allí la importancia de que las centrales sindicales se articulen para garantizar los derechos del trabajador en ese proceso.[261]

La CCSCS,[262] que representa un total de más de 25 millones de trabajadores, se reunió en la ciudad de Montevideo, en el marco de la IX Cumbre Sindical del Cono Sur para Fortalecer la Integración con Justa Distribución de la Riqueza, con el objetivo de reivindicar más derechos y empleos. Se realizó entonces un análisis político de la crisis global y se reconocieron las consecuencias de una política de reducción y de debilitamiento del papel y de la capacidad de acción del Estado. Frente a los problemas del Mercosur, ratificaron el compromiso con el fortalecimiento de los procesos de integración regional, convencidos de que éstos constituyen una alternativa imperativa para los pueblos de la región. Se consideró fundamental la creación del Parlamento del Mercosur (Parlasur), se reivindicó un

---

[261]   Encontro Sindical do Mercosul presente na Cúpula da América Latina e Caribe. CUT Brasil. http://www.abionoticias.com.br/novoSite/noticia. php?id=160 (consulta: 07 de febrero de 2011)

[262]   Coordinadora de Centrales Sindicales del Cono Sur 2009 agrupaba a la CGT y la CTA Argentina; la CUT, Fuerza Sindical, la UGT, la Central de Trabajadores de Brasil (CTB) y la Confederación General de Trabajadores de Brasil (CGTB) en Brasil; la CUT y la Central Unitaria de los Trabajadores-Central Autónoma de los Trabajadores (CUT-CAT) de Chile; CUT, la Central Única del Trabajo Auténtica (CUT A) y la Confederación Nacional del Trabajo (CNT) de Paraguay; PIT-CNT de Uruguay.

Mercosur basado en la generación de empleos dignos, en la distribución equitativa de la riqueza y en la unidad política en los espacios multilaterales e internacionales. En ese sentido, se consideró fundamental que el Mercosur realice todos los esfuerzos necesarios para impulsar la construcción de la UNASUR. Se consideró, incluso, la necesidad de realizar una revisión profunda de la Declaración Socio-laboral, para adecuarla a las nuevas condiciones del mercado de trabajo, establecidas por el avance de la integración comercial y por el hecho de que el reconocimiento de la residencia a los migrantes permitirá crecer aun más nuestra región.

Entre las pocas victorias que obtuvieron en el Mercosur, está el Acuerdo Multilateral de Seguridad Social, ratificado por los cuatro países en 1997, que permite sumar para efectos de jubilación el tiempo que las personas han trabajado en más de un país del Mercosur. Otra victoria fue la creación, por sugerencia del gobierno brasileño, de la Reunión Especializada sobre Agricultura Familiar (REAF) del Mercosur, en 2004. La REAF está compuesta por representantes gubernamentales y de la sociedad civil, especialmente movimientos sociales del campo.

4.3. El Mercosur Educativo

Gadotti[263] ha escrito un texto esclarecedor sobre el Mercosur Educativo, en el cual se establece el recorrido del Sector Educativo del Mercosur (SEM) y se apuntan sus avances con la creación de programas y proyectos, aunque también sus desafíos, que según él, no son pocos. Señala Gadotti que la agenda educativa del Mercosur es aún periférica en el propio bloque y mucho más periférica si se

---

[263]   Gadotti, Moacir. *O Mercosul Educacional e os desafios do século 21.* Brasilia, MEC, Instituto Nacional de Estudos e Pesquisas Educacionais Anísio Teixeira, 2007.

considera la agenda global de educación en el mundo. Se
ha trabajado para implantar la enseñanza de las dos lenguas
oficiales como forma de ampliar la comprensión cultural
mutua (pero no es aún obligatorio en el conjunto de las
escuelas públicas de la región), también para establecer
la correspondencia de los diplomas y, en diciembre de
2007, el Ministerio de la Educación de Brasil (MEC) envió
al Presidente de la República, Luiz Inácio Lula da Silva,
el Proyecto de Ley de creación de la Universidad de la
Integración Latino Americana, UNILA,[264] ya aprobado por
el Presidente en diciembre de 2009. También recientemente
se firmó el Protocolo de Apoyo al Programa de Movilidad
en Educación Superior, en marzo de 2010.

Realizando una evaluación amplia, Luiza Maria Moura
e Silva[265] afirma que las metas establecidas en el campo de
la educación evidencian que las iniciativas para unificar
la Enseñanza Superior han sido en gran medida formales, mientras que los modelos de desarrollo (sustentable,
auto-sostenido y endógeno) apuntan hacia la necesidad de
una estructura que permita conectar los resultados de la
enseñanza y de la investigación con las necesidades reales
de la integración y de desarrollo de las sociedades sudamericanas. Hay mucho que hacer aún por la integración educativa en el Mercosur. La Unión Europea implantó a fines
de los años noventa el Espacio Europeo de la Enseñanza
Superior. En el Mercosur, tuvo inicio un lento proceso de
integración que ha pasado por todos los niveles y que fue

---

[264] COMISSÃO DE IMPLANTAÇÃO DA UNILA. *A UNILA em construção.*
       Um projeto Universitário para a América Latina. Foz do Iguaçu, IMEA,
       2009
[265] Silva, Luisa Mª Nuens de Moura. "Universidade e Pesquisa científica e
       desenvolvimento na América Latina". En: VII Encontro Internacional.
       Fórum Universitário Mercosul. Foz de Iguaçu, GT13 Mercosul Educa-
       cional, septiembre de 2009.

denominado Sector Educativo del Mercosur.[266] En vez de establecer una unificación, la propuesta del Sistema de Acreditación Regional de Cursos Universitarios (ArcuSul)[267] no pretende copiar el modelo de la Unión Europea, que reformó los currículos y uniformizó los formatos de los cursos. Este sistema desea respetar la diversidad interna de los países miembros.

En un documento producido por Aparecida Andrés,[268] que evalúa el desarrollo histórico de toda la Comisión Regional Coordinadora de Educación Superior iniciado en 1991, encontramos una explicación en detalle de las actividades relativas a la actualización del Plan 2011-2015, que evidencian una amplia pauta de actividades significativas realizadas y a realizar. El texto a ser citado es un poco largo pero vale la pena presentarlo, ya sea por su desconocimiento casi generalizado o por indicar una amplia agenda de trabajo en curso.

Entre las actividades de la Comisión Regional Coordinadora de Educación Superior- CRC-ES se pueden destacar:

1.1. levantamiento y debate de las acciones desarrolladas en el Plan 2006/2010: evidencia el desarrollo normal de la agenda del sistema de acreditación de los cursos de pregrado ARCU-SUR;

1.2. en el Plan Estratégico 2011-2015, la inclusión de la propuesta de articulación entre las Agencias Nacionales de Acreditación (RANA) de los países participantes, con el

---

[266]   Mercosul Educacional, disponible en:
http://www.sic.inep.gov.br/index.php?option=com_content&view=article&id=69&Itemid=28 (consulta: 06 de febrero de 2011)
[267]   Disponible en: http://portal.mec.gov.br/dmdocuments/convite_arquitetura_agronomia1.pdf ARCSUL: http://www.ct.ufrgs.br/ntcm/demet/arcu-sul/arcu-sul.html (consulta: 3 de febrero de 2011)
[268]   Andrés, Aparecida. "A Educação Superior no Setor Educacional do Mercosul". Brasilia, Câmara dos Deputados, 2010, pp. 45-48.

objetivo de asegurar criterios comunes para la evaluación y acreditación de los cursos de pregrado sometidos a los procesos ARCU-SUR;

1.3. la elaboración del documento "Plan Estratégico del Sector Educacional del Mercosur-Educación Superior", que contiene, entre otros, un sistema de monitoreo y evaluación del Plan;

2. Fortalecimiento de los programas de posgrado: discusión del cronograma de actividades de los nuevos programas del SEM: "Asociación para el fortalecimiento del postgrado"; "Becas de doctorado para docentes del Mercosur" y "Proyectos comunes de investigación". Los países participantes en esos programas se comprometerán a tomar en cuenta las regulaciones nacionales en sus convocatorias;

3. Programa de Asociación para la movilidad de docentes de grado: compromiso de los países participantes a armonizar sus propias iniciativas de intercambio con las del programa MARCA, para que las mismas se realicen de forma coordinada;

4. Programa MARCA: en 2011 se realizarán las convocatorias del MARCA (Movilidad Académica Regional para cursos acreditados), en los respectivos países participantes, de las áreas de agronomía, arquitectura, ingeniería, enfermería, medicina y medicina veterinaria. Sólo podrán participar los cursos universitarios con dictámenes de acreditación hasta 28 de febrero de 2011 y cursos todavía en el proceso de acreditación; los dictámenes de acreditación del MEXA seguirán siendo válidos para la participación en las convocatorias. Será elaborada una nueva propuesta para el MARCA; manteniéndose los principios originales, garantizándose la proporcionalidad de la distribución y la equidad;

5. Programa de Movilidad MERCOSUR– PMM: el programa está en marcha, con la publicación de convocatorias

en los cuatro países que presentaron postulación para la primera actividad, el fortalecimiento de las capacidades locales, centrándose en personal de cooperación internacional de los respectivos ministerios de educación y universidades, coordinadores académicos, funcionarios y académicos, la formación de comités para licitar pasajes y realizar campañas de sensibilización y visibilidad del proyecto, la aprobación por la delegación de la Unión Europea en Bruselas, de los contratos de asistencia técnica, los pasajes y las convocatorias a las redes (fecha límite de inscripción de propuestas para la creación de redes al 30 de diciembre de 2010, en Uruguay), la organización de un Seminario de Capacitación en Montevideo, Uruguay, también en diciembre de 2010, y la previsión de un segundo Seminario en San Pablo, Brasil, en marzo de 2011. Se aprobó el presupuesto para el año 2011;

6. Núcleo de Estudios e Investigaciones de Educación Superior: el núcleo tiene como objetivo impulsar la reflexión y la producción de conocimiento en la educación superior en el Mercosur, promover la investigación sobre la contribución de la educación superior a la integración de los países del Mercosur, proponer acciones que fortalezcan el proceso de formulación de políticas públicas y orientar la toma de decisiones en la educación superior en el MERCOSUR. Entre las actividades desarrolladas se encuentran la creación de una plataforma virtual que alberga un registro de la investigación e iniciativas académicas sobre Educación Superior y el Mercosur, entrevistas con expertos y grupos de interés involucrados en el Mercosur, publicación de artículos sobre el tema, calendario de eventos académicos, entre otros. Está abierta su Convocatoria 2010 para las publicaciones: el CRC-ES/SEM, que invita a investigadores, consultores, profesores y estudiantes de maestría y doctorado de Argentina, Bolivia, Brasil, Chile, Colombia, Paraguay, Uruguay y Venezuela para la presentación de

artículos de interés académico para la referida publicación digital, que va a publicar artículos de expertos de las instituciones de la región, que discutan temas de la agenda de la educación superior y maestros investigadores e investigaciones de estudiantes de maestría y doctorado, para promover la difusión de los efectos académicos de las diferentes iniciativas existentes en cada país y la discusión de ideas sobre el papel estratégico que las instituciones de educación superior desarrollan en la sociedad;

7. Otros asuntos (otras áreas): en su octava versión, coordinado por la Argentina, y bajo el lema "Bicentenario de las Gestas emancipadoras", el programa es un éxito. Promovido por el Sector de Educación del Mercosur y la Organización de Estados Iberoamericanos para la Educación, la Ciencia y la Cultura (OEI), el programa, que involucra a los estudiantes de secundaria de todos los países miembros del SEM, tiene como objetivo ampliar la participación de los alumnos en la cultura y la convivencia internacional. Incluye el desarrollo de actividades culturales, pedagógicas y recreativas, fomento de la investigación sobre la región y el proceso de integración, desde la perspectiva de diferentes disciplinas, mediante la presentación de trabajos escritos y con el objetivo de fortalecer la reciprocidad y la solidaridad entre los estudiantes de la región, respetando la diversidad cultural. Realizado mediante convocatoria pública, los participantes realizan una investigación histórica, monografía, ensayo o texto literario sobre un tema específico.

Cada país selecciona a seis ganadores, formándose una delegación de 36 estudiantes, que, como premio, realizan un viaje cultural a la ciudad en la región. Los ganadores de la octava edición tendrán un viaje a Buenos Aires y a la Provincia de Jujuy, Argentina, en diciembre de 2010.

- Programa de intercambio de estudiantes de portugués y español: discusión con el fin de efectivizar las directivas finales de la Declaración del primer encuentro de Reunión de la Asociación de Profesores de las lenguas oficiales del Mercosur y del primer COPLOM I, Congreso de Profesores de las lenguas oficiales del Mercosur (idiomas, sistemas escolares e integración regional), celebrado en octubre de 2010 en Foz de Iguazú, Brasil, que además de recomendar "la enseñanza de todas las lenguas oficiales del Mercosur" favorece que las Instituciones de Educación superior (IES) y asociaciones de profesores de idiomas oficiales participen en este proceso. Incluso apoya que sean creados programas regulares de intercambio de profesores en la enseñanza primaria y superior y el intercambio de estudiantes de los idiomas oficiales del Mercosur y que se incremente el intercambio de investigadores y estudiantes.

- Seminario de Patrimonio Indígena en el contexto de las Misiones (realizado en noviembre de 2010 en Uruguay)

- Reunión sobre Educación Especial ratificada por el grupo de Educación Especial de la Convención sobre los derechos de las personas con discapacidad, ONU/20-06 y de acuerdo a las directrices básicas para las iniciativas de educación inclusiva en el Plan Estratégico SEM 2011-2015.

- Programa de Apoyo al SEM – PASEM (aprobados los lineamientos técnicos y administrativos del programa y en curso la confirmación de los miembros del Comité Ad Hoc y los preparativos para la elección del director del programa).

- Presentación de la nueva página del SIC (Sistema de Información y Comunicación del SEM/MERCOSUL) en internet, nuevo *lay out* a aprobar hasta marzo de 2011.

- Plan Estratégico SEM 2011-2015: en curso el trabajo en las líneas generales, prevista la creación de la Comisión del área de Formación Docente con el fin de destacar el papel fundamental de los docentes para alcanzar los objetivos estratégicos del Plan.

- XXXIX Reunión de Ministros de Educación del Mercosur–Río de Janeiro, Brasil: celebrada el 26 de noviembre de 2010, la reunión tuvo como objetivo realizar un balance del Plan Estratégico del Sector Educación del Mercosur vigente en los últimos cinco años. La evaluación global demostró que el sector logró avanzar frente a lo que se propuso en el año 2005, en todos los niveles educativos. Entre los proyectos más importantes ejecutados en el periodo está el del Fondo de Financiamiento del Sector (FEM): hasta ahora, las acciones del sector educativo del Mercosur (SEM) fueron financiadas por iniciativas *ad hoc* de ministros de los países participantes y las organizaciones internacionales y el Fondo de ahora financia las actividades del bloque en su conjunto. Fue firmado en el periodo el primer acuerdo con la Unión Europea para la creación de un Programa de Movilidad del Mercosur y otro para la formación docente.

Los ministros y representantes de los países también discutieron el futuro de la integración educativa del Mercosur y las perspectivas para los próximos cinco años. Una de las acciones discutidas fue la aplicación de un programa de movilidad de estudiantes de licenciatura en español y portugués, entre los países del bloque. También se discutió el fortalecimiento del proyecto de las Escuelas de Fronteras, la Educación Especial y la valorización del magisterio. Se destacó la realización de diversos foros sociales y académicos, con la participación de organizaciones no gubernamentales, sindicatos y asociaciones de estudiantes. En lo que respecta a la educación básica, se destacó la celebración de la primera reunión del Parlamento Juvenil, que reunió a estudiantes de secundaria de seis países de América del Sur para discutir propuestas para mejorar la educación, lo que resultó en el documento La enseñanza media que queremos, enviado a los participantes del Parlamento del Mercosur (Parlasur).

Los Ministros de Educación del bloque discutieron, en especial, la decisión tomada en 2008, para establecer el sistema permanente de acreditación de carreras de grado. Con el objetivo de proporcionar el reconocimiento regional de la calidad académica de los respectivos diplomas en el Mercosur y los países asociados –el sistema ARCU-SUR–, elaborado a partir de las experiencias exitosas del MEXA, Mecanismo Experimental de Acreditación del Mercosur, obtuvo la adhesión de seis países y en su ámbito ya se han acreditado 68 cursos, en las áreas de agronomía, medicina e ingeniería. Se destacó el avance de la agenda del programa, con la inclusión de cursos de Medicina Veterinaria, Arquitectura, Odontología y Enfermería, junto con los cursos de Ingeniería, Medicina y Agronomía y la adhesión significativa de las universidades de los países del bloque. También expresaron su firme intención de construir un modelo de evaluación de calidad que responda a las realidades nacionales en el contexto regional. Las acciones fueron estructuradas para desarrollarse hasta el 2015, en las áreas de educación en derechos humanos, medio ambiente, primera infancia, jóvenes y adultos, profesional y tecnológica, educación a distancia y diversidad.

Los ministros valoraron positivamente la puesta en práctica del Plan Estratégico 2006-2010 para la Educación Superior, que articuló acciones en torno a tres ejes principales: la acreditación, la movilidad y la cooperación inter-institucional.

En la evaluación de este plan destacan el apoyo a la creación y a la difusión de una cultura del Mercosur a través de las actividades que permitan reducir la distancia entre las autoridades políticas y la sociedad civil. En este marco se destaca en lo relativo a la acreditación de los resultados del MEXA (que continúa con el Sistema Arcu-Sul) de movilidad: el Programa MARCA de movilidad de docentes a corto plazo y el proyecto de Apoyo al Programa de Movilidad Mercosur en Educación Superior entre la Comisión Europea y el Mercosur, cuyo objetivo principal es contribuir a la construcción de una ciudadanía en el bloque sudamericano, mediante la intensificación de las acciones de movilidad y el desarrollo de redes de cooperación entre las universidades.[269]

Se destaca además que:

> El nuevo plan de acción del SEM 2011-2015 propone continuar con los lineamientos determinados en el plan anterior, y añade una nueva línea estratégica de desarrollo de programas de postgrado de calidad en la región y el fortalecimiento de los mecanismos nacionales de garantía de la calidad de los estudios de postgrado. Los países también se plantearon la posibilidad de avanzar en el reconocimiento de los títulos académicos, correspondientes a las carreras acreditadas, teniendo en cuenta los resultados de ARCU-SUR. En relación con la integración y la cooperación en educación superior entre los espacios regionales del MERCOSUR y la UNASUR es importante destacar que a inicios de junio de 2010 se celebró una reunión entre la Presidencia *Pro Tempore* de UNASUR y el Comité Coordinador Regional (CCR) del Mercosur, para identificar líneas de acción complementarias y conocer el progreso del SEM en 18 años de trabajo.[270]

Además de las iniciativas desarrolladas por los países miembros y asociados al proceso de educación en el Mercosur, las universidades brasileñas y de los otros países miembros han estado activas en el acompañamiento y en la proposición de medidas para el fortalecimiento de la dimensión educativa del Mercosur, como por ejemplo en el Foro Universitario del Mercosur (FoMERCO).

4.4 Movimientos agrarios en el Mercosur

La reforma agraria brasileña es, en términos proporcionales, una de las menores de toda América Latina. La reforma realizada entre 1985 y 2006 sitúa a Brasil en el 15° lugar en el Índice de Reforma Agraria de la región, dos lugares antes del

---

[269]   *Ibid.*, p. 48
[270]   *Ibid.*, pp. 48-49.

último del listado. El 1% de los propietarios rurales controla un 45% de todas las tierras cultivables del país, y un 37% de los propietarios rurales poseen sólo un 1% de esas tierras.[271]

El Censo Agropecuario de 2006, divulgado en 2007 por el Instituto Brasileño de Geografía y Estadística (IBGE) muestra que la concentración de tierras persiste en el país. Según el IBGE, mientras los establecimientos rurales de menos de 10 hectáreas ocupan menos del 2,7% del área total ocupada, el área ocupada por los establecimientos de más de mil hectáreas concentra más del 43% de ese total.

La concentración y la desigualdad regional son comprobadas por el Índice de Gini de la estructura agraria de Brasil. Los datos evidencian un agravamiento de la concentración de tierras en los últimos 10 años. El Censo del IBGE mostró un Gini de 0,872 para la estructura agraria brasileña, superior a los índices verificados en los años 1985 (0,857) y 1995 (0,856).

En Argentina, el modelo rural impuesto se basó en la exportación de mercancías ("*commodities*"), en la concentración de la tierra y en la exclusión de las poblaciones. De las mejores tierras agrícolas, 20 millones de hectáreas, en la actualidad, están en manos de no más de dos mil empresas. Fue durante los años 90 cuando se produjo la mayor transferencia de la historia del país en la explotación de las tierras, con la sustitución de la vieja oligarquía por una nueva clase de empresarios agrícolas. Trescientos mil productores fueron expulsados y más de 13 millones de hectáreas fueron confiscadas a causa de deudas impagas. Es preciso añadir a esta catástrofe social la inmigración masiva de obreros agrícolas. En el Chaco, una máquina sustituye a quinientos

---

[271]   http://ipeadata.gov.br/; Mendonça, Cláudio. *Raízes históricas da questão da terra no Brasil.* http://educacao.uol.com.br/geografia/ult1701u47. jhtm (consulta: 15 de enero de 2011) http://ambientes.ambientebrasil. com.br/agropecuario/estrutura_fundiaria/estrutura_fundiaria_do_brasil.html (consulta: 20 de enero de 2011)

obreros. Los propietarios arruinados alquilan sus tierras a los grandes empresarios que usan los nuevos paquetes tecnológicos incorporando la soja transgénica y los agro-tóxicos de la Monsanto. El paisaje es transformado con la implantación de una agricultura sin agricultores. Se cuentan más de quinientas aldeas abandonadas. El país parece un laboratorio donde se experimenta la extinción de la vida rural. Ocupado por las transnacionales de semillas, Cargill, Nidera, Monsanto,[272] Argentina ostenta uno de los más elevados índices de concentración agraria, pues 5% de los propietarios detentan 75% de las tierras. No obstante, el peor desempeño en términos de concentración de la tierra, se produce en Paraguay, cuyo índice es incluso peor que en Brasil.

Estos lamentables indicadores muestran que en la concentración de la tierra reside uno de los mayores problemas sociales de América del Sur, lo que justifica no sólo la movilización de los "sin-tierra", sino también la necesidad de políticas efectivas para solucionar este grave problema.[273]

Celso Furtado planteó en 1976 algunos interrogantes que aún tienen validez para el conjunto de América Latina: "¿Qué relaciones existen entre la estratificación social, los sistemas de dominación y los cambios que ocurren en una sociedad como consecuencia de la acumulación? ¿Cómo integrar el desarrollo económico con el proceso de cambio social y relacionarlo con los sistemas de decisión y las estructuras de poder?".[274] Estas cuestiones son enteramente pertinentes para nuestro proceso de integración regional.

---

[272]   Merlet, Michel. *Caderno de propostas. Políticas Fundiárias e Reformas Agrárias*. 2006, http://agter.asso.fr, p. 34. (consulta: 20 de febrero de 2011)

[273]   La reforma agraria más radical del subcontinente se realizó en Perú, entre 1968 y 1975, durante el ciclo de gobiernos militares reformistas, que prácticamente abolieron la gran propiedad en el país. En la actualidad, el 70% de las tierras peruanas están en manos de pequeños y medios productores.

[274]   Furtado, Celso. *Prefácio a Nova Economia Política*. Río de Janeiro, Paz e Terra, 1976, p. 25.

Conclusiones

La CEPAL[275] presenta un escenario para América Latina y el Caribe que provoca una serie de dudas con relación a los condicionantes capaces de producir cohesión social en la región. Para la Comisión, el enfoque sobre la cohesión social hace referencia tanto a la eficacia de los mecanismos instituidos de inclusión (sistemas de salud, educación, protección social, trabajo, etc.) como a los comportamientos y valoraciones de los sujetos que forman parte de la sociedad (confianza en las instituciones, capital social, sentido de pertenencia y solidaridad, etc.).

El documento define la cohesión social como la "dialéctica entre los mecanismos instituidos de inclusión y exclusión sociales y las respuestas, percepciones y disposiciones de la ciudadanía frente al modo como ellos operan".[276]

En los cuatro puntos que definen las trabas de la buscada cohesión social está, en primer lugar, la dificultad para alcanzar tasas de crecimiento capaces de producir los recursos necesarios para promover un mayor bienestar y conjugar crecimiento con equidad. Sin embargo, el documento no menciona la posibilidad de políticas redistributivas. En segundo lugar, se menciona la brecha entre el acceso a los bienes materiales y a los bienes simbólicos. En tercer lugar, se indica la fragmentación del mapa de actores sociales y el deterioro de los lazos societales, que impide la construcción de consensos y proyectos colectivos. En este aspecto, el documento trata poco las posibilidades de políticas públicas amplias (en gobiernos activos) y no meramente "focalizadas". En

---

[275] CEPAL. *Cohesión social. Inclusión y sentido de pertenencia en América Latina.* CEPAL/AECI/SEGIB, Santiago de Chile, enero de 2007.

[276] *Ibid.*, p. 17

cuarto y último lugar, se señala la pérdida de confianza y la escasa adhesión de la ciudadanía a un marco normativo de reciprocidad y respeto a la legalidad. En este último punto, el documento tampoco desarrolla la perspectiva de que los gobiernos pueden aumentar su credibilidad si trabajan en la dirección de la mayoría y a favor de la equidad.

La respuesta a estas cuestiones remite, con relación al Estado, al desarrollo económico, político y socio-ambiental que pueda contribuir a dar solución a las cuatro dificultades planteadas por la CEPAL. En el contexto regional, la superación de las dificultades dependerá del compromiso de los países miembros de realizar un proceso de integración regional democrático, con movimientos sociales organizados y capaces de influir sobre el régimen.

No es difícil percibir que el proceso de integración del Mercosur, con todos sus altibajos, permitió a los cuatro países miembros rechazar el proceso de subordinación a la economía de Estados Unidos y fortalecer el lugar de América del Sur en el escenario mundial. Al mismo tiempo, la solidaridad política establecida garantizó una percepción conjunta de los Estados miembros sobre sus fragilidades intrínsecas y las posibilidades que podrían advenir de las sinergias construidas, comenzando por la Unión Aduanera, aunque sea parcial (en cuanto a la OMC, en términos de comercio; con relación a la matriz energética; a las infraestructura común, o incluso en relación al fortalecimiento del proceso democrático en el Cono Sur –Protocolo de Ushuaia–, etc.). Las políticas de sustitución de importaciones aplicadas entre los años 1950 y 1970, si, por un lado, fueron condición para que los países de la región constituyeran sus parques industriales, al mismo tiempo los alejaron y generaron un desconocimiento generalizado entre ellos y las posibilidades de cooperación. El proceso de globalización y la presión para que la región pasara a articularse preferentemente con los grandes capitales de los países del centro, consolidando políticas concentradoras de renta y la ampliación de las desigualdades, fueron variables fuertes que provocaron cambios políticos que, aunque aún muy limitados, también en relación al proceso de integración, se mostraron más positivos para la mayoría de la población del Cono Sur.

Ilse Scherer-Warren,[277] experta en movimientos sociales, describe lo que considera el nuevo formato de la sociedad civil en este nuevo milenio, y especialmente en América Latina. Para ella, lo que está emergiendo es una articulación en red de los movimientos sociales, que busca una marcada presencia en la esfera pública pero que garantiza su independencia en relación a la esfera gubernamental, tratando de resguardar la autonomía de sus concepciones y posicionamientos:

> Está, pues, emergiendo un movimiento ciudadano crítico, ya no más con un proyecto de poder para controlar el Estado, sino con un proyecto de control social por la ciudadanía en relación a las cuestiones nacionales de interés público, lo que algunos movimientos sociales populares denominan de proyecto de nación. Para ello, estos movimientos buscan radicalizar la democracia, sin contemporizar, al negociar sus demandas en los espacios gubernamentales y estatales [...], capacitando esa participación y fortaleciendo espacios propios de la sociedad civil organizada: desde los movimientos de base; a través de las articulaciones mediadoras (foros, asociaciones y redes de redes); hasta las movilizaciones de masa y de alianzas para aplicar las políticas sociales y públicas.[278]

---

[277] Scherer-Warren, Ilse. "Movimentos sociais e democracia com diversidade". em: Sarti, Ingrid. *Ciência, Política e Sociedade. As ciências sociais na América do Sul.* Porto Alegre, Editora da UFRGS, 2007, pp.183-193

[278] *Ibid.*, p. 187.

Los argumentos de la investigadora de la Universidad Federal de Santa Catarina son fuertes y tienen su expresión empírica. En cualquier caso, los avances del proceso de integración en el Mercosur deben mucho a estas organizaciones que articuladas en redes han impulsado el proceso de democratización de las sociedades latinoamericanas.

La crisis que impactó el capitalismo bajo la hegemonía de las finanzas, en agosto de 2008, representa en gran medida el fracaso de las políticas de los "30 años neoliberales" a escala mundial. La perplejidad generada también provoca nuevos cuestionamientos y búsqueda de nuevas alternativas. Sin la menor pretensión de hacer profecías sociales, como nos alertaba Bourdieu, que son ampliamente pedidas por el gran público, es sabido que en periodos de estancamiento económico y falta de perspectiva sobre el futuro, los movimientos sociales tienden a ampliar sus reivindicaciones. Si la violencia de las finanzas mundiales y del capital portador de intereses aparece en toda su expresión y se articula con los daños ambientales y sociales, con el desempleo estructural, la gran discusión que puede surgir es acerca de la posibilidad de nuevos modelos de desarrollo y en qué medida estará en juego la alternancia de proyectos de sociedad.

Anexo 1. Proyectos prioritarios del FOCEM

Según las informaciones suministradas por la página electrónica oficial del FOCEM, en el transcurrir de sus dos primeros años de funcionamiento (2007 y 2008) se aprobaron 25 proyectos con un valor de US$ 197.736.479,00, como se verifica en este anexo.

País	Descripción	Monto total del proyecto (US$)
Paraguay	Hábitat	12.914.680
Paraguay	ROGA	9.705.882
Paraguay	Acceso y circunvalación Asunción	14.860.000
Paraguay	Apoyo integral microempresas	5.000.000
Paraguay	Laboratorio bio-seguridad	4.800.000
Paraguay	Corredores viales	16.990.294
Regional	Programa de Acción Mercosur Libre de Fiebre Aftosa (PAMA)	16.339.470
Uruguay	Rota 26 Melo – Arroyo Sarandi	7.929.000
Uruguay	Internalización productiva-software, biotecnología	1.500.000
Uruguay	Economía social de frontera	1.646.820
Uruguay	Clasificadores	1.882.000
Uruguay	Intervenciones múltiples en asentamientos	1.411.765
Uruguay	Ruta 12 Empalme Ruta 54 – Ruta 55	4.371.000
SM1	Arancel Externo Común	50.000
SM	Base de dados jurisprudencial	50.000
SM	MAPEO	70.900
Paraguay	Sistema de agua potable y saneamiento, rurales, indígenas	39.470.702
Paraguay	Ruta 8, San Salvador – Ramal Rojas Potrero	6.344.800
Paraguay	Desarrollo de productos turísticos Iguazú Misiones	1.302.730
Paraguay	Pavimentación Rutas 6 y 7 – Franco Cedrales	5.846.500
Paraguay	Pavimentación Ruta 2 – Bernardino Caballero	5.186.500
Paraguay	Asfaltado de las Rutas 1 y 6 – Graneros del Sur	4.004.000
Paraguay	Mercosur Yporä	7.588.848
Brasil	Implementación de la biblioteca (Biunila) de la Universidad Federal de la Integración Latinoamericana (UNILA) y del Instituto Mercosur de Estudios Avanzados (IMEA)	22.000.000
Paraguay	Desarrollo Tecnológico, Innovación y Evaluación de la Conformidad (DeTIEC)	6.470.588
Total general		197.736.479

Fuente: FOCEM, http://www.mercosur.int/focem/index.php?id=proyectosaprobados&sector_bd_proyec=mostrar_proyecto

Bibliografía

AA. VV. *Participación de la sociedad civil en el Mercosur.* Montevideo, Proyecto de Cooperación, Secretaría del MERCOSUR, BID, 2005.

AA.VV. *La institucionalidad del Mercosur. Una reforma necesaria.* Buenos Aires, Central de Trabajadores Argentinos, Ediciones Debate Internacional, Serie Integración Regional, 2006.

Andrés, Aparecida. *A Educação Superior no Setor Educacional do Mercosul. Estudos.* Brasilia, Câmara dos Deputados, diciembre de 2010. Disponible en: http://www2.camara.gov.br/documentos-epesquisa/publicacoes/estnottec/tema11/2009_ 9885_.pdf (consulta: 01 de mayo de 2011)

Caetano, Gerardo. *Los retos de una nueva institucionalidad para el Mercosur.* Montevideo, Friedrich Ebert Stiftung, diciembre de 2004.

CEPAL. *Panorama Social da América Latina.* Santiago de Chile, CEPAL. 2009.

CEPAL. *Cohesión social. Inclusión y sentido de pertenencia en América Latina.* CEPAL/AECI/SEGIB, Santiago de Chile, enero de 2007.

COMISSÃO DE IMPLANTAÇÃO DA UNILA. *A UNILA em construção. Um projeto Universitário para a América Latina.* Foz de Iguazu, IMEA, 2009.

Costa Lima, Marcos. "Os trabalhadores no Mercosul". En: *Política Hoje,* año 6, n° 10, enero – junio de 1999, pp. 49-79.

Cordeiro, Jorge Albino D. *O Estado e a Seguridade Social: dimensionamento dos gastos sociais da união (1995/2006). Impactos dos benefícios assistenciais.* Tesis de Doctorado/PIMES, IE, Recife, UFPE, 2010.

CÚPULA SOCIAL DO MERCOSUL. *Declaração Final.* Brasilia, Secretaria Geral da Presidência da República, 2008.

Draibe, Sonia. "Coesão social e integração regional: a agenda social do Mercosul e os grandes desafios das políticas sociais integradas". En: *Cadernos de Saúde Pública*, vol.23, suppl. 2, Río de Janeiro, 2007, pp.174-182.

Falero, Alfredo. *Las batallas por la subjetividad: luchas sociales y construcción de derechos en Uruguay. Una aproximación desde la teoría sociológica.* Montevideo, Fanelcor Editorial/Universidad de la República, 2008.

Ferrer, Aldo. "Densidad nacional y densidad regional". En: *Densidades*, nº 1, mayo de 2008, Buenos Aires, pp. 7-11.

Furtado, Celso. *Prefácio a Nova Economia Política.* Río de Janeiro, Paz e Terra, 1976.

Gadotti, Moacir. *O Mercosul Educacional e os desafios do século 21.* Brasilia, MEC, Instituto Nacional de Estudos e Pesquisas Educacionais Anísio Teixeira, 2007.

Garretón, Manuel *et al. América Latina no Século XXI.* Río de Janeiro, FGV, 2007.

Geneyro, Rubén; Vázquez, Mariana. *El Mercosur por dentro.* Bogotá, Ed. Antropos, 2007.

Kilksberg, Bernardo. "El estado de la infancia en América Latina". En: *Infolatam*, Nueva York, 1 de abril de 2010.

García Linera, Álvaro. "América Latina y el futuro de las políticas emancipatorias". En: *Crítica y Emancipación*, año II, nº 3, primer semestre, 2010, pp. 293-306.

Merlet, Michel. *Caderno de propostas. Políticas Fundiárias e Reformas Agrárias*, 2006. Disponible en http://agter. asso.fr, p.34. (consulta: 20 de febrero de 2011)

Padrós, Enrique Serra. "Repressão e Violência: segurança nacional e terror de Estado nas ditaduras latino-americanas". En: Fico, C; Ferreira, Marieta M; Araújo, Maria Paula; Quadrat, Samantha V (orgs.). *Ditadura e democracia na América latina: balanço histórico e perspectiva*. Río de Janeiro, Fundação Getúlio Vargas, 2008, pp. 143-178.

PNUD. *Human Development Report 2009. Overcoming Barriers: Human Mobility and Development*. Nueva York, UNDP, 2009.

Sader, Emir. "Autonomia e Hegemonia". Disponible en www.cartamaior.com.br, 17 de junho 2008. (consulta: 21 de abril de 2010)

Scherer-Warren, Ilse. "Movimentos sociais e democracia com diversidade". em: Sarti, Ingrid, *Ciência, Política e Sociedade. As ciências sociais na América do Sul*. Porto Alegre, Editora da UFRGS, 2007, pp.183-193.

Silva, Luisa Mª Nuens de Moura. "Universidade e Pesquisa científica e desenvolvimento na América Latina". En: VII Encontro Internacional. Fóum Universitário Mercosul. Foz de Iguaçu, GT13 Mercosul Educacional, septiembre de 2009.

Vázquez, Mariana. "Luces y sombras de la participación social en el MERCOSUR". En: *Densidades*, n° 1, mayo, Buenos Aires, 2008, pp.88-96.

Wallerstein, Immmanuel. *Conoce el mundo, saber el mundo: el fin de lo aprendido. Una ciencia social para el siglo XXI*. México, Siglo XXI/CHCH UNAM 2001.

Wanderley, Luis Eduardo W. "A construção de um Mercosul Social". Em: *Revista Ponto e Vírgula*, n° 1, 2007, pp. 90-104.

Estado, sociedad civil e integración. Hacia su rearticulación

Noemí B. Mellado

1. Introducción

A comienzos del siglo XXI se produce una serie de transformaciones en Sudamérica que conducen a cuestionar el rumbo de la economía y la política como consecuencia de una dinámica social de protesta por las políticas económicas y de inserción internacional neoliberales aplicadas en la última década del siglo XX. Ello es acompañado por un cambio político que plantea la posibilidad de que estas manifestaciones contestatarias puedan tener alguna incidencia en la gestión de gobierno con miras a conformar un nuevo orden regional y mundial.

Nuestro análisis se limita al ámbito regional, particularmente a los procesos de integración como objeto de nuestro estudio. El tema que nos planteamos es si el cambio político regional influyó en la dimensión político-institucional de los procesos de integración y favoreció la participación de la sociedad civil en el camino a la democratización y a la conformación de canales formales de expresión de esas manifestaciones críticas. Ello es independiente de las reformas políticas internas que pudieren ocurrir en el ámbito de los Estados tal como los mecanismos de participación directa o semidirecta que adoptó la República Bolivariana de Venezuela.

2. Nuevos y viejos planteamientos en la integración regional

En los años noventa del siglo XX, favorecido por un escenario caracterizado por el fin de la Guerra Fría, la globalización, el nuevo regionalismo o regionalismo abierto y el predominio del pensamiento neoliberal, se creó el Mercosur y el Grupo de los Tres –G3–, a la vez que se refuncionalizaron experiencias anteriores para adaptarse al nuevo contexto. Asimismo, se iniciaron las negociaciones Sur-Norte como el TLCAN[279] (Tratado de Libre Comercio de América del Norte), el ALCA[280] (Área de Libre Comercio de las América) y el Acuerdo Marco Interregional de Cooperación entre la Unión Europea (UE) y el Mercosur –AMIC–.[281] Estos cambios reflejan la crisis de un ciclo de integración surgido en la década de los 60.

También se produjo un acelerado aumento de acuerdos de comercio en un marco de apertura y liberalización económica que tendieron a conformar un mapa de geografía intrincada y variable de compromisos, producto de las negociaciones paralelas de los países, lo que suscitó diversas y nuevas problemáticas. Pese a ello y a los objetivos económicos y comerciales más o menos ambiciosos que han tenido los procesos de integración latinoamericanos, no se mejoraron las condiciones de bienestar de su población, objetivo primario de toda integración. Las elevadas tasas de crecimiento que se registraron en los últimos años –mayores a un 5%– no fueron

---

[279]   Países signatarios: Estados Unidos, Canadá y México, agosto 1992.

[280]   Bill Clinton convocó en 1994 en Miami a la Cumbre de las Américas, excluyendo a Cuba.

[281]   Para un análisis comparativo de las negociaciones sudamericanas, en el Siglo XXI, con Europa y EUA, véase Mellado, Noemí Beatriz. "La Unión Europea y la Integración Sudamericana, espacio político birregional". En: Cienfuegos Mateo, Manuel y Sanahuja Perales, Antonio (eds.). *Una región en construcción. UNASUR y la integración de América del Sur.* Barcelona, España, CIDOB, Interrogar la actualidad. Serie América Latina, 2010, pp. 359-387.

capaces de contrarrestar la pobreza que aqueja a gran parte de la región: un 33% de la población –180 millones de personas– es pobre y de ella un 13% es indigente –71 millones– y existen 44 millones más de pobres y 9 millones más de indigentes con relación a 1980 cuando los pobres comprendían la mayor parte de la población –40,5%–.[282] Asimismo, a la hora de definir las vinculaciones comerciales, la interdependencia es más retórica que real, ya que la región mantiene sus mayores relaciones con los países centrales y sus exportaciones intrarregionales no han logrado superar el 20%.[283] Los porcentajes se reducen en los grupos subregionales: en el Mercosur llega al 14,9% y en la CAN (Comunidad Andina) apenas al 9 %. Sin embargo, las exportaciones hacia Estados Unidos –EUA– alcanzan el 44,4%, con Asia el 12%, con la UE el 15% y con China el 5,3%. La importancia de las exportaciones regionales en las exportaciones mundiales apenas representa el 5,6%.[284]

El nuevo siglo nos enfrenta a diferentes retos políticos, económicos, sociales, estratégicos y de seguridad que involucran directamente las relaciones internacionales de estos tiempos. En el orden internacional, han surgido nuevos polos dinámicos de crecimiento como China, India, Rusia, que modifican la estructura de las relaciones económicas mundiales y cuestionan la vigencia de los centros hegemónicos de posguerra. También la crisis financiera internacional y los resultados insatisfactorios de la Ronda de Doha conducen a cuestionar el orden financiero, monetario y comercial vigente.

Las críticas se extienden al rol del Estado en la economía. En el lenguaje político regional se advierte una apreciación

---

[282]   CEPAL. *Panorama social de América Latina 2009*, Chile, Naciones Unidas, noviembre de 2009.

[283]   CEPAL. *El comercio internacional en América Latina y el Caribe en 2009, crisis y recuperación.* Chile, Naciones Unidas, 2009. Y *Panorama de la inserción internacional de América Latina y el Caribe, 2008-2009.* Chile, Naciones Unidas, 2009.

[284]   *Ibid.*

negativa del neoliberalismo del siglo pasado inspirado en el Consenso de Washington y de las políticas de relacionamiento externo que, bajo el regionalismo abierto, crearon nuevas formas de vinculación con la economía mundial.

Como resultado del nuevo contexto, la lógica de la integración también varió y se orienta a enfrentar las problemáticas derivadas de las dinámicas internas de los propios procesos, así como también a la búsqueda de nuevos espacios; de allí la propensión a extender geográficamente las alianzas subregionales tratando de articular distintos esquemas y países en procesos más abarcativos como la UNASUR (Unión de Naciones Suramericanas) que incorporan países de manera individual a esquemas con metas superiores de integración, como es el caso de Venezuela con su ingreso al Mercosur. No obstante, este país lidera el proyecto denominado[285] Alianza Bolivariana para los Pueblos de Nuestra América –ALBA– que si bien aparece con una perspectiva distinta, tiene pertenencias múltiples en el Mercosur y la UNASUR planteando también interrogantes. En este marco de realineamientos, el Mercosur y la CAN (Comunidad Andina de Naciones) sobreviven en una mutación permanente que lleva a que el primero se amplíe en detrimento de la segunda mientras que se alejan cada vez más de sus objetivos primigenios.

A esta situación se suma la ampliación de las opciones externas mediante la celebración de acuerdos de integración Sur-Norte debido a que ni EUA ni Europa pueden asegurar sus proyectos integradores globales, y a través de negociaciones bilaterales tratan de resguardar los intereses de sus transnacionales de origen.[286] Este cambio de estrategia

---

[285]   En la Declaración de la VI Cumbre Extraordinaria del ALBA, Maracay, estado Aragua, 24 de junio de 2009.

[286]   Gambina, Julio C. "Desafíos para la integración regional". En: *Aportes para la Integración Latinoamericana*, año XIII, n° 16, junio de 2007. Instituto de Integración Latinoamericana, Facultad de Ciencias Jurídicas y Sociales, Universidad Nacional de La Plata, Argentina.

por parte de EUA se había iniciado con la Iniciativa para el Caribe –1986– y el Acuerdo con Canadá –1988–, prosiguió con la Iniciativa para las Américas –1990–, el Acuerdo con el Mercosur –1991– y el TLCAN –1992– en el que vinculó también a México. A partir de la VIII Reunión Ministerial sobre Comercio realizada en Miami, en el año 2003, se reforzó su accionar agregando a Chile, a los países de América Central –a través del acuerdo del CAFTA–[287] y luego a Colombia, Perú y Panamá.[288] Respecto a la UE, su estrategia bilateral se expresó claramente en la VI Cumbre de América Latina y el Caribe-Unión Europea, celebrada en Madrid en el año 2010, que permitió acuerdos multipartes con Perú, con Colombia y reuniones con México y con Chile –con acuerdos de Asociación ya existentes– y Cumbres birregionales con Centroamérica –de la que surgió el Acuerdo de Asociación incluyendo a Panamá–, con la CAN, con el Foro de Estados ACP del Caribe –Cariforum– y con el Mercosur.

Con este entorno se activa el debate sobre las políticas de desarrollo e inserción internacional, como se expresara, y acerca del rol del Estado y de la sociedad civil. Las dos primeras se relacionan con los estilos económicos alternativos que se manifiestan no sólo en la concepción general sino en la inserción externa. Respecto al Estado y la sociedad civil, existe una actitud crítica y contestataria con el modelo de acumulación neoliberal excluyente que reemplazó la matriz centrada en el Estado por la del mercado,[289] en la que ambos se

---

[287] Se suscribió el 28 de mayo de 2004 por Costa Rica, Nicaragua, El Salvador, Honduras y Guatemala y, el 5 de agosto por la República Dominicana, conocido como DRCAFTA.

[288] Para un análisis de las relaciones de Estados Unidos y la UE con América Latina, en paralelo, véase Mellado, Noemí B. (coord.). *MERCOSUR y UNASUR ¿Hacia dónde van?* Córdoba, Argentina, Editorial Lerner, 2009, pp.144-162.

[289] Smith, William C. "Reestructuración neoliberal y escenarios políticos en América Latina". *Nueva Sociedad,* n° 126, julio-agosto de 1993.

presentaban como ideas antagónicas del mismo modo que la sociedad aparecía como la negación del Estado y éste opuesto a la sociedad.

La discusión sobre el decaído rol del Estado en un contexto de complejas relaciones internacionales apunta sólo en parte a la esencia de los retos que la integración latinoamericana enfrenta. Lo cierto es que en Latinoamérica, en general, ha prevalecido históricamente un Estado débil en la medida en que existieron gobiernos sin capacidad política de perseguir eficazmente el interés público regional y un proyecto de largo aliento sostenido por sus sociedades. Ello se ve acompañado por una cultura política que delega y concentra la toma de decisiones en los poderes ejecutivos sin la intervención de las instancias parlamentarias o de mecanismos plebiscitarios más amplios, generando un evidente "déficit democrático" identificado por la doctrina.

La inexistencia de una institucionalidad regional desarrollada y efectiva, con normativas y procedimientos democráticos claramente delineados que garanticen participación y derechos a la ciudadanía, le restó legitimidad a los procesos e impidió la formación de una cultura integracionista y de un sentido de pertenencia regional en sus poblaciones. A ello se agrega la tendencia de los gobiernos a reducir la actuación y el protagonismo de las instituciones en los procesos de integración para asumir ellos mismos la conducción; de esta manera, nos enfrentamos con procesos que van de "arriba hacia abajo". Esta actitud es producto de una errónea percepción sobre la cesión de competencias a favor de un marco institucional supranacional vinculado con la concepción tradicional de la soberanía y un fuerte nacionalismo.

Desde el inicio de los procesos integracionistas, se subestimó la dimensión política y en consecuencia las indispensables "sólidas bases y garantías político-institucionales".[290] Por tanto, el reduccionismo comercialista que caracterizó a los diferentes esquemas respondió a su adaptabilidad a la realidad internacional e interna y se debió fundamentalmente a la carencia de una voluntad política trasformadora que propusiera un proyecto atrayente para las sociedades. En consecuencia, las estructuras político-institucionales que exhiben los procesos existentes relegan la integración al voluntarismo autolimitante del interés nacional, sujeto a los cambios de gobierno y revisado continuamente por cada miembro.[291] De este modo, se subordina su marcha al impulso gubernamental y a transitorios consensos, en el marco de los diversos intereses nacionales en juego y no de los regionales.

Las transformaciones en el cuadro político regional, a partir de procesos sociales de resistencias múltiples a las políticas neoliberales, plantean desafíos a la integración sudamericana en cuanto a la existencia de una voluntad transformadora. No obstante, se advierten pocos avances para cambiar las estructuras institucionales que sustentan al modelo, y la subsistencia de divergencias políticas e ideológicas[292] entre los gobernantes sobre tipos de desarrollo, modelos de integración y opciones de inserción

---

[290]   Kaplan, Marcos. "El sistema de relaciones políticas y económicas entre los países Latinoamericanos: tendencias y evolución futura". En: *El SELA: presente y futuro de la cooperación económica latinoamericana.* Argentina, INTAL, 1986, p. 119.

[291]   Mellado, Noemí B. y Urriza, Luis Manuel. "Integración, derecho comunitario y MERCOSUR". En: *Mundo Nuevo*, Revista de Estudios Latinoamericanos, Instituto de Altos Estudios de América Latina, Universidad Simón Bolívar, año XVII, n° 1/2, Venezuela, enero-junio de 1994.

[292]   Sobre las convergencias y divergencias políticas e ideológicas en el MERCOSUR, véase Mellado, Noemí B. (coord.). *Cooperación y Conflicto en el MERCOSUR*. Córdoba, Editorial Lerner, 2007, pp. 21-44. Respecto a esa misma problemática en la UNASUR, véase Mellado, Noemí B. (coord.). *MERCOSUR y UNASUR ¿Hacia dónde van? Op. cit.*

internacional, erosiona la actuación mancomunada en los nuevos escenarios, quebranta la unidad de los países y refuerza la defensa de intereses nacionales sobre los regionales, como se expresara.

3. La lógica de la integración sudamericana

En la integración subyace un campo doctrinario de principios, valores, fines y medios que dan respuesta en el campo teórico al porqué, para qué y para quiénes. Por tanto un modelo de integración no es acrítico, contiene un proyecto político consecuente con los objetivos a alcanzar, que alienta el accionar de los miembros y de sus sociedades. No existen formas estereotipadas de integración y por lo tanto el modelo no es único ni generalizable[293] y en la evolución de nuestra integración regional se observan sus diferencias.

El retorno a la democracia en Sudamérica, en los años ochenta, marcó el inicio de un camino hacia la superación de conflictos que fueron exacerbados durante las dictaduras militares, trasmutando las relaciones de conflicto en relaciones de cooperación, como el proceso de fortalecimiento de las relaciones entre Argentina y Brasil que culminó con el Tratado de Integración, Cooperación y Desarrollo cuyo objetivo fue conformar, en un plazo de diez años, un mercado común a partir de una zona de libre comercio. Este acuerdo, aparte de los objetivos políticos, se encuadró en una lógica desarrollista orientada a estimular a los

---

[293]   Respecto a los modelos de integración, véase Mellado, Noemí B. "El modelo del MERCOSUR". En: *Aportes para la Integración Latinoamericana,* año I, n° 2, Argentina, Instituto de Integración Latinoamericana, UNLP, 1995, pp. 7-46.

empresarios para la modernización e inserción competitiva en el sistema económico internacional.[294]

Los nuevos gobiernos democráticos de Argentina y Brasil llevaron a reducir los plazos a cinco años con la firma del Acta de Buenos Aires y ambos países se acoplaron a la tendencia internacional de reformas liberalizadoras en las que las cuestiones de desarrollo perdían importancia y adquiría una mayor gravitación la apertura de los mercados y los flujos comerciales.

En el escenario de los años noventa se reivindicó el Estado mínimo y las virtudes como la racionalidad del mercado, condiciones que asegurarían la localización y asignación eficiente de los recursos y el óptimo económico. De este modo se pasó de una estrategia de desarrollo orientada hacia adentro a otra orientada hacia el exterior, ya que se privilegió la inserción de cada país en la economía global, en tanto que el Estado-nación dejó de tener el carácter de actor central y predominante del sistema, produciéndose su repliegue como unidad de control del capitalismo, acompañado por un debilitamiento de su capacidad mediadora en los conflictos sectoriales.[295] Estas políticas de apertura tendieron a afianzar la condición de subordinación de los países a los centros financieros internacionales, y convirtieron el mercado regional en un área de expansión de las finanzas y del comercio de las economías centrales.[296]

---

[294]   Vigevani, Tullo y Ramanzini, Haroldo Jr. "Brasil en el centro de la integración. Los cambios internacionales y su influencia en la percepción brasileña de la integración". En: *Nueva Sociedad*, nº 219, Buenos Aires, Argentina, enero-febrero de 2009.

[295]   Sobre las relaciones Estado, mercado y sociedad en el neoliberalismo, véase Mellado, Noemí B. "Integración, Desarrollo y Democracia en América Latina". En: *Revista de la Facultad de Ciencias Jurídicas y Políticas*, nº 124, Venezuela, Universidad Central de Venezuela, mayo-agosto de 2002, pp. 223-254.

[296]   *Ibid.*

La lógica de la integración también varió; en la década de los 60, era congruente con las figuras de la unión aduanera y la zona de libre comercio, además de instrumentar aranceles más altos, fijar excepciones a la liberalización, reservas y políticas sectoriales. También era un complemento regional a las estrategias nacionales de desarrollo de la industrialización sustitutiva y protegía a los mercados de las exportaciones de los países desarrollados con el fin de reducir las presiones propias del desarrollo hacia adentro.[297] En este regionalismo se enmarcaron los esquemas de integración en la región –MCCA, CARIFTA, Pacto Andino y ALALC–.

En cambio, en el contexto en que se generaron el Mercosur y el G3, como en la readaptación de los proyectos anteriores, la lógica económica dominante respondía a la idea de que la liberalización económica y la apertura de los mercados llevarían a una inserción más competitiva en la economía global. De allí que esos acuerdos reposen sobre los "flujos de inversión directa y de capitales y sobre las redes internalizadas de las empresas trasnacionales",[298] buscando que la integración de la economía y la política mundial adquiriese una interdependencia creciente, como precondición y rasgo característico del estilo de desarrollo adoptado.[299]

En esta rearticulación externa, el Estado tuvo un rol activo respondiendo a la perspectiva teórica del

[297] Rodríguez, Octavio. *La teoría del subdesarrollo de la CEPAL*. México, Editorial Siglo XXI, 1980.
[298] Guillen Romo, Héctor. "De la integración cepalina a la neoliberal en América Latina". En: *Comercio Exterior*, vol. 51, nº 5, México, mayo de 2001, p. 368.
[299] Sobre el modo de inserción de América Latina en el orden económico internacional, véase Kaplan, Marcos. "La integración internacional de América Latina: perspectiva histórico-estructural". En: López Ayllón, Sergio (coord.). *El futuro del libre comercio en continente americano. Análisis y perspectivas*. México, Universidad Nacional Autónoma de México, 1997.

intergubernamentalismo de esos años, en el que el neo-
rrealismo reivindicaba al Estado como protagonista esencial
de la integración y explicaba estos procesos como resultado
de negociaciones inter-estatales que suponen un comportamiento racional por parte de los miembros. Conforme
a esta argumentación, los intereses nacionales son los
que definen la línea de acción subregional o regional y
los ejecutivos adquieren un protagonismo esencial en las
Cumbres Presidenciales.

En esa misma década, EUA, en la senda de reactivar
su política interamericana, lanzó la propuesta de creación
del ALCA (Área de Libre Comercio de las Américas). A raíz
de este proyecto se generaron movimientos sociales de
resistencia a este modelo y la búsqueda de alternativas de
desarrollo tal como las Cumbres de los Pueblos.

De modo paralelo, la CEPAL[300] publicó la tesis sobre "Regionalismo abierto en América latina y el Caribe"
incorporándolo al debate teórico latinoamericano y en-
tendiéndolo como un proceso que surge de conciliar la
interdependencia emergente de los acuerdos de carácter
preferencial y la impulsada por el mercado resultante de la
liberalización comercial. Así se generalizan las iniciativas y
acuerdos de tipo bilateral cuyas posibilidades ya la ALADI[301]
había abierto en el momento de su creación. También los
acuerdos Norte-Sur que llevaron a plantear el dilema de
política entre la integración Norte-Sur o Sur-Sur, la regional
o la extra-regional. América Latina fue consolidando de esta
forma su condición subordinada en el sistema económico
internacional.

---

[300] CEPAL. *El regionalismo abierto en América Latina y el Caribe,* Santiago de
      Chile, Naciones Unidas, 13 de enero, LC/G 1801, Revista 1-P, septiembre
      de 1994.
[301] Tratado de Montevideo de 1980.

Este estímulo a la firma de acuerdos de diversa naturaleza generó una sobreoferta de propuestas, y a los esquemas de integración más ambiciosos se les superpusieron
los TLC (Tratado de Libre Comercio) y los acuerdos de
comercio preferencial que representan más del 90% de los
registrados en la OMC suscriptos en el marco de los "nuevos regionalismos".[302] Conforme a la OMC,[303] desde 1948
hasta 1994 el GATT recibió 124 notificaciones de acuerdos
comerciales regionales y desde el establecimiento de la
OMC –1995– hasta diciembre de 2008, casi 300 acuerdos
adicionales de los cuales se encuentran vigentes 230. Las
múltiples propuestas plantean nuevos interrogantes sobre
las compatibilidades entre los procesos anteriores y los
actuales. Si bien los procesos de integración regional en
su marcha mostraron algunos avances aunque no irrever-
sibles, desde los años setenta presentan conflictos, incertidumbres, crisis, regresiones y distorsiones tanto en sus
mecanismos como en los objetivos fijados, debilitándose
como proyectos políticos-institucionales y reforzando la
desconfianza entre sus miembros.

En el ámbito subregional los países mayores, interesados en el libre intercambio, subestiman la tendencia a
la concentración de beneficios en su propio favor como
también las demandas de los países pequeños por un
trato compensatorio o preferencial en la distribución de
beneficios y costos de la integración, pasando por alto los
mecanismos automáticos de funcionamiento al tiempo que
se obstaculiza la armonización y coordinación de políticas
macroeconómicas.

---

[302] BID. "Más allá de las fronteras. El nuevo regionalismo en América
Latina". En: *Progreso económico y social en América Latina*, Informe.
Washington, D.C., 2002, p. 35.

[303] OMC. http://www.wto.org/spanish/tratop_s/region_s/regfac_s.
htm#top#top, (consulta 22 de diciembre de 2010)

Así, si bien el Mercosur tiene por objetivo formal crear un mercado común –con las cuatro libertades que ello supone: personas, bienes, servicios y capitales–, no logró aún perfeccionar la Zona de Libre Comercio ni la Unión Aduanera y su evolución ha estado marcada por una compleja combinación de intereses que lo llevaron a ampliarse y a negociar en varios frentes: el subregional, centrado en la CAN y la UNASUR; el regional, vinculado con el conjunto de países de América Latina y el Caribe en el marco de ALADI; el hemisférico, encuadrado en el ALCA; y el continental, que alcanza tanto las relaciones con la UE y con bloques de regiones de Asia y África como con países tales como India, Corea, Pakistán, Egipto, Israel y Marruecos.[304]

La CAN, que se encuentra en negociaciones con la UE, tampoco está exenta de dificultades y ha sido incapaz de establecer un Arancel Externo Común. Mientras que Perú y Colombia firmaron el TLC con Estados Unidos, Venezuela se retiró del esquema andino y está en proceso de incorporarse al Mercosur, debilitando enormemente al primero y reforzando al segundo, alterando de ese modo un relativo equilibrio entre ambos acuerdos subregionales. Por su parte, Chile ha seguido un camino propio de inserción en el mundo con proyección hacia EUA y Asia, al tiempo que firmó un acuerdo con la UE.

Surgen conflictos ideológicos, políticos, históricos y territoriales que afectan tanto al poder negociador común como a la voluntad conjunta para establecer un marco institucional y los mecanismos e instrumentos necesarios para hacer eficaces las medidas que se tomen y que contribuyan a conformar un espacio económico-político y social independiente de los gobiernos de turno.

---

[304]   Mellado, Noemí B. (coord.). *MERCOSUR-ALCA: Articulación de las negociaciones internas y externas*. Argentina, Editorial EDULP, septiembre de 2007.

4. Reconfiguración de la dinámica regional

El siglo XXI nace en un escenario de incertidumbres ya que la crisis económico-financiera mundial golpea al capitalismo en su núcleo central debilitando al multilateralismo global y regional. Mientras se registra un decaimiento de la capacidad económica de EUA y Europa, la crisis financiera internacional pone al descubierto la incapacidad del sistema capitalista de gestionar la economía y la sociedad[305] y expone tanto el poder del capital como la debilidad del Estado,[306] que actúa en función de los intereses financieros tratando de recomponer la confianza en el sistema y de impulsar el consumo a través del crédito. En consecuencia, el capital dominado por la lógica financiera en contra de la economía productiva reproduce la acumulación y concentración de riqueza en detrimento de amplios sectores de la sociedad, que sólo consumen más pero no dejan de empobrecerse.

El activismo regional del nuevo siglo va más allá de los acuerdos de liberalización comercial y parece retornar a la agenda del desarrollo integrado entre los países con los temas de seguridad energética y alimentaria, infraestructura, asimetrías y participación social. Del análisis de las nuevas propuestas surge que ellas aspiran a alcanzar metas superiores fundamentadas en la construcción de identidades compartidas y que, supuestamente, deberían confluir en forma paralela hacia acuerdos de convergencia económica, de concertación política y de posiciones

---

[305]   Dos Santos, Theotonio. "Capitalismo contemporáneo: Notas sobre la crisis estructural y la crisis de la coyuntura". En: *América Latina en movimiento*. ALAI, 16 de junio de 2010. http://alainet.org/active/39584&lang=es (consulta 30 de noviembre de 2010)

[306]   Sanchez Parga, José. "El estado del Estado en la actual sociedad de mercado". En: *Nueva Sociedad*, n° 221, mayo-junio de 2009.

comunes para actuar en forma conjunta frente a terceros y en los foros internacionales.

En el rescate de una identidad regional aparece la UNASUR, y otra asociación de alto contenido ideológico de asociación regional, como el ALBA. Ambos proyectos se diferencian en cuanto a su potencial económico, formas de interrelación entre sus miembros, patrón de continuidad y ruptura con el modelo neoliberal, entre otros aspectos. No obstante, surgen como respuesta a la crisis que afecta a los espacios de integración regional y subregional tradicionales.

Con relación a la UNASUR, en su origen y bajo la denominación de Comunidad Sudamericana de Naciones,[307] la región se comprometió a impulsar "la concertación política y diplomática", además de la convergencia entre Mercosur, CAN y Chile con vista a lograr una zona de libre comercio a la que se asociarían Surinam y Guyana, quedando integrada por doce países latinoamericanos. No había terminado de conformarse cuando en la Cumbre Presidencial sobre Integración Energética realizada en Venezuela –2007–, se cambió la denominación por Unión de Naciones Suramericanas y en mayo de 2008 se firmó el Tratado Constitutivo.

Conforme a dicho tratado, los países miembros entienden que la integración sudamericana debe alcanzarse a través de un proceso innovador que incluya todos los logros y los avances del Mercosur y la CAN, así como la experiencia de Chile, Guyana y Surinam, yendo más allá de la convergencia de los mismos con el objetivo general de conformar "un espacio de integración y unión en lo cultural, social, económico y político [...] con miras a eliminar la desigualdad socioeconómica, lograr la inclusión social y la participación ciudadana, fortalecer la democracia y reducir las asimetrías" y al mismo tiempo fortalecer el

---

[307]   Cuzco, Perú, 8 de diciembre de 2004.

diálogo político con miras a la concertación para reforzar la integración sudamericana y la participación de UNASUR en el escenario internacional.[308] El Tratado va más allá de la convergencia entre los procesos preexistentes, como lo preveía la CSN (Comunidad Sudamericana de Naciones), sin establecer el grado de integración a alcanzar. En el campo de las propuestas sus objetivos son muy ambiciosos al tiempo que expresan una voluntad política de promover la integración, poniendo menor énfasis en los temas económicos y resaltando la convergencia y potencialidades políticas.

Como sostuviera con anterioridad,[309] en la UNASUR impera la lógica política con proyección internacional que no excluye su ampliación al resto de América Latina. Brasil es acompañado por Venezuela en este proyecto, como freno a la hegemonía de EUA en la región; sin embargo, mientras que para el primero su política exterior se orienta a apoyar el desarrollo nacional[310] –búsqueda de mercados para su industria, asegurar la provisión de energía– y a lograr un mayor poder en el escenario mundial, el segundo busca que la energía se desempeñe como instrumento de autonomía regional en función de afianzar su liderazgo con miras a la construcción de un mundo multipolar frente a la hegemonía estadounidense. En esa dirección se encamina su estrategia de diversificación del proceso de internacionalización de la petrolera venezolana –PDVSA– en la región, tratando de asegurar nuevos mercados y lograr mayor autonomía en relación al mercado norteamericano. En este sentido, proyectó dos líneas de acción. Una impulsa la iniciativa de

---

[308]   UNASUR. Texto Oficial, art. 2 y 3.
[309]   Mellado, Noemí B. (coord.). *MERCOSUR y UNASUR... Op cit.*
[310]   Cervo, Amado Luiz. "Política exterior e relações internacionais do Brasil: enfoque paradigmático". En: *Revista Brasileira de Política Internacional,* Brasil, vol. 46, nº 2, 2003.

Petroamérica[311] definida por PDVSA como "una propuesta de integración energética de los pueblos del continente" y concebida como un "habilitador geopolítico" orientado hacia el establecimiento de mecanismos de cooperación e integración, que utiliza los recursos energéticos de las regiones del Caribe, Centroamérica y Sudamérica. Aquí confluyen las iniciativas de Petrosur, Petroandina y Petrocaribe. Otra línea de acción es la creación del Gasoducto del Sur guiado a abastecer a los países del Mercosur.

En cuanto al ALBA, el presidente Chávez la propuso en la III Cumbre de Jefes de Estado y de Gobierno de la Asociación de Estados del Caribe, en el año 2001. En diciembre de 2004, firmó, en La Habana, un acuerdo para la aplicación del ALBA que modificaría y ampliaría el Convenio Integral de Cooperación que habían suscrito en el año 2000. Bolivia se incorporó a dicha iniciativa en el 2006 con el Tratado de Comercio de los Pueblos. Además participan Nicaragua que se sumó en el 2007, Dominica y Honduras en el 2008, y en la VI Cumbre Extraordinaria del ALBA, se formalizó la incorporación de Ecuador, San Vicente y Las Granadinas, así como Antigua y Barbuda. También Paraguay y Granada se vincularon en calidad de observadores. En esta Cumbre se rebautizó al ALBA y los países se comprometieron a consolidar una "Zona de Complementación Económica", con el objetivo de coordinar esfuerzos en el área económica.

Desde el punto de vista conceptual de la integración, se introducen en el proyecto nuevas variables tales como cooperación e intercambio solidario sustentado en la complementariedad y reciprocidad. También tiene una

---

[311] SELA *Arquitectura Institucional para la Articulación y la Convergencia de la Integración en América Latina y el Caribe*, SP/RR-IIALC/DT N° 1-07, junio, Secretaría Permanente del SELA, Caracas, Venezuela, 2007, p. 70.

dimensión cultural y humana, de respeto a las tradiciones de los pueblos originarios y de integración de los movimientos populares, que se aprecia en su estructura institucional.

Por tanto, en Sudamérica hay tres ejes de alineación: uno centrado en el ALBA, que congrega a países sudamericanos, de Centroamérica y el Caribe; otro, bajo el liderazgo de Brasil, en el que se incluye al Mercosur, con prioridad en la integración sudamericana, UNASUR, que abarca a países andinos, caribeños y del Cono Sur, sin abandonar la idea más amplia de una integración latinoamericana y caribeña a través de las Cumbres de América Latina y el Caribe -CALC-.[312] Por último, el que comprende países que se han vinculado con EUA con la firma de TLC y con intereses en una mayor relación con Asia, tal como Chile, Colombia y Perú.

5. Estado y sociedad civil: alternativas regionales de rearticulación

El orden mundial es objeto de críticas contestatarias por parte de un heterogéneo movimiento social en expansión, producto de una nueva conciencia colectiva de afirmación identitaria regional que ha creado incluso relaciones continentales y mundiales -como los Foros Sociales Mundiales que surgieron en Porto Alegre- que tienden a generar un espacio pluralista en la búsqueda de alternativas convergentes y críticas al pensamiento dominante.

En la región, una votación masiva condujo al surgimiento de gobiernos populares; en Brasil, el oficialismo de

---

[312]   En la última CALC, realizada en Cancún -febrero de 2010-, se decidió crear un nuevo bloque: la Comunidad de Estados Latinoamericanos y Caribeños -CELAC-, sin que se haya definido su denominación definitiva ni los estatutos de su creación.

Lula Da Silva se continúa con la presidenta Dilma Rousseff; en Ecuador, fue electo Francisco Rafael Correa; Hugo R. Chávez Frías, electo en 1998 en Venezuela, fue confirmado en 2006; en Argentina, el partido oficialista retuvo la presidencia con Cristina Kirchner en 2007; en Bolivia, el gobierno de Evo Morales Ayma ha significado una importante reivindicación del sector indígena; en Perú, Alan García representa una tradición política de raíz popular; en Paraguay, Fernando Lugo dio fin a la hegemonía del Partido Colorado que se mantenía desde 1947; en Uruguay, el triunfo de José Mujica continúa la misma línea que su predecesor Tabaré Vázquez. En cambio, en Chile, Michelle Bachelet fue reemplazada por Sebastián Piñera, el primer presidente de tendencia derechista elegido legítimamente desde la redemocratización del país.

La nueva coyuntura política regional favorece este discurso crítico y sobre la base ideológica de un "nacionalismo económico"[313] o de "nuevas izquierdas"[314] se proponen alternativas al pensamiento neoliberal bajo la consigna de "Otro mundo es posible".[315] Asimismo, un conjunto de movimientos sociales que acompañan esta consigna hacen pensar en la perspectiva de un imaginario alternativo.

Esta "subjetividad emergente"[316] que se desarrolla de abajo hacia arriba, es vista por algunos autores como el germen de una futura sociedad civil regional y global,

---

[313]   Turcotte, Sylvain F. "La política de Brasil hacia Sudamérica: entre voluntarismo y resistencias". En: *Foro internacional,* octubre/diciembre, Colegio de México, 2008.

[314]   Rodríguez Garavito, C. A.; Barret, P. S.; Chávez, D. (eds.). *La nueva izquierda en América Latina. Sus orígenes y trayectoria futura.* Bogotá, Colombia, 2005.

[315]   Lema del Foro Social Mundial.

[316]   Dos Santos, Theotonio. "El pensamiento social latinoamericano está frente a desafíos colosales". En: *América Latina en movimiento.* Agencia Latinoamericana de Información –ALAI–, 11 de diciembre de 2008, http://alainet.org/active/27421&lang=es (consulta: 20 de diciembre de 2010)

mientras que otros la definen como un internacionalismo de necesidades. Lo cierto es que estas movilizaciones populares contra la situación actual y contra los gobiernos responsables de haberla producido han llevado a una "deslegitimación universal del neoliberalismo".[317]

Respecto a la sociedad civil, su origen se ubica en las condiciones históricas de la lucha contra los regímenes militares y la construcción democrática,[318] su definición es imprecisa y existe una profusa literatura al respecto. No es el propósito de este estudio analizar las distintas corrientes y perspectivas teóricas, pero se ha querido enfatizar la tensión entre los términos sociedad civil y Estado y su relación con los procesos de integración. Se comparte la posición de quienes sostienen que en una sociedad democrática ambos términos, si bien pueden tensionarse, son interdependientes: "Sólo un Estado democrático puede crear una sociedad civil democrática. Sólo una sociedad civil democrática puede mantener la democracia en un Estado."[319]

América Latina enfrenta el fracaso del modelo económico neoliberal, la intensificación de los ejercicios hegemónicos de EUA a través de Tratados de Libre Comercio como en la lucha contra el narcotráfico y el terrorismo, la cuestionabilidad creciente de las instituciones democráticas –por falta de respuesta al aumento de la pobreza y la desigual en la distribución del ingreso– y la conflictividad

---

[317]   Quijano, Aníbal. "El Laberinto de América Latina: ¿Hay otra salida?". Lima, julio-agosto de 2003, p. 1. http://www.reggen.org.br/midia/documentos/olabirintodaamericalatina.pdf (consulta: 20 de diciembre de 2010)

[318]   Portantiero, Juan Carlos. "La sociedad civil en América Latina: entre autonomía y centralización". En: *Sociedad Civil en América latina. Representación de intereses y gobernabilidad*. ADLAF-FES, Caracas, Venezuela, Nueva Sociedad, 1999.

[319]   Walzer, Michael. "Democracia y sociedad civil". En: Del Aguila, Rafael y Vallespin, Fernando. *La Democracia en sus Textos*. Madrid, Ed. Alianza, 1998.

social. En este contexto, el Estado se debilita como agente de desarrollo y de participación innovadora en el ámbito latinoamericano y mundial. Al no lograr articular a los actores e intereses como tampoco elaborar un proyecto alternativo, se refuerza la centralización del poder en manos de los poderes ejecutivos, volviéndose en algunos casos más autoritario y renuente a los controles de legalidad y responsabilidad.

Conforme a Rocha Valencia,[320] todo proceso de integración tiene una dimensión política e institucional que se edifica a partir de las relaciones entre las instituciones públicas y las civiles. Tanto la debilidad como la falta de eficacia institucional privan a los procesos integrativos de mecanismos decisorios, de legitimación y control afectando la credibilidad. Así, la visión de lo regional es relegada por la del Estado-nación; se parte de este prisma y no de la construcción de un espacio común con estructura propia, lo cual se debe al predominio que ha tenido el pensamiento realista o neorrealista de las relaciones internacionales,[321] tanto en los estudios como en la concepción misma de los distintos esquemas. La argumentación realista clásica goza todavía de hegemonía intelectual y considera la perspectiva regional como imposible ya que los Estados tienden a acumular poder para sobrevivir en un ambiente de anarquía,

---

[320] Rocha Valencia, Alberto. "La dimensión política de los procesos de integración regional y subregional de América Latina y el Caribe". En: Preciado, Jaime (coord.). *La integración política latinoamericana y caribeña: un proyecto comunitario para el siglo XXI.* Asociación por la unidad de nuestra América, México, 2001.

[321] Cimadamore, Alberto. "Gobernabilidad y niveles de análisis en el proceso de integración del Mercosur". En: G. de Sierra, M. Bernales y A. Riella (compiladores). *Democracia, gobernanza y desarrollo en el Mercosur. Hacia un proyecto propio en el siglo XXI.* Montevideo, UNESCO/CLACSO, 2004. En el mismo sentido Ríos, Giovanna. "Gobernabilidad e institucionalismo en los procesos de Integración subregional de América Latina". En: *Trabajos y Ensayos*, nº 3, enero, México, 2006.

convirtiéndose en el principal actor en la creación del nuevo
espacio y resistiendo toda transferencia de competencias
que implique limitarlo. Esta situación conduce al cuestionamiento de la insuficiente participación de la sociedad civil
denunciando un "déficit democrático" en el proceso de integración regional (Mellado-Ali, Serbin, Grandi-Bizzozero,
Grandi, Tirado Mejías, Laredo, Mellado).[322]

Sin embargo, es necesario diferenciarlo del déficit
social que apunta a la falta de medidas adecuadas en el
proceso de integración para hacer frente a los problemas
de desigualdad y exclusión de importantes segmentos
de la población. La falta de respuesta a las innumerables
demandas sociales debilita la participación política y re-
trograda la noción de ciudadanía a su forma nominal;[323]
por más que pueda elegir a sus representantes, el sector
marginado no incide en las decisiones políticas que lo
marginan, lo que lo induce a la pasividad política, que es
una forma de exclusión.

En cuanto al déficit democrático, sus causas están relacionadas, en algunos casos, con la modalidad de integración
intentada y en otros con la ineficacia de las instituciones
comunes por falta de transparencia en los procedimientos
de toma de decisiones, debilidades parlamentarias, falta
de representatividad de los organismos, excesivo poder

---

[322]   Sobre un análisis comparativo de los parlamentos del Mercosur y la
        CAN, incluso del proyecto del parlamento de la UNASUR, Cf. Gajate,
        Rita Marcela. "Construcción institucional de la UNASUR". En: Mellado,
        Noemí B. (coord.). *MERCOSUR y UNASUR... Op. cit.*. De la misma
        autora, un análisis crítico: "Funcionalidad jurídico-institucional" del
        Mercosur en: Mellado, Noemí B. *Los actores empresariales argentinos
        frente al MERCOSUR*, Argentina, EDULP, 2006. Cf. también "Mecanis-
        mos de solución de controversias en el MERCOSUR y en el ALCA". En:
        Mellado, Noemí B. (coord.). *MERCOSUR-ALCA... Op. cit.*

[323]   O'Donnell, Guillermo. "Acerca del Estado, la democratización y algunos
        problemas conceptuales". En: *Desarrollo Económico*, vol. 33, n° 130,
        Argentina, julio-septiembre de 1993.

de los ejecutivos nacionales; en aquellos procesos que tienen un componente supranacional, carencia de un sistema de control ciudadano sobre el ejercicio del poder y por último, la inexistencia de instituciones formales para que el ciudadano pueda influir sobre las decisiones que en última instancia inciden en su cotidianeidad. Como sostiene Vacchino,[324] "los procesos de integración para desarrollarse y profundizarse deben ganar en democracia y participación".

En el debate actual sobre actores sociales e integración regional hay coincidencia en plantear como problemática la posibilidad o el derecho de influir en la toma de decisiones y ello se puso de manifiesto no sólo en la literatura especializada sino en diversas Cumbres del Mercosur a través de la preocupación por una mayor participación de la sociedad civil en las decisiones –XIX, Florianópolis, 15 de diciembre de 2000; XXVI, Puerto Iguazú, 8 de julio de 2004; XXXI, Brasilia, 15 de diciembre de 2006; XXXVI, Salvador de Bahía, 16 de diciembre de 2008; XXXVIII, Montevideo, 8 de diciembre de 2009-, también en el Tratado Constitutivo de la UNASUR. Sin embargo, poco se ha hecho por democratizar los procesos.

Las dos propuestas de este siglo presentan una estructura mínima que en el caso de la UNASUR se limita al Consejo de Jefas y Jefes de Estado y de Gobierno, máximo órgano de decisión política del que depende el Consejo de Ministros de Relaciones Exteriores y, en un segundo orden, el Consejo de Delegados y la Secretaría General[325] en el que se advierte el papel protagónico de los ejecutivos y la au-

---

[324]   Vacchino, Juan Mario. "¿Son democráticos los procesos de integración en América Latina?" En: *Revista de la Facultad de Ciencias Jurídicas y Políticas*, Universidad Central de Venezuela, n° 124, mayo-agosto, Venezuela, 2002, p. 207.

[325]   Ver Gajate, Rita Marcela. "Construcción institucional de la UNASUR". *Op.cit.*.

sencia de instituciones que permitan articular la demanda de los actores, por lo que la participación resulta retórica.

Respecto al ALBA, el presidencialismo adquiere la mayor importancia como órgano superior de conducción política del cual depende, en un segundo orden, el Consejo de Ministros y el Consejo de Movimientos Sociales. En un tercer orden y dependiente del órgano superior se encuentran siete comisiones y la Secretaría. Cómo se articularán los Estados y los movimientos sociales plantea grandes dudas y requiere una normativa precisa sobre la forma de participación de estos últimos. Por tanto, ambos procesos adolecen de insuficiencias que no dan respuesta a la demanda de un espacio público regional que contemple una mayor participación de la sociedad civil.

A modo de reflexión

Si bien los nuevos gobiernos de América Sur tienen un lenguaje crítico común respecto al modelo neoliberal y al sistema internacional que los benefició, buscan dar un nuevo impulso al papel del Estado y sostienen la necesidad de implementar políticas de desarrollo; sin embargo, la existencia de estos gobiernos progresistas no ha implicado alineamientos automáticos ni mayores apoyos a una integración más profunda.

La participación requiere transformar las condiciones y espacios formales e informales de institucionalización del poder, fortaleciendo las redes de compromisos, valores, confianza y legitimidad. Esta transformación necesita un consenso social que sostenga el cambio y la construcción de una institucionalidad que permita a los actores emergentes incidir en la conformación de la comunidad regional imaginada.

Por último, hay que señalar la necesidad de que Sudamérica, y particularmente el Mercosur, redefina su proyecto de desarrollo e integración para rescatar el imaginario de la integración latinoamericana que se encuentra ligado a la emancipación de nuestros pueblos y perdido, no sólo por la falta de rumbo ante la ausencia de una concepción clara y solidaria de la misma, sino también por su dispersión.

Bibliografía

BID. "Más allá de las fronteras. El nuevo regionalismo en América Latina". En: *Progreso económico y social en América Latina*. Informe, Washington, D.C., EE.UU, 2002.

CEPAL. *El regionalismo abierto en América Latina y El Caribe*. 13 de enero, LC/G 1801, Revista 1-P, Naciones Unidas, septiembre, Santiago, Chile, 1994.

——. *Panorama Social de América Latina, 2009*. Naciones Unidas, noviembre de 2009.

——. *El comercio internacional en América Latina y el Caribe en 2009, crisis y recuperación*. Naciones Unidas, 2009.

——. *Panorama de la inserción internacional de América Latina y el Caribe, 2008-2009*. Naciones Unidas, 2009.

Cervo, Amado Luiz. "Política exterior e relacoes internacionais do Brasil: enfoque paradigmático". En: *Revista Brasileira de Política Internacional*, vol. 46, nº 2, Brasil, 2003.

Cimadamore, Alberto. "Gobernabilidad y niveles de análisis en el proceso de integración del Mercosur". En: G. de Sierra; M. Bernales; A. Riella (comps.). *Democracia, gobernanza y desarrollo en el Mercosur. Hacia un proyecto propio en el siglo XXI*. Montevideo, UNESCO/CLACSO, 2004.

Dos Santos, Theotonio. "El pensamiento social latinoamericano está frente a desafíos colosales". En: *América Latina en movimiento*. Agencia latinoamericana de información –ALAI– 11 de diciembre de 2008. http:// alainet.org/active/27421&lang=es

——. "Capitalismo contemporáneo: Notas sobre la crisis estructural y la crisis de la coyuntura". En: *América Latina en movimiento*. ALAI, 16 de junio de 2010. http://alainet.org/active/39584&lang=es

Gajate, Rita Marcela. "Construcción institucional de la UNASUR". En: Mellado, Noemí B. (ed.). *MERCOSUR y UNASUR ¿Hacia dónde van?* Córdoba, Argentina: Lerner editora, 2009.

——. "Mecanismos de Solución de Controversias en el MERCOSUR y en el ALCA". En: Mellado, Noemí B. (coord.). "*MERCOSUR-ALCA: Articulación de las negociaciones internas y externas*". Argentina, Editorial EDULP, 2007.

——. "Funcionalidad Jurídico-Institucional". En: Mellado, Noemí B. (coord.). *Los actores empresariales argentinos frente al MERCOSUR*. Argentina, Editorial EDULP, 1ª. edición, 2006.

Gambina, Julio C. "Desafíos para la integración regional". En: *Aportes para la Integración Latinoamericana,* año XIII, n° 16/junio 2000, Instituto de Integración Latinoamericana, Facultad de Ciencias Jurídicas y Sociales, Universidad Nacional de La Plata, 2007.

Grandi, Jorge y Bizzozero, Lincoln. "Hacia una sociedad civil del Mercosur. Viejos y nuevos actores en el tejido subregional". En: *Integración y Comercio,* n° 3, Buenos Aires, Argentina, INTAL–BID, septiembre-diciembre de 1997.

Grandi, Jorge. "Déficit democrático y social en los procesos de integración". En: *Integración & Comercio,* año 2, n° 6, BID-INTAL, Argentina, septiembre-diciembre de 1998.

Guillen Romo, Héctor. "De la integración cepalina a la neoliberal en América Latina". En: *Comercio Exterior*, México, vol. 51, nº 5, mayo de 2001.

Kaplan, Marcos. "El sistema de relaciones políticas y económicas entre los países latinoamericanos: tendencias y evolución futura". En: *El SELA: Presente y futuro de la cooperación económica latinoamericana*. Argentina, INTAL, 1986.

——. "La integración internacional de América Latina: perspectiva histórico-estructural". En: López Ayllón, Sergio (coord.). *El futuro del libre comercio en el continente americano. Análisis y perspectivas*. México, Universidad Nacional Autónoma de México, 1997.

Laredo, Iris. "Alternativas al modelo MERCOSUR de integración: ampliación del mercado versus desarrollo humano sustentable". En: *Estado, Mercado y Sociedad en el MERCOSUR*, vol. V, Argentina, Universidad Nacional de Rosario,1998.

Mellado, Noemí B.; Urriza, Luís Manuel. "Integración, derecho comunitario y MERCOSUR". En: *Mundo Nuevo, Revista de Estudios Latinoamericanos*, Instituto de Altos Estudios de América Latina, Universidad Simón Bolívar, Venezuela, año XVII, nº 1/2, enero-junio de 1994.

Mellado, Noemí; Ali, María Luciana. *Opinión de los sectores sociales sobre el MERCOSUR y sus alternativas*. Cuadernos de Trabajo del Instituto de Integración Latinoamericana, La Plata (Argentina), noviembre, 1995.

Mellado, Noemí. "El modelo del MERCOSUR". En: *Aportes para la Integración Latinoamericana*, año 1, nº 2, Instituto de Integración Latinoamericana, UNLP, Argentina, 1995.

——. "Integración, desarrollo y democracia en América Latina". En: *Revista de la Facultad de Ciencias Jurídicas y Políticas,* Universidad Central de Venezuela, n° 124, mayo-agosto de 2002.

——. *"MERCOSUR-ALCA: Articulación de las negociaciones internas y externas".* Argentina, Editorial EDULP, 2007.

——. *"Cooperación y Conflicto en el MERCOSUR".* Universidad de Innsbruck, Instituto de Derecho Comunitario Europeo y Derecho Internacional Público (ed.). Impreso en Lerner, Argentina, 2007.

——. *MERCOSUR Y UNASUR ¿Hacia dónde van?* Córdoba, Argentina, Editorial Lerner, 2009.

——. "La Unión Europea y la Integración Sudamericana, espacio político birregional". En: Cienfuegos, Mateo Manuel; Sanahuja Perales, José Antonio (eds.). *Una región en construcción. UNASUR y la Integración en América del Sur.* Barcelona, España, CIDOB, Interrogar la actualidad. Serie América Latina, 2010.

O'Donnell, Guillermo. "Acerca del Estado, la democratización y algunos problemas conceptuales". En: *Desarrollo Económico,* Argentina, vol. 33, n° 130, julio-septiembre de 1993.

OMC. http://www.wto.org/spanish/tratop_s/region_s/ regfac_s.htm#top#top, 2009.

Portantiero, Juan Carlos. "La sociedad civil en América Latina: entre autonomía y centralización". En: *Sociedad Civil en América latina. Representación de intereses y gobernabilidad.* Caracas, Venezuela, ADLAF-FES, Editorial Nueva Sociedad, 1999.

Quijano, Aníbal. "El Laberinto de América Latina: ¿Hay otra salida?". Lima, julio-agosto de 2003. http://www. reggen.org.br/midia/documentos/olabirintodaame-ricalatina.pdf

Rios, Giovanna. "Gobernabilidad e institucionalismo en los procesos de Integración subregional de América Latina". En: *Trabajos y ensayos,* n° 3, México, enero de 2006.

Rocha Valencia, Alberto. "La dimensión política de los procesos de integración regional y subregional de América Latina y el Caribe". En: Preciado, Jaime (coord.). *La integración política latinoamericana y caribeña: un proyecto comunitario para el siglo XXI.* México, Asociación por la unidad de nuestra América, 2001.

Rodríguez Garavito, C. A.; Barret, P. S.; Chávez, D. (eds.). *La nueva izquierda en América Latina. Sus orígenes y trayectoria futura.* Bogotá, Colombia, 2005.

Rodríguez, Octavio. *La teoría del subdesarrollo de la CEPAL.* México, Siglo XXI, 1980.

Sánchez Parga, José. "El estado del Estado en la actual sociedad de mercado". En: *Nueva Sociedad,* n° 221, Argentina, mayo-junio de 2009.

SELA, *Arquitectura Institucional para la Articulación y la Convergencia de la Integración en América Latina y el Caribe.* SP/RR-IIALC/DT N° 1-07, Secretaría Permanente del SELA, Caracas, Venezuela, junio de 2007.

Serbin, Andrés. "El gran ausente: ciudadanía e integración regional". En: Altmann, Josette; Rojas Aravena, Francisco (eds.). *Las paradojas de la integración en América Latina y el Caribe.* España, Siglo XXI y Fundación Carolina, 2008.

Smith, William C. "Reestructuración neoliberal y escenarios políticos en América Latina". En: *Nueva Sociedad,* n° 126, julio-agosto de 1993.

Tirado Mejia, Álvaro. *Integración y democracia en América Latina y el Caribe,* INTAL. Documento de divulgación 1, Argentina, noviembre de 1997.

Turcotte, Sylvain F. "La política de Brasil hacia Sudamérica: entre voluntarismo y resistencias". En: *Foro internacional,* Colegio de México, octubre-diciembre de 2008.

Vacchino, Juan Mario. "¿Son democráticos los procesos de integración en América Latina?" En: *Revista de la*

Facultad de Ciencias Jurídicas y Políticas, Universidad
Central de Venezuela, n° 124, mayo-agosto de 2002.

Vigevani, Tullo; Ramanzini, Haroldo Jr. "Brasil en el centro
de la integración. Los cambios internacionales y su
influencia en la percepción brasileña de la integración".
En: *Nueva Sociedad,* n° 219, Buenos Aires, Argentina,
enero-febrero de 2009.

Walzer, Michael. "Democracia y sociedad civil". En: Del
Águila, Rafael; Vallespin, Fernando. *La Democracia
en sus Textos*. Madrid, Alianza. 1998.

Balance y perspectivas del Mercosur cultural: 20 años de existencia

Maria Susana Arrosa Soares

La cultura ingresó en la agenda del Mercado Común del Sur (Mercosur) a fines de los años noventa. Fue a partir de esa fecha que pasó a ser objeto de discusiones en el bloque, aunque de forma más retórica que práctica. La cultura, hasta muy recientemente, ha sido considerada como algo superfluo y de valor sólo simbólico, no siendo valorada ni como un medio de aproximación de las sociedades, ni como un instrumento propicio para el avance de la integración regional, ni como campo de las industrias creativas.

La importancia de los intereses comerciales en la agenda de negociaciones y la centralidad de los actores gubernamentales en las relaciones entre los países dejó en un segundo plano los temas y los actores no directamente conectados al mundo de los negocios y de la política exterior. Cuestiones de gran relevancia en la elección del mejor camino para avanzar en la integración regional –la política, la cultura, la educación y las relaciones socio-laborales– recibieron poca o ninguna atención de las diplomacias gubernamentales.

Entre los países del Mercosur han predominado las relaciones culturales espontáneas, en particular de naturaleza turística, no existiendo ejemplos de una política cultural dirigida a establecer relaciones de confianza sustentadas en el mutuo conocimiento de sus culturas, tradiciones y valores. El patrimonio cultural de los países no ha sido utilizado para construir puentes entre los pueblos, estimular el acercamiento y el diálogo. Los habitantes de los cuatro países solamente conocen superficialmente los patrimonios históricos, materiales e intangibles de las regiones más próximas de las fronteras de los países vecinos. La reducida información que poseen tiene como fuentes principales el turismo, las materias publicadas en la gran prensa o transmitidas por la televisión o el fútbol, pasión nacional de todos los países del bloque regional.

Por otro lado, las academias diplomáticas no dan a los futuros representantes en el exterior una formación cultural suficientemente profunda sobre la propia cultura. El futuro diplomático conoce poco las manifestaciones culturales artísticas de su país, sus diferencias regionales, su folclore y formas de religiosidad, sus industrias creativas y los sistemas educativos y de ciencia y tecnología. La diplomacia cultural, uno de los ejes de la diplomacia pública y considerada, en la actualidad, el medio más eficiente para la creación de un diálogo proficuo entre las naciones, es una realidad ausente tanto en el Mercosur como en toda América Latina.

A diferencia de lo que ocurre en países como Francia, Italia, Alemania, España y México que elaboraron formas innovadoras para proyectar internacionalmente su rico patrimonio cultural y su amplia gama de expresiones culturales, una política exterior integral e integradora[326] en los países del Mercosur la cultura no es considerada un factor coadyuvante de la política exterior.

¿Cómo explicar que países con patrimonios culturales tan ricos e industrias creativas tan diversificadas y dinámicas –como Argentina, Brasil, Paraguay y Uruguay– no los hayan utilizado como herramienta básica de política exterior y de defensa de los intereses nacionales?

Las explicaciones, evidentemente, no se limitan a un solo factor. Por el contrario, son muchas: desde nuestra particular idiosincrasia que nos impulsa a considerar lo

---

[326] Bartra, Jacques I. *Manual para una Diplomacia Cultural*. Lima, Fundación Academia Diplomática del Perú, 2004.

cultural como algo frívolo o superfluo, hasta la mentalidad pragmática que impera en las últimas décadas que privilegia exclusivamente el factor económico, pasando por la limitación de los estilos diplomáticos de los países que motivan nuestra admiración o, en términos más pueriles, el simple deseo de imitación.[327]

1. Balance de la política cultural en los veinte años del Mercosur

Las posiciones de los países que integran el Mercosur con relación a la cultura pasaron por tres etapas en ese periodo. En la primera, enfrentaron los graves y grandes desafíos impuestos por la "década perdida", como fueron definidos los años ochenta del siglo XX. Los problemas más urgentes eran el retorno a la democracia, la deuda externa y la reactivación de la actividad económica a través de la adopción de las nuevas orientaciones neoliberales. La segunda etapa coincidió con la expansión de las relaciones comerciales en el Mercosur y la consolidación de la estructura jurídico-institucional para avanzar en el proceso de creación del área de libre comercio, de la unión aduanera y del futuro mercado común. Ésta fue la fase en la cual los objetivos e los intereses comerciales de los países predominaron en la agenda de negociaciones, y se dio poca atención a las cuestiones relativas a los campos de la cultura y de la política. Recién en la tercera etapa, que se inicia a partir de los comienzos del siglo XXI con la revolución de las telecomunicaciones y la expansión de la cultura digital, la cultura fue introducida en la agenda del Mercosur.

---

[327] *Ídem.*

1.1. Culturas e identidades nacionales

En la primera etapa, los países se preocuparon por proteger sus culturas frente al avance de la globalización. Estaba el temor de que su avance condujera a la pérdida de la identidad nacional y a la "macdonalización" de las culturas nacionales. Las raras iniciativas gubernamentales en el campo cultural se destinaban a proteger el patrimonio propio. En cuanto a la cultura de los países vecinos, predominó una actitud de total indiferencia, a pesar de las frecuentes referencias, en los discursos oficiales, a las raíces culturales comunes –indígena, africana y europea–, a las semejanzas de los idiomas –español y portugués– y a las similitudes de sus experiencias históricas.

Las afirmaciones reiteradas, por parte de los diplomáticos de los Estados miembros, a la amistad de los pueblos y a la integración como destino común de los países de la región no significó que la cultura se destacara en la agenda de las negociaciones en el ámbito del Mercosur.

1.2 Acciones institucionales para la integración cultural del Mercosur

La tesis de que la cultura debería tener un papel importante en la consolidación del Mercosur tuvo una aparición tardía. En el Tratado de Asunción (1991) no se hizo ninguna referencia a ella, ni a la educación, ni al desarrollo científico y tecnológico ni a las industrias culturales y creativas. En el Tratado predominaron los objetivos de naturaleza comercial y su principal meta, la constitución, en el menor plazo posible, de un mercado común.

En los años noventa, el tema cultural entró en la agenda de las negociaciones con la creación en 1992, en Brasilia, de la Reunión Especializada en Cultura (REC). Posteriormente, en Asunción, en 1995, la Reunión de Ministros de la Cultura y Responsables de la Cultura pasó a ocupar el lugar de la

REC. En Fortaleza, en el año 1996, fue suscrito el Protocolo de Integración Cultural del Mercosur.[328]

La cultura era asociada al patrimonio cultural y a las industrias culturales, que incluían solamente los sectores editorial, multimedia, audiovisual, fonográfico, cine, artesanía y dibujo. La creación de la REC, sin embargo, no redundó en resultados significativos dirigidos a la creación de un espacio cultural común en el Mercosur. Sólo se promovieron algunos eventos, seminarios y otras acciones, pero su impacto en la creación de un clima de cooperación e intercambios culturales regulares en el interior del bloque fue irrelevante.

La Reunión Especializada en Cultura debía "promover la difusión de la cultura de los Estados parte, estimulando el conocimiento mutuo de los valores y de las tradiciones culturales de cada Estado parte, así como iniciativas conjuntas y actividades regionales en el campo de la cultura",[329] pero pocos avances ocurrieron en esa dirección. En marzo de 1995, en la Reunión realizada en Buenos Aires, por primera vez se hizo referencia al Mercosur "Cultural" y en los documentos oficiales se mencionó la dimensión cultural del proceso de integración.[330]

El Consejo del Mercado Común (CMC) creó la Reunión de Ministros de la Cultura en agosto de 1995, en Asunción, que tenía "como función promover la difusión y el conocimiento de los valores y tradiciones culturales de los Estados parte del Mercosur, así como la presentación a este Consejo de propuestas de cooperación y coordinación en el campo

---

[328] Protocolo de Integración Cultural del Mercosur. 1996. http://www. portalargentino.net/leyes/mercult.htm (consulta: 25 de febrero de 2011)

[329] Resolución nº 34/92, Grupo Mercado Común, art. 1.

[330] Escobar, Ticio. *15 Años del Mercosur: el debe y el haber de lo cultural.* 2006. http://www.memorial.sp.gov.br/memorial/outros/TextoMercosul-TicioEscobar.doc (consulta: 24 de enero de 2011)

de la cultura".[331] No obstante, a pesar de la relevancia jerár-
quica y política del nuevo órgano, propuso pocas iniciativas
y no alteró la situación anterior a su creación.

La creación de la Reunión de Ministros de la Cultura
despertó cierto optimismo entre los diversos actores culturales nacionales, que supusieron que los temas culturales
pasarían a formar parte de la agenda del bloque. Sin embargo, el resultado de las actividades de las Comisiones
Técnicas que integraban la Reunión de Ministros de Cultura
–patrimonio (conocimiento, protección, conservación y valorización del patrimonio cultural, en especial, del Proyecto
Misiones); industrias culturales (iniciativas conjuntas en los
medios de comunicación de masas); redes de información
(creación de condiciones para el establecimiento de un
sistema de información cultural regional) y capacitación
(formación de profesionales) – fueron poco significativas
y restringidas al campo de la legislación.

Después del optimismo inicial de los actores del campo cultural, vino la desilusión y el desencanto. En los dos
primeros años de funcionamiento (1995-1996), la Reunión
de Ministros de la Cultura limitó su actuación a la promoción de algunas acciones de naturaleza genérica y de poca
relevancia para la consolidación del Mercosur Cultural. Las
acciones fueron: 1) aprobar la realización de dos cursos de
capacitación, uno organizado por Brasil, sobre Proyectos
Culturales para el Mercosur, a ser ofrecido en el mes de
mayo de 1996 en Brasilia, y el segundo, por iniciativa de
Argentina, organizado por la OEI [Organización de Estados
Iberoamericanos para la Educación, la Ciencia y la Cultura],
sobre Gestión y Administración Cultural del Mercosur, a
ser realizado en Buenos Aires, en junio de 1996 (Acta de
Canela, Párrafo Cuarto); 2) aprobar la creación de un Centro
de Documentación Musical del Mercosur en Montevideo,

---

[331]   Decisión 2/95 del Consejo Mercado Común, art. 1.

por iniciativa de la delegación uruguaya (Acta de Canela, Párrafo Sexto).

La creación, en 1996, del Parlamento Cultural del Mercosur (PARCUM), integrante de la SubComisión Parlamentaria Conjunta, tuvo como objetivo principal compatibilizar las legislaciones culturales de los países, buscando favorecer: "la libre circulación de bienes y servicios culturales; la protección y difusión del patrimonio cultural; la defensa y gestión de derechos de propiedad intelectual; la promoción y consolidación de las industrias culturales y la incorporación de los medios de comunicación en la difusión cultural del Mercosur".[332]

El Protocolo de Integración Cultural del Mercosur, suscrito en 1996 en la Reunión del CMC en Fortaleza, reafirmó que el proceso de integración debería trascender el plano comercial recomendando "la creación de espacios culturales y promoverán la realización, priorizando la coproducción, de acciones culturales que expresen las tradiciones históricas, los valores comunes y las diversidades de los países miembros del Mercosur".[333] Sin embargo, de estas recomendaciones no resultaron acciones y programas para crear los mecanismos institucionales necesarios para que tales intenciones se transformaran en iniciativas concretas.

En la IV Reunión de Ministros de Cultura (junio de 1997) se decidió: 1) la realización de un Inventario del Patrimonio Histórico y Artístico; 2) que cada Estado parte solicitara a la Organización de las Naciones Unidas para la Educación, la Ciencia y la Cultura (UNESCO) la extensión de la declaración de Patrimonio de la Humanidad a los Pueblos Guaraní y 3) la presentación de proyectos de

---

[332] Parlamento Cultural del Mercosur. http://www.derechoycultura.org.ar/skins/derechosCulturales/download/PARCUM.doc (consulta: 28 de enero de 2010)

[333] Protocolo de Integración Cultural del Mercosur, art. II, 1.

interés común a la UNESCO con la meta de crear alianzas. Ninguna de estas decisiones dio origen a proyectos y programas dirigidos a modificar la situación vigente, de aislamiento y devaluación del papel de la cultura en el avance de la constitución del Mercosur.

A partir de la VI Reunión (1998), se produjo un estancamiento de las discusiones sobre el funcionamiento de las instituciones creadas para dar a la cultura la importancia que debería tener en el proceso de integración, y predominaron los discursos retóricos y el tratamiento genérico de las cuestiones culturales. No hubo avances en la creación de instancias de circulación cultural ni en el incentivo para el establecimiento de alianzas con organismos internacionales, como la UNESCO. En vez de formular nuevas proposiciones, la Reunión de Ministros de la Cultura se limitó a ratificar, reiterar, reafirmar, resaltar y destacar la importancia del apoyo de los Estados miembros a proyectos en el área cultural pero, en la práctica, pocas cosas nuevas sucedieron. No hubo de parte del Mercosur la formulación de proyectos en el campo cultural regional, y cada uno de los países permaneció concentrado en temas relativos a sus culturas nacionales.

Los temas culturales no fueron para los negociadores ni una necesidad interna del proceso de integración en relación con la construcción de una identidad colectiva ni materia de acuerdos comerciales y legales entre los socios y de éstos con terceros. Los intereses comerciales prevalecieron sobre las dimensiones culturales, políticas y sociales de la integración, relegadas a un plan secundario y su tratamiento postergado para un futuro incierto.

En diciembre de 2003, fue creado por el Grupo Mercado Común otro órgano en el área cultural: la Reunión Especializada de Autoridades Cinematográficas y Audiovisuales (RECAM), con la finalidad de analizar, desarrollar e implementar mecanismos destinados a promover la complementación e integración de dichas industrias en la región, la armonización de políticas públicas del sector, la promoción de la libre circulación de bienes y servicios cinematográficos en la región y la armonización de los aspectos legislativos.[334]

Los resultados, una vez más, fueron decepcionantes y no ocurrió ningún cambio significativo conforme preveían los creadores de la RECAM.

En el año 2005, Octavio Getino, director y productor de cine argentino, guionista e intérprete e inspirador y Director del Observatorio de Industrias Culturales de la Ciudad de Buenos Aires, afirmaba que la circulación intra-regional de las películas de los países del Mercosur era casi nula. Aunque en los últimos años se incrementaron los esfuerzos, tanto del sector público como del privado, para revertir esta situación, poco cambió.[335]

Resulta significativo que la mayor parte de los acuerdos registrados en las Actas de reuniones de los Ministros de Cultura no fueran ratificados por los países y, en consecuencia, aplicados, constituyéndose más en declaración de intenciones que en decisiones y proyectos destinados a reglamentar y propiciar el intercambio, la circulación y la producción cultural en la región.[336]

Las acciones culturales más importantes que ocurrieron en ese periodo, y que tuvieron mayor regularidad, resultaron de iniciativas de empresarios, artistas, intelectuales, profesores e investigadores universitarios, y han contado

---

[334] RECAM, 2003. MERCOSUR/GMC/RES. N° 49/03.

[335] Getino, Octavio. *Aproximación al mercado cinematográfico del Mercosur*. Periodo 2002-2005. http://www.recam.org/Estudios/mercado_intra_completo.doc (consulta: 21 de junio de 2007)

[336] Pallini, Verónica. *Mercosur Cultural. Reflexiones acerca de la dimensión cultural de la integración*. http://www.ides.org.ar/shared/doc/pdf/cuadernosdebate/Debate14_Pallini%20.pdf (consulta: 1 de julio de 2007)

con poco apoyo oficial de los países. Estas acciones han dado origen a la constitución de redes de investigadores, artistas, deportistas; a la realización de exposiciones, a la creación de programas de cooperación, de movilidad de docentes y de alumnos de las universidades de la región. Ejemplos de esas iniciativas son: la Asociación de Universidad del Grupo Montevideo (AUGM), la Bienal de Mercosur en Porto Alegre y la Red Mercociudades.

El desconocimiento recíproco entre los países es profundo, siendo frecuentes los prejuicios y las visiones y opiniones parciales, en muchos casos distorsionadas, de un país con relación a los otros. Observaciones y lecturas superficiales o apresuradas, distorsiones de origen ideológico y posturas etnocéntricas, crean imágenes de los países, de sus historias y de sus culturas distantes de la realidad. Esta etapa de institucionalización para la integración cultural del Mercosur no ha representado un avance significativo en la consolidación del campo cultural del bloque. La creación de algunas instituciones no estuvo acompañada de la contratación de profesionales especializados en gestión cultural y con conocimiento del sector cultural de los países que lo integran. La ausencia de esos profesionales, la inexistencia de recursos financieros y la ausencia de políticas culturales a largo plazo hicieron inviable el establecimiento de una diplomacia destinada a reforzar la contribución de la cultura al desarrollo de los países y al avance del proceso de integración regional.

1.3. El Mercosur Cultural en movimiento

A partir de la segunda mitad de la primera década del siglo XXI surgió, en los países del Mercosur, la consciencia de las grandes y profundas transformaciones que estaban ocurriendo en el mundo en el campo de la cultura. Con la expansión y la diversificación de las industrias creativas, su creciente peso en la economía de los países más avanzados y su rápido desarrollo en el Mercosur, particularmente en Argentina y en Brasil, el tema cultural pasó a ser incorporado a la agenda del bloque.

Las industrias creativas, como publicidad, arquitectura, arte y mercado de antigüedades, artesanía, diseño, diseño de moda, cine y vídeo, *software* interactivos de entretenimiento, música, artes de actuación, edición, *software* y servicios de computación, televisión y radio,[337] en Argentina, en Brasil y en Uruguay, pasaron a ocupar un lugar destacado en sus economías, como comprueban los datos suministrados por la Conferencia de las Naciones Unidas sobre el Comercio y Desarrollo (UNCTAD).

> En las economías desarrolladas, las industrias creativas aportan entre un 2% y un 5% del PIB y en la última década su crecimiento ha sido estable, como lo refleja su ascendente participación en el producto y el empleo. La participación es mayor en los países más grandes, como Brasil y México, que tienen sólidas capacidades en el área audiovisual y amplios mercados internos y externos. Sin embargo, su aporte también es alto en Uruguay y Jamaica, que son países pequeños.[338]

En Brasil, las industrias creativas emplean 638 mil trabajadores, o un 1,8% del total de los trabajadores formales, mucho mejor remunerados que la media nacional. Los sectores líderes son Arquitectura, Moda y Diseño y representan la mayor parte de la cadena de la industria creativa nacional, juntas responden por un 82,8% del mercado de trabajo creativo, un 82,5% de los establecimientos

---

[337] UNESCO. *Compreender las indústrias criativa*, 2011. http://portal. unesco.org/culture/en/files/30850/11467401723cultural_stat_es.pdf/ cultural_stat_es.pdf (consulta: 20 de febrero de 2011)

[338] CEPAL. *Innovar para crecer*, 2009. http://www.eclac.cl/ddpe/publicaciones/xml/8/37968/2009-758_Innovar_para_crecer_-_espanol_web. pdf (consulta: 25 de febrero de 2011)

y un 73,9% de la masa salarial. Las estimaciones apuntan hacia una participación de toda la cadena creativa en el PIB brasileño, en 2006, de cerca de un 16,4%, el equivalente a 381,3 billones de R$, impulsados principalmente por los segmentos de arquitectura y moda. Las oportunidades de empleo en la industria creativa vienen incentivando a los alumnos a optar por carreras relacionadas con el área. En 2006, del total de 737 mil estudiantes de cursos superiores en Brasil, 90 mil estaban inscriptos en alguno de los 118 cursos relacionados con el núcleo de la industria creativa.[339]

En Argentina, las industrias creativas contribuyen con el 2% del total de las fuentes de trabajo. Su desarrollo dio origen a *clusters* creativos en la ciudad de Buenos Aires en los sectores de cine, televisión, *design* y moda. El sector, además de un gran crecimiento, viene aumentando su presencia internacional, resultado de su alta calidad y sofisticación. Argentina debe su éxito a la combinación de recursos humanos altamente calificados, creativos e innovadores.

> La intensa vida cultural del país lo convierte en un escenario ideal para el desarrollo de industrias creativas, que representan en la actualidad más del 3% de su PIB (nivel superior al promedio de la región). Las industrias creativas incluyen la música, la publicidad, el cine, la televisión, la producción audiovisual, la industria editorial, el diseño y la moda. [340]

---

[339]   Federação das Indústrias do Estado do Rio de Janeiro (FIRJAN) (2008). http://webcache.googleusercontent.com/ search?q=cache:8xYKTWn6pawJ:www.firjan.org.br/lumis/portal/file/ fileDownload.jsp?fileId%3D2C908CE9215B0DC40121737B1C1407B2+i ndutrias+creativas+brasileiras&hl=pt-BR&gl=b (consulta: 25 de febrero 2011)

[340]   Prosper A. *Perfil sectorial: industrias criativas.* 2011. http://www.prosperar.gov.ar/es/descargas/info-sectorial/industrias-creativas/Perfil-Sectorial-Industrias-Creativas/ (consulta: 20 de febrero de 2011)

Uruguay creó en 2007 el Departamento de Industrias Creativas (DICREA), agrupadas en cuatro *clusters*, cada uno con objetivos específicos:

- *cluster* de música: promover la actividad de la música con un énfasis en sus aspectos económicos y desarrollar la actividad del sector en tanto creador de ingresos, exportaciones, empleo y bienestar.
- *cluster* editorial: fortalecer la industria editorial nacional es uno de los objetivos del conglomerado, crear un diferencial estratégico que permita ampliar su presencia tanto en el mercado interno como en los mercados internacionales.
- *cluster* de *design*: este conglomerado se gestiona a través de la Dirección de Proyectos de Desarrollo (DIPRODE-OPP) en el marco del programa PACC, la Dirección Nacional de Industrias del Ministerio de Industrias, la Dirección Nacional de Cultura del Ministerio de Educación y Cultura, la Cámara de Diseño del Uruguay.
- *cluster* audiovisual: complejo productivo cuyo núcleo está integrado por empresas de producción cinematográfica y audiovisual. En contacto con él, se encuentran los proveedores de servicios y equipos, distribuidoras, exhibidores, servicios para-fílmicos, instituciones públicas patrocinadoras y instituciones de formación. [341]

Los hechos arriba presentados revelan la expansión y el dinamismo ya conquistados por las industrias creativas en el Mercosur y que dieron origen a las discusiones entre sus autoridades sobre la necesidad de crear un organismo responsable de la gestión de políticas públicas que estimulen y apoyen tales industrias.

---

[341]   DICREA. Departamento de Indústrias Criativas (MEC) 2011. <http://www.mec.gub.uy/mecweb/container.jsp?contentid=690&site=8&chanel=mecweb&3colid=690> (consulta: 25 de febrero de 2011).

La primera iniciativa en esa dirección ocurrió en la XXX Reunión del Consejo Mercado Común, realizada en Córdoba en 20/VII/06, cuando fue designada Argentina como Sede Permanente del Mercosur Cultural (Mercosur/CMC/N° 11/6). Posteriormente, el Consejo del Mercado Común decidió

> crear el Fondo Mercosur Cultural (FMC) con el propósito de financiar proyectos y programas que fomenten la creación, circulación, promoción, protección y difusión de los bienes y servicios culturales así como la diversidad de las expresiones culturales que efectivamente contribuyan al fortalecimiento del proceso de integración del Mercosur.[342]

El FMC tiene como áreas prioritarias: Patrimonio, Industrias Culturales, Diversidad Cultural, Audiovisual y Sistemas de Informaciones Culturales, pero no prevé el apoyo a otras industrias creativas como el *design*, la moda, el *soft*, la publicidad, la arquitectura y muchas otras, que no son consideradas actividades culturales y, por lo tanto, no están contempladas en los recursos del Fondo.

Para muchos intelectuales, artistas, gobernantes y empresarios, los productos y servicios producidos por las industrias creativas se destinan al mercado y, en consecuencia, son vendidos. Según tal perspectiva, la cultura está asociada al acervo de bienes que pertenecen al patrimonio histórico de los países, como los sitios arqueológicos y los edificios históricos, y las industrias creativas resultan del flujo constante de la creación de nuevas ideas que están regidas por la lógica del mercado.

De esa forma, las industrias creativas deben recurrir al mercado para obtener los recursos para financiar sus actividades y conquistar nuevos mercados. Tal concepción revela, por un lado, el desconocimiento de la naturaleza y

---

[342] Conselho do Mercado Comum (CMC). XL CMC – Foz de Iguazú, 16 de diciembre de 2010.

características de las industrias creativas. Estas industrias
–que incluyen la producción y distribución de bienes y
servicios que usan capital intelectual como principal componente– están en el cruce de las artes, de la cultura, de
los negocios y de la tecnología. Por otro lado, las industrias
creativas, así como las industrias que producen bienes materiales, dependen de la actuación de los sectores público,
privado y de la sociedad civil responsables de la creación
de las condiciones de infraestructura financiamiento, educación y legislación. Para que el sector pueda innovar,
producir y colocar en el mercado interno e internacional
nuevas ideas, servicios y productos, necesita que se esta-
blezcan políticas públicas que tomen en consideración sus
particulares formas de creación, producción y distribución.

La concepción de la cultura de los promotores del
Fondo Cultural, además, no considera las industrias creativas como industrias culturales y, por lo tanto, beneficiarias
de los recursos del Fondo. Si ellas generan recursos no
se justifica que éstos sean compartidos con actividades
culturales vinculadas al patrimonio cultural de los países
que integran el Mercosur.

Conclusiones

Habiendo ya cumplido veinte años, el Mercosur avanza en la creación de una política cultural para el bloque.
Dada la importancia y el dinamismo alcanzado por las
industrias creativas en tres de los países –Argentina, Brasil
y Uruguay– y su participación en el PIB de cada uno de
ellos, en la generación de empleos y en la ampliación de
la oferta de bienes y servicios culturales, se volvió importante y urgente establecer una política pública destinada
a asegurar su expansión nacional e internacional.

La cultura, a pesar de las declaraciones de los diplomáticos y otros representantes de los gobiernos nacionales,
no ocupó un lugar destacado en la política exterior de los
países, en general, ni del bloque, en particular. La cultura
no es aún reconocida como un pilar de la política exterior, como afirmaba Willy Brand, Ministro de Relaciones
Exteriores de la República Federal de Alemania, creador del
término "diplomacia cultural" y que introdujo la temática
en el campo de las relaciones internacionales, considerándola el tercer pilar de la política exterior de las naciones,
junto con los pilares político y comercial. Atribuía a las
temáticas culturales, un papel de particular importancia
para aproximar las naciones y para el establecimiento de
relaciones entre los Estados-nación.

Ese reconocimiento no ha cumplido un papel destacado, hasta la actualidad, en las relaciones entre los países
del Mercosur. Para cambiar esta situación de devaluación
del papel de la cultura en la integración de los países es
necesario que se abandone el enfoque tradicional de los
gobiernos y de las legislaciones destinadas a "apoyar la cultura" como un sector desvalido, que necesita ser empujado y
apoyado. El enfoque, ahora, debe ser "respetemos la cultura
por todo lo que ella también genera económicamente.[343]
Para ello, es fundamental la cooperación público-privada.
A los gobiernos y al bloque regional les corresponde el desarrollo de un marco normativo y regulador que estimule
el surgimiento de empresas innovadoras capaces de crear
empleos de alto valor agregado.[344]

Cada uno de los países del Mercosur posee una o
más industrias creativas que se destacan por la elevada
excelencia de sus profesionales, la gran creatividad y la

---

[343]   García Canclini, Nestor y Feria, Ernesto Piedras. *Las industrias culturales
          y el desarrollo de México*. México, Siglo XXI, Flacso, 2006.
[344]   UNESCO. 2011, *op. cit.*

diversidad de los productos y servicios creados. Su desarrollo podrá cumplir un papel de gran importancia en la
creación de una nueva imagen internacional de los países
miembros. Sin descuidar el espacio ya conquistado en
el ámbito internacional, como importantes exportadores de *commodities*, estos países deben ser reconocidos,
también, por la creatividad de sus profesionales, por su
contribución al desarrollo de la sociedad del conocimiento,
combinando de forma original el rico patrimonio cultural
con las nuevas tecnologías de la información. Finalmente,
la exportación de bienes y servicios culturales contribuye
a mejorar la imagen de los países así como favorece su
inserción internacional.

Bibliografía

Bartra, Jacques I. *Manual para una Diplomacia Cultural.*
        Lima, Fundación Academia Diplomática del Perú, 2004.
García Canclini, Néstor y Feria, Ernesto Piedras. *Las in-*
        dustrias culturales y el desarrollo de México. México,
        Siglo XXI, Flacso, 2006.
CEPAL. *Innovar para crecer.* 2009. http://www.eclac.cl/
        ddpe/publicaciones/xml/8/37968/2009-758_Innovar_
        para_crecer_-_espanol_web.pdf (consulta: 25 de fe-
        brero de 2011)
Conselho Mercado Comum (CMC). XL CMC – Foz de
        Iguazú, 16 de diciembre de 20/10.
DICREA. Departamento de Indústrias Criativas (MEC).
        2011. <http://www.mec.gub.uy/mecweb/container.jsp
        ?contentid=690&site=8&chanel=mecweb&3colid=690>
        (consulta: 25 de febrero de 2011)
Escobar, Ticio. *15 Años del Mercosur: el debe y el haber*
        de lo cultural. 2006. http://www.memorial.sp.gov.br/

memorial/outros/TextoMercosul-TicioEscobar.doc
(consulta: 24 de enero de 2011)
Federação das Indústrias do Estado do Rio de Janeiro
(FIRJAN) 2008. http://webcache.googleusercon-
tent.com/search?q=cache:8xYKTWn6pawJ:www.
firjan.org.br/lumis/portal/file/fileDownload.
jsp?fileId%3D2C908CE9215B0DC40121737B1C1407
B2+indutrias+creativas+brasileiras&hl=pt-BR&gl=b
(consulta: 25 de febrero de 2011)
Getino, Octavio. *Aproximación al mercado cinematográfico
del Mercosur. Periodo 2002-2005.* 2005. http://www.
recam.org/Estudios/mercado_intra_completo.doc
(consulta: 21 de junio de 2007)
Pallini, Verónica. *Mercosur Cultural. Reflexiones acerca
de la dimensión cultural de la integración.* http://
www.ides.org.ar/shared/doc/pdf/cuadernosdebate/
Debate14_Pallini%20.pdf (consulta: 1 de julio de 2007)
Parlamento Cultural del Mercosur, http://www.derechoy-
cultura.org.ar/skins/derechosCulturales/download/
PARCUM.doc (consulta: 28 de enero de 2010)
Prosper A. *Perfil sectorial: industrias creativas.* 2011.
http://www.prosperar.gov.ar/es/descargas/info-sec-
torial/industrias-creativas/Perfil-Sectorial-Industrias-
Creativas/ (consulta: 20 de febrero de 2011)
Protocolo de Integración Cultural del Mercosur. 1996. http://
www.portalargentino.net/leyes/mercult.htm (consulta: 25 de febrero de 2011)
RECAM, 2003. MERCOSUR/GMC/RES. N° 49/03.
UNESCO. *Compreender las indústrias criativa,*
2011. http://portal.unesco.org/culture/en/
files/30850/11467401723cultural_stat_es.pdf/cultu-
ral_stat_es.pdf (consulta: 20 de febrero de 2011)

PARTE III
PERSPECTIVAS NACIONALES

El Mercosur y la política exterior brasileña[345]

Tullo Vigevani y Haroldo Ramanzini Júnior

1. Introducción

La posición de Brasil en el proceso de integración regional a lo largo del tiempo, y en la actualidad, debe entenderse tomando en cuenta los factores estructurales e históricos de su política exterior. Esto no siempre implica rigidez e incapacidad de cambio, sino que son aspectos que deben ser considerados para la comprensión exacta de las dificultades que han existido. Tampoco se puede pensar, como a veces se argumenta, que las dificultades se han originado sólo en cuestiones económicas o en puntos de vista no convergentes en los asuntos internacionales. Parece existir tensión entre las necesidades estructurales de integración y las posiciones de importantes actores sociales y gubernamentales, no sólo de la diplomacia. El origen está en las actitudes de las elites y grupos de interés que contribuyen a formar la voluntad del Estado.

Debemos considerar dos conceptos muy importantes en la formulación de la política exterior de Brasil: autonomía y universalismo, ambos enraizados en la sociedad y el Estado, y que confluyen para articular una visión de la inserción regional del país que impide la profundización del Mercosur.

---

[345] Este capítulo es una versión adaptada del texto originalmente publicado en la *Revista Brasileira de Política Internacional*. Vigevani, Tullo; Ramanzini Júnior, Haroldo; Favaron, Gustavo; Alves, Rodrigo. "O papel da integração regional para o Brasil: universalismo, soberania e percepção das elites". En: *Revista Brasileira de Política Internacional*, vol. 51, 2008, pp. 5-27.

Existen razones objetivas para explicar las dificultades que han existido a lo largo de veinte años. Una se refiere al desafío de integrar países en desarrollo, con significativas asimetrías, con un bajo grado de interdependencia y una tradición de inestabilidad macroeconómica. El argumento diplomático y de los gobiernos, en las administraciones de Alfonsín, Sarney, Collor de Mello, Menem y Cardoso, e Itamar Franco, fue que la baja institucionalización y el carácter intergubernamental del proceso serían factores que garantizarían avances rápidos, prescindiendo de burocracias pesadas. La referencia negativa de la euro-burocracia en Bruselas estuvo presente en esta consideración. La defensa del principio de intergubernamentalismo por parte de Brasil, no muy diferente de la posición argentina, está vinculada a la concepción del lugar del Mercosur en el conjunto de las relaciones internacionales del país.

En la percepción de algunos responsables de formular la política exterior, la idea de universalismo está relacionada con las propias características geográficas, étnicas y culturales de Brasil. Representa, de acuerdo con Celso Lafer, la pluralidad de los intereses del Estado y de la sociedad, las afinidades históricas y políticas, y simbolizaría la preocupación por diversificar las relaciones exteriores, pluralizar, ampliar, dilatar los canales de diálogo con el mundo.[346]

La hipótesis de este trabajo es que la estructura del Mercosur, tal como se ha desarrollado en sus primeros veinte años, desde 1991, es adecuada según la percepción de las elites brasileñas, cuyos intereses son defendidos dentro del esquema existente. Este modelo sería suficiente para dar la sustentación que se considera posible, o la libertad deseada, a las acciones internacionales del país

---

[346] Lafer, Celso. *A identidade internacional do Brasil e a política externa brasileira: passado, presente e futuro.* São Paulo, Perspectiva, 2004, p. 120.

en la Organización Mundial del Comercio (OMC), en las relaciones con la Unión Europea (UE) y con Estados Unidos, sin las limitaciones propias de una unión aduanera y un mercado común basadas en un mayor grado de institucionalización, limitaciones que condicionarían a los Estados parte, incluso considerando el diferencial de poder. Además, se argumenta que este modelo de integración sería compatible con la ampliación del bloque, pues viabilizaría la inclusión de nuevos miembros, lo que terminaría por retroalimentar la estructura intergubernamental y la baja interacción entre las políticas nacionales en los diferentes aspectos.

A mediados de los años ochenta, cuando la política brasileña optó por estrechar las relaciones con Argentina, la idea del universalismo no fue abandonada, pero cobró un nuevo significado. Hubo un intento de entrelazar el interés nacional con el interés regional del Cono Sur. En el caso brasileño, prevaleció la idea de que el interés nacional sería mejor defendido en un proceso de integración global. Para esto, confluirían diferentes perspectivas, incluidas las de las empresas. Además, se sumaron sectores sindicales y otros grupos, como los intelectuales. En este trabajo, se discute cómo este entrelazamiento parece correr el riesgo de debilitarse tanto en Argentina como en Brasil, limitando decisivamente las posibilidades del Mercosur.

Al mismo tiempo que se vinculaba la idea de interés nacional con el interés regional del Mercosur, el concepto de autonomía conservó un carácter primordial.[347] Se discute que, en una perspectiva histórica, y siendo la autonomía un objetivo de cualquier Estado-nación, tiene características-

---

[347]   Guimarães, Samuel Pinheiro. "Los tres años del gobierno del presidente de Brasil Luiz Inácio Lula da Silva." *La Onda Digital*. http://www.uruguay2030.com/LaOnda/LaOnda/277/Recuadro2.htm (consulta 12 de mayo de 2006)

ticas que se adaptan a través del tiempo. Según Gelson
Fonseca Jr., "las expresiones de lo que es la autonomía
varían históricamente y espacialmente, varían de acuerdo
a los intereses y posiciones de poder".[348] El concepto admite
diferentes enfoques dependiendo de la configuración de
un periodo histórico determinado, así como de las visiones
del mundo, de la población mundial y de las elites. La idea
de autonomía en la segunda mitad de los años ochenta, e
incluso para una parte del Estado y la sociedad en los años
noventa y aún hoy, significó autonomía frente al mundo
exterior, la capacidad de decisión frente a los centros internacionales de poder, permitiendo a Brasil determinar
sus opciones. El Mercosur no sería visto como un límite
a la autonomía sino que, por el contrario, el compartir
intereses aumentaría las capacidades externas. El objetivo
es discutir cómo fueron procesados los dos conceptos:
autonomía y universalismo. En nuestra opinión, existe un
movimiento para establecer o restablecer sus significados
y esto tendría como consecuencia el diseño de una política
exterior mediante la cual se reduce el papel del Mercosur,
especialmente en las relaciones con Argentina, lo cual
contribuye a explicar la crisis del bloque regional y las
dificultades para su consolidación.

2. Examen del paradigma de la integración internacional: el significado del Mercosur

En la década de los 80 del siglo XX, cobró fuerza la idea
de repensar el modelo de desarrollo económico del país,
incluyendo su relación con el exterior. Contribuyeron a esto
el agotamiento del modelo de sustitución de importaciones,

---

[348]   Fonseca Jr., Gelson. *Legitimidade e outras questões internacionais: política e ética entre as nações.* São Paulo, Paz e Terra, 1998, p. 362.

la crisis de la deuda, la elevada inflación y el estancamiento económico. La suma de estos factores sacudió el modelo de desarrollo vigente al detener la inversión extranjera, lo que condujo a la desinversión[349] y a la disminución de la tasa de ahorro interno, en lo cual el Estado había jugado un papel importante.

Mientras el mundo observaba el ascenso de los valores neoliberales, en los últimos dos años del gobierno de Sarney se realizaron estudios sobre las relaciones económicas internacionales, particularmente en la cartera de Comercio Exterior (CACEX) del Banco de Brasil, coincidiendo con el avance de las negociaciones de la Ronda Uruguay del Acuerdo General sobre Aranceles y Comercio (GATT), especialmente a partir de la Conferencia Ministerial de Montreal en diciembre de 1988.[350] En estos estudios prevalecían visiones críticas del desarrollo nacional anterior y se recomendaba un giro hacia una perspectiva de mayor apertura externa, perspectiva ésta que orientó posteriormente la intensa apertura económica durante el gobierno de Collor de Mello.

Se debe tener en cuenta que el inicio de la integración con Argentina (Declaración de Iguazú de noviembre de 1985; Programa de Integración y Cooperación Económica, PICE, julio de 1986, los 24 Protocolos posteriores; el Tratado de Integración, Cooperación y Desarrollo, noviembre de 1988) correspondía a una lógica desarrollista, cuyo objetivo era estimular la competencia empresarial para la

---

[349]   Sallum Jr, Brasílio. "O Brasil Sob Cardoso: Neoliberalismo e Desenvolvimentismo". En: *Tempo Social*. São Paulo, vol. 11, nº 2, 1999, p.26.

[350]   Pereira, Luiz Carlos Bresser. "Contra a corrente no Ministério da Fazenda". En: *Revista Brasileira de Ciências Sociais*. São Paulo, nº 19, 1992, pp. 5-30; Mello, Flávia de Campos. *Regionalismo e inserção internacional: continuidade e transformação da política externa brasileira nos anos 90.* Tese de doutorado, São Paulo, Faculdade de Filosofia, Letras e Ciências Humanas da Universidade de São Paulo, 2000.

modernización y la inserción competitiva en el sistema económico internacional.[351] El mercado interior ampliado se consideraba un presupuesto. Esta fase fortaleció, en parte de las elites brasileñas, incluidas las asociaciones empresariales y los funcionarios estatales, la percepción de que la puesta en común de intereses mejoraría la inserción internacional, lo que viabilizaría una mayor autoestima. Incluso en el Tratado de Integración, Cooperación y Desarrollo, que diseñó el Mercosur y dio estabilidad y fortaleza a la alianza entre Argentina y Brasil, prevaleció la perspectiva intergubernamental. Haciendo un símil de las palabras de Andrew Moravcsik al referirse a la Unión Europea (UE) actual, en las relaciones entre Argentina y Brasil siempre estuvo presente la idea de que "existe, además, una atracción normativa innegable hacia un sistema que preserva la políticas nacionales democráticas para aquellos temas más destacados en las mentes de los ciudadanos".[352] Algunos autores consideran que la preocupación por la estabilidad democrática ha desempeñado un papel crucial en la integración en el Cono Sur. Probablemente se trata de una fuerte atracción por la política nacionalmente establecida. El diseño que fue adquiriendo el Mercosur se correspondería con las preferencias que se manifiestan en las dimensiones política y civil de las sociedades nacionales.

En el proceso de revisión que ocurría en órganos como el Ministerio de Hacienda, los Bancos de Brasil y Central, paulatinamente absorbidos por la diplomacia brasileña, el acercamiento entre Brasil y Argentina era visto como crucial en términos de política internacional, conquistando adeptos en parte de la diplomacia, al mismo tiempo que se

---

[351]   Peña, Félix. "O Mercosul e suas perspectivas: uma opção pela inserção competitiva na economia mundial". Bruselas, 1991 (mimeo).

[352]   Moravcsik, Andrew. "The European constitutional compromise and the neofunctionalist legacy". En: *Journal of European Public Policy*. Londres, vol. 12, n° 2, abril de 2005, p. 376.

presentaba como vinculado a la estrategia del paradigma universalista.[353] Además, parecía fortalecer la idea de una mejor presencia en el mundo, política y económicamente, así como tener un mayor peso en la formulación de regímenes y en las instituciones internacionales. La alianza estaría relacionada con la capacidad de reforma de las directrices económicas. Para Guimarães (2006), avanzar en el proceso de integración regional aumentaría las capacidades en la relación con los grandes centros de poder, particularmente con Estados Unidos. Estos diferentes enfoques permitieron que la alianza fuese compartida tanto por los sectores vinculados a la tradición nacionalista, como por los sectores que consideraban inevitable la inserción de Brasil en una política internacional liberal.

Se establece así el nexo entre la integración regional, el Mercosur y la alianza con Argentina, con la preservación de los valores de autonomía y universalismo. El regionalismo no disminuiría, sino que reforzaría el paradigma universalista de inserción internacional de Brasil. La idea de "modernización a través de la internacionalización",[354] que tiene un impacto directo en el paradigma de la integración internacional en esa etapa de los años noventa, no colisionó con el regionalismo. El concepto de regionalismo abierto se utilizó entendido como plena inserción internacional, aprovechando las ventajas de una zona de libre comercio, sin crear los instrumentos necesarios de una política de desarrollo regional y de complementariedad y, por lo tanto, sin políticas públicas que tuviesen el objetivo de dar sostenibilidad a la integración. El valor

---

[353]   Flecha de Lima, Paulo Tarso. "Dados para uma reflexão sobre a política comercial brasileira". En: Fonseca Jr., Gelson y Leão, Valdemar Carneiro (orgs.). *Temas de política externa brasileira*. Brasilia, Fundação Alexandre de Gusmão/IPRI/Ed. Ática, 1989, pp. 30-31.

[354]   Przeworski, Adam. "A falácia neoliberal". En: *Lua Nova*. São Paulo, Cedec, n° 28/29, 1993, pp. 209-225.

de la autonomía permaneció arraigado en las esferas de gobierno y en los empresarios, ahora bajo la égida de un concepto importante y elaborado: la autonomía a través de la integración.[355]

El valor de la autonomía, en consecuencia, no fue anulado con el Mercosur, sino que reaparece bajo otras formas. Existe la preocupación por la reafirmación del papel propio, soberano, en el mundo. Se manifiesta, de igual manera, en relación con los países desarrollados, con los que se busca una mayor integración, sin sacrificar los intereses nacionales considerados fundamentales.[356] Paradójicamente, en las relaciones de Brasil con su entorno más próximo, el Mercosur y América del Sur, la idea de autonomía se manifiesta en forma de revalorización de la potencialidad de la acción nacional específica, no sujeta a las limitaciones que una integración institucionalizada pudiese acarrear.

La posición tradicional de Brasil, que se refleja en el objetivo constante de buscar un papel destacado en el mundo, no es esencialmente diferente de la posición de Argentina con el gobierno de Menem. Celso Lafer argumenta sobre la necesidad de Brasil de tener una participación más activa en el ámbito internacional.[357] Queremos destacar que después del periodo que se inicia a partir de 1985, en el cual las relaciones con Argentina adquirieron importancia efectiva en la estrategia internacional de Brasil, manteniendo su importancia en los años noventa, parece ahora atemperada por una gran preocupación universalista

---

[355]   Fonseca Jr., Gelson. *Legitimidade e outras questões internacionais... Op. cit.*, p. 353.

[356]   Cardoso, Fernando Henrique. "Discurso de Señor Presidente de la República, Fernando Henrique Cardoso, en la apertura de la III de la Cumbre de las Américas". Québec, 20 de abril de 2001.

[357]   Lafer, Celso. "A política externa brasileira no governo Collor". En: *Política Externa*. São Paulo, vol. 1, nº 4, 1993, p. 95.

de nuevo cuño. Una manifestación importante de esta evolución surgió durante el gobierno de Itamar Franco: la iniciativa de articular un nuevo proyecto de integración sudamericana. No presentada como antagónica al Cono Sur, sino como complementaria, la propuesta de creación del Área de Libre Comercio de América del Sur (ALCSA) indicó que existía espacio para el surgimiento de iniciativas que se adelantarían en años sucesivos y hasta la actualidad. Puso de manifiesto una relativa atenuación del fuerte deseo inicial de estructurar sinergias focalizadas en el Mercosur, promoviendo la complementación y un sistema integrado que se proponía crear un mercado común. Aunque parece haberse diluido el impulso inicial favorable a un desarrollo en común, subsiste, sin embargo, la búsqueda de posibles ventajas económicas ofrecidas por la intensificación de los intercambios y otros mecanismos.

En la perspectiva brasileña, vista en retrospectiva, el Mercosur surge de forma claramente ambigua, lo que no es esencialmente diferente en el caso argentino. Situado en el tope de las prioridades internacionales de Brasil donde la fuerza del universalismo se mantiene, el Mercosur se presenta como una herramienta importante, pero siempre como un instrumento. No habría una especificidad clara de integración, no sería un fin en sí mismo. En el momento de formación del Mercosur los gobiernos explicitan esto:

> al firmar el Tratado de Asunción, los cuatro Presidentes parten de la percepción común de que la profundización del proceso de integración puede ser la clave para una inserción más competitiva de sus países en un mundo en el que se consolidan grandes espacios económicos y donde el progreso tecnológico-industrial es cada vez más crucial para las economías nacionales.[358]

---

[358]   Ministerio das Relações Exteriores, *Brasil, Argentina, Uruguai e Paraguai criam Mercado Comum do Sul.* Brasília, Resenha de Política Exterior do Brasil, n° 68, 1991, p. 279.

La lógica instrumental se va imponiendo y prevalece. De acuerdo a Lampreia:

el Mercosur es esencialmente un proceso abierto al exterior. En el caso de Brasil, el desarrollo del Mercosur forma parte de un esfuerzo más amplio de apertura económica, liberalización comercial y una mejor inserción en la economía mundial. El proceso de integración no es concebido como un fin en sí mismo, sino como un instrumento para una participación más amplia en el mercado global.[359]

Terry Nardin desarrolla conceptos útiles para nuestro propósito. Al discutir las formas de asociación internacional, resume las posibilidades a dos: asociación práctica y asociación de objetivos.[360] La asociación práctica sería aquella en la que las relaciones entre los Estados no están necesariamente comprometidas en cualquier búsqueda común, a pesar de lo cual tienen que convivir uno con el otro. Por lo tanto, la asociación es instrumental. En cambio, la asociación de objetivos es aquella en la que los Estados cooperan para garantizar ciertas creencias, valores e intereses compartidos, pues tienen objetivos comunes. Nardin mismo se muestra escéptico sobre la posibilidad de que en el sistema internacional se encuentre asociación de objetivos.

El desarrollo del Mercosur no se presenta uniforme. Se pueden señalar tres fases distintas. La primera, anterior al primer mandato de Cardoso, se extiende desde 1991 hasta 1994: del Tratado de Asunción al Protocolo de Ouro Preto; durante este periodo se consolida el diseño institucional. Posteriormente, entre 1995 y 1998, se observó la continuidad de la expansión comercial intra-bloque, que

---

[359]   Lampreia, Luiz Felipe. "Seminário sobre Mercosul". En: *Resenha de Política Exterior do Brasil*. Brasília, ano 21, n° 76, septiembre de 1995, p.135.

[360]   Nardin, Terry. *Lei, moralidade e as relações entre os Estados*. Rio de Janeiro, Forense-Universitária, 1987, p. 344.

alcanza su nivel máximo. A partir de 1999, con la crisis del real y su devaluación y la posterior recesión de Argentina en 2001, el Mercosur entra en crisis, cuyas consecuencias no fueron y todavía no son claras. Como se argumenta, además de factores coyunturales, que se expresan por las continuas disputas comerciales y políticas, las cuestiones estructurales relativas a las economías de los países involucrados y los valores arraigados en los Estados y en las sociedades, deben ser considerados en la búsqueda de explicaciones coherentes.

Las crisis económicas, de distintos tipos, experimentadas por los países del Mercosur expresan esta lógica. Las crisis nacionales no fueron momentos de ajustes en el proceso de integración, ocasiones de búsqueda de oportunidades. De hecho, provocaron el debilitamiento de la integración y la reducción del esfuerzo de complementariedad. Las dificultades en las economías nacionales pueden explicar determinadas posiciones y actitudes de los grupos empresariales y sectores de las elites. Nuestra opinión es que los hechos materiales no son motivos en sí mismos. El hecho de que Brasil y Argentina, a su vez, tienen déficits comerciales entre sí, contribuyó a la percepción de que la integración regional podría ser perjudicial para las economías locales. Cada vez que esto ocurre en una determinada dirección, las posiciones proteccionistas reaparecen. En el caso brasileño, la crisis argentina de 2001 reactivó la siempre latente y arraigada concepción de que el Mercosur representa una perspectiva estrecha para el potencial económico y político brasileño. Por el contrario, el superávit de Brasil, después de la devaluación del real, en enero de 1999, es señalado por Argentina como una de las principales causas de su propia crisis de fines de 2001. Desde entonces, la devaluación del peso, después de haber estado anclado al dólar desde 1991 hasta 2000, generó una caída del PIB del 10,9%,[361] fortaleciendo, del lado brasileño, la creencia de que la inestabilidad macroeconómica no ofrece bases duraderas para la integración.

La experiencia del Mercosur indica que los beneficios económicos de la integración son elementos necesarios, pero no suficientes para garantizar su continuidad y profundización. Asimismo, esta experiencia demuestra los límites de una integración fundamentada sólo en motivos utilitarios, que son insuficientes para garantizar su dinámica, aunque sean una condición *sine qua non*. La integración no puede ser concebida sólo como un proyecto de política exterior, requiere una fuerte intersección con un proyecto de política interna. La percepción de que el *partner* estaría en una situación ventajosa con respecto a los beneficios obtenidos del proceso de integración siempre ha sido perjudicial para la continuidad de esfuerzos de consolidación del Mercosur. Si esto es válido para Argentina y para Brasil, también lo es para Paraguay y para Uruguay. Por lo tanto, se puede afirmar que elementos de una perspectiva realista de las relaciones internacionales que prevalecieron secularmente en las relaciones del Cono Sur no han desaparecido totalmente. Es decir, se mantuvo en el seno del aparato del Estado y en sectores de la sociedad la preocupación por la necesidad de incrementos en los beneficios que no alteren las relaciones pre-existentes.

A partir de cierto momento, incluso antes de 1998, hubo una disminución en el interés de la sociedad y de las empresas por la integración. Esto fue particularmente visible en el sector automotor. Las multinacionales, General Motors, Volkswagen, Fiat, Ford, desde 1986 y de forma más notoria desde inicios de los años noventa, planificaron la

---

[361]   Kume, J. A. y Piani, Guida. "Mercosul: o dilema entre união aduaneira e área de livre-comércio". En: *Revista de Economia Política*, vol. 25, nº 4 (100), octubre – diciembre de 2005, pp. 370-390.

producción prevista y la inversión en forma integrada, planeando utilizar al Mercosur como una posible plataforma global de exportación de una parte de sus productos, especialmente camiones y automóviles medianos y pequeños. Desde mediados de los años noventa, notablemente a partir de 1997, con las dificultades comerciales y políticas, la perspectiva de actuar regionalmente se atenuó. Esto contribuyó a aumentar la crisis en el bloque, pues frente a los riesgos proteccionistas, parte de las empresas privilegió el mercado más grande, Brasil. Con respecto al interés de la opinión pública y los políticos, también se atenuó.

El Mercosur tuvo una significación más allá del comercio, generando interés fuera de la esfera comercial. Aunque de forma limitada, el proceso de integración alcanzó grupos diferentes: centrales sindicales, universidades, grupos culturales, políticos, funcionarios, etc. La evolución del Mercosur permaneció indefinida a lo largo de los años noventa, incluso los acontecimientos de 1999 y 2001 no tuvieron como consecuencia una profundización insoportable de la crisis. Sin embargo, el interés por la integración no ha crecido al punto de crear una dinámica propia, como lo plantea el análisis neo-funcionalista. No se generó un impacto significativo en la sociedad. La dinámica del bloque no condujo al inicio de un proceso efectivo de institucionalización, aunque existan iniciativas embrionarias y parciales, como el Tribunal Permanente de Revisión, con sede en Asunción, instalado en agosto de 2004. La lógica intergubernamental, asociada con un papel importante del gobierno y de las presidencias, permitió mantener cierto equilibrio que, en última instancia, garantiza niveles de integración de baja intensidad. En sentido figurado, la bicicleta parece estar en equilibrio, pero detenida. Para la diplomacia brasileña, la idea consolidada en el análisis de los funcionarios, ya sea en la perspectiva liberal o en la nacionalista, fue de confianza en que los contactos entre los

Estados parte podrían ocurrir con una burocracia mínima, dando prioridad a una forma no-institucionalizada, en lugar de apelar a procedimientos y reglas de cualquier otro tipo. La lógica de baja intensidad es válida para las relaciones entre los gobiernos y entre las esferas de la sociedad civil. Se aplicó a los órganos del Mercosur, al Consejo, al Grupo Mercosur, a los foros, a los comités, a los sub-grupos. Las mediaciones y las resoluciones de los problemas siguieron esta ruta. Se fueron creando condiciones para las cuestiones comunes en los procesos de integración; los conflictos entre sectores, entre las cadenas productivas o incluso entre empresas, fueron sometidos al arbitraje de aquellas que eran consideradas las instancias más capaces y confiables para resolver o arbitrar problemas, es decir, los Presidentes.[362] Sin embargo, la crisis de las papeleras, a partir de 2005, muestra la debilidad de los mecanismos regionales, al acudir a instancias extra-regionales para su solución. La construcción de una red de relaciones para hacer operativa la integración no avanzó. Esto permitió que los intereses sectoriales, corporativos, regionales, pudiesen tener una gran visibilidad. Se permitió una nueva espiral que iría a fortalecer las perspectivas nacionales, como se demostró al final de los gobiernos de Menem y Cardoso, en los gobiernos de De la Rúa, y también más tarde en las presidencias de Kirchner y Lula da Silva. Alcides Costa Vaz considera que desde el Cronograma de Las Leñas, de 1992, se crearon presupuestos que resultaron ser definitivos, en cuanto a la naturaleza intergubernamental de las negociaciones y del propio Mercosur.[363]

---

[362]   Malamud, Andrés. "Presidentialism and Mercosur: a hidden cause for a successful experience". Buenos Aires, 2000 (mimeo).
[363]   Vaz, Alcides C. *Cooperação, integração e processo negociador: a construção do Mercosul*. Brasilia, IBRI, 2002.

En las teorías de la integración regional, el papel de los gobiernos y de las elites está entrelazado con la disponibilidad de la sociedad en general.[364] El Mercosur, en cierto sentido, tiene características específicas. No invalida la declaración sobre el entrelazamiento, pero pone de relieve un hecho que es difícil de encontrar en otros procesos de integración. El Mercosur fue impulsado por los Jefes de Estado; en el caso de Brasil, amparado por la diplomacia, en algunos casos con apoyo de grupos del Ministerio de Hacienda, y por la ausencia de presiones y demandas de cooperación por parte de las elites y grupos de interés. Algunos sectores empresariales en los inicios de la cooperación Argentina-Brasil, a partir de 1986, adherían con interés, pero no tuvieron fuerza de sustentación a lo largo del tiempo.

En el núcleo del Estado, no se desconocen las implicaciones del formato de integración intergubernamental. Surgen indicios de haber, al menos, preocupación por los límites impuestos, ya que el bajo nivel de institucionalización parece haber sido el residuo natural de la estrategia adoptada. La verificación de los límites y las significativas implicaciones para la política internacional de Brasil no son desconocidas. Maria Regina Soares de Lima muestra que existe una erosión real de la coalición nacional, en lo que describe como el patrimonio de la política exterior de Brasil, en cuanto a la alianza estratégica con Argentina y el Mercosur.[365] Al mismo tiempo, muestra cómo esta política

---

[364]   Haas, Ernest B. *Beyond the Nation State*. Stanford, Stanford University Press, 1964; Moravcsik, Andrew. *Why the European Union Strengthens the State: Domestic Politics and International Cooperation*. Working Paper Series, n° 52, Cambridge, Center for European Studies, Harvard University, 1994.

[365]   Lima, Maria Regina Soares de. "Decisões e indecisões: um balanço da política externa no primeiro governo do presidente Lula". En: *Observatório Político Sul-Americano*. Río de Janeiro, enero de 2007. http://observatorio.iuperj.br (consulta: 10 de marzo de 2011)

había sido resultado de la convergencia de los sectores favorables a la apertura económica y a los sectores desarrollistas. Después de una trayectoria de veinte años, se puede afirmar que los sectores que formaron la coalición fueron incapaces de producir una suficiente integración política. Al contrario, debido a los intereses económicos y políticos, no quisieron darle el apoyo necesario. La escasez de recursos financieros y simbólicos invertidos confirma la conclusión: en 2006, quince años después del Tratado de Asunción, se aprueba el Fondo de Convergencia Estructural, con activos de 100 millones de dólares para mitigar las consecuencias negativas de la integración en los Estados más pequeños, Paraguay y Uruguay.

Frente a esto, se suceden los signos de preocupación debido a los límites impuestos por el tipo de integración, pero no parecen suficientes para superar las deficiencias estructurales. El presidente Lula da Silva pareció intentar acercarse al tema: "El Mercosur se encuentra frente al reto de reinventarse y atender las expectativas de todos sus miembros. Tenemos que diseñar mecanismos que atiendan de forma definitiva las asimetrías, incluso con el aporte de nuevos recursos".[366] Sabemos que, en la sociedad brasileña, esta perspectiva no sólo no tiene consenso, sino que se enfrenta a resistencias reales. En 2005, la Asamblea Legislativa de Rio Grande do Sul, en un evidente acto inconstitucional, votó a favor de bloquear la importación de arroz de Uruguay debido al daño causado a los productores riograndeses.

Según Andrew Moravcsik, la coordinación política negociada, es decir, la estructura organizativa basada en un bajo enraizamiento institucional y en negociaciones directas entre los gobiernos participantes en la integración

---

[366]   Silva, Luiz Inácio Lula da. "Declaración de Lula da Silva en la Cumbre Córdoba 2006".

regional, puede servir como una forma de control del proceso por los participantes.[367] Esto serviría como un incentivo para que los países más pequeños aceptaran participar en un bloque asimétrico y, al mismo tiempo, para que los países más grandes aceptaran la idea de la cooperación en la medida en que los riesgos de la integración serían menores, con una mínima pérdida de soberanía.

En el caso de Brasil, parece haber habido una voluntad deliberada, como veremos, en el sentido de evitar superar los compromisos iniciales o incluso los posteriores, manteniéndose en el camino de la prudencia. Al mismo tiempo, la integración regional era considerada necesaria para lograr credibilidad. Tal vez, la integración ha sido utilizada de forma selectiva; útil, en parte, en la resistencia a las negociaciones con el Área de Libre Comercio de las Américas (ALCA) y con la Unión Europea (UE), pero no necesaria en las negociaciones con la Organización Mundial del Comercio (OMC) o con la Organización de Naciones Unidas (ONU).

3. Autonomía, universalismo y la posición brasileña en el Mercosur

La diplomacia brasileña desempeñó un papel significativo en el modelo de integración construido a lo largo de los años, caracterizado por la baja institucionalización y su esencia básicamente intergubernamental. Papel central, pero no único. En Brasil, esta posición fue compartida, aunque de forma pasiva, por el conjunto del gobierno nacional en diferentes administraciones, en su esfera política y burocrática, por los empresarios, por el Congreso, los

---

[367]   Moravcsik, Andrew. "The European constitutional compromise and the neofunctionalist legacy". *Op. cit.*, p. 376.

gobernadores de los estados, etc. Como asevera Alcides Costa Vaz, si esa era la posición de Brasil, la de Argentina no era esencialmente diferente:

> En Brasil, dado su peso mayoritario en el bloque, no existía interés en ceder soberanía a un órgano supranacional, que habría diluido la capacidad de tomar las decisiones y preservar sus intereses en relación con el bloque, cuya importancia para el país extrapolaba el dominio comercial. Para Argentina, la transferencia de soberanía, en materia de política económica y comercial significaba perder, definitivamente, la capacidad de tener algún grado de libertad en la conducción de la política comercial, que era precisamente lo que el gobierno argentino trataba de proteger en aquel momento.[368]

Para Marcelo Mariano, en el caso de Brasil, se trata de un efectivo patrón de comportamiento "basado en la búsqueda de la autonomía como un principio fundamental y del desarrollo como un objetivo central."[369]

En investigaciones desarrolladas se pudo medir el bajo índice de adaptación y de sensibilidad de los gobiernos estatales y municipales de Brasil hacia los temas internacionales y de integración.[370] Hemos demostrado

---

[368]   Vaz, Alcides C. *Cooperação, integração e processo negociador: a construção do Mercosul. Op. cit.*, p. 223.

[369]   Mariano, Marcelo Passini. *A política externa brasileira, o Itamaraty e o Mercosul.* Tese de doutorado, UNESP-Araraquara, Programa de Pós-Graduação em Sociologia, 2007, p. 194.

[370]   CEDEC (Centro de Estudos de Cultura Contemporânea) e PUC-SP (Pontifícia Universidade Católica de São Paulo). "Gestão pública estratégica de governos subnacionais frente aos processos de inserção internacional e integração latino-americana". São Paulo, CEDEC/PUC-SP, diciembre de 2002, (Relatório final do Projeto Temático FAPESP) (Mimeo); CEDEC (Centro de Estudos de Cultura Contemporânea); Unesp (Universidade Estadual Paulista); PUC-SP (Pontifícia Universidade Católica de São Paulo) e FGV/SP (Fundação Getúlio Vargas, São Paulo). "Gestão pública e inserção internacional das cidades". São Paulo, CEDEC/UNESP/PUC-SP/FGV-SP, 2004 (Projeto Temático para a FAPESP) (mimeo).

que las elites políticas y administrativas regionales no consideran estas cuestiones como atinentes a la propia acción de gobierno. Esto tiene fuertes implicaciones en la política nacional, lo que se refleja en la representación parlamentaria, y conduce al no-entrelazamiento de un tema de clara repercusión en la integración regional con temas de interés nacional, por ejemplo, la reforma fiscal. Esto refuerza la tendencia según la cual Brasil buscaría siempre formas intergubernamentales, y así mantener un buen grado de autonomía.

Leticia Pinheiro considera que el grado de compromiso que el gobierno brasileño asume en los asuntos internacionales varía en función de sus recursos de poder.[371] La posición de Brasil en el entorno geográfico estará guiada por una lógica de beneficios, de usufructo de los beneficios derivados de la asimetría relativa. Así, la acción multilateral sería respaldada por una lógica de ganancias absolutas en la búsqueda de mantener la autonomía y la posibilidad de ejercicio del universalismo. Por lo tanto,

> el institucionalismo pragmático asume –y trabaja para que cuanto mayor sea la presencia brasileña en el sistema internacional a través de instituciones, mayor el acceso al desarrollo y la autonomía de acción. Sucede que, como la búsqueda de la autonomía tiene un mayor peso en la diplomacia brasileña que la búsqueda de la justicia, se admite que aquella pueda lograrse tanto a través de acuerdos de cooperación con un alto grado de institucionalización, como por otros cuyo nivel de institucionalización se mantenga deliberadamente bajo para asegurar la posición de liderazgo en el país.[372]

---

[371]   Pinheiro, Letícia. "Traídos pelo desejo: um ensaio sobre a teoria e a prática da política externa brasileira contemporânea". En: *Contexto Internacional*. IRI-PUC/RJ, vol. 22, nº 2, julio-diciembre de 2000.

[372]   Pinheiro, Letícia. "Traídos pelo desejo: um ensaio sobre a teoria e a prática da política externa brasileira contemporânea". *Op.cit.*, pp. 326-327.

Para Pinheiro, esto permite reconciliar la naturaleza hobbesiana y grociana, reforzando el institucionalismo, viabilizando la adhesión a las normas y reglas. El tratamiento gradual y variable tiene finalidades instrumentales. De este modo, es posible en el marco de un subsistema de poder, alcanzar una mayor autonomía y, al mismo tiempo, reforzar con la acción multilateral su voz propia en el sistema universal.

En las actas de las reuniones del Grupo Mercado Común, en los años iniciales, surgieron indicios que, aunque no hayan tenido consecuencias reales, deben ser interpretados como dirigidos a favorecer formas de integración donde existe superposición entre el interés nacional, el Proyecto Nacional y la integración, permitiendo la autonomía, pero sin estatus privilegiado. Por ejemplo, en 1992, el Grupo aprobó la agenda de los Ministros de Economía y los presidentes de los Bancos Centrales en la que debería ser tratada "la situación económica y el análisis de la convergencia de las políticas económicas nacionales".[373] Sin embargo, entre 1996 y 1997, periodo durante el cual se combinaron problemas comerciales específicos con importantes desacuerdos relativos a la inserción en una integración internacional, ganan peso en Brasil aquellos sectores que en la Federación de Industrias de São Paulo (FIESP), en la Confederación Nacional de la Industria (CNI), en las entidades representativas de la agroindustria, entre los altos funcionarios, en la prensa, tienen la percepción de que el Mercosur reduciría la capacidad universalista del país. Razones objetivas contribuyen a esta inflexión, pero no son objeto de nuestro análisis: el avance de las negociaciones para la creación del ALCA, el inicio de una

---

[373]   Grupo Mercado Comum: V Reunión. *Boletim de Integração Latino-americana*. Brasilia, Ministerio de Relaciones Exteriores, n° 4, enero-marzo de 1992, p. 18.

nueva ronda de negociaciones en la OMC, el inicio de la discusión sobre el papel de los países BRIC (Brasil, Rusia, India, China). Estas negociaciones o directrices no necesariamente deberían debilitar el Mercosur. No obstante, esto terminó sucediendo pues, como hemos visto, la idea de integración nunca llegó a ser asimilada con la profundidad adecuada por el conjunto de las elites brasileñas.

La potencial perspectiva de ganancias de escala en términos económicos y comerciales estimuló la concentración de esfuerzos en la búsqueda de acceso a mercados más amplios y provocó el retorno de los temas de autonomía y universalismo, que nunca fueron abandonados, con un sentido restringido con relación al Mercosur. El principal argumento utilizado fue la necesidad de garantizar la libertad de actuar en el sistema internacional. Sólo la relación con la Unión Europea parece evolucionar en un sentido diferente, dada la decisión de la Unión de negociar con el Mercosur, no por separado con cada país.

A partir del siglo XXI, los gobiernos de Kirchner y Lula da Silva no tienen signos ideológicos muy diferentes; sin embargo, esto no facilitó la profundización del Mercosur, aunque haya permitido políticas comunes en casos específicos. La concordancia entre los dos gobiernos sobre algunos temas demuestra algunas identidades, pero no suficientes para impulsar formas de integración con acciones de cooperación que profundicen de modo irreversible el proceso. En el marco de referencia conceptual del Estado brasileño, existe esa preocupación, pero no logra convertirse en realidad. De acuerdo a Celso Amorim,

> la piedra angular [de la integración regional] es la relación bilateral con Argentina. La gran convergencia de los puntos de vista de los presidentes Lula y Kirchner sobre los problemas más urgentes que enfrentamos fue expresa en el Consenso de Buenos Aires, aprobado en octubre de 2003. Este documento refleja nuestra aspiración común de cre-

cimiento económico unido a la justicia social, y manifiesta nuestra determinación de transformar el bloque comercial Mercosur [...] en un catalizador para la construcción de un futuro compartido.[374]

En situaciones específicas, las referencias conceptuales producen resultados comunes. En la Cumbre de Jefes de Estado de las Américas, en Mar del Plata, en 2005, hubo acuerdo en la acción de aplazar *sine die* las negociaciones del ALCA, contrariando lo que parecía ser de interés, al menos de una parte de la administración estadounidense.

En el caso brasileño, las dificultades de integración no pueden ser atribuidas únicamente al gobierno. Existe en la sociedad un interés reducido y, en algunos casos, abiertamente contrario hacia el Mercosur y su posible profundización. Por ejemplo, en un encuentro celebrado en noviembre de 2004, que reunió a empresarios de diferentes segmentos y entidades como FIESP, Abicalçados (Asociación Brasileña de Fabricantes de Calzado), Eletros (Asociación Nacional de Fabricantes de Productos Eléctricos y Electrónicos) y la AEB (Asociación Brasileña de Comercio Exterior), se demostró que el rechazo al bloque regional era amplio. Las discusiones giraron en torno a la idea de defender un paso atrás en el Mercosur: existe un intenso debate entre los empresarios sobre la necesidad de retroceder de una unión aduanera imperfecta y perforada a una zona de libre comercio. Según los representantes de esas entidades, el Mercosur sería un ancla que tendría Brasil en las negociaciones internacionales, dificultando acuerdos con Estados Unidos y la Unión Europea.[375]

---

[374]   Amorim, Celso. Entrevista del Embaixador Celso Amorim a la Revista CNI - Indústria Brasileira, 2004.l. http://www.mre.gov.br/portugues/politica_externa/discursos/discurso_detalhe.asp?ID_DISCURSO=2175, (consulta: 10 de noviembre de 2010)

[375]   Valor Econômico. "Empresários defendem um passo atrás no Mercosul". São Paulo, 16 de noviembre de 2004.

El análisis que resulta de las preocupaciones empresariales confirma esta tendencia a la reducción del significado de la integración en Brasil. Se nota en el sector empresarial un interés en reducir el papel que el Mercosur tiene en la política exterior y como referencia para una parte de la estrategia económica y comercial internacional. Los valores de autonomía y universalismo se imponen.

El estudio de la política de integración regional desde el punto de vista de Brasil implica comprender el papel del Ministerio de Relaciones Exteriores y las formulaciones de los funcionarios, lo cual explica el porqué de la continuidad de la posición del país en relación al Mercosur; una razonable estabilidad en la conducción del proceso, junto con la incorporación de bloqueos que se producen paralelamente desde un patrón de política exterior y del interés/ desinterés de la sociedad civil y de las fuerzas políticas. La suma de estos factores tiene consecuencias aparentemente paradójicas: por un lado, permite una cierta estabilidad, por otro, junto con las consecuencias de la prevalencia presidencial, obstaculiza exactamente el desencadenamiento del fenómeno de *spillover*, considerado por los neo-funcionalistas como determinante para la afirmación de la integración. De igual manera, tampoco se fortalecieron en la medida necesaria los lazos intergubernamentales. En el caso brasileño, la baja intervención del Congreso, en general la aprobación sin mayor discusión de los proyectos del gobierno, termina dificultando la porosidad de las ideas. Cuando en la sociedad se desarrollan otros intereses y posiciones, se presentan no sólo en forma de propuestas, sino que surgen como resistencia. En el caso del Mercosur, la posición del gobierno, que busca una continuidad de baja intensidad, parece atender las expectativas promedio y las necesidades de las elites brasileñas, tanto dentro como fuera del Estado.

4. Motivos de la política brasileña respecto a la supranacionalidad

Debemos considerar que los conceptos de autonomía y universalismo que se encuentran en parte de las elites y de la memoria institucional del Ministerio de Relaciones Exteriores plantean cuestionamientos sobre el Mercosur. La debilidad de los grupos epistémicos pro-integración permitió el fortalecimiento de otros que, si bien no se oponen a ella, destacan las ideas, proyectos e intereses que no convergen en ella y no la fortalecen. La percepción, cierta por otra parte, de que, en la medida en que se proyecta una mayor profundización del bloque, se produce una pérdida de soberanía y autonomía en la relación de Brasil con el mundo, nunca ha desaparecido y terminó siendo un componente importante de la acción del Estado y de la sociedad. En consecuencia, se rechaza una opción que parece limitar el movimiento internacional de Brasil y es contraria al universalismo: resulta una posición que establece límites al Mercosur. Maria Regina Soares de Lima[376] afirma que el patrón brasileño de relación con el Mercosur ha sido similar al adoptado en otros aspectos de la política exterior: contrario a la profundización de la institucionalización, prevaleciendo la aspiración de convertir al país en un actor internacional relevante y con la creencia, presente de forma especulativa en la relación con Argentina, en la especificidad en comparación con otros países de América Latina. Las elites del país han sido educadas en esta cultura política.

En cuanto al objetivo que nos hemos fijado de discutir las razones estructurales de la política de integración brasileña, es interesante mostrar la racionalidad, de acuerdo

---

[376] Lima, Maria Regina Soares de. "Ejes analíticos y conflicto de paradigmas en la política exterior brasileña". En: *América Latina/Internacional*, vol. 1, n° 2, 1994.

con un punto de vista, de la posición de defensa de los principios de autonomía y soberanía. Paul Pierson considera que los gobiernos, cuando delegan determinadas tareas a las instituciones u organismos comunitarios regionales, con el tiempo tienden a perder el control del proceso de integración debido a estas instituciones.[377] Las instituciones u organismos regionales abrirían espacios para que nuevos actores nacionales participaran en la toma de decisiones, sin intermediación de los gobiernos, un hecho que tiende a fortalecerlas y darles nuevas fuentes de legitimidad. Una vez alcanzada, por esa institución u organismo, una cierta autoridad en el proceso de integración, se hace difícil para los gobiernos hacerlas retroceder, lo que permitiría la recuperación del poder original de los Estados parte. El costo de esta acción de recuperación, en cierto sentido, inviabilizaría su concretización. Gradualmente, la dinámica decisoria de la integración tiende a adquirir una mayor autonomía de los Estados-nacionales. Así, se puede entender la baja disposición de Brasil en cuanto al fortalecimiento institucional del bloque, que se traduce en la defensa constante del intergubernamentalismo, ya que el Estado, por las razones expuestas, no parece concebir la posibilidad de perder el control del proceso. Como analiza Philippe Schmitter en el caso de la UE, el nivel de convencimiento y el consenso para crear vías que modifiquen las creencias arraigadas, no sólo es complejo, sino que consume mucho tiempo.[378]

La estructura del bloque, definida en el Tratado de Asunción de 1991, concentra el poder decisorio y la

---

[377] Pierson, Paul. "The Path to European integration: a Historical-Institutionalist Analysis". En: Sandholtz, Wayne y Sweet, Alec Stone (eds.). *European integration and supranational governance.* New York, Oxford University Press, 1998, pp. 27-58.

[378] Schmitter, Philippe C. "Neo-neo-functionalism". En: Wiener, Antje y Diez, Thomas (eds.). *European integration theory.* Oxford, Oxford University Press, 2003, pp. 45-74.

gobernabilidad en el Consejo del Mercado Común (CMC), que incluye a los Presidentes y Ministros de Relaciones Exteriores y Economía, atribuyendo al Grupo Mercado Común (GMC), integrado por Viceministros de Relaciones Exteriores o Sub-secretarios, la dirección ejecutiva de la integración. Esta ingeniería institucional ha demostrado ser, por un lado, eficaz, pero, por otro, inadecuada para permitir el desarrollo de un cuerpo que pueda acumular afinidades.

Un Mercosur más institucionalizado parece no servir a los intereses de una parte considerable de las elites, los grupos sociales, económicos y regionales, y sectores políticos, que consideran que sus necesidades son satisfechas en la estructura actual. Redimensionados los objetivos, se mantiene el interés en aumentar el comercio y, en algunos casos, aumentar la inversión transfronteriza, como es el caso de Petrobras, Banco Itaú, Bunge, Gerdau, AmBev y otras empresas. Al mismo tiempo, el bloque mantiene cierto significado, en algunas circunstancias. Es útil parcialmente en las relaciones con Estados Unidos, tiene importancia en las relaciones con la Unión Europea, en parte, en el caso de las negociaciones de la OMC y en algunas negociaciones con países emergentes, en especial en el diálogo de bloque a bloque. Sin embargo, se evita tomar posiciones que para algunos puedan limitar las posibilidades abiertas de una mayor autonomía y una mayor universalidad. Por lo tanto, como señalan Botafogo Gonçalves y Mauricio Lyra, "el gran obstáculo, en Brasil y Argentina, para una efectiva 'inversión' en el proyecto del Mercosur es la ambigüedad con la que, más allá de la retórica del discurso a favor de la integración, los diversos sectores de las dos sociedades y los dos gobiernos evalúan el bloque".[379]

---

[379]   Gonçalves, José Botafogo y Lyra, Maurício Carvalho. "Aliança estratégica entre Brasil e Argentina: antecedentes, estado atual e perspectivas". Río de Janeiro, Centro Brasileiro de Relações Internacionais, año 2 2003 (Dossiê CEBRI, vol. 2), p. 14. www.cebri.org.br.

5. Consideraciones finales

En un intento de extraer conclusiones a partir del análisis que hicimos de las razones de la posición brasileña frente al Mercosur, se debe tener en cuenta que las naturales aspiraciones protagónicas y universalistas de las elites del país implican la necesidad de ser libres de actuar con facilidad en la arena internacional, sin acuerdos restrictivos en el ámbito regional y sin los condicionamientos que se derivarían de las necesarias concesiones a los socios de menor poder. Nuestro análisis sugiere claramente que no existe en la sociedad brasileña la densidad adecuada que estimule la profundización de la integración. Consideramos que por más que el Mercosur figure en lo alto de las prioridades del Estado, el Ministerio de Relaciones Exteriores, de hecho, ha dudado en pagar los costos y enfrentar las asimetrías existentes. El sistema político brasileño, la representación parlamentaria, la pobreza en muchas regiones y localidades, contribuye a ello. Como señala Marcelo Mariano:

> La expansión combinada con un bajo compromiso gubernamental, en el sentido de trabajar las asimetrías existentes, condujo a una integración que no puede ser demasiado ambiciosa en cuanto a su grado de profundización. Al mismo tiempo, el límite dado por una unión aduanera que no se consolida y las dificultades inherentes en la gestión de nuevas demandas derivadas de esta situación pueden convertir la integración en algo poco atractivo para los gobiernos e importantes sectores domésticos involucrados, creando una situación de impase que llevaría al fortalecimiento de fuerzas desintegradoras, que por cierto parece ser la etapa actual del bloque.[380]

---

[380] Mariano, Marcelo Passini. *A política externa brasileira, o Itamaraty e o Mercosul. Op. cit.*, p. 194.

En Brasil predomina una baja sensibilidad en cuanto a la cuestión regional, que se explica por el atractivo que tienen los problemas internos en un país continental. Botafogo Gonçalves y Mauricio Lyra consideran que "en la Argentina, para bien o para mal, Brasil es un tema: es asunto cotidiano, materia permanente de la prensa. En Brasil, por el contrario, la Argentina despierta mucho menor interés, salvo en momentos de crisis aguda".[381]

Para la sociedad brasileña, para su elite, entender las perspectivas del Mercosur tiene que ver con el debate sobre el futuro de la posición de Brasil en el mundo. Como discutimos, se plantea la necesidad de definir mejor si la integración se debe considerar útil e importante. Si la respuesta es positiva, se trata de verificar la disponibilidad de asumir los costos de la misma. Asumiendo la necesidad de un *paymaster* en la integración,[382] a continuación, correspondería a Brasil este papel, lo cual conduciría a un nuevo desarrollo analítico: la capacidad o no para desempeñar este papel. Para los países pobres, existen límites objetivos, pagar los costos puede estar más allá de la capacidad de hacerlo. Walter Mattli afirma que el papel de *paymaster* no se relaciona sólo con la economía, sino que también tiene que ver con otros parámetros, tales como la delegación de algunas funciones a instituciones comunitarias, lo que significa aceptar y confiar en la integración regional, considerándola parte de la política interna.[383] Algunas medidas, como la creación del Fondo para la Convergencia Estructural del Mercosur (FOCEM), con aproximadamente $ 250 millones, estarían en la perspectiva de fortalecer

---

[381]   Gonçalves, José Botafogo y Lyra, Maurício Carvalho. *Aliança estratégica entre Brasil e Argentina: antecedentes, estado atual e perspectiva. Op. cit.*, p. 21.

[382]   Mattli, Walter. *The logic of regional integration: Europe and beyond.* Cambridge: Cambridge University Press, 1999, p. 216.

[383]   *Ídem.*

la integración, así como la creación del Parlamento del Mercosur, en sustitución de la Comisión Parlamentaria Conjunta. Sin embargo, la pequeña dimensión de las acciones económicas y políticas parece confirmar el análisis que hemos desarrollado en el sentido de que en el bloque del Cono Sur no han surgido los supuestos que tanto los funcionalistas como los intergubernamentalistas identificaron, en interpretaciones en conflicto, en la Unión Europea.

Un eventual retroceso del Mercosur hacia una zona de libre comercio, que tuvo eco en importantes sectores sociales en Brasil, a nuestro juicio, al contrario de lo que supone una lectura particular del universalismo, debilita el poder de negociación del país y del Mercosur en el sistema internacional. Una mayor institucionalización del bloque, como se analizó, significaría costos para Brasil, pero también debe tenerse en cuenta los costos de la no institucionalización, además de la carga derivada de la situación de incertidumbre existente al menos desde 1997, quizás innata al proceso.

A partir del análisis que hemos desarrollado, surge la necesidad de acuerdos que permitan medidas comprometidas con algún grado de supranacionalidad, es decir, acciones, reglas, normas que garanticen la profundización del bloque. Esto implica la reelaboración de los conceptos fundamentales de la política brasileña, es decir, autonomía y universalismo, para que puedan absorber los principios de integración, incluso la idea de asociación de objetivos.[384] Significa también la creación y el fomento de una cultura de valoración de las ganancias a largo plazo y alguna aceptación de los costos a corto plazo. Si el Mercosur, como señalan los documentos, es la base de la estrategia de inserción internacional de Brasil, es necesario que esa

---

[384] Nardin, Terry. Lei, moralidade e as relações entre os Estados. *Op. cit.*, p. 344.

base alcance niveles razonables de afirmación. Algo similar se debe producir en las relaciones con Argentina, las únicas declaradas como estratégicas en documentos de la República.

Las políticas sectoriales industriales de integración, las acciones de apoyo a las cadenas productivas regionales, la mejora de los instrumentos institucionales diseñados en los años ochenta, cuando se firmaron los 24 protocolos sectoriales dentro del Programa de Integración y Cooperación Económica (PICE), de 1986, permitirían atenuar las asimetrías y una lógica que tiende a favorecer la asignación de recursos donde existen mayores potencialidades de mercado. Esto exige cambiar el sistema de toma de decisiones, en otras palabras, fortalecer la normatividad y la regulación a través de organismos que sean aptos y legítimos. Sin embargo, y tal como se discute en este texto, estas propuestas no logran enraizar en la sociedad brasileña, en virtud de intereses y visiones del mundo de las elites, la sociedad y el Estado.

Bibliografía

Amorim, Celso. "Entrevista del Embaixador Celso Amorim a la Revista CNI - Indústria Brasileira", 2004.l, http://www.mre.gov.br/portugues/politica_externa/discursos/discurso_detalhe.asp?ID_DISCURSO=2175, (consulta: 10 de noviembre de 2010)

Cardoso, Fernando Henrique y Soares, Mário. *O mundo em português: um diálogo*. São Paulo, Paz e Terra, 1998.

Cardoso, Fernando Henrique. "Discurso del Señor Presidente da República, Fernando Henrique Cardoso, en la apertura de la III Cumbre de las Américas". Québec, 20 de abril de 2001.

CEDEC (Centro de Estudos de Cultura Contemporânea) y PUC-SP (Pontifícia Universidade Católica de São Paulo). "Gestão pública estratégica de governos subnacionais frente aos processos de inserção internacional e integração latino-americana". São Paulo, CEDEC/ PUC-SP, dez., 2002, 568 pp. e Anexos (Relatório final do Projeto Temático FAPESP), (mimeo).

CEDEC (Centro de Estudos de Cultura Contemporânea); UNESP (Universidade Estadual Paulista); Puc-SP (Pontifícia Universidade Católica de São Paulo) e FGV/ SP (Fundação Getúlio Vargas, São Paulo). "Gestão pública e inserção internacional das cidades". São Paulo, CEDEC/UNESP/PUC-SP/FGV-SP, (Projeto Temático para a FAPESP), 2004, (mimeo).

Flecha de Lima, Paulo Tarso. "Dados para uma reflexão sobre a política comercial brasileira". En: Fonseca Jr., Gelson y Leão, Valdemar Carneiro (orgs.). *Temas de política externa brasileira*. Brasilia, Fundação Alexandre de Gusmão/IPRI/Ed. Ática, 1989, pp.27-43.

Fonseca Jr., Gelson. *Legitimidade e outras questões internacionais: política e ética entre as nações*. São Paulo, Paz e Terra, 1998.

Gonçalves, José Botafogo y Lyra, Maurício Carvalho. *Aliança estratégica entre Brasil e Argentina: antecedentes, estado atual e perspectiva*. Rio de Janeiro: Centro Brasileiro de Relações Internacionais, año 2. Dossier CEBRI, vol. 2, 2003. www.cebri.org.br (consulta: 17 de agosto de 2006)

Grupo Mercado Comum: V Reunión. *Boletim de Integração Latino-americana*. Brasília: Ministério das Relações Exteriores, no. 4, enero-marzo de 1992, pp. 17-19.

Guimarães, Samuel Pinheiro. "Los tres años del gobierno del presidente de Brasil Luiz Inácio Lula da Silva". En: *La Onda Digital*.http://www.uruguay2030.com/ LaOnda/LaOnda/277/Recuadro2.htm (consulta: 12 de mayo de 2006)

Haas, Ernest B. *Beyond the Nation State*. Stanford, Stanford University Press, 1964.

Kume, J. A. y Piani, Guida. "Mercosul: o dilema entre união aduaneira e área de livre-comércio". En: *Revista de Economia Política*, vol. 25, nº 4 (100), octubre-diciembre de 2005, pp. 370-390.

Lafer, Celso. "A política externa brasileira no governo Collor." En: *Política Externa*. São Paulo, vol. 1, nº4, 1993, pp. 95-105.

Lafer, Celso. *A identidade internacional do Brasil e a política externa brasileira: passado, presente e futuro*. São Paulo, Perspectiva, 2004.

Lampreia, Luiz Felipe. "Seminário sobre Mercosul". En: *Resenha de Política Exterior do Brasil*. Brasília, año 21, nº 76, septiembre de 1995, pp. 2-12.

Lima, Maria Regina Soares de. "Ejes analíticos y conflicto de paradigmas en la política exterior brasileña". En: *América Latina/Internacional*, vol. 1, nº 2, 1994, pp. 27-46.

Lima, Maria Regina Soares de. "Na trilha de uma política externa afirmativa". En: *Observatório da Cidadania*. Rio de Janeiro, IBASE, 2003.

Lima, Maria Regina Soares de. (2007). "Decisões e indecisões: um balanço da política externa no primeiro governo do presidente Lula". En: *Observatório Político Sul-Americano*, Rio de Janeiro, enero de 2007. http://observatorio.iuperj.br (consulta: 10 de marzo de 2011)

Malamud, Andrés. "Presidentialism and Mercosur: a Hidden Cause for a Successful Experience". Buenos Aires, 2000 (mimeo).

Mariano, Marcelo Passini. *A política externa brasileira, o Itamaraty e o Mercosul*. Tese de Doutorado, UNESP-Araraquara, Programa de Pós-Graduação em Sociologia, 2007.

Mattli, Walter. *The Logic of Regional Integration: Europe and Beyond,* Cambridge: Cambridge University Press, 1999.

Mello, Flávia de Campos. *Regionalismo e inserção internacional: continuidade e transformação da política externa brasileira nos anos 90.* Tese de doutorado. São Paulo: Faculdade de Filosofia, Letras e Ciências Humanas da Universidade de São Paulo, 2000.

Ministerio das Relações Exteriores, *Brasil, Argentina, Uruguai e Paraguai criam Mercado Comum do Sul.* Brasília, Resenha de Política Exterior do Brasil, n°. 68, 1991.

Moravcsik, Andrew. *Why the European Union Strengthens the State: Domestic Politics and International Cooperation.* Cambridge, Center for European Studies, Harvard University, Working Paper Series, n° 52, 1994.

Moravcsik, Andrew. "The European Constitutional Compromise and the Neo-functionalist Legacy". En: *Journal of European Public Policy.* Londres, vol. 12, n° 2 abril 2005, pp. 349-386.

Nardin, Terry. *Lei, moralidade e as relações entre os Estados.* Rio de Janeiro, Forense-Universitária, 1987.

Peña, Félix. "O Mercosul e suas perspectivas: uma opção pela inserção competitiva na economia mundial". Bruxelas, 1991, (mimeo).

Pereira, Luiz Carlos Bresser. "Contra a corrente no Ministério da Fazenda". En: *Revista Brasileira de Ciências Sociais.* São Paulo, n° 19, 1992, pp.5-30.

Pierson, Paul."The Path to European Integration: a Historical-Institutionalist Analysis". En: Sandholtz, Wayne y Sweet, Alec Stone (eds.). *European Integration and Supranational Governance.* New York, Oxford University Press, 1998, pp. 27-58.

Pinheiro, Letícia. "Traídos pelo desejo: um ensaio sobre a teoria e a prática da política externa brasileira contemporânea". En: *Contexto Internacional*. IRI-PUC/ RJ, vol. 22, n° 2, julio-diciembre de 2000, pp. 305-340.

Przeworski, Adam. "A falácia neoliberal". En: *Lua Nova*. São Paulo, Cedec, n° 28/29, 1993, pp. 209-225.

Sallum Jr, Brasílio. "O Brasil Sob Cardoso: Neoliberalismo e Desenvolvimentismo". En: *Tempo Social*, vol. 11, n° 2, San Pablo, 1999, pp. 26-51.

Schmitter, Philippe C. "Neo-neo-functionalism". En: Wiener, Antje y Diez, Thomas (eds.). *European Integration Theory*. Oxford, Oxford University Press, 2003, pp. 45-74.

Silva, Luiz Inácio Lula da. *Declaración de Lula da Silva en la Cumbre Córdoba*, 2006. http://www.cta.org.ar/ base/article4891.html (consulta: 20 de marzo de 2011)

Valor Econômico. "Empresários defendem um passo atrás no Mercosul". San Paulo, 16 de noviembre de 2004.

Vaz, Alcides C. *Cooperação, integração e processo negociador: a construção do Mercosul*. Brasília, IBRI, 2002.

MENEM Y LOS KIRCHNER: CONTINUIDADES Y RUPTURAS EN EL MERCOSUR

Alberto J. Sosa

Este trabajo analiza las continuidades y rupturas existentes entre las presidencias de Carlos Menem (1989-1995/1995-1999), por un lado, y la de Néstor Kirchner (2003-2007) y Cristina Fernández Kirchner (2007-2010), por el otro, con respecto al Mercosur. Se toma en cuenta el clima de ideas predominante en cada una de las etapas, la situación nacional y la visión política de los respectivos gobiernos.

El periodo de Menem se desenvolvió en un contexto de expansión de la globalización de los mercados, luego del colapso soviético y de los países del "socialismo real". Las presidencias del matrimonio Kirchner, en cambio, se despliegan en un contexto internacional y regional diferente. Las principales características de América del Sur en la primera década del tercer milenio son la declinación de las políticas neoliberales, la creciente demanda asiática de *commodities* agroalimentarios, minerales y energéticos y el ascenso al gobierno, en distintos países, de coaliciones electorales de sesgo progresista.

Tanto Menem como Néstor Kirchner comenzaron sus respectivos mandatos en medio de situaciones críticas. Menem tuvo que lidiar con una economía en crisis y los efectos de la hiperinflación, desencadenada en el último año de la gestión presidencial de Alfonsín (1989) por los grupos económicos más concentrados de la Argentina, en un típico "golpe de mercado". Esa situación ocasionó la renuncia de Alfonsín y la convocatoria a elecciones anticipadas. Mientras que, a su turno, Néstor Kirchner tuvo a sus espaldas las imágenes y las consecuencias del colapso del 2001-2002, resultado del estallido de la convertibilidad y el creciente endeudamiento externo.[385] Si bien los dos arribaron al poder en momentos de agudo desquicio económico, financiero, político y social, lograron mantener y reproducir el orden y la gobernabilidad en un país harto conflictivo.[386]

En la teoría de la integración existen dos modelos que, en tanto "tipo ideales", ayudan a explicar las características y el alcance de estos procesos: el Organizativo y el Asociativo.[387] En este capítulo se analiza a cuál de estos tipos ideales de integración se inclinaron los gobiernos de Menem y a cuál los Kirchner.

El primer modelo se caracteriza por la adhesión de actores de distinta capacidad y potencialidad (heterogeneidad) a una organización en la que los mayores controlan y condicionan a los menores (verticalidad) y en la que se produce un reparto inicuo de los resultados económicos, políticos y sociales (injusticia). La división internacional del trabajo y de las actividades económicas es una expresión de este modelo, inspirado en una concepción ricardiana. Actualmente, el modelo organizativo se manifiesta a través de esquemas como el Tratado de Libre Comercio de América del Norte (TLCAN), los Tratados de Libre Comercio (TLC), los Acuerdos Marco de Comercio e Inversión (TIF),[388] los Tratados Bilaterales de Inversiones (TBI), etc. En este modelo existe la imposición de un de-

---

[385] Domingo Cavallo, Ministro de Economía de Menem, que había prohijado la convertibilidad, fue convocado para el mismo cargo por el entonces presidente Fernando de La Rúa para que controlara la bomba de tiempo que había encendido, la cual estalló en las manos del "padre fundador" de la convertibilidad.

[386] Abraham, T. *Menem, Kirchner y Cristina*, 20 de enero de 2011. http://www.perfil.com (consulta: 14 de febrero de 2011)

[387] Galtung, Johan. "Una teoría estructural de la integración". En: *Revista de la Integración* BID/ INTAL, n° 5, noviembre de 1969, pp.11-49.

[388] Siglas en inglés.

terminado "Orden", que favorece a algún actor, o actores, específico que perjudica y subordina a los demás. En el segundo modelo, los integrantes tienen similares problemas y objetivos (homogeneidad), detentan capacidades y potencialidades relativamente análogas (horizontalidad) y se intenta repartir los resultados de modo equitativo (justicia).

El modelo Asociativo suele ser funcional a una visión de Regionalismo Protegido (RP), como en el caso de la UE, que prosperó bajo el marco normativo del Acuerdo General de Aranceles y Comercio (GATT). La extensión automática de la cláusula de la nación más favorecida era su piedra angular. Sin embargo, su artículo XXIV estipulaba una excepción a la regla al admitir que Estados vecinos pudieran configurar zonas de libre comercio y uniones aduaneras (RP), a través de la "cláusula de habilitación". El Mercosur recurrió a esta figura, invocando la normativa de la ALADI (Asociación Latinoamericana de Integración).

Por su parte, el modelo Organizativo es funcional a una visión de Regionalismo Abierto (RA), preconizado por el *establishment* mundial. Esta visión prosperó en los años noventa, instalándose como "ideología ambiental" en casi todo el planeta a partir de la Ronda Uruguay del GATT que creó la OMC (Organización Mundial del Comercio).

A pesar de las notables diferencias internacionales, nacionales y doctrinarias entre ambos periodos, el de Carlos Menem y el de los Kirchner (particularmente el de Néstor Kirchner), coincidieron en su adhesión al realismo político para acceder y mantener el gobierno, reproduciendo y acrecentando el poder.

1. Etapa menemista

Cuando Menem asumió la presidencia se encontró frente a complejos desafíos de carácter externo e interno.

Por un lado, los profundos cambios en el sistema mundial: la caída del Muro de Berlín (1989), la reunificación de Alemania (1990) y el derrumbe de la Unión Soviética (1991). La bipolaridad que sucedió a la Segunda Guerra Mundial se había transformado en un esquema unipolar que expandía la libertad de los mercados y, a veces, también la competición electoral y la democracia, a los territorios que habían estado controlados por la Unión Soviética y a otros confines del planeta.

El capitalismo devino casi el único modo de producción y gestión de las múltiples economías domésticas del mundo en las que se desarrollaba un acelerado proceso de concentración financiera, productiva y comercial, con perjudiciales consecuencias para el sector laboral. A su vez, el Fondo Monetario Internacional (FMI), la Organización Mundial del Comercio (OMC) y el Banco Mundial (BM),[389] bajo control y hegemonía de un selecto grupo de países, condicionaban con sus "recomendaciones" la gestión e inserción externa de las economías medianas y pequeñas, a través de la unificación de los mercados y el incremento del lucro de las corporaciones privadas de los Estados desarrollados.

El Presidente argentino de entonces no dudó en el alineamiento automático del país con Estados Unidos y continuó la política de alianza con Brasil, impulsada por su predecesor Raúl Alfonsín, aunque con importantes cambios. La alianza estratégica y el crecimiento conjunto y simétrico, sin división ricardiana, de la etapa Alfonsín-Sarney fue sustituida por una acelerada reducción de los aranceles que intensificó los intercambios mercantiles bilaterales.

---

[389]   Dichas entidades tienen una composición multilateral, aunque se caracterizan por un estilo de conducción centralizado en un "selecto" grupo de países.

En la década menemista se profundizaron las políticas económicas impulsadas durante la dictadura militar (1976-1983); así fue que se privatizaron y/o extranjerizaron empresas emblemáticas como Yacimientos Petrolíferos Fiscales (YPF) (petrolera estatal y 1ª en el ranking de firmas industriales por su facturación);[390] se liquidó el Banco Nacional de Desarrollo; y el régimen estatal de jubilaciones y pensiones fue transferido al sector privado de Administradoras de Fondos de Jubilaciones y Pensiones (AFJP).

El "realismo periférico" que guió la política exterior de Menem lo impulsó a acompañar "simbólicamente" la coalición militar liderada por Estados Unidos y bajo mandato de la Organización de la Naciones Unidas (ONU), que invadió y participó en el bloqueo a Irak (1991), rompiendo con la tradición de neutralidad del país ante los conflictos bélicos; a devenir en aliado extra-regional de la Organización del Tratado del Atlántico Norte (OTAN) (único país latinoamericano que ostenta dicho rango); a someter el plan nuclear del país a la supervisión internacional de la Agencia Internacional de Energía Atómica (AIEA), aproximándolo a las posiciones de no proliferación de los países miembros del exclusivo club atómico;[391] a desmantelar y destruir el proyecto Cóndor II que desarrollaba una sensitiva tecnología nacional, por las presiones recibidas por parte del gobierno de Estados Unidos, que lo consideraba una amenaza a la política de control misilístico internacional;[392] al retiro de la Argentina del Movimiento

---

[390]   Schvarzer, Jorge. "Cambios en el liderazgo industrial argentino en el periodo de Martinez de Hoz". En: *Desarrollo Económico. Revista de Ciencias Sociales,* vol 23, n° 91, octubre-diciembre de 1983, p. 396 y pp. 418-421.

[391]   Argentina adhiere al Tratado de Tlatelolco (1994) y al Tratado de No Proliferación Nuclear (1995). Igual conducta asumieron Brasil y Chile.

[392]   El desmantelamiento final se concretó a partir de enero de 1993.

de No Alineados;[393] a modificar el sentido del voto de la Argentina en la Asamblea General de la ONU que, en los años anteriores, contradecía al de Estados Unidos, instituyendo un nuevo perfil votando de acuerdo a criterios afines a los de la primera potencia mundial.

Según explicitó el entonces canciller Guido Di Tella (noviembre de 1991), la política exterior tenía cuatro prioridades geográficas o centros de atención: 1°) Estados Unidos; 2°) los países limítrofes (Brasil, Chile, Paraguay, Uruguay y Bolivia); 3°) Europa; y 4°) Japón.

La convertibilidad[394] decretada por el gobierno argentino estrechó la relación con Estados Unidos y lo distanció del Mercosur. Con esta decisión, la administración del presidente Menem renunció al uso de uno de los principales atributos de un Estado: "acuñar moneda" y declinó la facultad de devaluar la misma para mejorar las posibilidades de acceso de los bienes exportables de su país a mercados foráneos, así como para proteger la producción y el trabajo locales. Por su parte, el déficit fiscal y comercial[395] fue "enjugado" por medio del endeudamiento en moneda extranjera, con el beneplácito de las entidades financieras multilaterales y la banca privada transnacional. La apertura unilateral e indiscriminada dañó al sector industrial y a los trabajadores que empleaba.

---

[393] Argentina adhirió al MONOAL como Observador en 1964 y como Miembro Pleno en 1973. Cf. Sosa, Alberto J. *Argentina en el Movimiento de No Alineados*. 1998. http://www.amersur.org.ar (consulta 14 de febrero de 2011)

[394] Luego de una inflación galopante desatada en 1989 y también en 1990-1991, la Ley n° 23.928 estableció que un peso argentino sería equivalente a un dólar estadounidense. En distintos momentos de la gestión de Menem se aludió a la posibilidad de que Argentina "dolarice" su economía, pero no se llegó a esa instancia. El Salvador, Ecuador y Panamá tienen sus economías "dolarizadas".

[395] Argentina tuvo déficit en la balanza comercial en 1992-1994 y en 1997-199.

Persuadido de que se había modificado el eje de los asuntos mundiales y acelerado la unificación de los mercados, Menem aprovechó el fin de la bipolaridad y el descrédito de las Fuerzas Armadas, involucradas en prácticas de terrorismo estatal, para derogar la casi centenaria ley de servicio militar obligatorio.[396] En consecuencia, redujo su presupuesto debilitándolas y subordinándolas al poder constitucional que él representaba. Dada la experiencia reciente de la Argentina en materia de violaciones a los derechos humanos y a la caducidad de las hipótesis de conflicto con Brasil y Chile, el gobierno de Menem dispuso que las fuerzas militares argentinas participaran en operaciones militares y humanitarias conducidas por la ONU. No obstante y si bien lo intentó, no consiguió que Argentina se convirtiese en miembro pleno de la OTAN ni que participara en una eventual intervención multilateral en el conflicto de Colombia.[397]

1.1. Las relaciones con Brasil: ¿sólo alianza comercial?

Los entonces presidentes Carlos Menem (Argentina), Fernando Collor de Mello (Brasil), Andrés Rodríguez (Paraguay) y Luis Alberto Lacalle (Uruguay) firmaron el Tratado de Asunción el 26 de marzo de 1991 para constituir el Mercosur. La alianza de Argentina con Brasil se consolidó en materia comercial porque la visión de ambos Presidentes era parecida. Así fue que admitieron la relevancia de las fuerzas del mercado, el achicamiento del Estado y el avance de un proceso de globalización, al cual estimaban inevitable. Por ello abandonaron algunos de los acuerdos alcanzados por sus predecesores.

---

[396] Ley 4301 de 1901.
[397] Moniz Bandeira, Luiz Alberto. *Argentina, Brasil y Estados Unidos. De la Triple Alianza al MERCOSUR*. 1ª edición. Buenos Aires, Grupo Editorial Norma, 2004, p. 483.

Los dos vecinos tenían economías complementarias; Argentina producía agroalimentos de clima templado y Brasil de clima cálido. Brasil disponía del principal parque industrial latinoamericano, mientras que Argentina había sometido su economía a un casi inédito proceso de desindustrialización durante la última dictadura militar (1976-1983). Cabe destacar que durante el mandato del presidente Menem se profundizaron y expandieron dichas políticas, bajo la cobertura doctrinaria del Consenso de Washington.[398]

Luego, la sincronía de los Planes Real[399] y de Convertibilidad garantizó una estabilidad transitoria que intensificó las transacciones comerciales bilaterales. Argentina durante la mayor parte de la década de los 90 mantuvo un superávit con Brasil y también con Paraguay y con Uruguay. Por otra parte, sus productos exportables no resultaban tan competitivos en otros mercados por la sobrevalorización de la moneda local y también, en parte, por las trabas vigentes en las transacciones agrícolas y agroindustriales, que involucraban especialmente a los países de la Tríada (Estados Unidos, la Unión Europea – UE– y Japón). Las ganancias obtenidas en el Mercosur y en el resto de la ALADI servían para sufragar el déficit con la Tríada y el resto del mundo. No obstante, los grupos sociales reacios al acercamiento con Brasil, no desaprovechaban la ocasión para repetir su mantra: "Hay que terminar con la Brasil dependencia". Según esta visión, lo que hoy era una ventaja mañana podía tornarse una desgracia. Había

---

[398] *Ibid.*, p. 423.
[399] El real comenzó a regir desde el 01 de julio de 1994, siendo Ministro de Hacienda Fernando H. Cardoso, durante la gestión presidencial de Itamar Franco. Fernando Henrique (1995/2002), a la sazón presidente, devaluó la citada moneda (1999) complicando la relación con Argentina, sometida al cepo cambiario.

que procurar el ingreso de los bienes argentinos a terceros mercados y venderle menos a Brasil.

En los años noventa, los aspectos centrales de este modelo aperturista y desregulador se acentuaron, generando una reestructuración productiva, con el consiguiente impacto en el mercado de trabajo.[400] La tasa de desempleo que, hasta principios de esa década, se encontraba en valores relativamente moderados (cerca del 6%), fue creciendo (con fluctuaciones) hasta alcanzar valores cercanos al 20%, en algunos años. Asimismo, se extendió la precarización laboral.

Durante esa década de los 90, el sector industrial disminuyó su participación en el PBI, del 31% al 17%. También se pusieron en evidencia dos fenómenos: la concentración de la producción y la participación dominante de filiales de empresas extranjeras. La apertura del mercado interno y la incorporación indiscriminada de inversiones privadas directas produjeron la fractura de eslabonamientos dentro del tejido productivo, así como entre la producción de bienes y servicios y el sistema nacional de ciencia y tecnología.[401]

Otro acontecimiento que se verificó en esos años fue el desapoderamiento –por parte del Estado– de casi todas las empresas públicas que habían tenido importante significación en la etapa anterior. El gobierno del presidente Menem, en poco más de tres años, instrumentó una profunda reforma del Estado, por la cual transfirió al sector privado: a) un conjunto de empresas industriales que operaban en los sectores claves de la economía (acero, petroquímica, papel, etc.); b) la casi totalidad del sistema de generación y transmisión de energía y la totalidad del

---

[400] Beccaria, Luis. *Empleo e integración social*. Buenos Aires, Fondo de Cultura Económica, 2001.

[401] Sosa, Alberto J.; Dirié, Cristina. *Algo más que retenciones...* 2009. http://www.amersur.org.ar (consulta: 24 de febrero de 2011)

sistema de comunicaciones; c) una parte apreciable de las reservas de gas natural y petróleo; d) el usufructo y la concesión del uso de los servicios de transporte (carreteras, tráfico fluvial, etc.).[402]

El sector agropecuario, si bien disminuyó su participación en el PBI (del 10% al 5%), en base a su dotación de recursos y a la revolución tecnológica,[403] expandió la superficie en explotación y redujo sus costos. Esto permitió el incremento de la producción de cereales y oleaginosas. El mayor aumento correspondió a la soja, cuya producción se elevó de 11 millones de toneladas en 1991 a 35 millones en el 2003. Años más tarde, en 2006-2007, la producción alcanzaría otro record: 47,5 millones de toneladas, representando más del 50% de la producción de granos.[404]

En este periodo se destacan importantes transformaciones en el sector agrícola. Un rasgo de la reorganización productiva fue la distinción entre el propietario de la tierra y el operador que la explota. Esto modificó la naturaleza del régimen de arrendamientos, a cargo ahora de empresas agrarias en la frontera tecnológica, que explotan tierras propias y de terceros. La distinta capacidad de los estratos de propietarios y productores agropecuarios aumentó la heterogeneidad del sector. Además, se observó un aumento de la concentración de la propiedad territorial, con la presencia de grandes inversores extranjeros, sumada a los grandes propietarios

---

[402]   Bisang, Roberto. *Los conglomerados económicos en la Argentina: orígenes y evolución reciente.* Buenos Aires, Universidad Nacional de General Sarmiento, Instituto de Industria, Documento de Trabajo n° 11, 1998, p. 12.

[403]   La revolución tecnológica experimentada en el agro produjo, entre otros efectos, el ahorro de mano de obra.

[404]   Cf. http://www.sagpya.mecon.gov.ar/new/0-0/agricultura/otros/estimaciones/soja/infsoja.php (consulta: 2 de marzo de 2011)

tradicionales.[405] La producción de cereales y oleaginosas es la base de una pirámide primario-industrial-comercial que sustenta el complejo agroindustrial oleaginoso y la industria agroalimentaria, las cadenas de distribución minoristas y el comercio internacional, que es el destino del 90% de la producción de soja y también de gran parte de otros cereales y productos del sector. Otro dato a destacar es que en el nuevo escenario tecnológico, vuelve a reproducirse el rasgo tradicional de la expansión agraria de la etapa primario-exportadora: la presencia dominante de empresas extranjeras en las diversas etapas de la cadena de agregación de valor de la producción.[406]

En relación al sector agrícola, en esa década, se tomaron varias medidas. Se eliminaron las Juntas Nacionales de Granos y de Carnes (Decreto de Desregulación Nº 2284/91), que operaban desde la crisis del año 30 del siglo XX y se privatizaron puertos y silos, configurando un complejo agroindustrial exportador con predominio de grandes firmas. Se trataba de producir *commodities*, orientadas a la exportación con tecnología de punta y en grandes volúmenes. La industria alimentaria se extranjerizó casi en su totalidad y crecieron los supermercados e hipermercados, con predominio del capital foráneo.[407] En el sector minero, se implementó un régimen especial de exenciones fiscales, al que luego se añadió la libre disponibilidad de las divisas (Ley 24.196; Ley 24.226; y Ley 24.228).

---

[405] Al respecto señala Teubal que entre los censos agropecuarios de 1988 y 2002 desapareció el 25% de las explotaciones agropecuarias existentes en el país, o sea 87 mil explotaciones. Casi la totalidad de ellas tenían menos de 200 Hectáreas. Cf. Teubal, Miguel. *Soja y agronegocios en la Argentina: la crisis del modelo.* 2008. http://lavboratorio.fsoc.uba.ar/textos/22_1.htm (consulta: 23 de febrero de 2011)

[406] Ferrer, Aldo. *Economía argentina.* Buenos Aires, Fondo de Cultura Económica, 2004, p. 342.

[407] Teubal, Miguel. *Soja y agronegocios en la Argentina... Op.cit.*, p. 6.

Argentina, en este periodo, oscilaba entre Washington y Brasilia. Si bien en materia de seguridad y economía se conectaba con Estados Unidos, en cuestiones relacionadas con la vecindad se aliaba con Brasil, al adherir al Protocolo de Ushuaia[408] que establecía que únicamente los países con régimen democrático podían ser miembros del Mercosur y al contribuir a crear el Foro de Consulta y Concertación Política del Mercosur y Estados Asociados, mecanismo de estabilización y regulación de conflictos a escala casi suramericana.[409] El Mercosur asumía entonces un embrionario rol político.

No obstante las afinidades políticas entre los presidentes Menem y Bush (padre) y Menem y Clinton, no fueron las corporaciones de Estados Unidos las principales beneficiarias del proceso de privatización de la Argentina, sino las de la UE y específicamente las españolas, que también realizaron importantes adquisiciones en distintos países de América Latina. Asimismo, las empresas de países extranjeros fueron beneficiadas por más de 50 Tratados Bilaterales de Inversión, que se firmaron con otros tantos Estados.[410]

El Tratado de Asunción fue aprobado por el Parlamento argentino (agosto de 1991) sin mayor oposición, indicando un alto grado de aceptación política. En la 3ª Cumbre de Presidentes (Montevideo-diciembre de 1992), Argentina definió los ejes sobre los que deberían versar las rondas de negociaciones: el arancel externo[411] y la adhesión al TLCAN. Una posibilidad era que

---

[408]   Firmado el 24 de julio de 1998. http://www.mercosur.org.uy (consulta: 15 de febrero de 2011)

[409]   Decisión CMC 18/98. http://www.mercosur.org.uy (consulta: 14 de febrero de 2011)

[410]   Sosa, Alberto J. *Tratados Bilaterales de Inversiones*. Abril de 2005. http://www.amersur.org.ar (consulta: 14 de febrero de 2011)

[411]   En la Cumbre de Ouro Preto (17 de diciembre de 1994) se acordó el arancel externo. Cf. Decisión CMC 22/94. http://www.mercosur.int/show?contentid=2620 (consulta: 23 de febrero de 2011)

el Mercosur negociase como grupo con Estados Unidos su adhesión al TLCAN o que cada uno de sus miembros adhiriese individualmente a este último. La potencia hegemónica propiciaba un proceso de negociación que desarticulaba y debilitaba los reclamos de los Estados parte del Mercosur, favoreciendo las tratativas de tipo radial convergente, fortaleciendo aun más el predominio de Estados Unidos. Luego de las declaraciones del entonces presidente electo Clinton sobre su deseo de estrechar vínculos con Argentina y Chile, a los que calificó de socios privilegiados para ingresar al TLCAN, Menem se entusiasmó abrigando la idea de que su país fuese miembro tanto del Mercosur como del TLCAN. A pesar de sus respectivos intentos, ni Chile, ni Argentina ingresaron al TLCAN, pero el primero logró suscribir un Tratado de Libre Comercio bilateral con Estados Unidos.

Tanto el TLCAN como los TLC o el Área de Libre Comercio de las Américas (ALCA), mal denominados tratados de libre comercio, configuran marcos regulatorios globales que subordinan a las Constituciones Nacionales de los Estados que adhieren a los mismos. Todos ellos fueron concebidos y redactados en un formato similar por el *establishment* de Estados Unidos.[412]

El gobierno de Menem intentó convertir al Mercosur en un esquema asentado sobre el modelo de "regionalismo abierto", a partir del cual el bloque se insertaba en los flujos financieros y comerciales mundiales. Su tesis no prosperó durante la gestión del gobierno neoliberal de Collor de Mello (1990-1992) y menos aun durante la gestión del presidente que le sucedió, Itamar Franco (1992-1994),

---

[412]   Sosa, Alberto J. *ALCA: ¿TLC o Constitución Global?*, noviembre de 2005. http://www.amersur.org.ar (consulta: 14 de febrero de 2011)

cuyo canciller fue Celso Amorim.[413] Argentina no logró quebrantar la postura brasileña partidaria de establecer aranceles altos para sectores claves de su economía y de ahí en adelante planteó el ingreso al TLCAN desde el bloque Mercosur. En realidad, se convenció de que el Mercosur y la alianza comercial con Brasil conformaban una realidad,[414] mientras que el TLCAN era aún un proyecto.[415]

Por otra parte, el impetuoso avance chino fue percibido por ciertas agencias gubernamentales menemistas que aludían a un escenario global en el que Argentina oscilaba entre "el paraguas de seguridad y financiero de Estados Unidos" y "las eventuales compras crecientes de China".[416] Por ello, el Presidente argentino no dejó de "coquetear" con la adhesión al TLCAN primero y con el proyecto ALCA después,[417] aunque también percibía con nitidez el rol ascendente del gigante asiático y su complementariedad económica con Argentina.[418]

---

[413] Durante esta gestión se lanza el proyecto del Área de Libre Comercio Suramericana (ALCSA), que promueve la integración de los países del MERCOSUR con los del entonces Pacto Andino, a los que deben sumarse Chile, Guyana y Surinam. Cf. Moniz Bandeira, Luiz Alberto. *Argentina, Brasil y Estados Unidos... Op.cit.*, p. 437.

[414] Argentina-Brasil habían alcanzado un intercambio comercial de casi U$S 15.000 millones de dólares anuales en 1997 y en 1998. http://www.mecon.gov.ar/cuentas/internacionales/comercio_brasil/evolucion_comercio.htm (consulta: 23 de febrero de 2011) Por su lado, EUA es un país productor de bienes agroalimentarios de clima templado que compite deslealmente con Argentina, a través de subsidios a la producción y a la exportación de las mismas.

[415] El TLCAN entró en vigencia el 01 de enero de 1994. Cf. Texto oficial. SECOFI. *Tratado de Libre Comercio de América del Norte*. 1ª edición, México, DF, Miguel Ángel Porrúa Grupo Editorial, 1993.

[416] Castro, Jorge. *La Tercera Revolución*. 1ª edición, Buenos Aires, Colección 2º Centenario, Catálogos SRL, 1998, pp. 90-106.

[417] En la Cumbre de las Américas de Miami, diciembre de 1994, Menem prometió a William Clinton su respaldo al proyecto de zona de libre comercio hemisférica (ALCA).

[418] Menem viajó a China en dos oportunidades: 1990 y 1995. A su vez, Néstor Kirchner viajó en 2004 y Cristina Kirchner en 2010.

La renegociación de la deuda externa y las condiciona-
lidades establecidas por el FMI-BM, tales como la reducción
del Estado, a través de la privatización, desregulación y
reforma institucional, así como el mantenimiento de un
régimen de tipos de cambio fijos o semi-fijos (en general
sobrevalorizados), acrecentaron la vulnerabilidad externa de
Argentina y en menor medida de Brasil. A su vez, la apertura
económico-comercial y la extranjerización de las empresas
estatales presionaron la balanza de pagos, por medio de la
transferencia de ganancias a las casas matrices en el exterior,
agravando las respectivas situaciones nacionales.[419]

Otro país importante dentro de la vecindad, con el
cual limitan 11 de las 24 jurisdicciones sub-estatales argentinas es Chile. Menem concluyó casi todos los litigios
fronterizos que se arrastraban desde hacía muchos años,
afianzó la relación y procuró una salida al Pacífico para
los productos de las economías regionales o provinciales
argentinas. El capítulo minero fue uno de los más importantes en la relación bilateral. Ambos gobiernos suscribieron
el Tratado de Integración y Complementación Minera (29
de diciembre de 1997).[420]

Asimismo, existía una "comunidad ideológica" entre
dichos países, puesto que ambos adherían a la visión y a
la praxis neoliberal. Por otra parte, durante las respectivas
dictaduras militares, sus gestiones económicas habían
sido precursoras del modelo propiciado después por el
Consenso de Washington. Brasil, en cambio, se sumó tar-
díamente al "credo neoliberal", recién en los años noventa
con Collor de Mello y Fernando Henrique Cardoso.[421]

---

[419] Moniz Bandeira, Luiz Alberto. *Brazil and the United States: from depen-
dency to equality*, 20 de noviembre de 2003. http://www.opendemocracy.
net/debates/article (consulta: 14 de febrero de 2011)

[420] Eduardo Frei Ruiz-Tagle (1994-2000) y Carlos Menem.

[421] Tavares, Maria da Conceição. *E uma guerra de resistencia...*, 2 de marzo
de 2009. http://www.cartamaior.com.br (consulta: 14 de febrero de 2011)

Argentina también procuró acercarse a México, aunque dicha relación estuvo teñida de rivalidad, dada la temprana asociación de este país a los Estados Unidos y Canadá a través del TLCAN y al liderazgo neoliberal del presidente Carlos Salinas de Gortari (1988-1994).

2. Etapa kirchnerista

El sistema mundial vigente tiende a inhibir el derecho al desarrollo de países como Argentina.[422] La gobernabilidad configurada por disposiciones de la OMC, los TBI, los TLC, el FMI, etc. cercenan el derecho al desarrollo industrial y tecnológico de los países medianos y pequeños, condenando a numerosos sectores de sus poblaciones a un futuro, en la mejor de las hipótesis, aleatorio.

En este contexto, Argentina, Brasil y el Mercosur enfrentan un sistema mundial conflictivo, competitivo y violento, con una creciente concentración del poder y no un sistema pacífico, cooperativo y benigno, orientado a una *pax perpetua*. No hay evidencia empírica que permita creer en mitos como el de las "naciones comerciantes", el del "fin de las fronteras" o el de que la "ciencia y la técnica traen paz". Según Pinheiro Guimaraes, la reconstrucción de los viejos imperios prosigue con énfasis y sus estrategas pretenden definir el rol de "colonia moderna" que desean para los países de América del Sur: desarmados, dependientes, sin moneda propia, administrados por procónsules tecnócratas nativos.[423]

---

[422]   La OMC y su predecesora el GATT excluyeron de las negociaciones de liberalización comercial los productos agrícolas y agroindustriales.

[423]   Pinheiro Guimaraes, Samuel. *El rol político internacional del MERCO-SUR*. septiembre de 2004. http://www.amersur.org.ar (consulta: 14 de febrero de 2011)

En Argentina, a fines del año 2001, y luego de más de tres años de estancamiento y recesión, el plan de convertibilidad, uno de los instrumentos centrales de la política económica de la década de los 90, se derrumbó, comenzando otra etapa.

Como era de esperar, luego de la devaluación y pesificación (2002), se manifestaron los peores valores en los indicadores laborales y sociales, que ya eran preocupantes desde años anteriores. No obstante, a partir de allí, se evidenció un cambio en el rumbo económico que tuvo manifestaciones positivas en lo laboral y social.[424] En el concierto mundial, Argentina es considerada por Estados Unidos y por otras potencias como un país poco relevante en términos estratégicos.[425] Además, su principal actividad económica es competitiva en relación con la de Estados Unidos, país que, al igual que Japón y que la UE, protege y subsidia la producción y exportación de bienes agrícolas y agroindustriales.

En la era de los Kirchner (2003-2010) aumenta la capacidad de decisión del país, aprovechando "la actitud negligente" de Estados Unidos hacia Sudamérica, el ascendente rol de China y sus crecientes compras de productos agroalimentarios, así como la apreciación del real que concede resuello a una economía que había experimentado momentos de colapso y postración. El presidente Néstor Kirchner logró recuperar el rol del Estado y la política como representación del interés general de la población y no de un selecto grupo de corporaciones financieras, de servicios y productivas, como había acontecido en la década anterior.

---

[424] Sosa, Alberto J.; Dirié, Cristina. *Algo más que retenciones... Op. cit.*
[425] Carece de bomba atómica; no expulsa población migrante hacia el territorio estadounidense o europeo; no es un importante productor de petróleo y tampoco se encuentra en una de sus principales rutas de tránsito; no es un centro importante de producción o tráfico de estupefacientes; no es un foco de irradiación de terrorismo; se encuentra distante de EUA y de Europa; etc.

Durante este periodo se instrumentaron políticas destinadas a mejorar los ingresos de segmentos significativos
de la población y, consecuentemente, a acrecentar el consumo y la demanda interna: promoción de las discusiones
salariales en el marco de los convenios colectivos de trabajo,
aumento del salario mínimo vital y móvil, aumentos de los
haberes de los jubilados y pensionados, ampliación de la
cobertura de la seguridad social a nuevos beneficiarios,
incrementos en el salario indirecto de los trabajadores en
relación de dependencia. Asimismo, se continuó con diversos planes destinados a la provisión de ingresos mínimos
a familias en situación de vulnerabilidad social.

Desde 2003, se observó un importante crecimiento del
producto (alrededor del 9% anual) y de la ocupación, en
el que adquirió un rol destacado el sector industrial, muy
debilitado en la etapa anterior. Los sectores productores
de bienes manifestaron mayor ímpetu en el crecimiento
económico del país, especialmente en la construcción y en
la industria manufacturera. Esta situación se correspondió con la profunda modificación de los precios relativos
sectoriales, originada en la devaluación de la moneda y
consolidada con una política de congelamiento de las tarifas
de los servicios públicos. Finalmente, se destacó la retrac-
ción del sector financiero, tanto en términos de actividad
como de empleo, que había sido el de mayor crecimiento
durante los años noventa.[426] Cabe señalar –también– que
en el periodo 2002-2007 la tasa anual acumulativa de expansión del sector productor de bienes fue del 10,2% y la
del sector prestador de servicios del 7,2%.[427]

---

[426]   CENDA. "El trabajo en la Argentina, condiciones y perspectivas". En:
Informe Trimestral 07, Buenos Aires, 2006.

[427]   CENDA. "La economía Argentina en la encrucijada: ¿de la política
macroeconómica a la estrategia nacional de desarrollo?". En: *Notas de
la economía Argentina*, agosto de 2008.

Las exportaciones registraron un crecimiento en comparación con la década anterior y también un cambio en su estructura. Las manufacturas de origen industrial (MOI) mostraron mejor desempeño, seguidas por las manufacturas de origen agropecuario (MOA), combustibles y energía (C y E) y los productos primarios (PP).[428]

El crecimiento en la primera etapa de este periodo se sostuvo esencialmente con un incremento de la utilización de la estructura industrial preexistente, pero luego también se verificaron tasas de inversión crecientes. Un rasgo de este periodo es que, a diferencia de otros, se observó una significativa tasa de crecimiento del empleo, generándose más empleos por unidad de crecimiento del PBI. La caída inicial del salario real, de alrededor del 30%, como consecuencia de la devaluación de la moneda, favoreció el sesgo trabajo-intensivo del patrón de crecimiento, reflejado en la incorporación de trabajadores (más de 3 millones) al proceso económico. Al disminuir la desocupación y extenderse las negociaciones colectivas, los salarios reales fueron aumentando, aunque de manera desigual.[429] En consonancia con el sesgo más industrialista del nuevo modelo, desde el sector educativo se promovió la reconstrucción y la modernización de la educación técnica y de las carreras de nivel superior consideradas prioritarias.[430]

No obstante los significativos avances logrados, se advierte que para sostener el crecimiento y lograr una

---

[428] En 1992 la composición de las exportaciones era la siguiente: MOI el 23,1 %; MOA el 39,5%; C y E 8,8%; PP 28,6%; mientras que la del 2007 fue: MOI 31,1%; MOA 34,4%; C y E 12,2% y PP 22,1%.

[429] Sosa, Alberto J.; Dirié, Cristina. *Algo más que retenciones... Op. cit.*

[430] A fines del 2005 se dictó la Ley de Educación Técnico Profesional que, entre otros aspectos, prevé el financiamiento para equipamiento y capacitación de docentes de escuelas técnicas. Por su parte, el Ministerio de Educación de la Nación brinda 30 mil becas a aquellos estudiantes que opten por cursar carreras de nivel superior relacionadas con las ciencias básicas y las ingenierías.

mayor inclusión social hace falta profundizar el desarrollo industrial del país. Argentina tiene actualmente algo más de 40 millones de habitantes, localizados mayoritariamente en áreas urbanas.[431] En las últimas décadas del siglo pasado dejó de ser una de las sociedades más integradas de América Latina y pasó a tener indicadores que señalan fracturas e inequidades sociales significativas.

La renegociación y reducción de la deuda externa con una quita del 65% constituyó uno de los principales logros de la gestión del presidente Kirchner. El total de la deuda bruta del sector público representaba el 139% del PBI, mientras que a fines del 2009 explicaba el 49,1% del PBI.[432] Otra característica destacada de las gestiones de Néstor y Cristina Kirchner es el logro del superávit gemelo (comercial y fiscal), nunca antes conseguido durante tantos años seguidos en la historia argentina. Esto posibilitó acumular reservas y aumentar la capacidad de autonomía del país ante las presiones de organismos internacionales (FMI) o de grupos corporativos locales que muchas veces influyen y/o condicionan las decisiones de los gobiernos de turno.

Los Kirchner, a diferencia de Menem, protegieron la producción industrial por medio de un tipo de cambio flexible y la aplicación de derechos de exportación a los agroalimentos, tendientes a desalentar la "enfermedad holandesa", dada la protagónica presencia de la soja. Sin embargo, no implementaron una política industrial o una estrategia de desarrollo que asociara segmentos del parque industrial y tecnológico local al brasileño. Tampoco

---

[431]   El 89,4% de los habitantes del país vive en áreas urbanas. Censo Nacional de Población y Vivienda 2001.

[432]   Cuando asumió Néstor Kirchner, la deuda representaba el 722% de las reservas del Banco Central, en la actualidad es aproximadamente el 120% de las mismas. Cf. Seijo, Rubén. "La economía kirchnerista". En: *Cash nº 1089. Suplemento de Economía de Página 12*, año 21, Buenos Aires, 13 de febrero de 2011.

se acordó una política concertada en materia de producción y exportación del complejo soja, a pesar de que el Mercosur es el primer productor y exportador mundial de esta oleaginosa.[433]

2.1 ¿Hacia una alianza estratégica con Brasil?

Mientras que la gestión de Néstor Kirchner se concentró en las cuestiones domésticas heredadas y en el Mercosur, la de Cristina Kirchner fortaleció aun más la alianza con Brasil y las relaciones con Sudamérica. El Presidente argentino abandonó las oscilaciones diplomáticas de Menem y señaló la relación con Brasil y el Mercosur como prioridades de su política exterior. Así fue que desechó la posibilidad de adhesión o respaldo al proyecto ALCA, en la IV Cumbre de las Américas (Mar del Plata, noviembre de 2005), ocasión en la que el primer mandatario argentino desempeñó un rol prominente.

El dilema Mercosur versus ALCA se convirtió en el principal punto de divergencia entre Argentina, Brasil y Estados Unidos, puesto que dichos países suramericanos estaban decididos a resguardar sus respectivos parques industriales de una nueva y devastadora reducción de tarifas, experimentando eventuales y crecientes saldos negativos en sus balanzas comerciales.[434] En esta instancia, el Mercosur adoptó la decisión de consolidarse y de no adherir como apéndice a otro esquema concebido por la potencia hegemónica.

---

[433] Argentina y Brasil negociaron de consuno con Estados Unidos el ALCA y también con la UE. Sin embargo, con China negocian en forma individual.

[434] Moniz, Bandeira, Luis Alberto. *Geopolítica e Política Exterior. Estados Unidos. Brasil e América do Sul.* 2ª edição. Brasilia, Fundação Alexandre de Gusmão, 2010, pp. 81-85.

Néstor Kirchner, en principio, dudó sobre las intenciones de Brasil respecto de la entonces Comunidad Suramericana de Naciones, actual Unión de Naciones del Sur (UNASUR),[435] a la que percibía como una entidad competidora del Mercosur. Creía que Brasil anteponía su proyecto suramericano al Mercosur y que esto llevaría a la devaluación de este bloque y, consecuentemente, al debilitamiento de la alianza Argentina- Brasil. Sin embargo, dicha visión se fue modificando, especialmente durante la gestión de Cristina Kirchner, ya superada la desconfianza sobre la conducta brasileña. Por esta razón, quizás se pueda explicar por qué Néstor Kirchner devino el primer secretario general de la UNASUR y Argentina (gestión de Cristina Kirchner) desempeñó un destacado rol durante la sedición de la Media Luna boliviana, en el conflicto colombo-ecuatoriano; en la instalación de las bases militares de Estados Unidos en Colombia, en la crisis colombo-venezolana, en el conato de golpe de estado contra el presidente Correa en Ecuador, así como en ocasión del derrocamiento del presidente Zelaya de Honduras. Durante el mandato presidencial de Cristina Kirchner el país abandonó su criterio geográfico limitado a los Estados de la vecindad contigua, proyectándose hacia latitudes que incluso exceden a Sudamérica.

El comercio bilateral con Brasil deviene cada vez más intenso: sólo en 2010 fue de U$S 32.900 millones de dólares, con U$S 4.100 millones dólares a favor de nuestro vecino, déficit que Argentina intenta reducir aumentando la

---

[435]   Tratado Constitutivo, Brasilia, 23 de mayo de 2008. http://www.amersur.org.ar (consulta 15 de febrero de 2011) Este órgano multilateral suramericano se destaca por su comprometida y relevante actuación. Es quizás uno de las escasísimas experiencias suramericanas en la que el hecho precede al derecho, o sea la configuración de un poder concertado, articulado, que da sustento al tratado y no a la inversa. A partir del 11 de marzo de 2011 devino sujeto (de derecho, antes lo era de facto) internacional.

participación de sus productos en las citadas transacciones. Además, una parte de estos intercambios se realizan con monedas locales.[436]Cuestiones como el caso de Colombia, los contenciosos vecinales y el resguardo del régimen democrático y de los derechos humanos[437] integran la agenda de política exterior, así como el mantenimiento del orden que ya no se circunscribe al Cono Sur, sino que comprende a todos los países de América del Sur.

En esta etapa, se produjeron avances de distinto tipo en el ámbito de la cooperación e integración suramericana: la conformación de la UNASUR, del Banco del Sur[438] y del Consejo Suramericano de Defensa.[439] Dentro del Mercosur se crea el FOCEM[440] en respuesta a las deman-

---

[436]   Rapoport, Mario. *El ABRA y Dilma Rousseff en la Argentina, Febrero 2011.* http://www.laondadigital.com.uy (consulta: 2 de marzo 2011) Cabe señalar que a partir de 2003 Argentina tiene una relación comercial deficitaria con Brasil. Cf. "Informe estadístico intercambio comercial Argentina-Brasil", 6 de abril de 2010. Ministerio de Relaciones Exteriores, Comercio Internacional y Culto de la República Argentina. Fundación Exportar. http://www.exportar.org.ar/informes_estadisticos.html (consulta: 23 de febrero de 2011)

[437]   Desde el ámbito de la Reunión de Altas Autoridades de Derechos Humanos y Cancillerías del Mercosur y Estados Asociados (RAADDHH) del Mercosur, el gobierno de los Kirchner impulsó y logró la aprobación del Instituto de Políticas Públicas de Derechos Humanos, con sede en Buenos Aires. Es el primer y hasta ahora el único órgano del conglomerado que funciona en la capital argentina.

[438]   Banca de Desarrollo de América del Sur. Cf. Convenio Constitutivo 26 de septiembre de 2009. http://www.amersur.org.ar (consulta: 14 de febrero de 2011)

[439]   Declaración de Santiago de Chile 9 y 10 de marzo de 2009. http://www.amersur.org.ar (consulta: 15 de febrero de 2011)

[440]   Fondo para la Convergencia Estructural del Mercosur. Este Fondo tiende a promover la cohesión social, en particular en las economías menores y en las regiones menos desarrolladas, apoyando el fortalecimiento del proceso de integración. Decisiones Nº 19/04; 45/04; 18/05; y 24/05 del CMC. Los aportes de cada Estado parte son proporcionales a los respectivos PBI: Brasil 70%; Argentina 27%; Uruguay 2%; y Paraguay 1%. Cf. http://www.mercosur.org.uy (consulta: 15 de febrero de 2011)

das de Paraguay y Uruguay y se adopta el Programa de Consolidación de la Unión Aduanera, que elimina el doble cobro del arancel externo común y distribuye la renta aduanera.[441]

Un aliado importante de las administraciones Kirchner, fundamentalmente durante la de Néstor Kirchner, fue la Venezuela de Hugo Chávez, cuyo gobierno colaboró con Argentina evitando que padeciera dificultades energéticas y financieras. Los Kirchner consideran que el 5° socio del Mercosur implica un salto cualitativo para el bloque, puesto que le provee beneficios de tipo financiero, energético, comercial y agrícola.[442] La adhesión del país caribeño le da otra dimensión geopolítica al proceso de integración: la integración Norte-Sur que complementa a la tradicional Este-Oeste.

Por el contrario, las sombras del Mercosur, durante esta etapa, se conectan con el entredicho diplomático con Uruguay por la instalación de una fábrica de pasta de celulosa en la ciudad de Fray Bentos, a orillas del río Uruguay. Gran parte de la controversia giró en torno a un problema ambiental y su agravamiento perjudicó la relación bilateral y en alguna medida el funcionamiento y evolución del conglomerado. Durante el año 2010, Cristina Kirchner y el nuevo presidente uruguayo José Mujica, lograron encaminar el diferendo.

---

[441] Decisión CMC N° 56/10. http://www.mercosur.org.uy (consulta: 15 de febrero de 2011)

[442] Por sus eventuales aportes al Banco del Sur; porque compró títulos públicos de Argentina, luego que ésta se desendeudara del FMI; porque detenta las principales reservas de petróleo y gas de Sudamérica; porque es importador de alimentos, maquinaria agrícola y tecnología argentinas.

Conclusiones

Menem presidió la Argentina durante la era de la globalización y del unipolarismo militar de Estados Unidos,
con predominio del eje económico financiero. Los Kirchner
gobiernan en tiempos de desgaste de la hegemonía estadounidense, con predominio del eje seguridad y cuando
la Doctrina Monroe soporta varios desafíos en América
del Sur.

En ambas etapas se reconoció la creciente presencia
de China, la cual es aun más relevante durante la etapa
de los Kirchner. A pesar de ciertas declaraciones sobre el
carácter desigual del contenido del intercambio, aún no se
ha podido revertir. Además, tanto Brasil como Argentina
no formulan una estrategia conjunta de protección y promoción de sus parques industriales y tecnológicos frente
al avance chino.[443]

En la presente década se registraron importantes
avances político-estratégicos (creación de la UNASUR, del
Banco del Sur, del Consejo Suramericano de Defensa, del
FOCEM y del Alto Representante del Mercosur) a través de
la acumulación de poder regional, del desendeudamiento
externo, del significativo aumento de las reservas de sus
Bancos Centrales, de la regulación de la paz y la seguridad
suramericana, de la estabilidad de los regímenes democráticos, en síntesis de el mantenimiento y reproducción
del "Orden".

Sin embargo, casi no se registraron avances en materia de integración productiva y de equilibrio en los

---

[443]   China es el primer cliente comercial de Brasil (2010). Cf. http://www.
mdic.gov.br/sitio/interna/interna.php?area=5&menu=571 (consulta: 23
de febrero de 2011); y el 2º de Argentina (2010). Disponible en: http://
nt5000.aladi.org/siicomercioesp/ (consulta: 23 de febrero de 2011). Por
otra parte, Argentina es el 3° socio comercial de Brasil y éste es el 1º de
Argentina.

intercambios mercantiles, entre otras razones porque Brasil desarrolló su sector productor de bienes agroalimentarios de clima templado, algunos de los cuales compiten con los argentinos y porque aún no se pudo o no se quiso, quizás por responsabilidades compartidas, articular un proyecto de integración intra-industrial como el previsto en los Acuerdos Alfonsín-Sarney, que diese cabida a Paraguay y Uruguay. Probablemente sin la apreciación del real, el déficit comercial de Argentina con Brasil hubiese sido mucho aun mayor,

Menem, con una mirada fundamentalmente mercantil, oscilaba entre Washington y Brasilia, pero escudriñando a China, procurando una oportunidad, posiblemente reproduciendo el patrón de relación que *mutatis mutandis* Argentina había mantenido con el Reino Unido durante su periodo de bonanza económica y prestigio diplomático (1880-1930).

Los Kirchner se alían con Lula da Silva y lo acompañan en el proyecto suramericano, que se asienta en tres pisos: 1º- la alianza Argentina-Brasil; 2º- el Mercosur; y 3º- la UNASUR. Asimismo, las compras de China y otros países asiáticos les otorgan un margen de maniobra que les posibilitó superar el tradicional estrangulamiento del sector externo, acumular reservas y apropiarse por medio de los derechos de exportación de cierto porcentaje de la renta agraria. La irrelevancia estratégica argentina dentro del sistema mundial, marcada en los noventa, exhibe algunos signos de mudanza en la primera década del siglo XXI. Por ejemplo, su participación en el fortalecimiento del Mercosur político, en la integración suramericana y en el G20, en los aspectos comerciales y financieros.

Los TBI, las iniciativas mineras con frecuentes denuncias de impacto ambiental negativo y la alianza extra-OTAN aún perduran, aunque no se signan tratados de cooperación militar que impliquen la concesión de la inmunidad de jurisdicción a las fuerzas militares estadounidenses que eventualmente realicen operaciones en territorio argentino.

Con los Kirchner, las Fuerzas Armadas ya no participan en el conflicto global, por ejemplo en las invasiones a Irak o Afganistán y tampoco en cuestiones de seguridad interna (narcotráfico y terrorismo), pero sí en las operaciones de estabilización en Haití (MINUSTAH), junto con los demás países del Mercosur y otros países suramericanos.

La devaluación del real (1999) contribuyó a desmitificar la importancia de la convertibilidad y los límites de la "competitividad" argentina, puesto que el superávit comercial que el país había obtenido en el ámbito del Mercosur, durante gran parte de los años noventa, no estaba asentado sobre bases sólidas. También fue una clara advertencia sobre los riesgos de una eventual dolarización, sobre la cual se llegó a especular en el segundo mandato menemista.

La consolidación de la alianza estratégica con Brasil posibilitó clausurar las vacilaciones y los desdoblamientos de la década anterior. El proyecto ALCA fue aparentemente sepultado en Mar del Plata y se promovió la desdolarización de los intercambios y la construcción de una infraestructura suramericana, tanto a nivel horizontal como vertical.

La Argentina de los Kirchner pierde con Brasil su condición de país superavitario en las transacciones mercantiles bilaterales, como había acontecido durante la mayor parte de la década anterior. Sin embargo, y a diferencia de la era menemista, mantiene un sostenido superávit comercial a escala global. En cuanto a las relaciones con otros países suramericanos, así como Menem concedió prioridad a la relación con Chile, los Kirchner, especialmente Néstor Kirchner, dieron prioridad a otros países más allá de los demás miembros plenos del Mercosur, como es la relación con Venezuela.

Si bien Menem debilitó política y financieramente a las Fuerzas Armadas, también indultó a los máximos

jerarcas militares responsables de violaciones a los derechos humanos durante la década de los años 70. Los
Kirchner continuaron la política de recortes presupuestarios, aunque reivindicando "la memoria, la verdad y
la justicia". Por ello derogaron las leyes de Punto Final y
Obediencia Debida, que indultaban a los responsables
del terrorismo de Estado y reabrieron las causas penales,
persiguiendo el juicio y castigo a los acusados de crímenes
de lesa humanidad. Además, impulsaron una política de
protección y promoción de los derechos humanos en el
Mercosur, con el acompañamiento de los demás Estados
partes. A pesar de las declaraciones de Cristina Kirchner
en torno a nuevas hipótesis de conflicto, conectadas con la
defensa de los recursos naturales, poco es lo que se hecho
al respecto. Posiblemente cuando se terminen los juicios
por crímenes de lesa humanidad, los futuros gobiernos
asuman dicho desafío.

En materia de integración, el menemismo adhirió al
modelo organizativo y al regionalismo abierto imperante
y propiciado desde la Comisión Económica para América
Latina (CEPAL) y otros *think tanks* nacionales e internacionales, mientras que el pensamiento de los Kirchner
se manifiesta más cercano a un modelo asociativo y al
regionalismo protegido.

Bibliografía

Busso, Anabella; Bologna, Alfredo Bruno. "La política exterior argentina a partir del gobierno de Menem: una
presentación". En: *La política exterior del gobierno
de Menem. Seguimiento y reflexiones al promediar su
mandato*. 1ª edición, Rosario, Ediciones CERIR, 1994,
pp. 17-51.

Escudé, Carlos. *Realismo periférico. Fundamentos para la nueva política exterior argentina.* Buenos Aires, Editorial Planeta, 1992.

Herrera Vegas, Jorge Hugo. *Las políticas exteriores de la Argentina y del Brasil. Divergencias y convergencias.* Mimeo. S.f.

Ministerio de Relaciones Exteriores, Comercio Internacional y Culto. Secretaría de Relaciones Económicas Internacionales. *Centro de Economía Internacional.* Colección n°. 01/61, Buenos Aires, marzo de 1991-octubre de 1994.

Pinheiro Guimaraes, Samuel. *Desafios brasileiros na era dos gigantes.* 1ª edición, Río de Janeiro, Contraponto Editora Ltda, 2008.

Presidencia de la Nación. Secretaría de Planeamiento Estratégico. *Nuevas perspectivas estratégicas de la Argentina.* Documento de trabajo presentado por el Secretario de Planeamiento Estratégico de la Presidencia de la Nación, Dr. Jorge Castro, en la reunión del Gabinete Nacional realizada el 05 de marzo de 1998. Capital Federal. República Argentina.

——.*Basis of the Dollarization Strategy and a Treaty of Monetary Association. Global currencies as a central contemporary trend.* Working Paper submitted bay the Secretary of State for Strategic planning, Dr. Jorge Castro, to the Presidential Cabinet of the Argentine Republic on April 15, 1999. Unofficial Translation. Printed in June 1999, Gráfica Sur SRL. Buenos Aires. Argentina.

Saccone, María Alejandra. "Aspectos político-diplomáticos de una nueva prioridad en la política exterior Argentina: el Mercosur". En: Busso, Anabella; Bologna, Alfredo Bruno. *La política exterior del gobierno de Menem. Seguimiento y reflexiones al promediar su mandato.* Rosario, Ediciones CERIR, 1994, pp. 111-129.

Sosa, Alberto J. *El Mercosur político: orígenes, evolución y perspectivas.* Mayo de 2008. http://www.amersur.org. ar (consulta: 15 de febrero de 2011).

——. *La Comunidad Suramericana de Naciones: evolución y contratiempos.* Agosto de 2005. http://www.amersur. org.ar (consulta: 21 de febrero de 2011)

——. Dirié, Cristina. *Los múltiples y simultáneos estilos de integración vigentes.* Abril de 2007. http://www. amersur.org.ar (consulta: 15 de febrero de 2011)

——. *¿Mercosur versus ALCA?* Diciembre de 2003. http:// www.amersur.org.ar (consulta: 15 de febrero de 2011)

——. "El Mercosur da un paso al frente". En: *Le Monde Diplomatique. El Dipló Nº 135*, Buenos Aires, septiembre de 2010, p. 12.

Uruguay en el recorrido del Mercosur: llave geopolítica de un socio pequeño de la región

Lincoln Bizzozero Revelez

1. Uruguay: un país de ingreso en la Cuenca del Plata

Uruguay se creó a partir de una mediación de Inglaterra para poner fin a los conflictos regionales y posibilitar un Estado que asegurara la libre navegación de esa parte de la región, ya que contaba con costas en el Atlántico y, además, constituía la vía de ingreso, a través del Río de la Plata, a toda la Cuenca del Plata y al interior de América del Sur. Los inicios de Uruguay como país independiente tienen, por lo tanto, una impronta mediadora y regional que marca el comienzo de algunos debates sobre su viabilidad como país, como nación y también sobre sus capacidades en términos de política exterior.

Desde el periodo colonial, el entorno regional fue objeto de disputas entre España y Portugal, lo cual derivó posteriormente en conflictos entre Argentina y Brasil. En las primeras décadas del siglo XIX, Uruguay pertenecía a sus dos vecinos regionales antes de surgir como Estado soberano a fines de la década de los 20. Estos condicionantes histórico-estructurales resultan relevantes para comprender la política exterior triangular de Uruguay en una doble equidistancia: entre la potencia marítima de entonces y la región, por una parte, y entre Argentina y Brasil, por la otra. Además, Uruguay debió asegurar, para su subsistencia, instituciones capaces de garantizar la paz interna.[444] De esta manera, los inicios del país condicionaron estructuralmente las relaciones externas con Argentina y con Brasil. Por su ubicación geográfica, Uruguay fue, desde sus orígenes, la llave de ingreso a la región, y esto constituyó una herramienta que aseguró estabilidad institucional y la posibilidad de negociar bilateralmente con los vecinos bajo el paraguas del equilibrio regional.

Uruguay acompañó desde sus comienzos el proceso de integración latinoamericana. Tuvo representantes en los inciertos recorridos que llevaron a la conformación de la Comisión Económica para América Latina (CEPAL) y en los grupos de trabajo para generar una instancia regional que finalmente se plasmó, con la firma del Tratado de Montevideo de 1960, en la Asociación Latinoamericana de Libre Comercio (ALALC). Además de impulsar y participar en los inicios de la ALALC, Uruguay fue sede de la Secretaría de la Asociación. Posteriormente, participó en el Tratado de la Cuenca del Plata y propulsó iniciativas comerciales bilaterales con Argentina y Brasil (Convenio Argentino-Uruguayo de Cooperación Económica –CAUCE– y Programa de Expansión Comercial –PEC–). Esas iniciativas facilitaron la flexibilización del marco normativo institucional de la ALALC, abriendo un proceso que posibilitó la creación de la Asociación Latinoamericana de Integración (ALADI) con la firma del Tratado de Montevideo en 1980.

Uruguay continuó siendo la sede de la nueva asociación regional y, en el marco de las transiciones democráticas de los países vecinos, promovió a través del canciller

---

[444] Alberto Methol Ferré, *El Uruguay como problema*. 2ª edición, Montevideo, EBO, 1969, es quien presenta la intrínseca vinculación entre las capacidades nacionales en el plano interno y la necesidad de asegurar el frente externo. Luis Alberto de Herrera, *El Uruguay internacional*. 1ª edición en 1911, Montevideo, Cámara de Representantes, 1988, es el pionero y referente del pensamiento internacional del país.

del momento, Enrique Iglesias, procesos de concertación económica y cooperación política en la región. Estos antecedentes de participación en las instancias regionales facilitaron la decisión del gobierno uruguayo de involucrarse en el proceso de integración regional argentino-brasileño que, en 1990, planteó como objetivo la conformación de un mercado común y con ello iniciar una serie de negociaciones que derivaron en la creación del Mercosur.

La contribución de Uruguay a la concreción del Mercosur, en ese momento histórico, fue a través de las "protestas diplomáticas" bilaterales con Argentina y Brasil en función del Tratado de Montevideo de 1980, por el cual los Acuerdos de Alcance Parcial quedaban abiertos a la incorporación de otros países. Más allá de las interpretaciones jurídicas, el aspecto fundamental a tener en cuenta es que Uruguay, a través de ese movimiento, impulsó el proceso regional que hasta ese momento era bilateral.[445] Ello posibilitó la inclusión de otros socios en las negociaciones, aunque finalmente Paraguay fue el único país en incorporarse efectivamente al proceso de integración.

Este trabajo tiene como objetivo hacer una evaluación del recorrido de Uruguay en el desarrollo del Mercosur cuando se están cumpliendo veinte años del Tratado de Asunción, firmado el 26 de marzo de 1991. Al respecto, se analizará ese recorrido en dos etapas: la de los años noventa del siglo pasado, cuando prima la lógica del regionalismo abierto y la que se inicia con posterioridad a la crisis de comienzos del siglo XXI, cuando se echan las bases del regionalismo continental. Esta división en dos etapas del

---

[445]   Con esta afirmación se enfatiza el papel que tuvo el país en acelerar un proceso que estructuralmente estaba condicionando a los países del Cono Sur, a partir del acuerdo argentino-brasileño. Estos puntos son desarrollados en Lincoln Bizzozero, *Uruguay en la creación del Mercosur. ¿Un cambio en la política exterior?* Montevideo, CSIC, Universidad de la República, 2008.

proceso regional no es la única posible. De hecho, en otros escritos se ha realizado una aproximación conceptual y metodológica para evaluar el recorrido del bloque y también de Uruguay, de acuerdo a las etapas definidas durante el proceso: etapa de transición, de consolidación, de relanzamiento. En este análisis se considera que la delimitación del desarrollo del Mercosur en esas dos etapas permite una mejor aproximación conceptual para su evaluación, en función de los ejes impulsores del proceso referidos al modelo de desarrollo y a la articulación región-mundo y región-Estado-nación.

El regionalismo abierto estuvo asociado a las reformas propuestas por el Consenso de Washington y a las iniciativas de un panamericanismo renovado. El pasaje de un regionalismo a otro debe visualizarse en función de varios factores, pero fundamentalmente por el fracaso del modelo económico neoliberal que provocó una crisis en los países de la región y una modificación en las expectativas sociales con los consecuentes cambios de gobierno y de orientación de las políticas públicas, incluidas las regionales.[446]

La respuesta al regionalismo abierto se fue elaborando durante la primera década del siglo XXI en América del Sur, a partir de diversas iniciativas que mostraron un mayor protagonismo de Brasil. La gestación de nuevas instancias regionales, el fomento de diversas modalidades de cooperación y el desarrollo de una agenda política y

---

[446] La consideración de estas dos fases es, a los efectos conceptuales y metodológicos, como se señala en el texto, una manera de aproximarse al tema en función de los ejes impulsores y las ideas predominantes del momento. Para hacerlo científicamente más ajustado al análisis, deberían introducirse otras variables vinculadas con el régimen político de cada uno de los países, la articulación con los sectores económicos y la dimensión social. Ello excedería los límites de este trabajo. En el caso de Uruguay, por ejemplo, el gobierno de la segunda mitad de la década de los 90 no puede catalogarse de neoliberal. Por otra parte, un plebiscito popular detuvo la onda privatizadora a inicios de la década de los 90.

social han ido conformando una respuesta diferenciada frente al regionalismo abierto.[447] Estas nuevas instancias que priorizan la regionalización del espacio territorial sudamericano, la cooperación y la inserción estratégica regional de Sudamérica en el mundo, esbozan un nuevo mapa de procesos de integración y cooperación, en el que se articulan los esquemas que se iniciaron en los años sesenta del siglo XX con el regionalismo abierto de los años noventa y con el regionalismo estratégico continental del siglo XXI.[448]

El punto de partida de este trabajo es que la etapa del regionalismo abierto así como la fase del regionalismo estratégico continental del siglo XXI han reformulado las bases de la política exterior de Uruguay, y también la de los países de América del Sur, con el consiguiente impacto en los principios y en el ordenamiento de prioridades. En el caso de Uruguay, las bases que se replantean atañen a los principios de equidistancia sobre los cuales se edificó la política exterior con los países de la región (Argentina y Brasil) y, por otra parte, de la región con la potencia marítima de turno (Reino Unido y luego Estados Unidos). En relación con este análisis, además de la orientación y definiciones de la política exterior de Uruguay, importa tomar en cuenta su instrumentación regional en las dos

---

[447]   Sanahuja, José Antonio. "Regionalismo e integración en América Latina: balance y perspectivas". En: *Pensamiento Iberoamericano*, 2007, monográfico. La nueva agenda de desarrollo en América Latina, versión PDF. http://www.pensamientoiberoamericano.org/xnumeros/0/pdf/pensamientoIberoamericano-22.pdf.

[448]   Bizzozero, Lincoln. "El proceso regional del MERCOSUR en el siglo XXI: del regionalismo abierto a la prioridad estratégica sudamericana". En: *Revista Aportes para la Integración Latinoamericana*, año XIV, n° 19, diciembre de 2008; Bizzozero, Lincoln. "Integración regional en el Cono Sur 1980-2007. MERCOSUR como respuesta estratégica". En: Alfredo Guerra Borges. *Fin de época: de la integración tradicional al regionalismo estratégico*. México, Siglo XXI, 2009, pp. 170-207.

etapas y analizar sus resultados en función de los intereses y objetivos definidos para cada una de las mismas.

A continuación de estas consideraciones, se ubicará a Uruguay en los inicios del Mercosur y en el transcurso de la década de los 90. Posteriormente, se analizará la evolución de la política exterior uruguaya frente a las nuevas instancias y procesos que se han ido conformando en el siglo XXI como respuesta política y estratégica regional. Finalmente, se expondrán algunas conclusiones tentativas sobre la evolución del país en el proceso regional y las perspectivas frente a los veinte años de la firma del Tratado de Asunción.

2. Uruguay en el proceso regional: la etapa del regionalismo abierto

El ingreso de Uruguay al proceso de integración regional argentino-brasileño, que terminó conformando el Mercosur, se puede comprender a partir de distintos factores que confluyeron en este desarrollo. En primer lugar, las transiciones democráticas en Argentina, en Brasil y en Uruguay que posibilitaron un nuevo escenario de cooperación regional; en segundo lugar, la modificación de la agenda hemisférica a partir de iniciativas de Estados Unidas que articuló a los países de la región en torno a políticas reformistas; en tercer orden, el mismo proceso de cooperación argentino-brasileño y su desarrollo, el cual potenció respuestas de otros países y en particular de Uruguay por su posición geopolítica; finalmente, la convergencia liberal entre los nuevos gobiernos de Argentina, Brasil y Uruguay, luego de que asumieran entre fines de los años ochenta e inicios de los noventa.

El escenario regional se modificó con la cooperación argentino-brasileña. Los otros países de América del Sur y en particular del Cono Sur reformularon sus políticas en función del nuevo entorno que impulsó medidas de confianza mutua, de paz, de cooperación política y de apoyo a la democracia. Uruguay reorientó su estrategia a partir de la aproximación argentino-brasileña y de los distintos niveles en que se proyectó. En ese sentido, la política exterior de Uruguay planteó dos líneas de acción: en el nivel político, participó del proceso de cooperación argentino-brasileño y promovió, desde una perspectiva trilateral, otras instancias de construcción para la paz y la cooperación en América Latina; en el nivel económico, acompañó el proceso de integración sectorial argentino-brasileño, reanudó los convenios bilaterales del CAUCE y del PEC, que habían forjado los lazos de interdependencia, y supervisó las posibles consecuencias negativas de las iniciativas regionales.

La definición de una agenda positiva para la región por parte de Estados Unidos consiguió articular a los países latinoamericanos en función de un nuevo modelo de desarrollo, a partir de la apertura de la economía, del aliciente del mercado exterior para incrementar los flujos comerciales y de la reorganización del mercado en función del mercado exterior y de la competitividad de los sectores. En ese sentido, el Consenso de Washington y la Iniciativa para las Américas delinearon los parámetros fundamentales sobre los cuales los gobiernos debían encaminar los cambios. El Consenso de Washington definió reformas en diez áreas de la economía, entre las que se incluyeron la liberalización de los mercados financieros y comerciales, la estabilidad y flexibilización de la política cambiaria, la responsabilidad fiscal, la reforma impositiva y las privatizaciones. La Iniciativa Bush para las Américas propuso como objetivo económico la concreción de una zona de libre comercio desde Alaska a Tierra del Fuego, pero también definió un objetivo político estratégico con la idea de crear la primera región democrática del planeta.

Los gobiernos recién instalados en la región, a comienzos de los años noventa, comulgaron con esta orientación definida desde Estados Unidos en sus contenidos liberales de reforma económica y apertura comercial. En particular, diversas propuestas que se dieron en Argentina, Brasil y Uruguay sobre el funcionamiento del Estado, el mercado y la interacción Estado-sociedad civil, coincidieron en esa perspectiva liberal y reformadora. Esta convergencia entre los gobiernos de la región del Cono Sur se manifestó específicamente en las relaciones argentino-brasileñas a través del Acta de Buenos Aires, firmada en julio de 1990, poco tiempo después de la Iniciativa Bush para las Américas, que se anunció el 27 de junio del mismo año.[449]

Los objetivos y definiciones temporales del Acta de Buenos Aires, que se apartaban del espíritu de la ALADI, provocaron la reacción de Uruguay, que se expresó a través de contactos del ministro de Relaciones Exteriores, Héctor Gros Espiell, con los ministros de Argentina y Brasil, confirmándose una primera toma de decisión del gobierno uruguayo. Esta "protesta" de Uruguay posibilitó que se realizara una reunión en Brasilia con representantes de Argentina, Brasil y Chile, en lo que constituyó el antecedente inmediato de las negociaciones que llevaron al Tratado de Asunción de 1991 y a la conformación del Mercosur.[450]

En las negociaciones que derivaron en el Tratado de Asunción y en la definición de los principios del proceso de integración regional, Uruguay consiguió algunos de

---

[449] El Acta de Buenos Aires fue posteriormente inscripta en ALADI como el Acuerdo de Alcance Parcial nº 14.

[450] El libro del Instituto Manuel Oribe, *El Partido Nacional y la Política Exterior del Uruguay 1990-1995* Montevideo, EBO, destaca la importancia de esa reunión, porque constituyó el punto de partida para las negociaciones posteriores, aun cuando Chile no continuó y Paraguay se incorporó. En la segunda reunión que se realizó en Buenos Aires, en septiembre de ese año, la negociación se realizó entre los cuatro integrantes del Mercosur.

sus objetivos. Entre los objetivos que persiguió Uruguay, el primero y más relevante fue la ampliación del proceso regional argentino-brasileño a otros socios para que no fuera excluyente y discriminatorio en el marco de ALADI. Además de ese objetivo, se consiguieron otros que ubicaron a Uruguay conjuntamente con Paraguay en un tratamiento diferenciado en cuanto a los sectores exceptuados y la finalización del proceso de liberalización de bienes.

La inclusión de esas excepciones puntuales no significó el reconocimiento del estatuto diferenciado de los países, tal como había sido la tradición del proceso regional latinoamericano. En ese sentido, la negociación de los inicios del proceso, cuando se acordaron los objetivos de acuerdo a las prioridades estratégicas de los Estados, delimitó el campo de juego y con ello los caminos posibles y los costos de transacción para los socios pequeños. La demarcación del campo de juego se concretó a través de dos elementos esenciales: la inclusión del principio de reciprocidad en el tratado original de Asunción, entre los cuatro países catalogados como diferentes de acuerdo a las definiciones otorgadas por la Asociación Latinoamericana de Integración (ALADI), en el Tratado de Montevideo de 1980 y la conformación de un nuevo Acuerdo de Alcance Parcial (AAP Nº 18), que ingresó al marco jurídico de la Asociación Latinoamericana de Integración en pie de igualdad al anteriormente suscrito por Argentina y Brasil (AAP Nº 14).

La delimitación basada en el principio de reciprocidad obligó necesariamente a Uruguay, como socio pequeño, a una permanente vigilancia negociadora frente a las derivaciones que pudieran producirse como consecuencia de la vulnerabilidad regional, y frente a los derrames socio-económicos que surgieran por las reivindicaciones manifestadas por distintos actores de los socios grandes. Por otra parte, la convivencia de dos acuerdos en el marco de la ALADI legitimó, para los socios grandes, dos marcos de negociación: uno entre Argentina y Brasil, y otro entre los cuatro países del Mercosur, con los mismos objetivos.

La política exterior de Uruguay a nivel regional, en la etapa de transición del Mercosur, otorgó prioridad a los objetivos definidos en el Tratado de Asunción a través de distintos mecanismos: mejora de la institucionalidad, definición de los instrumentos de solución de controversias y reglas claras y transparentes en materia comercial para el acceso al mercado regional. Para esos temas y sobre todo para el pasaje a la Unión Aduanera y a la estructura institucional y de toma de decisiones acorde a la misma, Uruguay mantuvo su política de equidistancia regional, aliándose con Argentina en algunos temas económicos estratégicos como el grado de apertura frente al exterior.

Durante la etapa de transición, las consecuencias de los costos del ingreso derivaron en una política exterior de "vigilancia" institucional del proceso y en la búsqueda de acuerdos operativos bilaterales para mejorar la posición en la negociación del Arancel Externo Común. Los resultados institucionales alcanzados al comienzo de esta etapa (Protocolo de Brasilia, reglamento Grupo Mercado Común) llevaron a concentrar esfuerzos en el Arancel Externo Común, por lo que la negociación final de Ouro Preto, en diciembre de 1994, no modificó sustantivamente la estructura institucional y el funcionamiento entre países desiguales.

La finalización del periodo de transición estuvo enmarcada en un contexto internacional diferente al que se planteara en los comienzos del Mercosur. En primer lugar, la culminación de la Ronda Uruguay del GATT trazaba una nueva lógica de funcionamiento en el sistema de comercio internacional aplicable al conjunto de países. En segundo lugar, se había aprobado el Tratado de Libre Comercio de América del Norte con los nuevos temas que continuaban pendientes en el sistema multilateral y con los anexos laboral y ambiental ligados al comercio. Y, finalmente, poco antes de la reunión de Ouro Preto, fue lanzada, por parte del presidente Bill Clinton, la iniciativa de la Cumbre para las Américas en Miami, lo cual provocaba a futuro una aceleración de las negociaciones continentales con vistas a conformar una zona de libre comercio.

Si bien los tiempos que se proyectaban en la esfera multilateral y continental dejaban lugar a un lapso para concretar la orientación y las necesarias definiciones estratégicas, la conformación de la propuesta continental planteó, desde los inicios, las dificultades de llevar adelante, al mismo tiempo, los objetivos de consolidar el bloque, profundizar el proceso integracionista y negociar la apertura en el frente externo. Desde la perspectiva del socio pequeño –y también en cierta medida de Argentina– esta disyuntiva estratégica se planteaba en términos de una opción entre el acceso sin restricciones a un mercado continental y la seguridad que otorgaba el mercado regional.

En la lógica del funcionamiento del Mercosur, la inminencia de la finalización del periodo de transición llevó a Uruguay a enfatizar los aspectos institucionales del proceso, la seguridad en el ordenamiento jurídico regional y de los sectores sensibles a ser incluidos en los regímenes de preferencias. Los aspectos institucionales y de toma de decisión, así como la seguridad jurídica, la definición de un tribunal de justicia y la fijación de un Arancel Externo Común bajo, constituyeron prioridades de primera importancia para los negociadores uruguayos. El resultado final estuvo matizado por las distintas prioridades: positivo, en general, en materia del Arancel Externo, los acuerdos bilaterales y los sectores a proteger; limitado, en los aspectos institucionales.

Si bien, desde el punto de vista del socio pequeño, el fortalecimiento de las instituciones y la seguridad jurídica coadyuvan a la protección del sistema regional en su conjunto y, por ende, mejora sus apuestas en materia de comercio exterior y de las inversiones productivas, la negociación de Ouro Preto mostró los límites impuestos por la dinámica de la etapa de transición, enfatizados por la posición de Brasil, en un contexto continental en el que Estados Unidos planteaba nuevas apuestas. Los resultados de la negociación de Ouro Preto reiteraron las dificultades en acordar los principios de funcionamiento del bloque referidos a las relaciones entre socios grandes y pequeños, a las asimetrías estructurales nacionales y al desarrollo entre regiones, a la articulación entre las instancias regionales y nacionales, a las insuficiencias institucionales, tanto en lo que concierne a las facultades y competencias comunitarias de los órganos, como en los problemas derivados de la aplicación de la normativa comunitaria y en el desarrollo y puesta en funcionamiento del mecanismo de solución de controversias.

Para Uruguay, puede catalogarse como positiva la evaluación de la etapa de transición. La política exterior pudo continuar aplicando el principio de equidistancia entre los dos socios regionales y negociar de acuerdo al mismo; se consiguieron algunos de los objetivos que Uruguay se había fijado como socio pequeño y los resultados económicos fueron positivos.

Con la aprobación y ratificación del Protocolo de Ouro Preto, en 1994, el Mercosur ingresó en una etapa de consolidación, mientras internacionalizaba su agenda en las negociaciones con terceros, en particular con la Unión Europea y en el proceso del ALCA. Al internacionalizarse la agenda regional, Uruguay pasó a tener un perfil más bajo como consecuencia de la sensibilidad y el número de temas a abordar. En ese sentido, siguió cumpliendo un papel de articulador regional a nivel del proceso de integración y en las negociaciones externas, sobre todo en algunos temas sensibles. Por otra parte, la ubicación, en Uruguay, de la Secretaría Administrativa del Mercosur, uno de los órganos del bloque definidos en Ouro Preto, fortaleció la identidad institucional del país frente al exterior y también en el plano nacional.

Sin embargo, varios temas sensibles no resueltos fueron erosionando las expectativas de canalizar el proceso regional en relación a los objetivos acordados. Entre los puntos no resueltos, un tema de sensibilidad fue la aplicación de la Política Comercial Común para Uruguay, ya que quedaba expuesto en cuanto al libre acceso de sus productos por la falta de concreción de la zona de libre comercio, pero además perdía sus ventajas derivadas del acceso preferencial de productos transformados al quedar incluidos los aranceles en un régimen que contemplaba excepciones solamente para determinados sectores de interés para los socios grandes. Otro de los temas sensibles en los que Uruguay comenzó a percibir los costos de una integración regional sin principios básicos sobre compromisos en el proceso de integración ha sido el de los bienes de capital. Para Uruguay, los aranceles definidos para bienes de capital en el espacio regional resultaron gravosos por el hecho de tener que pagar sobreprecio de un impuesto elevado a las importaciones, o bien por quedar cautivo de la producción regional. La otra posibilidad de poder incursionar en "nichos de mercado" sobre la base de especializaciones productivas son las inversiones extranjeras directas, pero ahí también, las dificultades diversas en la libre circulación de los productos, por una parte, y los incentivos otorgados al inversor extranjero por los países del Mercosur, sin ningún mecanismo correctivo, provocaron distorsiones en el mercado regional y con ello se vieron perjudicados Paraguay y Uruguay.

La sensibilidad de estos temas vinculados al desarrollo, al perfil exportador y a la inserción de Uruguay en la región, la definición de reglas e instituciones comunes, el acceso al mercado, la falta de concreción de una política comercial común y la percepción de los costos-región que estaba asumiendo el país proveyeron las bases para que se plantearan cambios en las definiciones de la política exterior del país a partir del siglo XXI. Los cambios en las definiciones podían canalizarse por una modificación de las prioridades externas, a través de un estatuto diferenciado con Estados Unidos en la respuesta estratégica mundial, o a través de una diversificación de los mercados externos, y/o concomitantemente, buscando mecanismos de flexibilización de los constreñimientos regionales a través de acuerdos de facilitación comercial e incluso de libre comercio.

El estancamiento y, posteriormente, la crisis del Mercosur, que tuvo distintos momentos entre la devaluación del real en 1999 y la crisis argentina de fines de 2001 y 2002 replanteó en el gobierno, el sistema político y la sociedad civil, las prioridades regionales, las condiciones de pertenencia al bloque y las mismas bases sobre las cuales se asentaba el proceso regional. El estallido de la crisis en Uruguay no hizo más que confirmar las dificultades de concebir una salida para el país a través de la región. La gestión del Presidente de ese momento, Jorge Batlle, vía relación personal con el Presidente de Estados Unidos, permitió conseguir una ayuda financiera excepcional que posibilitó una salida. De esta forma, durante esos años, la región pasó a un segundo plano, hasta tanto no se generaran condiciones para un crecimiento económico.

A diferencia de los comienzos del proceso de integración regional, de la etapa de transición y de los primeros años de consolidación, el cierre de los primeros diez años del Mercosur y de la fase del regionalismo abierto no fue positivo para Uruguay. Por una parte, los costos de los temas sensibles no resueltos llevaron a visualizar con mayor énfasis la agenda negativa y los costos de la integración.

Por otra parte, el estancamiento y crisis económica fueron adjudicados al proceso regional, al menos por la falta de consulta de Brasil con sus socios y por la ausencia de políticas correctivas. Finalmente, la contracción del mercado regional y el peso que comenzó a tener el comercio hacia Estados Unidos y otros países, promovieron la necesidad de flexibilizar la inserción de Uruguay en el Mercosur e incluso de despegarse del proceso regional.

La crisis económica que vivió el país en el año 2002, con posterioridad a la de Argentina, condujo a concentrar esfuerzos en salir de ella. El país acompañó el relanzamiento del proceso de integración regional que se planteó durante los años 2003-2004 y aprobó el Programa de Trabajo 2004-2006 sin gran entusiasmo. Tampoco pudo ese gobierno transitar el camino alternativo sugerido de un acuerdo comercial con Estados Unidos. La fase de regionalismo abierto terminó de cerrarse en Uruguay en marzo del 2005 con el cambio de gobierno y de partido, que significó un giro en la política exterior y una renovación de la apuesta regional.

3. Uruguay en la fase de regionalismo continental

La asunción de un gobierno de izquierda en Uruguay, en el año 2005, coincidió con los cambios gubernamentales en la región e introdujo la expectativa de un nuevo impulso al proceso regional del Mercosur, donde Uruguay jugaría un papel relevante a partir de la concordancia política e ideológica existente entre los gobiernos.[451] Los fundamentos

---

[451]   Bizzozero, Lincoln. "El advenimiento de un gobierno de izquierda en Uruguay y las relaciones externas: un análisis desde la perspectiva cambio/continuidad". En: *Iberoamericana Nordic Journal of Latin American and Caribean Studies,* Institute of Latin American Studies, Estocolmo, vol. XXXIV, n° 1-2, 2004, pp. 303-322.

sobre los cuales se asentó la posibilidad de ese impulso sobre nuevas bases ideológicas tuvieron un componente fáctico y otro conceptual. El componente fáctico se basó en el apoyo que concitó la postulación de Tabaré Vázquez por parte de los partidos gobernantes de Argentina y Brasil. El componente conceptual partió del papel que jugó el factor ideológico en los inicios del Mercosur y del potencial papel que podía tener en la reorientación y profundización del proceso a partir de gobiernos que se inscribían en el pos-Consenso de Washington.

Varios factores fueron erosionando las expectativas iniciales de resolver los temas sensibles pendientes, de profundizar el desarrollo de integración regional y, al mismo tiempo, de incluir los asuntos de dimensión política y social en convergencia con la orientación pos-regionalismo abierto que había tomado el proceso. Entre esos factores, algunos que jugaron especialmente fueron: el conflicto con Argentina derivado de la ubicación de las empresas papeleras en el Río Uruguay, la conformación del eje argentino-brasileño en un nivel diferenciado de funcionamiento en la región y la apuesta sudamericana-global de Brasil. Por otra parte, esa orientación ideológica de la política exterior uruguaya tuvo efecto negativo en la sociedad civil, en la medida en que "nacionalizó" el conflicto con Argentina y las diferencias regionales con los socios grandes. La "nacionalización" produjo no solamente una mayor distancia del espacio regional, sino que también agudizó las diferencias en el sistema político y la sociedad civil de Uruguay en torno al proceso regional. Estas diferencias se fueron plasmando con más claridad a medida que las relaciones con Argentina se deterioraron y Brasil no asumió el liderazgo esperado por algunos.

De esta manera, la propuesta original de política exterior del gobierno de izquierda, que se expresó en "más y mejor Mercosur",[452] no tuvo resultados concretos positivos, con lo cual la visión negativa sobre el bloque se profundizó en la clase política y en la sociedad. La implementación de la política exterior, las modalidades e instrumentos utilizados constituyen algunos de los factores explicativos de la falta de resultados positivos y del deterioro de la marca Mercosur en el país. Algunas de las manifestaciones en que la implementación de la política exterior y determinadas modalidades no tomaron en cuenta los canales diplomáticos tradicionales fueron: la canalización de las relaciones regionales por vía presidencial (y sobre todo personal), dejando a la Cancillería en un papel secundario; la división evidente que comenzó a registrarse en algunos temas sensibles de las relaciones externas entre el Ministerio de Economía y el Ministerio de Relaciones Exteriores; la inadecuada articulación en la orientación de la política exterior, manifestaciones que tendieron a mostrar la política exterior en términos "ideológicos" obviando cuestiones básicas del Derecho Internacional y Diplomático, además de no tener una adecuada lectura de las relaciones internacionales.[453]

Las consecuencias generadas durante esos años por una errónea lectura de la política internacional y por la ideologización de la política exterior se hicieron visibles en las relaciones externas, en el Mercosur, en las relaciones bilaterales con Argentina y a nivel nacional. La escalada conflictiva con Argentina se expresó en la negativa uruguaya a apoyar a Néstor Kirchner como Secretario de UNASUR y

---

[452]   La expresión "más y mejor Mercosur" fue enunciada por el expresidente Tabaré Vázquez, en su discurso de asunción, el 1º de mayo de 2005. Esa expresión fue reiterada en diversas oportunidades durante el comienzo de su gestión.

[453]   Bizzozero, Lincoln. "El MERCOSUR y la construcción de un regionalismo post-neoliberal: una mirada desde Uruguay". En: V Congreso Latinoamericano de Ciencia Política, en GLI : *Más allá del optimismo y el pesimismo: el MERCOSUR hoy*, Buenos Aires, julio de 2010.

en la negativa argentina a apoyar el proyecto uruguayo de interconexión eléctrica con Brasil en el FOCEM. El conflicto provocó un estancamiento de varios temas de la agenda bilateral, e incluso, en algunos casos, la falta de funcionamiento de instancias conjuntas, como ser las vinculadas a la plataforma continental marítima y del Río de la Plata, entre otras. De ahí que se generaran perjuicios no visibles en el ámbito regional del Mercosur, pero también en la gestión conjunta estratégica y de recursos compartidos. En la medida en que el conflicto tomó un cariz basado en los principios y no en la negociación, se fue "nacionalizando" y, por ende, se fue perdiendo de vista el carácter regional de las relaciones, para visualizar solamente los efectos negativos de las restricciones a la libre circulación.

El debate que se realizó durante el año 2007 sobre un posible Tratado de Libre Comercio con Estados Unidos marcó un giro en las posibilidades y opciones planteadas al país en el proceso de integración regional.[454] El debate se manifestó en distintos niveles, aun cuando se procesó, en primer lugar, en el propio equipo de gobierno, en la estructura del Frente Amplio, en el sistema político y en la Universidad de la República.[455] A partir de la finalización de ese debate, el tema pasó a ser el de las condiciones de

---

[454]   Bizzozero, Lincoln. "La inserción internacional de Uruguay ante las próximas décadas: geografías mundiales y estrategias regionales". En: *Cuadernos del CLAEH* n° 94-95, 2007. (Uruguay y el mundo: Pensar la inserción internacional).

[455]   Universidad de la República. *Debate sobre Inserción Internacional del Uruguay*. Rectorado de la Universidad de la República, noviembre de 2006. www.universidad.edu.uy/debate_uruguay/ponencias.htm; Vaillant, Marcel. *Convergencias y divergencias en la integración sudamericana*. CEPAL, Serie Comercio Internacional n° 83, Santiago de Chile, agosto de 2007; Fernández Luzuriaga, Wilson. "La política exterior del Uruguay en las elecciones nacionales 2009". En: Serie Documentos de Trabajo n° 76, Montevideo, Unidad Multidisciplinaria. Facultad de Ciencias Sociales, 2009.

participación de los socios pequeños, el de la flexibilidad en las negociaciones con terceros y el "modelo chileno", como posibilidad a ser tomada en cuenta en las relaciones del país con el mundo.

Hacia el final del gobierno de Tabaré Vázquez se buscó modificar la orientación de la política exterior uruguaya y replantear la situación con Argentina sobre nuevas bases. Si bien los cambios efectuados en la cabeza del Ministerio de Relaciones Exteriores mostraron el interés del gobierno en hacer efectivo un retorno al papel de la Cancillería, el mismo no se terminó de concretar, entre otras cosas por la orientación prioritaria de las relaciones externas a nivel político-personal y, en las relaciones con Argentina, por la propia inercia negativa que se había generado anteriormente.

El cambio de gobierno que tuvo lugar en marzo del 2010, si bien no significó un cambio de partido, sí lo fue de conducción en la orientación política. En materia de política exterior, el Presidente entrante, José Mujica, buscó, desde antes de ser electo, una aproximación con los Presidentes de la región para buscar una nueva modalidad de relaciones e insertar a Uruguay en los temas de la agenda regional. En materia de resultados, los primeros meses de gobierno mostraron varios hechos positivos, que diferencian notoriamente este gobierno del anterior en lo que concierne a las relaciones externas y a la política exterior.[456] El conflicto con Argentina pasó, en un primer momento, de ser nacional y por ende bilateral, a ser específico y temático, no impidiendo, por lo tanto, la apertura de una amplia agenda de temas que van desde la seguridad, las fronte-

---

[456] Los resultados positivos concretos en relación a la anterior administración, aun cuando los contextos hayan sido diferentes, es lo que enfatiza el artículo de Nelson Cesin, "Primeros 100 días de Mujica. Los gozos y las sombras", *Brecha*, 17 de junio del 2010, al referirse a la política exterior.

ras, el dragado del canal Martín García, a la educación, la salud y los temas específicos del Mercosur. Por otra parte, la Cancillería asumió su papel político y diplomático, lo cual se vio fortalecido por la designación como ministro, de Luis Almagro, que hiciera su carrera como funcionario de la misma.[457] El fallo de la Corte Internacional de Justicia potenció los cambios que se realizaron en el gobierno uruguayo y además otorgó una herramienta de salida al gobierno argentino.

La resolución del conflicto con Argentina promovió de nuevo la amplia agenda bilateral, que incluye distintos ámbitos de cooperación: seguridad, fronteras, espacio marítimo, recursos naturales, puerto, transporte, salud, educación. Por otra parte, se continuó y profundizó la cooperación con Brasil, en diversos dominios y temas: las relaciones fronterizas, la integración productiva, el comercio, la educación, la investigación y la salud, entre otros. La elección de Dilma Roussef como Presidente de Brasil, consolidó la disposición "mercosuriana" y regional del gobierno brasileño, por lo que se renovaron las expectativas en la profundización de las relaciones bilaterales.

Esta sintonía bilateral y los buenos resultados económicos en la región se acompañaron de resultados concretos en la orientación y decisiones del Mercosur con la efectiva resolución de temas sensibles y delicados, como ser el del doble cobro del AEC, la aprobación del Código Aduanero, tema postergado desde 1995 y el efectivo pasaje a la Unión Aduanera.

El aniversario de los veinte años del Tratado de Asunción se abre con expectativas nuevas para Uruguay

---

[457] Desde antes de asumir como Ministro, pero ya conocedor de su designación, Luis Almagro dejaba entrever en entrevistas la orientación de la política exterior para resolver el conflicto con Argentina. Véase al respecto la entrevista que le realizó Gabriel Papa en *Brecha* del 18 de diciembre de 2009.

en el proceso regional, relacionadas con la inclusión del espacio nacional en la región, la cooperación fronteriza, las conexiones energéticas, el transporte, la proyección de un puerto de aguas profundas, el reconocimiento de las asimetrías. Por otra parte, se abren diversos desafíos en cada uno de esos temas, además de los referidos a la transición que se está operando en la región, en su institucionalidad, en su papel en la resolución de conflictos regional-nacionales y nacional-regionales y en la capacidad de gestionar temas delicados vinculados con la protección de recursos naturales y capacidad de financiamiento.

4. Los veinte años: el retorno a los desafíos geopolíticos

El Mercosur ingresó en la segunda década del siglo XXI con otras perspectivas en relación con los objetivos definidos en el Tratado de Asunción de 1991 y con nuevos desafíos. La reciente aprobación del Código Aduanero y de varios temas que obstaculizaban la transición hacia una Unión Aduanera y a una región sin restricciones de circulación abrió la posibilidad de destrabar otras cuestiones anudadas como ser las negociaciones con la Unión Europea.[458]

Uruguay aceleró, con la decisión de participar en el proceso de las relaciones argentino-brasileñas, la integración regional. Las consecuencias profundas de esa decisión deben

---

[458] Claro que la reanudación de las negociaciones tiene un tinte político que no toca los temas sensibles, políticos, sociales y económicos, que llevaron a interrumpir las mismas. Los puntos fundamentales de desencuentro siguen existiendo y la posibilidad de un desenlace por aproximación de posiciones va a depender de la evolución del contexto internacional y, en particular, de la percepción del "peligro" que implica la evolución de otros actores.

visualizarse en los impactos generados en la política exterior del país, en particular referidos a su posición en la región y en el continente, y que se remiten a los principios de equidistancia.

Durante los primeros años de la primera fase del Mercosur, asociada al regionalismo abierto, Uruguay supo canalizar positivamente la política exterior de equilibrio regional, articulando posiciones durante la etapa de transición en temas arancelarios, institucionales y comerciales. La implementación de la política exterior se orientó durante esos años hacia las negociaciones regionales para conseguir los objetivos de la etapa de transición y, posteriormente, para transitar hacia la Unión Aduanera y el Mercado Común. Una vez ratificado el Protocolo de Ouro Preto de 1994, en la medida en que el Mercosur inició negociaciones externas, Uruguay adoptó un perfil bajo en el seguimiento de los temas y buscando consensuar posiciones en la región. Hacia el final de la década de los 90 y comienzos del siglo XXI, la crisis de un modelo derivó en un fuerte cuestionamiento a este esquema de integración que continuó hasta el final de la primera década del siglo XXI.

La crisis económica en Argentina y, posteriormente, en Uruguay, provocó el estancamiento del Mercosur, lo cual indujo a buscar otros mercados externos y, concomitantemente, a formular un posible cambio en la orientación de la política exterior, intentando dar un giro en las prioridades, preconizando un acercamiento político-económico a Estados Unidos, sin sustento real en las posibilidades concretas. Estos intentos se tradujeron en un enfriamiento del entusiasmo con el proceso regional durante la mayor parte de la primera década del siglo XXI, lo cual derivó en que no se acompañaran con entusiasmo las medidas para el relanzamiento del Mercosur y el Plan de Trabajo 2004-2006.

Durante la fase del regionalismo abierto, Uruguay privilegió las negociaciones comerciales, arancelarias e institucionales, en función de la inserción como socio pequeño en la región, por lo que el territorio y todo el potencial geopolítico pasaron a un plano vinculado eventualmente con la agenda negativa (contrabando, drogas, narcotráfico). Las posibilidades de expresar el principio de equidistancia se reflejaron fundamentalmente en las negociaciones comerciales y en las reformas necesarias con vistas a una inserción competitiva.

La consecuencia de la crisis económica fue una fase de retraimiento de Uruguay respecto a la región y en cuanto a posibilidades e iniciativas. En la implementación de la política exterior, inició una búsqueda de flexibilización del Mercosur en las relaciones con terceros países e incluso se planteó la posibilidad de un acuerdo con Estados Unidos. Esas iniciativas provocaron debates sobre la política exterior en distintos momentos durante los últimos años e instaló en forma más evidente los temas derivados de las relaciones externas del país, en la agenda política y social.

La etapa de regionalismo continental que comenzara hacia mediados de la primera década del siglo XXI en la región se inició en Uruguay recientemente, con el último cambio de gobierno. Durante esta etapa, los temas vinculados al territorio y al espacio volvieron a tomar relevancia, y resurgió la importancia de la cooperación bilateral. De esta manera, la resolución del conflicto con Argentina y la ampliación de la cooperación bilateral con Brasil llevaron a retomar varios temas que condujeron a la firma del Tratado de la Cuenca del Plata. En un nuevo contexto histórico, ha vuelto a replantearse el papel de Uruguay en la región, el cual tendrá una impronta más geopolítica que comercial y más de referencia a la conexión entre países que a su papel histórico y estratégico de equilibrio.[459]

---

[459] Es elocuente al respecto la reflexión del Presidente de la República Oriental del Uruguay, José Mujica, en la reciente visita oficial a Brasil. El Presidente señaló que Uruguay debería ser un "Estado puente en vez de un Estado-tapón".

Bibliografía

Bizzozero, Lincoln. "El MERCOSUR y la construcción de un regionalismo post-neoliberal: una mirada desde Uruguay". En: V Congreso Latinoamericano de Ciencia Política, en GLI : *Más allá del optimismo y el pesimismo: el MERCOSUR hoy*, Buenos Aires, julio de 2010.
———. "Integración regional en el Cono Sur 1980-2007. MERCOSUR como respuesta estratégica". En: Alfredo Guerra Borges. *Fin de época: de la integración tradicional al regionalismo estratégico.* México, Siglo XXI, 2009, pp.170-207.
———. "El proceso regional del MERCOSUR en el siglo XXI: del regionalismo abierto a la prioridad estratégica sudamericana". En: *Revista Aportes para la Integración Latinoamericana,* año XIV, nº 19, diciembre de 2008.
———. *Uruguay en la creación del Mercosur. ¿Un cambio en la política exterior?* Montevideo, CSIC, Universidad de la República, 2008.
———. "La inserción internacional de Uruguay ante las próximas décadas: geografías mundiales y estrategias regionales". En: *Cuadernos del CLAEH* nº 94-95, 2007. (Uruguay y el mundo: Pensar la inserción internacional).
———. "El advenimiento de un gobierno de izquierda en Uruguay y las relaciones externas: un análisis desde la perspectiva cambio/continuidad". En: *Iberoamericana Nordic Journal of Latin American and Caribean Studies,* Institute of Latin American Studies, Estocolmo, vol. XXXIV, nº 1-2, 2004, pp. 303-322.
De Herrera, Luis Alberto. *El Uruguay internacional.* Montevideo, Cámara de Representantes, 1988. (1ª edición en 1911)
Fernández Luzuriaga, Wilson. "La política exterior del Uruguay en las elecciones nacionales 2009". Serie

Documentos de Trabajo n° 76, Montevideo, Unidad Multidisciplinaria. Facultad de Ciencias Sociales, 2009.

Instituto Manuel Oribe. *El Partido Nacional y la Política Exterior del Uruguay 1990-1995*. Montevideo, EBO.

Methol Ferré, Alberto. *El Uruguay como problema*. Montevideo: EBO, 1969, 2ª edición.

Sanahuja, José Antonio. "Regionalismo e integración en América Latina: balance y perspectivas". En: *Pensamiento Iberoamericano*, 2007, monográfico. La nueva agenda de desarrollo en América Latina, versión PDF. http://www.pensamientoiberoamericano.org/xnumeros/0/pdf/pensamientoIberoamericano-22.pdf

Universidad de la República. *Debate sobre Inserción Internacional del Uruguay*. Rectorado de la Universidad de la República, noviembre de 2006. www.universidad. edu.uy/debate_uruguay/ponencias.htm

Vaillant, Marcel. *Convergencias y divergencias en la integración sudamericana*. CEPAL, Serie Comercio Internacional n° 83, Santiago de Chile, agosto de 2007.

INSERTANDO AL PARAGUAY EN EL ROMPECABEZAS REGIONAL: ¿UNA PIEZA SIN MONTAR?[460]

Lucas Arce

1. Introducción

Los replanteos de la integración a nivel sudamericano, expresados en las nuevas iniciativas de integración y en las modificaciones de los instrumentos y de los fines del Mercosur de los últimos años, tienen sus raíces en el debate sobre qué tipo de integración regional se propone Sudamérica como región y qué modelos de país la sustentarían.

En este contexto, la integración del Mercosur ha sido siempre un destino importante para un país mediterráneo como Paraguay. Sin embargo, la opinión pública y la mayoría de los actores económicos del país han sido y son renuentes a una profundización del proceso de apertura hacia la región. Las razones del surgimiento de estas percepciones no han sido analizadas, reduciéndose la discusión mayormente a la evaluación de los beneficios y de los costos de la integración regional tal cual fue implementada y a la pertinencia de la estructura institucional del Mercosur para su funcionamiento.

En este trabajo, se analizan los cambios productivos, institucionales y de inserción internacional que tuvo Paraguay durante estos años, a trasluz de los cambios producidos en el bloque regional. Este análisis nos permitirá

---

[460] Este trabajo está elaborado en base a una presentación hecha por el autor para el V Congreso Latinoamericano de Ciencia Política, organizado por la Asociación Latinoamericana de Ciencia Política (ALACIP). Buenos Aires, del 28 a 30 de julio de 2010.

entender la manera en que Paraguay se ha insertado y se inserta en la región, con el objetivo de descubrir mecanismos viables para su mejor integración al Mercosur en este nuevo estadio de la integración sudamericana.

2. Paraguay, de la integración "fronteras adentro" hacia una integración "fronteras afuera"

Para poder entender el proceso de integración de Paraguay al Mercosur y su desarrollo dentro del bloque regional, primero debemos analizar qué tipo de estructura económica había desarrollado el país en los años previos a la integración, de modo tal de identificar posteriormente los cambios surgidos en ese contexto.

En primer lugar, Paraguay es un caso excepcional en el continente sudamericano; se trata de un país que ha sido notablemente abierto respecto a otras economías de América del Sur, las cuales brindaron una amplia protección a sus industrias nacionales durante buena parte del siglo XX. Mientras que la mayoría de los países del Cono Sur se había embarcado en un proceso de industrialización por sustitución de importaciones, Paraguay se mantenía con un comportamiento económico singular, alejado de esa corriente. Ésta es una de las razones por las que ha experimentado un alto grado de estabilidad macroeconómica, en comparación a la hiperinflación y al crecimiento de *stop and go* sufridos por muchas de las economías latinoamericanas, como por ejemplo Argentina, Brasil, México y Bolivia.[461]

En segundo lugar, Paraguay también ha transitado una trayectoria económica singular: durante la mayor

---

[461]   Borda, Dionisio y Masi, Fernando. "Paraguay: estancamiento económico y desgaste político en los años del Mercosur". En: Roberto Bouzas (comp.). *Realidades Nacionales Comparadas*. Buenos Aires, Altamira, 2002.

parte de la década de 1970, la economía paraguaya creció a un ritmo mayor que todos los países de América Latina. Entre 1970-1981, su tasa promedio de crecimiento anual del Producto Interno Bruto (PIB) fue del 8,7% y alcanzó niveles de alrededor del 11% en el periodo 1977-1980. Sin embargo, luego de esa etapa, la economía comenzó a estancarse, con un crecimiento promedio de 2,4% durante el periodo 1981-1990, e incluso con años de crecimiento negativo (ver gráfico 1).

Gráfico 1. Crecimiento del producto interno bruto paraguayo, 1970-1990

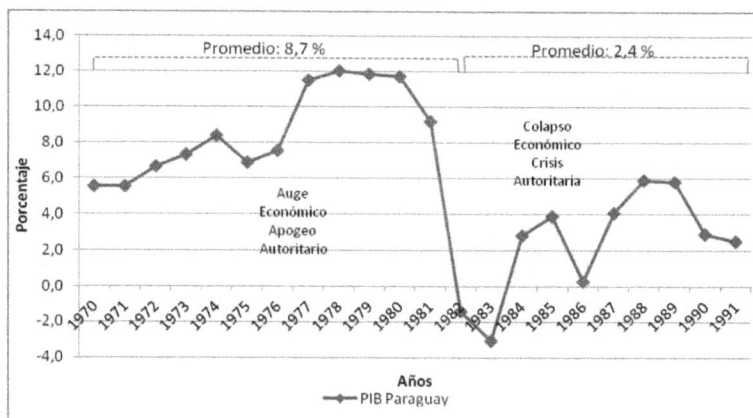

Fuente: Elaboración propia con información del Banco Central de Paraguay

Este crecimiento económico (determinante en la consolidación del poder dictatorial de Stroessner y su prolongación durante los casi 20 años subsiguientes) tuvo dos fuentes principales: el aumento de la productividad agrícola y la construcción de las represas hidroeléctricas binacionales. A su vez, surge en este periodo la triangulación comercial, mecanismo que se haría uno de los pilares de la economía paraguaya luego del agotamiento de los factores citados anteriormente.

El factor de mayor peso en el crecimiento de Paraguay estuvo relacionado con el aumento de la productividad agrícola. Dicha productividad se debió a la expansión de la frontera agrícola más que a un cambio tecnológico que permitiera un uso más intensivo de la tierra. A partir de 1970 empieza un viraje estratégico hacia Brasil, que culmina en la apertura de una conexión física y comercial con este país a partir de la ruta hacia Ciudad del Este. En este contexto, surge la agricultura comercial en Paraguay (a causa de la entrada y de la expansión de la soja como cultivo de renta en la zona aledaña de Brasil), el incremento del cultivo del algodón alentado por el Estado paraguayo y el alza de los precios internacionales de estos bienes. De esta manera, se fortaleció la estrategia de especialización del país como exportador de *commodities* agrícolas, a través del nuevo canal de comercialización vía Brasil.

La segunda fuente de crecimiento económico de Paraguay estuvo asociada a la construcción de la represa hidroeléctrica Itaipú, un proyecto compartido con Brasil. En función de ello, se inició el desarrollo de una serie de plantas hidroeléctricas a lo largo de los ríos Paraná y Paraguay que vinculó al país a sus vecinos y le permitió explotar sus recursos energéticos, proveyéndolo de los muy necesarios ingresos por la venta de energía.

En tercer lugar, como consecuencia de la mayor apertura comercial hacia sus vecinos que tenían economías más protegidas debido a la aplicación del modelo de sustitución de importaciones, surge el tráfico de importaciones desde Paraguay hacia Brasil y Argentina. Este sistema adoptó varias modalidades. La más importante de todas fue la intermediación comercial o contrabando, iniciada en la década de 1980, debido a las altas cargas impositivas internas y a los altos niveles de protección arancelaria de los vecinos de

Paraguay. La intermediación consistió en un comercio de triangulación de bienes de consumo suntuario, importados principalmente desde el Este Asiático y los Estados Unidos, en forma sub-facturada o ilegal, para ser reexportados a los países limítrofes, también de manera ilegal.[462]

Esta especialización de Paraguay en la reexportación o triangulación comercial fue en detrimento del desarrollo de industrias relacionadas con las ventajas comparativas del país. El peso del comercio de reexportación[463] ha llegado a ser hasta tres veces superior al de la exportación total de rubros genuinamente nacionales.[464] Dado el ya alto nivel de apertura económica de Paraguay, es difícil aseverar que la asignación de factores de producción estuviera altamente distorsionada.

Masi y Ruiz Díaz[465] aseguran que la permeabilidad de las fronteras paraguayas (que, por causa del alto grado de comercio ilegal o contrabando, permitían el ingreso casi irrestricto de artículos importados de la región y el mundo) había permitido la integración de Paraguay a los principales socios del Mercosur incluso antes de la firma del Tratado de Asunción de 1991. A este tipo de integración se la ha llamado de "fronteras adentro".

---

[462]   Masi, Fernando. *Paraguay: Los Vaivenes de la Política Comercial Externa en una Economía Abierta*. Asunción, CADEP, 2006.

[463]   Importar productos de consumo suntuario con aranceles bajos desde el sudeste asiático, Estados Unidos y Europa para luego introducirlos, legal o ilegalmente, a los países vecinos.

[464]   A mediados de la década de los 90, Paraguay reexportaba US$ 3000 millones de rubros extranjeros frente a sólo US$ 1000 millones de productos nacionales.

[465]   Masi, Fernando y Ruiz Díaz, Francisco. *Empleo en el Sector de la Producción Transable No Agrícola en el Paraguay. Un análisis del comportamiento de los rubros no tradicionales en la década del noventa*. Proyecto Conjuntos CIS/CADEP, Documento de Trabajo n° 6, The University of Toronto, Center for International Studies, Programme on Latin American and the Caribbean, 2005.

El modelo de crecimiento paraguayo se había agotado a principios de la década de 1980 (ver gráfico 1) debido al deterioro de la mayoría de las fuentes que lo habían impulsado: el fin de la construcción de las obras de la hidroeléctrica Itaipú, la caída de los precios de los *commodities* (como el algodón y la soja, importantes productos de exportación de Paraguay) y el agotamiento de las tierras vírgenes para cultivo en la frontera agrícola.[466] Sin el impulso de esos factores, la triangulación comercial fue adquiriendo un rol cada vez más importante en la economía paraguaya, transformándose en uno de los principales mecanismos de reproducción económica del país.

El agotamiento económico, además, tuvo su correlato en el agotamiento de la larga dictadura de Stroessner que cayó por el golpe cívico militar del General Andrés Rodríguez de 1989. En los momentos fundacionales del Mercosur, Paraguay se encontraba en un proceso de reorganización de sus bases institucionales y en la búsqueda de un nuevo patrón de crecimiento económico e inserción internacional.

En ese contexto, se puede entender por qué el Mercosur ofrecía al país una oportunidad estratégica para gestar una integración orientada a la producción, tanto mediante el aumento y la diversificación de la oferta exportable como mediante la apertura del mercado regional. No obstante, como Paraguay había apostado a la intermediación antes que a la producción, resultaba difícil aumentar las

---

[466]   Según un informe del BID de 1991, durante la década de 1980 la economía permaneció estancada. El crecimiento económico paraguayo y el dinamismo económico en general se hicieron cada vez más dependientes de la soja y del algodón para la exportación. Estos dos cultivos, sin embargo, quedaban sujetos a las fluctuaciones de los precios internacionales y a las condiciones meteorológicas locales, los cuales variaban considerablemente. BID, *Paraguay*. Country Economic Memorandum, Washington DC: BID, 1991.

exportaciones en el corto plazo. Coincidiendo con Borda y Masi,[467] a pesar de que Paraguay era la economía más abierta del nuevo bloque comercial, el modelo económico no era afín al proyecto de integración regional y, por lo tanto, el país tenía mayores desventajas que los otros países de la región para aprovechar los beneficios de la integración.

Todos estos factores ponen de relieve que la integración "fronteras afuera" (a través de un mayor desarrollo productivo y de una mayor exportación, principalmente de productos no tradicionales) dependía también de la habilidad para gestar nuevas capacidades dentro de Paraguay. Sin embargo, el país había ingresado al proceso de integración regional con fuertes desventajas estructurales respecto de sus socios: poseía un bajo nivel de desarrollo industrial y una alta dependencia económica de la agricultura, niveles de desarrollo de infraestructura y de calificación de recursos humanos bastante menores a los del resto del Mercosur e instituciones que no respondían a las necesidades de cambio que imperaban a nivel mundial en el periodo de pos-guerra fría.[468] Para que Paraguay pudiese responder a los nuevos desafíos y, de esta manera, aprovechar las ventajas derivadas de la integración, debía hacer reformas que le permitieran convertirse en una economía competitiva a nivel regional.

3. Cambios institucionales y de inserción externa

Las deficiencias estructurales e institucionales del país fueron tenidas en cuenta de una forma parcial en los

---

[467] Borda, Dionisio y Masi, Fernando. *Los Límites de la Transición. Economía y Estado en el Paraguay en los años noventa*. Asunción, CIDSEP, 1998.

[468] Borda, Dionisio y Masi, Fernando "Mercosur y Paraguay: los Primeros Cinco Años". En: *Mes Económico*, CADEP, 1997.

planes de los hacedores de políticas durante la década de 1990. Dichos planes fueron llevados a cabo con el apoyo, y a veces la dirección, de la cooperación internacional. Sin embargo, tales avances no fueron parte de un plan integral de inserción internacional, sino esfuerzos aislados para el mejor aprovechamiento regional y el aumento de la competitividad del país. Incluso, gran parte de estos planes ni siquiera han sido objetivos del Estado paraguayo, sino más bien producto de los objetivos de las agencias internacionales de cooperación en Paraguay.

Las iniciativas realizadas a nivel institucional tuvieron tres líneas de acción principales, las cuales estuvieron relacionadas con el paso de un modelo de intermediación comercial a un modelo de producción: la mejora de la competitividad externa, las iniciativas para una mejora y diversificación de las exportaciones y las medidas negociadas en el Mercosur para aminorar los costos del ajuste estructural en el sector productivo paraguayo.

La primera línea de acción dirigida a mejorar la competitividad del sector externo fue implementada a través de diferentes iniciativas que incluyen Proparaguay (actual REDIEX), la Ventanilla Única de Exportaciones (VUE) y el Proyecto Fortalecimiento de la Competitividad del Sector Exportador (FOCOSEP). A partir de esta línea estratégica se creó Proparaguay, una iniciativa de promoción de las exportaciones paraguayas que posteriormente dio lugar a la Red de Inversiones y Exportaciones (REDIEX). REDIEX es un programa del Ministerio de Industria y Comercio (MIC) que tiene como objetivo promocionar las exportaciones paraguayas y atraer inversiones extranjeras al país, y fue creado en 2004. Planifica y monitorea las acciones entre el sector público y privado exportador, agencias de regulación y universidades con el fin de fomentar la competitividad internacional de productos paraguayos en cadenas productivas. Para ello trabaja a través de foros de competitividad denominados mesas sectoriales, seleccionadas bajo criterios técnicos y estratégicos en base a potencialidades de cada sector, con miras a la exportación competitiva y hacia mercados focalizados, con lo cual se busca alentar la formación de cadenas productivas y *clusters* como una actividad público-privada.

Otro gran avance fue la creación en 2001 de la Ventanilla Única de Exportación, una iniciativa que funciona dentro del Ministerio de Industria y Comercio (MIC). La VUE busca simplificar los procesos de exportación, en términos de gestión, desde el registro del exportador hasta los trámites de egreso de mercaderías nacionales o nacionalizadas (exportación), con la finalidad específica de constituirse en una herramienta ágil y efectiva que facilite las operaciones de comercio exterior, incrementando la calidad del servicio. Además, está en vigencia desde 2004 el Proyecto Fortalecimiento de la Competitividad del Sector Exportador (FOCOSEP), un convenio de financiación suscrito entre la Unión Europea y la República de Paraguay. Este programa intenta mejorar la inserción del país en los mercados internacionales, aprovechando las potencialidades existentes en el marco del Mercosur. El FOCOSEP depende de la Secretaría Técnica de Planificación, lo que le imprime una jerarquía notable al no depender directamente del MIC, pero a su vez refleja la diseminación de las iniciativas para promover la inserción internacional.

La segunda línea de acción tuvo por objetivo promover el mejoramiento y la diversificación de las exportaciones. Entre las medidas principales de esta línea de acción se cuenta el uso de incentivos fiscales como la Ley de Maquila y la Ley de Zonas Francas. Ambas están orientadas a promover la creación de empresas de exportación, gracias a la exoneración de los impuestos internos (renta, IVA y otros) y la creación de un impuesto único y bajo, como también la exoneración de aranceles aduaneros. En ambos casos, se promueve la creación de empresas ensambladoras o elaboradoras de un producto final, como también la venta de productos de importación.

La tercera línea de acción se corresponde con los intentos de aminorar los costos del ajuste estructural a la base industrial paraguaya. Desde el inicio del Mercosur, Paraguay ha negociado una lista de excepciones que le permite mantener algunos productos con aranceles por debajo de los establecidos por el Arancel Externo Común. Por otro lado, también se encuentra vigente la exoneración de bienes de capital, insumos y materias primas para sectores industriales, como parte de una concesión del Mercosur a los países pequeños. De esta forma, las empresas paraguayas más afectadas por la suba de los aranceles para los insumos que importan desde la extrazona han tenido la oportunidad de compensar tales pérdidas.

Además de estos avances en términos de la inserción internacional del país, se produjeron otros de carácter interno que también apuntaban a mejorar la competitividad de Paraguay. Las principales medidas que se implementaron en el terreno de la infraestructura del país fueron la habilitación de rutas y caminos para la mejor circulación y salida de productos de exportación y algunos emprendimientos dirigidos a mejorar la calidad de los puertos. También, la pavimentación de rutas a partir de proyectos que utilizan la financiación del Fondo de Convergencia Estructural del Mercosur (FOCEM) y la modernización de una línea de transmisión prometida por Brasil a partir del acuerdo renegociado de Itaipú[469] son iniciativas que intentan paliar las deficiencias infraestructurales.

---

[469]   Arce, Lucas y Rojas de Cerqueira Cesar, Gustavo. "Una Nueva Oportunidad para Paraguay". En: *Meridiano 47*, Boletín de Análisis de la Coyuntura de las Relaciones Internacionales, 2009, disponible en línea: http://meridiano47.info/2009/09/04/la-renegociacion-de-itaipu-una-nueva-oportunidad-para-el-paraguay-por-gustavo-rojas-lucas-arce/

A pesar de todas estas mejoras producidas en los últimos años, el Estado paraguayo aún no cuenta con la implementación sistémica de una estrategia de desarrollo económico y, por consiguiente, de inserción en el mundo. Las dificultades principales para llevar adelante una estrategia de desarrollo derivan de los grandes retrasos del país en términos de infraestructura y capacitación de su mano de obra.

La infraestructura continúa siendo un punto de difícil solución para el país. Por ejemplo, a pesar de que la falta de integración interna y externa de Paraguay constituye una fuerte restricción para su desarrollo económico, la cobertura de infraestructura vial es muy deficiente, lo que termina provocando un sobrecosto en el transporte y la logística de alrededor del 4,3% del PIB.[470] Según datos del Ministerio de Obras Públicas y Comunicaciones (MOPC), a fines del 2006, existían en el país 28 534 kilómetros de rutas, de las cuales apenas el 15% estaban asfaltadas. Paraguay es un país con baja cobertura asfáltica en las rutas nacionales y se registra como el de menor cobertura asfáltica por cada 1000 km.[471]

Con respecto a la calidad de los recursos humanos con los que cuenta, otro de los puntos importantes para la competitividad internacional, Paraguay tiene un muy bajo desarrollo de su capital humano. A partir de los años noventa se inició una reforma educativa que permitió una mayor cobertura de la educación primaria preescolar, pero la calidad no ha mejorado a pesar del incremento sustancial de la transferencia fiscal, más del 2% del PIB, a causa de

---

[470]   Borda, Dinosio. *Memorandum Para el Gobierno 2008-2013*. Asunción del Paraguay, Centro de Análisis y Difusión de la Economía Paraguaya, CADEP, 2008.

[471]   OFIP. Cartilla Fiscal nº 6, Inversión Física. CADEP, 2009. http://www. cadep.org.py/V2/sistema/editor/UserFiles/Image/Cartilla_N_6_Inver-sionFisica.pdf.

la escasa preparación de los recursos humanos en educación.[472] La calidad no es deficiente sólo a nivel primario y secundario, sino que los déficits se reproducen a nivel universitario. Si bien el número de alumnos universitarios se ha incrementado considerablemente, pasando de 25 000 en 1990 a 170 000 alumnos en 2007, la cobertura es baja: sólo accede el 7,8% de la población en edad universitaria (18 a 25 años). Por otro lado, la calidad de los profesores (la mayoría sin estudios de posgrado) y la baja producción en investigación (que hace que no exista una mayor acumulación de conocimientos dentro de la universidad) dificultan la mejora de la calidad educativa universitaria.[473]

Estos dos problemas no sólo tienen impactos en la competitividad del país, sino que también dificultan la llegada de nuevas inversiones provenientes del extranjero. La atracción de inversión externa directa posee deficiencias más vinculadas a factores internos que a constreñimientos externos. A pesar de los interesantes incentivos fiscales para la apertura de negocios, tales como bajos impuestos (un IVA del 10% y un impuesto a la renta a las empresas del 10% por ley) y la Ley 117/91 de Inversiones que da igualdad de trato al extranjero, el grado de inversión extranjera no ha crecido de la forma exponencial que se pensaba a partir de la entrada en el Mercosur. Como ejemplo, el *Index of Economic Freedom* de la Heritage Foundation muestra que entre los principales factores que desincentivan la inversión en Paraguay se encuentran la inseguridad legal, la escasez de mano de obra preparada, la infraestructura deficiente

---

[472]   Borda, Dionisio. *Memorandum Para el Gobierno 2008-2013. Op.cit.*
[473]   Cernuzzi, Luca, Vargas, Enrique y González, Vicente. "Educación Superior y Desarrollo del Capital Humano". En: *Memorandum para el Gobierno 2008-2013*. Asunción, Paraguay, CADEP, 2008. http://www.cadep.org.py/V2/sistema/editor/UserFiles/Image/Universidad-ernuzi-Vargas-Present-y-Resumen-Ejecutivo.pdf.

y la ausencia de un sistema de transporte confiable y accesible económicamente.

Todo lo anterior sugiere que si bien se ha avanzado en la dirección correcta hacia un modelo paraguayo de producción en el marco del proyecto de integración al Mercosur, Paraguay no ha podido instalar claramente una estrategia marco de inserción internacional, que le permita articular las políticas, los programas y las agencias destinados al mejoramiento de la producción. Aquellas iniciativas que se han realizado hasta ahora no parecen formar parte de un proyecto integral prioritario o de una política de Estado, sino más bien se trata de iniciativas aisladas que intentan paliar las deficiencias competitivas del país en la medida en que son detectadas, por parte del Estado o bien por el apoyo circunstancial de una agencia extranjera de cooperación internacional.

A ello debe agregársele la baja cantidad de recursos estatales suministrados para lograr avances específicos: la presión tributaria no excede el 12% del PIB y el nivel de gasto público está en el orden de 18% del PIB.[474] Asimismo, los recursos muchas veces son usados de forma deficiente y prebendaría.[475] Este hecho hace dudar de que el aporte estatal sea lo suficientemente importante como para elevar la incidencia de los proyectos aquí mencionados.

4. Ganancias y pérdidas en los años del Mercosur

En este contexto de falta de planificación estratégica y su consecuente multiplicidad de proyectos sin

---

[474]   Sólo las transferencias de las hidroeléctricas, Itaipú (Brasil) y Yacyretá (Argentina), conforman entre el 5% y 6% del PIB.

[475]   Borda, Dionisio. "Paraguay". En: Fisher Ballin. *Eficiencia del Gasto Publico en América Latina*. Río de Janeiro, Brasil, Konrad Adenauer-SOPLA, 2008, pp. 313-340.

una articulación pública adecuada, así como su baja incidencia a nivel agregado, se hace evidente que los beneficios del Mercosur para Paraguay no son fácilmente identificables en base al rendimiento económico del país durante los años de existencia de este esquema de integración.

En el proceso de transición, coincidente con el paso hacia una unión aduanera en el Mercosur, Paraguay había logrado aumentar relativamente la participación de sus exportaciones no tradicionales, pero sin aumento del nivel total de sus exportaciones, ni de un progreso considerable en la industrialización del país y un escaso nivel de inversión nacional y extranjera para la exportación explican por qué Paraguay sigue siendo el país más regazado en el aprovechamiento de las ventajas de la integración regional. En suma, la tesis de Borda y Masi, acerca de que Paraguay no ha pasado todavía de ser un país importador a ser un país exportador, sigue teniendo validez.[476] Como expone Lo Turco,[477] el proceso del Mercosur puede haber permitido la aglomeración de emprendimientos productivos alrededor de los núcleos más dinámicos de la economía regional, como San Pablo o Buenos Aires. Pero, a su vez, Paraguay no ha atraído inversión externa directa en demasía: el aumento de IED posterior a la entrada en vigor de Mercosur[478] estuvo más relacionado con el aprovechamiento del mercado

---

[476]   Borda, Dionisio y Masi, Fernando. *Los Límites de la Transición. Economía y Estado en el Paraguay en los años noventa. Op. cit.*

[477]   Lo Turco, Alessia. "Integración Regional Sur-Sur y desarrollo industrial asimétrico: el caso del MERCOSUR". En Fernando, Masi, Inés Terra y Roberto Bouzas (eds.). *Asimetrías en el Mercosur: ¿impedimento para el crecimiento?* Montevideo, Red Mercosur, 2008.

[478]   El monto acumulado de IED en la década de los 90 representó tres veces el monto acumulado de inversión de las tres décadas previas.

interno que con la utilización de Paraguay como una plataforma regional.[479]

Si observamos detenidamente el crecimiento del PIB durante los años del Mercosur, notamos que presenta una marcada inestabilidad, ya que en este periodo indicado se han intercalado años con picos de crecimiento y años de estancamiento, e incluso años con tasas negativas de crecimiento (ver gráfico 2).

Gráfico 2. PIB de Paraguay durante los años de Mercosur

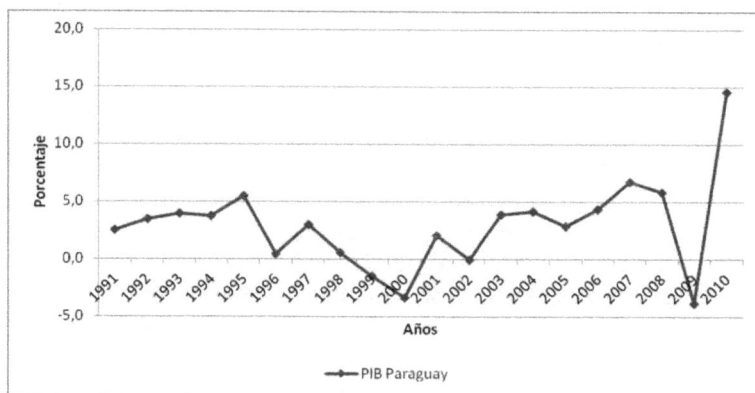

Fuente: Elaborado por CADEP en base a datos del Banco Central de Paraguay.

De este análisis podríamos derivar que el Mercosur no ha sido un instrumento que desde su creación haya, de por sí, empujado al crecimiento económico sostenido de Paraguay, lo cual era uno de los pretendidos argumentos para llevar adelante el proceso de integración. Sin embargo,

---

[479]   Masi, Fernando. "El Caso Paraguayo". En Daniel Chudnovsky (ed.). *El Boom de Inversión Extranjera Directa en el Mercosur*. Montevideo, Red Mercosur, 2001.

este tipo de evaluación de los resultados del proceso está fuertemente basado en el paradigma de las ventajas comparativas y la reasignación de factores. Ambas literaturas eran las más influyentes, en cuanto al comercio, en el momento de creación del bloque.[480]

Siguiendo estas teorías, se esperaba que Paraguay, una vez entrado al Mercosur, recibiera un "aluvión" de inversiones provenientes de los otros países del Mercosur: las empresas de Uruguay, Argentina y Brasil tomarían ventaja de la integración instalándose en Paraguay, un país relativamente más abundante en recursos humanos no calificados y tierra (y, por ende, mucho más barato para producir que el resto del Mercosur) para abastecer desde allí a sus mercados de origen. A su vez, la misma apertura generaría oportunidades para aquellos emprendedores paraguayos que exportan y quisieran hacerlo al Mercosur. Todos estos mecanismos harían crecer el desempeño de la economía paraguaya y derivarían en un mayor bienestar del conjunto de la población.

Entonces, bajo este paradigma, era de esperar que Paraguay creciera a tasas por encima de la media, convergiendo con el resto de los países del bloque comercial, más ricos

---

[480]   Después de dos intentos de integración con resultados dispares, ALALC y ALADI, el proceso de integración latinoamericano fue permeado por los efectos de la reconfiguración del poder mundial en vísperas del fin de la Guerra Fría. Esta nueva etapa mundial permeó el pensamiento y el accionar latinoamericano: la globalización y la apertura comercial y las políticas pro-mercado pasaron a ser temas prioritarios en las agendas de los estados, organismos internacionales y empresas. El Mercosur está forjado en este proceso de transformación y es resultado del mismo. Por un lado, se trata de un acuerdo entre países vecinos que tiene por objetivo llegar a un mercado común al estilo de la integración europea. Por otro lado, se utilizó la liberalización comercial entre los países miembros prácticamente de todo el universo arancelario, y una posterior imposición de un arancel externo común para los cuatro países socios. Entonces, mientras el tipo de integración económica necesario para Paraguay es la productiva, no fue ésta sino la integración basada en la liberalización comercial aquélla que primero dio a luz en el bloque.

que Paraguay, tanto en términos de Producto Bruto Interno como en términos de Producto Bruto Interno *per capita*. Sólo observando la variable de PIB *per capita*, podemos notar que tal convergencia estimada no ha podido ser corroborada en los hechos durante estos años de Mercosur (ver Gráfico 3).

Gráfico 3. PIB *per capita* en los países de Mercosur. Periodo 1990-2008 (En dólares internacionales de 1990)[481]

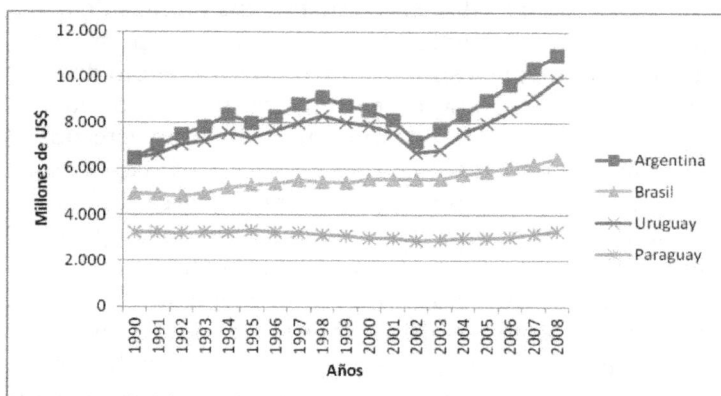

Fuente: Elaboración propia con datos de Maddison[482]

---

[481]   Este gráfico está realizado en base al PIB *per capita* medido con dólares internacionales de 1990. En este caso, el dólar internacional es una buena medida para comparar los países de Mercosur, ya que se usa principalmente para realizar comparaciones tanto entre diferentes países como a lo largo del tiempo. El dólar internacional, también llamado dólar *Geary-Khamis*, es una unidad monetaria hipotética que tiene el mismo poder adquisitivo que el dólar estadounidense tiene en los Estados Unidos en un momento dado en el tiempo. Esta unidad muestra cuánto vale una unidad de una moneda local dentro de las fronteras del país. Las conversiones a dólares internacionales se calculan utilizando la "paridad del poder adquisitivo" (*purchasing power parity -PPP*), es decir la cantidad de unidades monetarias locales que se necesitan para adquirir, dentro del país en cuestión, la misma cantidad de bienes que en Estados Unidos se comprarían con un dólar estadounidense.

[482]   Maddison, Agnus. "Historical Statistics for the World Economy 1-2008 AD. 2010", disponible en http://www.ggdc.net/maddison.

Además, este tipo de análisis sin un ajuste previo a las circunstancias de cada país falla en la distinción de las políticas disponibles que tiene un Estado para integrarse. Con el enfoque de ese análisis, sólo la política comercial sería necesaria para llevar a cabo un cambio en la dirección de la estrategia de inserción externa de un país. Ello presupone que, una vez que el factor productivo capital se relocaliza, la relocalización de capacidades humanas y materiales, así como la transferencia de tecnología y conocimiento, es al menos fácil y rápida. Este análisis posee un gran poder de convencimiento dados sus presupuestos simples e intuitivos, pero no toma en cuenta muchos factores tanto internos como externos.

Una versión sesgada, rígida y esquemática de esta teoría es el sustento de los discursos acerca de la inutilidad del Mercosur que se encuentran en la opinión pública paraguaya, tales como "el Mercosur no sirve" o "Paraguay debería abandonar el Mercosur".[483] Estas críticas provenientes de algunos sectores empresarios y asociaciones de empresas,[484] o hasta incluso de algún representante gubernamental,[485] normalmente surgen al contrastar las expectativas generadas a partir de las

---

[483]   Ver en *ABC Digital*. "Mercosur no nos sirve ni como paso". En: *ABC Digital*, Asunción, 16, 2007. http://iabc.com.py/2007-02-16/articulos/311134/mercosur-no-nos-sirve-ni-como-paso; *ABC Digital*. "Paraguay debería 'patear el tablero' y abandonar el Mercosur que no sirve". En: *ABC Digital*, Asunción, 29, 2009.

[484]   *Ultima Hora*, "Vicepresidente de la UIP afirma que el Mercosur 'no nos sirve'". En: *Ultima Hora Digital* Asunción, 23, 2009, Digital edition, sec. Nacional, http://www.ultimahora.com/notas/240449-Vicepresidente-de-la-UIP-afirma-que-el-Mercosur-no-nos-sirve.

[485]   *Clarín Digital*. "Paraguay vuelve a presionar por cambios en el Mercosur". Buenos Aires, 9 de noviembre de 2010. Disponible en sec. El País, http://edant.clarin.com/diario/2006/10/09/um/m-01286905.htm.

ideas comentadas previamente y las dificultades reales en la integración.

En el caso de Paraguay, y contrariamente a lo que comúnmente se opina dentro del país, el Mercosur ha aportado más beneficios que desventajas, especialmente en términos de aumento de la producción y de la oferta exportable, a saber: en primer lugar, el desarme arancelario del Mercosur ha permitido al país integrarse "fronteras afuera" antes que limitarse a una integración vía intermediación comercial. Durante los años del Mercosur, la economía paraguaya ha tenido como un destino importante a los países del bloque regional. El cuadro 5 muestra un índice de exportaciones, con base en 1991, año de creación del Mercosur. El índice muestra claramente que las exportaciones de bienes al Mercosur han tenido un comportamiento menos fluctuante que el comportamiento de las exportaciones al resto del mundo, mostrándose como un resguardo para el sector exportador paraguayo. Por otra parte, este comportamiento deja entrever que la canasta de bienes exportables de Paraguay hacia el Mercosur es más diversificada que la que tiene respecto al resto del mundo, una canasta más concentrada en pocos productos agro-ganaderos, como soja y carne (ver gráfico 4).

Gráfico 4. Comportamiento de las exportaciones paraguayas por regiones
Año 1991-2010. Índice (1991=100)

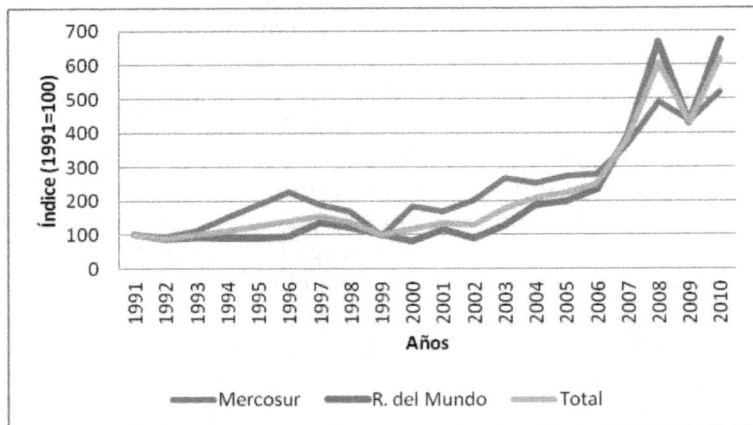

Fuente: Ruiz Díaz[486]

En segundo lugar, el Mercosur ha significado una apertura para los bienes no tradicionales, cuya participación en el total exportado por Paraguay ha crecido sustancialmente. Otros estudios empíricos[487] también muestran que, durante los años del Mercosur, ha habido una mayor diversificación de bienes dentro de la canasta de bienes exportables de Paraguay. Buena parte de esta nueva composición se

---

[486]   Ruiz Díaz, Francisco *et al. Paraguay en el Mercosur. Asimetrías Internas y Política Comercial Externa.* Editado por Fernando Masi, Asunción, Paraguay, CADEP, 2011.

[487]   Borda, Dionisio y Masi, Fernando. *Los Límites de la Transición. Economía y Estado en el Paraguay en los años noventa. Op. cit.;* Penner, Reinaldo. ""Gestión del Sector Exportador frente al Desafío de la Integración". En: *Banco Central de Paraguay, Gerencia de Estudios Económicos, Departamento de Economía Internacional,* 2000, disponible en http://www.bcp.gov.py/gee/investman/gest/gestion.pdf.

explica por los bienes de exportación no tradicionales, que reportan un mayor valor agregado y precisan una mayor cantidad de empleo para ser elaborados en comparación con las exportaciones tradicionales (como granos y carne), por lo que su impulso se convierte en una potencial ventana de oportunidades para la mejora de las condiciones de vida en Paraguay. Por ejemplo, desde 1994, el Mercosur ha sido el principal destino para los productos paraguayos no tradicionales, recibiendo más del 50% de este tipo de productos, a excepción de algunos años coincidentes con la crisis de los países del Mercosur. Incluso, en el año 2009, el 64% de las exportaciones no tradicionales de Paraguay tuvieron como destino al Mercosur (ver Gráfico 5).

Gráfico 5. Exportaciones paraguayas no tradicionales por región
(Periodo 1994-2009)

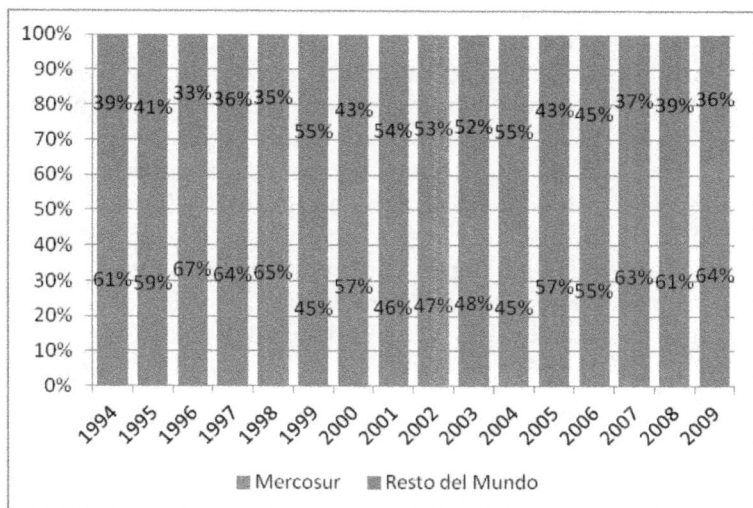

Fuente: Elaboración propia con datos del BCP

En tercer lugar, el Mercosur presenta una oportunidad para la industrialización (sobre todo en el sector agrícola) a través de la formación de cadenas productivas con los países vecinos, proyectándose hacia los mercados regionales e internacionales. Algunos intentos para llevar adelante la integración en cadenas regionales ya puede ser observado en las experiencias de algunas fábricas instaladas en Paraguay que producen ciertos componentes manufacturados intermedios para abastecer a algunas industrias brasileñas de productos de baja tecnología.[488]

En cuarto lugar, en los últimos años, Paraguay se ha beneficiado del desarrollo de agendas de integración paralelas a la agenda económico-comercial: por ejemplo, el progreso hacia la adopción de un marco educativo común para el Mercosur está permitiendo a las autoridades educativas paraguayas aprender de la evolución de los otros socios regionales, con más experiencia en estas temáticas, además de permitirles crear modelos educativos para el país de acuerdo con las normas regionales, más estrictas que las nacionales.[489] También, el desarrollo de una agenda conjunta del Mercosur para la normativa de salud permitió el desarrollo de una industria farmacéutica con estándares de seguridad y calidad mucho mayores a los tenidos en Paraguay antes de la entrada en vigor del bloque, al producirse una mejora en las regulaciones sanitarias y en la capacidad para inspeccionar plantas farmacéuticas por parte de las autoridades de salud del país.[490]

---

[488]   Ejemplo de ello es la compañía MAPASA dedicada a la fabricación de resortes tipo Bonell, que posteriormente son vendidos, entre otros países, a empresas brasileñas para el armado de colchones y *sommieres*.

[489]   Arce, Lucas. "Transformating and Integrating: Paraguay in the years of Mercosur". En: *Regions 281. Regional Studies Association.* Inglaterra, 6, 2011.

[490]   Arce, Lucas. *Mercosur a prueba: upgrading e innovación en las empresas exportadoras paraguayas.* Buenos Aires, Argentina, Flacso Argentina/UdeSA/Universidad de Barcelona, 2010.

Finalmente, Paraguay ha comenzado a beneficiarse de la adopción de medidas de reducción de asimetrías estructurales en el Mercosur como, por ejemplo, la implementación de los Fondos de Convergencia Estructural (FOCEM). Si bien las expectativas creadas alrededor de FOCEM han superado ampliamente las capacidades de la iniciativa (tanto por su capacidad de financiamiento como por las reales capacidades de los miembros del bloque para institucionalizarlo y dotarlo de una gestión eficaz y eficiente desde su creación), la creación de este Fondo se muestra como un reconocimiento de las necesidades de paliar las fuertes asimetrías al interior de la región.[491]

5. Consideraciones finales

A pesar de todos estos beneficios, la propia dinámica de integración no ha llevado por sí misma a un crecimiento económico sostenido y una mayor calidad de vida en Paraguay. Como ya hemos mencionado, las dificultades propias de este país para establecer una base de desarrollo atada a la estrategia de inserción internacional a través del Mercosur nos ha privado de observar la real potencialidad de la integración como plataforma de desarrollo estructural.

La evaluación del Mercosur de la mayor parte de la opinión pública en Paraguay no observa estos problemas, sino que se concentra en aquellos puntos de debate referidos a la aplicación de medidas que van contra el espíritu del libre flujo de bienes, como las barreras no arancelarias a productos

---

[491]   Arce, Lucas. "FOCEM: ¿instrumento olvidado? Recuento de las acciones y proyectos en marcha a través de la ayuda mercosureña". En: *Observatorio Económico de la Red Mercosur*, 11 de junio de 2010. http://www.oered.org/index.php?option=com_content&view=article&id=92%3Afocem-iinstrumento-olvidado-recuento-de-las-acciones-y-proyectos-en-marcha-a-traves-de-la-ayuda-mercosurena&catid=1%3Aarticulos&Itemid=3&lang=es.

paraguayos, y en los costos provenientes de un arancel externo común que no permite el ingreso de insumos baratos. La mejor forma de aprovechar las ventajas es manteniendo una planificación adecuada, así como una orientación específica del país que permita maximizar los beneficios y minimizar los costos en la medida de lo posible. Ello significa potenciar las posibilidades generadas por los mercados ampliados a través de políticas específicas que mejoren las capacidades y las competencias productivas del país en base a una planificación estratégica. En el caso de Paraguay, las iniciativas establecidas para sacar provecho del Mercosur no fueron coordinadas de forma exitosa debido a la falta de un plan marco de acción, a una multiplicidad de programas y autoridades para su ejecución y a una dificultad de congeniar el modelo previo de intermediación comercial con el nuevo modelo hacia la producción.

Sin embargo, la permanencia de Paraguay en el Mercosur ofrece más ventajas que limitaciones. En primer lugar, por ser un país mediterráneo y por estar vinculado históricamente a sus vecinos para la facilitación de su comercio exterior. En segundo lugar, porque a partir de la década de 1990 ya existe un mercado ganado en el Mercosur para las exportaciones paraguayas, especialmente de bienes no tradicionales. Finalmente, porque es un país pequeño y de menor desarrollo relativo que no ha desarrollado ni posee un peso negociador relativo para lograr, en forma independiente, acuerdos comerciales preferenciales con países desarrollados y de economías emergentes, en el corto plazo.

Por último, es tarea de los comunicadores sociales y los hacedores de política recordar a la ciudadanía las posibilidades reales que genera un proyecto de integración regional y ampliar la responsabilidad de los mismos en su aprovechamiento. La integración regional es un mecanismo que tiene como fin último ampliar las posibilidades de crecimiento y desarrollo de los países que deciden entrar en estos procesos;

no es un fin en sí mismo, sino una herramienta posible entre las tantas que los Estados poseen con el objetivo de impulsar el crecimiento económico y el bienestar de la población.

Bibliografía

ABC Digital. "Mercosur no nos sirve ni como paso". En: *ABC Digital*. Asunción, 16, 2007. http://iabc.com.py/2007-02-16/articulos/311134/mercosur-no-nos-sirve-ni-como-paso.

——. "Paraguay debería 'patear el tablero' y abandonar el Mercosur que no sirve". En: *ABC Digital*. Asunción, 29, 2009.

Arce, Lucas. "FOCEM: ¿instrumento olvidado? Recuento de las acciones y proyectos en marcha a través de la ayuda mercosureña". En: *Observatorio Económico de la Red Mercosur*, 11 de junio de 2010. http://www.oered.org/index.php?option=com_content&view=article&id=92%3Afocem-iinstrumento-olvida-do-recuento-de-las-acciones-y-proyectos-en-mar-cha-a-traves-de-la-ayuda-mercosurena&catid=1%-3Aarticulos&Itemid=3&lang=es.

——."Mercosur a prueba: *upgrading* e innovación en las empresas exportadoras paraguayas". Buenos Aires, Argentina, Flacso Argentina/UdeSA/Universidad de Barcelona, 2010.

——. "Transformating and Integrating: Paraguay in the years of Mercosur". En: *Regions 281. Regional Studies Association*. Inglaterra, 6, 2011.

Arce, Lucas, y Rojas de Cerqueira Cesar, Gustavo. "Una Nueva Oportunidad para Paraguay". 2009, disponible en línea: http://meridiano47.info/2009/09/04/la-renegociacion-de-itaipu-una-nueva-oportunidad-para-el-paraguay-por-gustavo-rojas-lucas-arce/

BID. *Paraguay.* Country Economic Memorandum. Washington DC, BID. 1991.

Borda, Dionisio, y Masi, Fernando. "Paraguay: estancamiento económico y desgaste político en los años del Mercosur". En: Roberto Bouzas (comp.). *Realidades Nacionales Comparadas.* Buenos Aires, Altamira, 2002.

Borda, Dionisio. *Memorandum Para el Gobierno 2008-2013.* Asunción del Paraguay, Centro de Análisis y Difusión de la Economía Paraguaya, CADEP, 2008.

——. "Paraguay". En: Fisher Ballin (ed.). *Eficiencia del Gasto Publico en América Latina.* Río de Janeiro, Brasil, Konrad Adenauer-SOPLA, 2008, pp 313-340.

Borda, Dionisio y Masi, Fernando. *Los Límites de la Transición. Economía y Estado en el Paraguay en los años noventa.* Primera. Asunción, CIDSEP, 1998.

——. "Mercosur y Paraguay: los Primeros Cinco Años". En: *Mes Económico,* CADEP, 1997.

Cernuzzi, Luca, Vargas, Enrique y González, Vicente. "Educación Superior y Desarrollo del Capital Humano". En: *Memorandum para el Gobierno 2008-2013.* Asunción, Paraguay, CADEP, 2008. http://www.cadep.org.py/V2/sistema/editor/UserFiles/Image/Universidad-ernuzi-Vargas-Present-y-Resumen-Ejecutivo.pdf.

Clarín Digital. "Paraguay vuelve a presionar por cambios en el Mercosur". Buenos Aires, 9 de noviembre de 2010, sec. El País. Disponible en: http://edant.clarin.com/diario/2006/10/09/um/m-01286905.htm.

Lo Turco, Alessia. "Integración Regional Sur-Sur y desarrollo industrial asimétrico: el caso del MERCOSUR". En: Fernando Masi, María Inés Terra y Roberto Bouzas (eds.). *Asimetrías en el Mercosur: ¿impedimento para el crecimiento.* Montevideo, Red Mercosur, 2008.

Maddison, Angus. "Historical Statistics for the World Economy 1-2008 AD", 2010, disponible en http://www.ggdc.net/maddison.

Masi, Fernando. "El Caso Paraguayo". En: Daniel Chudnovsky (ed.). *El Boom de Inversión Extranjera Directa en el Mercosur*. Montevideo, Red Mercosur, 2001.

——. *Paraguay: Los Vaivenes de la Política Comercial Externa en una Economía Abierta*. Asunción del Paraguay, Centro de Análisis y Difusión de la Economia Paraguaya, CADEP, 2006.

Masi, Fernando y Ruiz Díaz, Francisco. "Empleo en el Sector de la Producción Transable No Agrícola en el Paraguay. Un análisis del comportamiento de los rubros no tradicionales en la década del noventa". Proyecto Conjuntos CIS/CADEP, Documento de Trabajo no. 6, The University of Toronto, Center for International Studies, Programme on Latin American and the Caribbean, 2005.

OFIP. Cartilla Fiscal N° 6, Inversión Física. CADEP, 2009. http://www.cadep.org.py/V2/sistema/editor/UserFiles/Image/Cartilla_N_6_InversionFisica.pdf.

Penner, Reinaldo. "Gestión del Sector Exportador frente al Desafío de la Integración". En: *Banco Central de Paraguay, Gerencia de Estudios Económicos, Departamento de Economía Internacional*, 2000, disponible en http://www.bcp.gov.py/gee/investman/gest/gestion.pdf.

Ruiz Díaz, Francisco, Lancilotta, Bibiana, Vazquez, Fabricio y Cresta, Juan. P*araguay en el Mercosur. Asimetrías Internas y Política Comercial Externa*. Editado por Fernando Masi. Asunción, Paraguay, Centro de Análisis y Difusión de la Economía Paraguaya, CADEP, 2011.

ULTIMA HORA Digital. "Vicepresidente de la UIP afirma que el Mercosur 'no nos sirve'". En: *Ultima Hora Digital*. Asunción, 23, 2009, Digital edition, sec. Nacional. Disponible en: http://www.ultimahora.com/notas/240449-Vicepresidente-de-la-UIP-afirma-que-el-Mercosur-no-nos-sirve.

El complejo proceso del ingreso de Venezuela al Mercosur

Alejandro Gutiérrez

1. Introducción

El 18 de octubre de 2004, luego de un proceso de negociación que se había iniciado en abril de 2008, se firmó en Montevideo el Acuerdo de Complementación Económica entre los países de la Comunidad Andina y el Mercosur. En esa oportunidad, los Presidentes de Colombia, Ecuador y Venezuela por la CAN y los Presidentes de Argentina, Brasil, Paraguay y Uruguay por el Mercosur suscribieron, en el marco de la ALADI, el Acuerdo de Complementación Económica 59 (ACE 59),[492] el cual entraría en vigencia en abril de 2005. Posteriormente, el 8 de diciembre de 2005, la Cumbre Presidencial del Mercosur, reunida en Montevideo, aprobó la solicitud de Venezuela para ingresar como miembro pleno de esa unión aduanera (UA). El 22 de abril de 2006, Venezuela denunció el Acuerdo de Cartagena y formalizaba su deseo de abandonar la Comunidad Andina (CAN). Seguidamente, el 4 de julio de 2006, reunidos en Caracas, los Presidentes de los países miembros del Mercosur y el Presidente de la República Bolivariana de Venezuela firmaron el protocolo de adhesión de Venezuela.[493] Desde ese

---

[492] Los restantes miembros de la CAN previamente habían firmado sus TLC (Tratados de Libre Comercio) con el Mercosur. Bolivia lo hizo el 17 de diciembre de 1996 (ACE No. 36) y Perú el 25 de agosto de 2003 (ACE No. 58).

[493] De acuerdo con lo establecido en el Protocolo de Adhesión, éste debe ser ratificado por los Congresos de los cinco países (Argentina, Brasil, Paraguay, Uruguay y Venezuela). Treinta días después de depositarse los instrumentos de ratificación en Paraguay, Venezuela pasaría a ser miembro pleno del Mercosur con derecho a voz y voto.

momento se inició el proceso que debería haber culminado con su incorporación como miembro pleno del Mercosur.

Lo cierto es que, hasta marzo de 2011, el protocolo de adhesión apenas había sido ratificado por los Congresos de Argentina (6 de diciembre de 2006) y Uruguay (2 de noviembre de 2006), Brasil (15 de diciembre de 2009) y Venezuela (19 de julio de 2006, Gaceta oficial 38.482), mientras que el Congreso de Paraguay se había mostrado contrario a la ratificación de dicho Protocolo de Adhesión. En dos oportunidades (agosto de 2009 y diciembre de 2010), el gobierno de Paraguay ha tenido que retirar del Congreso la solicitud de ratificación del Protocolo de Adhesión debido a que no cuenta con la mayoría suficiente para lograr su aprobación. Las razones esgrimidas por voceros importantes del Congreso de Paraguay y por el Vicepresidente de la República se fundamentan en la idea de que Venezuela no es un país que respete los principios democráticos y los derechos humanos, además de señalar que su gobierno interviene en los asuntos internos de otros países. En consecuencia, Venezuela, hacia fines del primer semestre de 2011, continuaba en su condición de miembro asociado en proceso de adhesión, con voz pero sin voto en los órganos del Mercosur y sin lograr el objetivo de convertirse en miembro pleno de ese acuerdo de integración.

En este capítulo se presentarán algunas de las razones de tipo comercial y político que se han esgrimido por parte de diversos actores, de Venezuela y del Mercosur, bien sea para justificar o para impedir el ingreso de Venezuela como miembro pleno del Mercosur. Finalmente se presentarán algunas conclusiones. El tema sigue siendo controversial, a pesar del apoyo de los gobiernos de Argentina, de Brasil y de Uruguay para que tal ingreso se convierta en realidad y a pesar del esfuerzo del gobierno venezolano por privilegiar e incrementar las relaciones económicas y políticas con los países del Mercosur, a los que considera potenciales aliados para promover un mundo multipolar y enfrentar al imperialismo.

2. Rasgos relevantes de la política exterior y de integración de Venezuela

Durante el periodo que siguió al derrocamiento de la dictadura de Marcos Pérez Jiménez (1958-1998), la política exterior de Venezuela tuvo como características relevantes: la promoción y consolidación de la democracia representativa, la condición de país pacifista, el respeto del principio de no intervención y de autodeterminación de los pueblos, la ruptura de relaciones con gobiernos no democráticos (Doctrina Betancourt), la reafirmación de su condición de país petrolero con una política de defensa de los precios del petróleo y de uso del hidrocarburo como instrumento para la diplomacia y la proyección internacional del país, especialmente en América Latina y el Caribe. Un rasgo permanente de la política exterior fue el de la estrecha relación económica y política con la gran potencia mundial: Estados Unidos de América (EUA), principal socio comercial del país. Este acercamiento con EUA se mantuvo sin renunciar a la adhesión a movimientos tercermundistas como el bloque de países no alineados, al establecimiento de relaciones diplomáticas con el bloque de países socialistas, incluyendo a Cuba, y a cumplir con su rol de fundador e impulsor de la Organización de Países Exportadores de petróleo (OPEP). Los diferentes gobiernos democráticos, en materia de política exterior, tuvieron como principio la búsqueda de consensos. Como bien lo afirma Romero,[494] en las cuatro décadas que siguieron al derrocamiento de la dictadura de Marcos Pérez Jiménez se conformó una auténtica política exterior de Estado.

---

[494]   Romero, María Teresa. *Política exterior venezolana. El proyecto democrático 1959-1999.* Caracas, Los libros de El Nacional, Segunda reimpresión corregida y ampliada, 2009.

Como parte de su política exterior, Venezuela también se manifestó partidaria de los procesos de integración en la región, participando como país miembro fundador de la Asociación Latinoamericana de Libre Comercio en 1960 (ALALC, ALADI desde 1980) y del Acuerdo de Cartagena o Pacto Andino al cual ingresó en 1973 (Comunidad Andina desde 1995). En la década de 1990, Venezuela desarrolló una activa estrategia de integración económica e inserción internacional, todo ello en el contexto de adopción de programas de estabilización y ajuste estructural de corte ortodoxo, de una profunda reforma de la política comercial que privilegiaba el libre comercio y del auge del regionalismo abierto. Así, Venezuela suscribió los acuerdos de la Ronda Uruguay y se hizo miembro de la Organización Mundial de Comercio (OMC); junto con Colombia fue líder del fortalecimiento de la Comunidad Andina, participó en 1994 de la creación del Grupo de los Tres (México, Colombia y Venezuela), estableció un tratado de libre comercio con los países del CARICOM (1992), con Chile (1993), y numerosos acuerdos de alcance parcial y de complementación económica (ACE) en el marco de la ALADI, con Argentina (ACE 48), con Brasil (ACE 39), con Centroamérica, Guyana y Trinidad y Tobago. En algunos de estos acuerdos, Venezuela concedió preferencias arancelarias sin que hubiera reciprocidad (casos de CARICOM y Centroamérica).

A partir de 1999, con la llegada al gobierno, mediante elecciones democráticas, de Hugo Chávez, se inició una nueva etapa en la política exterior y de integración de Venezuela. Aunque inicialmente se mantuvieron algunas de las líneas centrales de la política exterior de los gobiernos anteriores, a partir de 2004, una vez obtenida la victoria en el referéndum revocatorio presidencial, se estableció una ruptura definitiva con la tradicional política exterior del país.[495] En esta nueva etapa se subordinó la política exterior a los objetivos de la "revolución bolivariana" y a la promoción internacional del denominado "socialismo del siglo XXI", modelo que se aspira exportar hacia otros países.[496]

En el VII Plan de la Nación,[497] se establecieron las primeras líneas maestras de la nueva política exterior de Venezuela. De manera breve, las más importantes, para los fines de este trabajo, son: a) fortalecer la soberanía nacional; b) promover un mundo multipolar, para lo cual se privilegiarían las relaciones con los países latinoamericanos y caribeños, redefiniendo el modelo de seguridad hemisférica. Se promoverán cambios estructurales en los organismos internacionales para fortalecer las posiciones de los países en desarrollo y se difundirá a nivel internacional la importancia de la democracia participativa; c) consolidar y diversificar las relaciones internacionales fortaleciendo la cooperación sur-sur, reafirmando las relaciones con los países vecinos; d) fortalecer el posicionamiento de Venezuela en la economía internacional afianzando la vigencia y proyección de la OPEP, acelerando la internacionalización de Venezuela mediante la identificación de nuevos mercados para las exportaciones no tradicionales y el incremento de asociaciones estratégicas en materia energética con los países de América Latina y el Caribe (ALC) para diversificar los mercados y agregarle valor a los hidrocarburos. En materia energética se establecía un

---

[495]   González Urrutia, Edmundo. "Las dos etapas de la política exterior de Chávez". En: *Nueva Sociedad*, n° 205, 2006, pp. 159-171.

[496]   Para más detalles ver: República Bolivariana de Venezuela, Presidencia de la República. *La nueva etapa, el nuevo mapa estratégico*. Caracas, Presidencia de la República Bolivariana de Venezuela, 2004.

[497]   República Bolivariana de Venezuela, Ministerio de Planificación y Desarrollo. *Líneas Generales del Plan de desarrollo económico y social de la Nación 2001-2007*. Caracas, Presidencia de la República Bolivariana de Venezuela, 2001.

trato especial a Suramérica, el Norte de Brasil y el área del Caribe; e) promover un nuevo régimen de seguridad hemisférica de carácter integral y multidimensional, lo que demanda implementar un nuevo modelo de Fuerza Armada Nacional y fortalecer la defensa regional, en un marco de cooperación internacional con los países de la región de ALC.

En cuanto a la integración con ALC, la nueva Constitución aprobada en 1999 (Art. 153)[498] establece que la política exterior del país deberá impulsar un nuevo modelo de integración en el cual se promoverá la integración política mediante el diseño de una política exterior, de seguridad y defensa común para ALC. También se da importancia a los intercambios culturales y humanos en el área de ALC; al diálogo del Grupo de Río con la Unión Europea (UE), Japón, China, India y Rusia y Asia del Este. El impulso a un nuevo modelo de integración estableció el privilegio de las iniciativas regionales, dándole prioridad al ingreso de Venezuela como miembro asociado del Mercosur mientras que se disminuía la importancia de las negociaciones

---

[498]   El Art. 153 de la nueva Constitución de la República Bolivariana de Venezuela establece que: "La República promoverá y favorecerá la integración latinoamericana y caribeña, en aras de avanzar hacia la creación de una comunidad de naciones, defendiendo los intereses económicos, sociales, culturales, políticos y ambientales de la región. La República podrá suscribir tratados internacionales que conjuguen y coordinen esfuerzos para promover el desarrollo conjunto de nuestras naciones, y que garanticen el bienestar de los pueblos y la seguridad colectiva de sus habitantes. Para estos fines, la República podrá atribuir a organizaciones supranacionales, mediante tratados, el ejercicio de las competencias necesarias para llevar a cabo estos procesos de integración. Dentro de las políticas de integración y unión con Latinoamérica y el Caribe, la República privilegiará relaciones con Iberoamérica, procurando sea una política común de toda nuestra América Latina. Las normas que se adopten en el marco de los acuerdos de integración, serán consideradas parte integrante del ordenamiento legal vigente y de aplicación directa y preferente a la legislación interna".

del Acuerdo de Libre Comercio de las Américas (ALCA), al cual termina oponiéndose radicalmente[499] (República Bolivariana de Venezuela, Ministerio de Planificación y Desarrollo, 2001:156).

El plan de la Nación 2007-2013[500] ratificó las líneas maestras de la política exterior y de integración. Para esta nueva etapa se plantearon como objetivos los siguientes:

- identificar y promover nuevos polos de poder mundial en el campo financiero, mediático, militar y político;
- usar los instrumentos de la integración y la construcción de valores políticos compartidos entre los países para facilitar la construcción del mundo multipolar;
- desarrollar la energía y utilizar el potencial del país en materia de hidrocarburos para que sirva de instrumento central a su estrategia de inserción internacional y de integración con ALC. El desarrollo del potencial energético del país debe servir de instrumento para la construcción de un mundo multipolar, esto es, la conformación de nuevos polos de poder mundial;
- difundir los logros de la "revolución bolivariana" en el mundo. Para ello se debe promover el intercambio científico y cultural con los pueblos. Se propone una estrategia mundial de formación política sobre los logros de la "revolución bolivariana";
- lograr apoyos políticos internacionales para el avance de la revolución y la construcción del "socialismo del siglo XXI";
- establecer nuevos esquemas de cooperación económica y financiera y lograr un comercio mundial más justo.

---

[499] República Bolivariana de Venezuela, Ministerio de Planificación y Desarrollo, 2001, *op. cit.*

[500] República Bolivariana de Venezuela, Presidencia de la República. *Líneas generales del Plan de desarrollo económico y social de la nación 2007-2013*. Caracas, Presidencia de la República, 2007.

Para ALC, los objetivos más importantes a lograr por el Plan eran los siguientes:

- **participar en la construcción de un nuevo Mercosur y en la construcción de Unasur, sobre la base de la revisión, evaluación y reorientación de los contenidos de los acuerdos de integración vigentes [negritas del autor];**
- fortalecer el esquema de integración suramericano ampliando y consolidando las relaciones con el Caribe. Venezuela aportará a la complementación y a la solidaridad sus experiencias en materia de combate a la pobreza y en inclusión social;
- fortalecer el eje de integración con Bolivia y Cuba para reafirmar la Alianza Bolivariana para los pueblos de Nuestra América (ALBA), modelo que contrasta con el ALCA y los TLC´s;
- fortalecer los movimientos alternativos en Centroamérica y México para buscar el desprendimiento del dominio imperial;
- neutralizar la acción del imperio fortaleciendo la solidaridad y la opinión pública de los movimientos sociales organizados;
- fortalecer la alianza Venezuela, Suramérica y el Caribe.

Como se desprende de los objetivos de la política exterior y de integración, se ha dado un cambio significativo con respecto a la política exterior del periodo 1958-1998. La nueva política exterior y de integración está impregnada de retórica revolucionaria y antiimperialista, de rechazo y oposición clara a la potencia hegemónica imperial (Estados Unidos), mientras que se utiliza el petróleo como instrumento para la proyección de la "revolución bolivariana" y para desarrollar una agenda de cooperación económica y en diversas áreas (salud, educación, financiamiento de infraestructura, financiamiento del petróleo en condiciones favorables, etc.), destinada a fortalecer alianzas políticas y a promover el "socialismo del siglo XXI".

Desde 1999, siguiendo las líneas estratégicas del modelo socialista que se trata de instaurar, Venezuela ha desarrollado una política de confrontación antiimperialista con Estados Unidos y ha tratado de fortalecer las relaciones políticas, militares y económicas con Cuba, China, Rusia, Bielorrusia, Irán, Corea del Norte, Siria y Libia, por mencionar algunos países que tradicionalmente se oponen a Estados Unidos en los foros mundiales y multilaterales. Son países que tienen un elemento común: no se rigen por el ejercicio de la democracia representativa y tienen cuestionamientos con respecto a los derechos humanos y el ejercicio de la libertad. En la Organización Mundial de Comercio (OMC), Venezuela es partidaria de la disminución de los subsidios y la protección agrícola de las grandes potencias (Estados Unidos, Unión Europea, Japón), de la necesidad de eliminar las barreras a las exportaciones de los países del tercer mundo y del reconocimiento de tratamiento diferenciado para los países menos desarrollados.

En materia de integración, acorde con los lineamientos de la política exterior y los objetivos de la "revolución bolivariana", se destacan las siguientes acciones: el rechazo al ALCA y a los TLC con EUA y la UE; las críticas a los acuerdos de integración existentes porque surgieron bajo la ideología del neoliberalismo. Se propone un modelo de integración alternativo denominado ALBA, cuyos principios rectores son: la complementación, la cooperación, la solidaridad y el respeto a la soberanía de los países. Así:

> El ALBA se sustenta en los principios de solidaridad, cooperación genuina y complementariedad entre nuestros países, en el aprovechamiento racional y en función del bienestar de nuestros pueblos, de sus recursos naturales –incluido su potencial energético–, en la formación integral e intensiva

del capital humano que requiere nuestro desarrollo y en la atención a las necesidades y aspiraciones de nuestros hombres y mujeres.[501]

Los temas comerciales dentro del ALBA se rigen por los Tratados de Comercio de los Pueblos (TCP), los cuales:

> Son tratados de intercambio de bienes y servicios para satisfacer las necesidades de los pueblos. Se sustentan en los principios de solidaridad, reciprocidad, transferencia tecnológica, aprovechamiento de las ventajas de cada país, ahorro de recursos e incluyen convenios crediticios para facilitar los pagos y cobros. [...] Los TCP nacen, para enfrentar a los TLC, Tratados de Libre Comercio, impuestos por Estados Unidos, que conducen al desempleo y la marginación de nuestros pueblos, por la destrucción de las economías nacionales, a favor de la penetración del gran capital imperialista.[502]

La integración que propone Venezuela es una que privilegia los temas políticos y sociales mientras que subestima la agenda económica. Puede afirmarse que esta propuesta se inserta más en el marco conceptual del regionalismo pos-liberal.[503] También propone la creación de fondos de compensación, el tratamiento diferenciado para los países más pequeños, el trueque, la creación del Banco del Sur, de

---

[501]   El ALBA Para más detalles véase el portal del ALBA. http://www.alian-zabolivariana.org/modules.php?name=Content&pa=showpage&pid=2080 (consulta: 8 de marzo de 2011)

[502]   Tomado del portal Web del ALBA. http://www.alianzabolivariana.org/modules.php?name=Content&pa=showpage&pid=2080 (consulta: 8 de marzo de 2011)

[503]   Sobre regionalismo pos-liberal ver: Da Motta Veiga, Pedro y Rios Sandra. *O regionalismo pós-liberal, na America do Sul: origens, iniciativas e dilemas*. Santiago de Chile, CEPAL, Serie Comercio Internacional, n° 82, 2007; Sanahuja, José Antonio. "Suramérica y el regionalismo posliberal". En: Cienfuegos, Manuel y Sanahuja, José Antonio (eds.). *Una región en construcción. UNASUR y la integración en América del Sur*. Barcelona Fundación CIDOB, 2010.

empresas grannacionales[504] y se privilegia la cooperación, concepto que se confunde con el de integración.

Venezuela ha desarrollado una fuerte política de cooperación energética y financiera con los países del área del Caribe, a través de Petrocaribe, con Argentina, República Dominicana y en especial con los países miembros del ALBA (Cuba, Bolivia, Ecuador, Nicaragua, Dominica, Antigua y Barbuda, San Vicente y las Granadinas). Con Brasil está por concretarse la participación de Venezuela con el 40% de las acciones en una refinería en Pernambuco y se ha desarrollado un amplio programa de construcción de infraestructura financiada por Brasil y ejecutada por empresas brasileñas. Con Argentina se han montado operaciones de soporte financiero a los bonos de deuda pública emitidos por ese país pero respaldados por Venezuela (Bonos el Sur), compras de bonos de deuda pública, se han realizado alianzas estratégicas con la empresa pública del petróleo (ENARSA) y se han firmado una amplia variedad de acuerdos de cooperación en diferentes temas. Estas acciones reafirman la tendencia de Venezuela a utilizar el petróleo y el poder financiero que éste proporciona como un componente importante de su política exterior. Así, el potencial energético de Venezuela en los hidrocarburos y la capacidad financiera que se deriva de esta condición se utiliza como un instrumento para lograr aliados políticos en la lucha contra el imperialismo, en los foros internacionales y para la promoción del "socialismo del siglo XXI".

---

[504] "El concepto de empresas grannacionales surge en oposición al de las empresas transnacionales, por tanto, su dinámica económica se orientará a privilegiar la producción de bienes y servicios para la satisfacción de las necesidades humanas, rompiendo con la lógica de la ganancia y acumulación de capital". Para más detalles ver: http://www.alianzabolivariana.org/modules.php?name=Content&pa=showpage&pid=2080 (Consulta: 8 de marzo de 2011)

Desde los inicios del gobierno presidido por Hugo Chávez, uno de los elementos controversiales ha sido el de las relaciones hostiles con Colombia y Perú, países con estrategias de desarrollo y gobiernos con ideología muy diferente a la de Venezuela, que ha sido acusada en diversas oportunidades de apoyar a la guerrilla colombiana, especialmente a las FARC. Existen manifestaciones contundentes por parte de voceros gubernamentales, incluido el propio presidente Chávez, de simpatía por los objetivos militares y políticos de los movimientos guerrilleros en Colombia, especialmente de las FARC, lo que devino en fuertes controversias diplomáticas. Contrariamente a lo sucedido con Colombia y Perú, se fortalecieron los lazos económicos y políticos con Bolivia y Ecuador (ambos países miembros de la CAN y del ALBA, con gobiernos afines ideológicamente al de Venezuela, promotores del "socialismo del siglo XXI".) Tanto Bolivia como Ecuador han recibido apoyo de la cooperación económica venezolana y el intercambio comercial unidireccional (importaciones de Venezuela) ha aumentado sustancialmente en la medida en que se han fortalecido las alianzas políticas y diplomáticas.

En el contexto de las controversias diplomáticas y comerciales con Colombia y Perú, en abril de 2006, Venezuela denunció el Acuerdo de Cartagena (CAN) y en mayo de 2006 se separó también del Grupo de los Tres (G-3). Las razones esgrimidas en ese momento para tales decisiones se referían a los posibles daños comerciales que podría tener Venezuela con la entrada en vigencia de los TLC entre EUA-Colombia y EUA-Perú. En el caso del G-3, se utilizó como argumento principal la concepción neoliberal del acuerdo, que privilegiaba el libre comercio y el protagonismo de las empresas transnacionales, sin beneficios concretos para Venezuela. Entre tanto, Venezuela ratificó, al firmarse, en julio de 2006 en Caracas, el Tratado de Adhesión, su deseo de convertirse en miembro pleno de Mercosur. Paralelamente, en medio de un alza de sus ingresos petroleros, Venezuela desarrollaba una estrategia destinada a fortalecer el ALBA y a promover la creación de UNASUR (Unión de Naciones Suramericanas).

Llama la atención el objetivo del gobierno de Venezuela de convertirse en miembro pleno del Mercosur, acuerdo de integración económica que también ha recibido críticas del presidente Chávez por haberse creado en el contexto de las reformas económicas neoliberales de comienzos de los años 1990. El Mercosur es una imperfecta unión aduanera con el objetivo expreso de convertirse en un mercado común, donde se prioriza la agenda económica y la liberación intrabloque del comercio de bienes y servicios, la libre circulación de los factores de producción, la fijación de un arancel externo común (AEC) y de una política comercial común con relación al resto del mundo. Debe señalarse también que el Mercosur negocia un TLC con la UE y firmó en 2007 un TLC con Israel, país con el cual Venezuela ha tenido suspendidas las relaciones diplomáticas. Así, los objetivos económicos de Mercosur se contraponen a la política económica y comercial del gobierno de Venezuela que obstaculiza el libre comercio y la circulación de factores de producción. Son elementos centrales de la política económica venezolana: control de cambios y de precios, tipo de cambio oficial apreciado en términos reales (sobrevaluado), restricciones a las importaciones de tipo administrativo y no arancelarias (exigencia de licencias de importación, retardo en la entrega de certificados sanitarios y de origen, otras), restricciones cuantitativas y administrativas para exportar, política de expropiaciones y nacionalizaciones que no garantiza los derechos de propiedad a los inversionistas nacionales y extranjeros, exoneración del pago de aranceles para una gran cantidad de bienes, sobre todo alimentos (medida

contraria a la adopción de un arancel externo común),
fuerte intervención del Estado en la economía, entre otros.

Con base en lo antes expuesto surgen algunas preguntas: ¿por qué Venezuela desea ingresar al Mercosur si
este acuerdo tiene objetivos que no se corresponden con el
modelo de integración que desea promover y exige políticas
económicas muy diferentes de las que aplica el gobierno
venezolano? Y consecuentemente, ¿por qué los países del
Mercosur aceleraron el ingreso de Venezuela, obviando los
procedimientos tradicionales y formales que están establecidos para estos casos y sin considerar las limitaciones que
impone la política económica de Venezuela para cumplir
con las obligaciones que implica el ingreso a una unión
aduanera? ¿Hubo apresuramiento por parte de los países
del Mercosur? ¿Se privilegiaron los intereses ideológicos
y políticos de los gobiernos fuertes del Mercosur (Brasil
y Argentina) para acelerar el ingreso de Venezuela a ese
bloque de integración?

3. Los argumentos a favor y en contra de Venezuela para su ingreso como miembro pleno del Mercosur

3.1. La perspectiva de algunos actores de Venezuela

Para el gobierno de Venezuela, el ingreso al Mercosur
como miembro pleno tiene objetivos políticos y geopolíticos
que desbordan a los de carácter económico. En el proceso
de negociación del ACE 59, y desde que se manifestó formalmente el deseo de ingresar como miembro pleno del
Mercosur, no se consultó al sector privado ni a otros sectores
de la sociedad civil venezolana sobre la conveniencia de
esta decisión. No es el objetivo del gobierno de Venezuela
obtener los beneficios económicos (estáticos y dinámicos)
que se derivan de la integración económica o diversificar

sus exportaciones para hacerse menos dependiente del petróleo; aunque Venezuela usa su potencial y los proyectos de integración energética como una de las ventajas para justificar el ingreso al Mercosur (Petrosur, Gasoducto del Sur, asociaciones con la empresa Argentina de Petróleo [ENARSA] y con la de Brasil [PETROBRAS], etc.).

En los actuales momentos, con un aparato productivo en muy malas condiciones, para Venezuela su único producto de exportación sigue siendo el petróleo y sus derivados. También debe señalarse que la orientación y los objetivos económicos del Mercosur son diametralmente opuestos a las políticas económicas y al marco institucional de fuerte orientación contra el mercado, de poco respeto por los derechos de propiedad que aplica el gobierno actual de Venezuela. La integración que propone Venezuela es más de orden político-ideológico, sustentada en los principios del ALBA, muy alejada de la práctica de los modelos de integración vigentes en América Latina y el Caribe. De allí que algunos estudiosos del tema hayan asomado la contradicción que existe entre la estrategia de integración económica propuesta por Venezuela en el ALBA y su deseo de ser miembro pleno del Mercosur. Briceño Ruíz[505] ha señalado que:

a) en primer lugar, la lógica de la integración propuesta por el gobierno de Hugo Chávez es no comercial y anticapitalista, asemejada a la propuesta integracionista del desaparecido Consejo de Ayuda mutua Económica (CAME) conformada por los países del bloque del socialismo real, con la Unión Soviética como líder, en medio del periodo de la Guerra Fría. Además, la política económica que aplica el

---

[505]   Briceño Ruíz, José. "El ALBA y el Mercosur en la agenda de integración de Venezuela". En: Briceño Ruíz, José y Mendoza, Carolina (eds.). *Cambio y permanencia en la Agenda de integración de América del Sur.* Barquisimeto, Universidad Centrooccidental Lisandro Alvarado Fondo Editorial, 2009, pp. 185-222.

gobierno de Venezuela en la actualidad luce incompatible con las disciplinas y reglas de juego del Mercosur. Por lo tanto, el ALBA y el Mercosur, en cuanto a sus objetivos, lucen incompatibles, a menos que se trate de participar de manera caótica en dos procesos de integración muy diferentes, lo que pone en duda la coherencia de la estrategia de integración de Venezuela.

b) Tampoco luce viable la intención de Venezuela de "reformatear" al Mercosur y reorientarlo hacia un modelo de integración acorde con las propuestas del ALBA. En principio, Venezuela no es aún un miembro pleno del Mercosur, tampoco los países del Mercosur están interesados en renunciar al acervo comunitario que se ha conformado desde su creación en 1991. Por otra parte, los países del Mercosur, aunque tienen diferencias con la política de inserción internacional y de integración de Estados Unidos, lo que se ha manifestado en una oposición a la propuesta del ALCA, no están interesados en participar en una alianza anti-imperialista o anti-Estados Unidos. De hecho dos miembros de Mercosur (Paraguay y Uruguay) han manifestado su interés en fortalecer las relaciones económicas con Estados Unidos y asegurarse un acceso permanente a ese mercado a la par que se captan inversiones originarias de ese país.

El gobierno de Venezuela, ante sus diferencias ideológicas y de estrategias de desarrollo con Colombia, con Perú y con México, aprovechó el viraje político hacia la izquierda que se produjo en América del Sur, al llegar al poder en Brasil el presidente Luis Ignacio Da Silva, y los gobiernos populares encabezados por los presidentes Néstor Kichner en Argentina y Tabaré Vázquez en Uruguay. Para el gobierno de Venezuela, un objetivo central de su política exterior es internacionalizar el proyecto político de la "revolución bolivariana", promover el "socialismo del siglo XXI", constituir alianzas geopolíticas con los gobiernos de Mercosur, romper el aislamiento que significó la salida de la CAN, enfrentar la política de Estados Unidos (el imperio), fomentar su concepción de la integración y seguir impulsando el nuevo sistema multipolar internacional. Así, González Urrutia[506] afirma que el ingreso de Venezuela al Mercosur se inserta en una estrategia global que requiere de un nuevo orden geopolítico regional.

Venezuela, como bien lo ha expresado públicamente, aspira a participar en la construcción de un nuevo Mercosur y una UNASUR que supere las limitaciones de los acuerdos de integración vigentes. Para el gobierno de Chávez, la integración debe superar los modelos tradicionales y orientarse por una ideología anti-imperialista, anti-neoliberal, anti-estadounidense dándole prioridad a los temas sociales y políticos. Lo comercial debe fundarse en la complementación económica, en el respeto de las asimetrías y de ninguna manera en la competencia que promueve el enfoque neoliberal.[507] Por lo tanto, el Mercosur debe orientarse en esta nueva dirección, lo que significa que el ingreso de Venezuela en condición de miembro pleno pretende redefinirlo; esto puede generar un conflicto adicional a los que ya enfrenta por violaciones a la zona de libre comercio, el no cumplimiento del arancel externo común y los problemas de asimetrías en el tratamiento por parte de Brasil y Argentina a Uruguay y Paraguay. Tampoco está claro que los países del Mercosur tengan una estrategia anti-Estados

[506]   González Urrutia, Edmundo. *La política exterior de Venezuela y la nueva geopolítica internacional.* Caracas, Instituto Latinoamericano de Investigaciones Sociales (ILDIS)-Centro de Estudios Estratégicos y Relaciones Internacionales, 2008.

[507]   Un inventario de las posiciones y opiniones de voceros del gobierno de Venezuela sobre el ingreso al Mercosur como miembro pleno se encuentra en Romero, Carlos. *La entrada de Venezuela en el Mercosur: repercusiones internas.* Caracas, Instituto Latinoamericano de Investigaciones Sociales (ILDIS), 2008.

Unidos, aunque no compartan alguna de sus posiciones en foros internacionales o se hayan opuesto al ALCA.[508]

Parte importante del sector privado venezolano manifestó su desacuerdo con respecto al ingreso de Venezuela en el Mercosur. El inventario de argumentos contempló reclamos por no haber sido consultados por el gobierno, la condición de potencias agrícolas e industriales con alta competitividad de los países del Mercosur, lo que desplazaría la producción nacional y generaría desempleo interno, etc.[509] En ese contexto, la Confederación de Asociaciones de Productores Agropecuarios (FEDEAGRO) opinó lo siguiente:

> Es evidente que una integración comercial con los "colosos del Sur", debe considerar las asimetrías existentes entre las economías y los sectores de los países que la conformen. En este sentido, la agricultura y el sector agroalimentario venezolano están en franca desventaja, en gran parte de los rubros y cadenas productivas, frente a sus homólogos del MERCOSUR, y por tanto se requiere privilegiar y proteger la producción nacional, especialmente en los rubros de alta sensibilidad, hasta tanto se consigan niveles de competitividad similares a los de nuestros nuevos socios comerciales; tal como lo establece el Artículo 305 de la Constitución Nacional.[510]

Por su parte, la Confederación Venezolana de industriales (CONINDUSTRIA) expresó que con el ingreso de

---

[508]   Cf. Briceño Ruíz, José y Gutiérrez, Alejandro. "Venezuela en el Mercosur: una evaluación de su impacto económico y político". En: *Revista Argentina de Economía y Ciencias Sociales.* Vol XI, n° 16, 2007, pp.77-97.

[509]   Un inventario de las posiciones y opiniones de voceros de los empresarios industriales, agrícolas y de representantes de los trabajadores sobre el ingreso al Mercosur como miembro pleno se encuentra en Romero, Carlos. *La entrada de Venezuela en el Mercosur... Op. cit.*

[510]   Declaraciones de Gustavo Moreno Presidente de FEDEAGRO. http://guarico.com.ve/?p=756&wpcf7=json&wpcf7=json&wpcf7=json (consulta: 24 de abril de 2011)

Venezuela al Mercosur como miembro pleno se aceleraba el proceso de liberación comercial, con plazos más cortos que los establecidos en el ACE 59, lo cual generaba condiciones menos favorables para el país, a la vez que exigían ser consultados por el Gobierno. Para CONINDUSTRIA integrarse con el Mercosur podría tener efectos similares a una integración con Estados Unidos, dada la elevada competitividad de los países miembros del bloque.[511]

Los académicos y analistas también manifestaron sus reservas con respecto al ingreso de Venezuela en el Mercosur al argumentar que existen pocas ventajas comerciales para el país.[512] El fundamento de sus reservas es la poca oferta exportadora de Venezuela, la declinación de las exportaciones venezolanas hacia el Mercosur mientras que se incrementaron las importaciones, el incremento del saldo comercial negativo para Venezuela, el bajo nivel de comercio intraindustrial, la existencia de condiciones previas que propiciarían la desviación neta de comercio, al menos desde la perspectiva venezolana, y el negativo entorno macroeconómico y de políticas que ha creado el gobierno venezolano, lo que reduce la competitividad y la posibilidad de enfrentar con éxito la competencia de las

---

[511]   Posición de CONINDUSTRIA sobre la firma del Protocolo de Adhesión de Venezuela al Mercosur. http://w3old.conindustria.org/web2005/ COMERCIO_EXTERIOR/MERCOSUR/NuevaPosicionAnteMercosur. pdf (consulta: 24 de abril de 2011)

[512]   Véase por ejemplo: Klinkhammer, Ralf. *¿Debería Venezuela ingresar a MERCOSUR? Un análisis desde la perspectiva local.* En: Giacalone, Rita (comp.). *Venezuela en el ALCA entre realidades y fantasías.* Mérida, Universidad de Los Andes, Vicerrectorado Académico, 2005, pp. 187-209; López Ríos, Vladimir. "Venezuela en la integración latinoamericana: un análisis desde la teoría del comercio internacional". En: *Revista BCV,* vol. IX, n° 2, 2005, pp. 21-50; Gutiérrez, Alejandro. "Venezuela en el MERCOSUR: oportunidades y amenazas para el sector agroalimentario venezolano". En: Giacalone Rita (ed.). *La integración sudamericana. Un complejo proceso inconcluso.* Mérida, Universidad de Los Andes-Vicerrectorado Académico, 2008, pp. 145-171.

empresas de los países del Mercosur. Estos argumentos abonarían a favor de la opinión de que el fortalecimiento profundo de las relaciones de Venezuela con el Mercosur obedece más a razones de orden geopolítico e ideológicas que económicas.

Los peligros que representaba para Venezuela una integración económica basada en argumentos ideológicos y geopolíticos parecieran haberse convertido en realidad. Como se muestra en el cuadro 1, desde 2004 se ha producido un incremento sin precedentes del comercio entre Venezuela y el Mercosur. No obstante, el incremento del intercambio se explica por el aumento del valor de las importaciones provenientes de los países del Mercosur, especialmente de Brasil, mientras que declinan las exportaciones venezolanas. El resultado final es el aumento del saldo negativo de la balanza comercial, cada vez más desfavorable para Venezuela (ver cuadro 1). Esto no parece preocuparle al gobierno venezolano, pero sirvió para que los empresarios de los países miembros del Mercosur cambiaran de opinión en relación con los peligros que representaba el ingreso de Venezuela al bloque económico.

En la actualidad es muy poco lo que Venezuela puede exportar que no sea petróleo y derivados. La política de control de precios y del tipo de cambio, las nacionalizaciones y expropiaciones y el acoso permanente al sector privado han reducido las inversiones, la producción del sector privado y la competitividad internacional de las exportaciones no petroleras de Venezuela. Más aun, algunas empresas tradicionalmente exportadoras, bajo control del Estado (el complejo metal-mecánico del hierro, acero y aluminio), también han reducido sustancialmente su producción y consecuentemente sus exportaciones, debido a la ineficiencia con que se manejan. Si a esta tendencia se une la política cambiaria basada en la apreciación del tipo de cambio real, las exoneraciones de aranceles a las importaciones de bienes esenciales y las restricciones administrativas para exportar bienes diferentes al petróleo, se tiene una situación en la que se estimulan las importaciones, en tanto que sucede lo contrario con las exportaciones no petroleras de Venezuela. Es por eso que se afirma que el gobierno de Venezuela prioriza los objetivos políticos y geopolíticos sobre los económicos, como móvil para explicar el ingreso de Venezuela como socio pleno al Mercosur.

Cuadro 1. Intercambio comercial entre Venezuela y Mercosur
(Millones de US Dólares)

	1998	2003	2004	2005	2006	2007	2008	2009	2010*
Exp.Ven. a Mercosur	737	277	376	358	972	249	125	53	101
Imp. Ven. desde Mercos	1.000	781	1.642	2.481	4.360	4.281	5.437	4.585	4.034
Comercio Ven-Mercosur	1.737	1.058	2.018	2.839	5.332	4.530	5.562	4.638	4.135
Bal. Com. Ven-Mercosur	-263	-504	-1.266	-2.123	-3.388	-4.032	-5.312	-4.532	-3.933

(*) Datos de 2010 son preliminares.
Fuente: ALADI-SICOEX (País informante: Venezuela)

3.2. La perspectiva de algunos actores del Mercosur

Para el Mercosur, el ingreso de Venezuela representa la incorporación de un país con una economía de tamaño inferior a la de Brasil y Argentina pero superior a la de Paraguay y Uruguay, lo que podría contribuir a un mayor equilibrio en las decisiones del bloque, dominadas hasta ahora por las posiciones de Brasil y Argentina. En el momento en que se acordó el ingreso de Venezuela al Mercosur se afirmaba que:[513]

• el impacto comercial sería muy moderado, dado que el Mercosur apenas absorbía el 3% de las exportaciones

---

[513]   Cf. INTAL. *Informe Mercosur. Periodo 2005 primer semestre 2006.* Buenos Aires, BID-INTAL, 2007, pp. 107-125.

totales de Venezuela y, a su vez, Mercosur no era un proveedor importante de importaciones para Venezuela, salvo el caso de Brasil. Este comercio era no solamente bajo en montos sino poco diversificado, pero se esperaba que con la intensificación del comercio aumentaran los montos y la variedad de los productos intercambiados, especialmente para Brasil y Argentina. Las estimaciones preliminares concluían que las oportunidades eran mayores para los países del Mercosur que para Venezuela.

- Venezuela debería adoptar el arancel externo común (AEC) del Mercosur y, aunque tenía estructuras arancelarias convergentes, tendría que hacer esfuerzos importantes en algunos sectores donde debía reducir los aranceles, entre estos el sector agrícola-agroindustrial y las manufacturas intensivas en el uso del factor trabajo. Además, al elevar los aranceles para terceros países en algunas ramas industriales se ampliaría la posibilidad de entrar en el mercado venezolano a las manufacturas brasileñas y argentinas principalmente.

- Desde un comienzo se evidenciaron las preocupaciones de los industriales sureños por los efectos que podría tener en la agenda externa del Mercosur el ingreso de Venezuela. Esto se debía a la retórica anti-Estados Unidos (anti-imperialista) y a las posiciones de Venezuela en contra de los acuerdos de libre comercio, cuando el Mercosur precisamente se encontraba negociando un TLC con la Unión Europea. Adicionalmente, era motivo de preocupación que sectores considerados sensibles para Venezuela (agrícola-agroindustrial) eran los de mayor potencial competitivo para el Mercosur, por lo que eran susceptibles de ser liberados comercialmente en cualquier negociación mientras que Venezuela podría poner reparos dada su baja competitividad agrícola. Sin embargo, la posición de los empresarios brasileños se fue modificando en la medida que crecían las ventas y las oportunidades de negocios en Venezuela.[514]

En la Comisión de Relaciones Exteriores del Senado Brasileño (CRESB) se mantuvo una fuerte oposición al ingreso de Venezuela al Mercosur con motivo de la discusión de la ratificación del Protocolo de Adhesión; sin embargo, finalmente se aprobó el 15 diciembre de 2009. La CRESB[515] opinaba que si bien el ingreso de Venezuela ampliaba el mercado para los productos del Mercosur, posibilitaba el desarrollo de proyectos conjuntos de infraestructura y de integración energética y expandía el radio de acción del Mercosur hacia el Caribe, no menos cierto era que se tenían serias observaciones y reservas. Esto retardó la ratificación definitiva del Protocolo de Adhesión de Venezuela al Mercosur, en tanto que no se lograba conformar la mayoría parlamentaria para su aprobación.

Las principales observaciones de la CRESB se referían al no respeto de los procedimientos ya establecidos en las normas para aprobar el ingreso de un país al bloque (Decisiones del Consejo del Mercado Común [CMC] n° 28 y 29 de 2005). Se argumentó que hubo un sesgo político

---

[514] El 27 de octubre de 2009 el Presidente de la Federación de Cámaras de Comercio de Brasil afirmó que la integración era un proyecto de largo plazo y que el ingreso de Venezuela al bloque potenciaría aun más el comercio y las inversiones. En el caso de Brasil expresó que el comercio bilateral con Venezuela estaba en el orden de los US $ 6000 millones para 2008 y que los proyectos de infraestructura a ejecutar en Venezuela por empresas brasileñas estaba entre 15 000 y 20 000 millones de US$. Para más detalles ver: http://www.analitica.com/va/sintesis/ internacionales/1582655.asp (consulta: 20 de marzo de 2011)

[515] Da Comissão de Relações Exteriores e Defesa Nacional sobre o Projeto de Decreto Legislativo N° 430, de 2008 (PDC n° 387, de 2007. Relator Senador Tasso Jereissati. http://ww2.psdb.org.br/images_conteudo/bi blioteca/8f5cdb73b35e282ea52bc82eaf33623e514740.pdf, (consulta: 24 de abril de 2011)

porque se aprobó el Protocolo de Adhesión sin que se hubieran dado las negociaciones previas sobre los aspectos técnicos y jurídicos y sin que Venezuela se hubiera comprometido con las disciplinas comerciales, el arancel externo común (AEC) y el programa de desgravación arancelaria entre otras establecidas en la Decisión 28-05 del CMC.[516]

---

[516] La decisión 28-05 del CMC reglamentó el Art. 20 del Tratado de Ouro Preto en lo concerniente a la adhesión de nuevos Estados parte, reservado a los países miembros de la ALADI. Específicamente el Art.3 establecía que: "Luego de aprobada la solicitud, el Consejo del Mercado Común instruirá al Grupo Mercado Común que negocie con los representantes del Estado adherente las condiciones y términos específicos de la adhesión, los que deberán necesariamente comprender: I - la adhesión al Tratado de Asunción, al Protocolo de Ouro Preto y al Protocolo de Olivos para Solución de Controversias del MERCOSUR; II - la adopción del Arancel Externo Común del MERCOSUR, mediante la definición, en su caso, de un cronograma de convergencia para su aplicación; III - la adhesión del Estado adherente al Acuerdo de Complementación Económica N° 18 y sus Protocolos Adicionales a través de la adopción de un programa de liberalización comercial; IV - la adopción del acervo normativo de MERCOSUR, incluyendo las normas en proceso de incorporación; V - la adopción de los instrumentos internacionales celebrados en el marco del Tratado de Asunción; y VI - la modalidad de incorporación a los acuerdos celebrados en el ámbito del MERCOSUR con terceros países o grupos de países, así como su participación en las negociaciones externas en curso". Seguidamente los Art. 5, 6 y 7 establecían que: Art. 5: "El CMC deberá recibir los resultados de las negociaciones mencionadas en el artículo anterior en un plazo máximo de 180 días, a partir de la primera reunión del Grupo Ad Hoc. Dicho plazo podrá ser susceptible de una prórroga automática por un periodo de igual duración. Vencidos estos plazos sin haberse concluido los acuerdos con respecto a las condiciones y términos específicos de la adhesión, el CMC evaluará la situación del Estado adherente con relación al MERCOSUR". Art. 6: "Los resultados de esas negociaciones estarán contenidos en un Protocolo de Adhesión, el cual deberá ser incorporado al ordenamiento jurídico de los Estados signatarios". Y el Art. 7: "Hasta la entrada en vigencia del Protocolo de Adhesión, el Estado adherente podrá participar de las reuniones de los órganos y foros del MERCOSUR, con derecho a voz". Por su parte la Decisión 29-05 del CMC establece en su Art. 2: "Instruir al Grupo Mercado Común a negociar, al amparo del artículo 20 del Tratado de Asunción y su reglamentación, las condiciones y términos específicos de la adhesión de la República Bolivariana de Venezuela al MERCOSUR".

Es decir, se invirtió el procedimiento y no se cumplió con las decisiones N° 28 y 29-05 del CMC. Este argumento expresado por la CRESB también lo desarrollaron con profundidad Bizzozero Revelez[517] y Mendoza y Reyes V.[518]

Además, se argumentó que Venezuela había retardado las negociaciones sobre el programa de desgravación arancelaria y de definición del AEC y no había cumplido con lo establecido en el Protocolo de Adhesión. Esto lo plantearon también Mendoza y Reyes V.[519] cuando señalaron que el Grupo de negociación Ad Hoc no presentó resultados satisfactorios pues pasados los 180 días todavía quedaban muchos aspectos pendientes para completar, entre ellos los lapsos para adoptar un número importante de normas vigentes en el Mercosur y los cronogramas de liberación comercial de Venezuela con Brasil y Argentina, tarea que todavía continúa sin resolverse.

La CRESB también alegó que el Mercosur tenía problemas de inseguridad y no cumplimiento de los compromisos comerciales y que Venezuela, dada la política económica y comercial que aplicaba (control cambiario, política comercial discrecional y proteccionista, nacionalizaciones y expropiaciones, etc.), los agravaría. Adicionalmente, se observó el impacto negativo de la alianza de Venezuela con Bolivia en materia energética, lo cual podría afectar

---

[517]   Bizzozero Revelez, Lincoln. "La adhesión de Venezuela al Mercosur. De la identidad del bloque a los equilibrios político institucionales". En: Llairó, María de Monserrat; Briceño Ruíz, José y Bizzozero Revelez. *Venezuela en el Mercosur. Tres miradas, tres interpretaciones.* Buenos Aires, CEINLADI-Universidad de Buenos Aires, 2007, pp. 101-150.

[518]   Mendoza, Carolina y Reyes V., Pedro. "La adhesión de Venezuela al Mercosur: cuando lo político desplaza lo técnico". En: Briceño Ruíz, José y Mendoza, Carolina (eds.). *Cambio y permanencia en la Agenda de integración de América del Sur.* Barquisimeto, Universidad Centrooccidental Lisandro Alvarado Fondo Editorial, 2009, pp. 185-222.

[519]   Mendoza, Carolina y Reyes V., Pedro. "La adhesión de Venezuela al Mercosur...". *Op. cit.*

los intereses brasileños en Bolivia. Finalmente, la CRESB manifestó las diferencias del Proyecto Mercosur con las políticas de Venezuela. El Mercosur se basa en el concepto de regionalismo abierto y en el ejercicio pleno de la democracia, pero la estrategia de desarrollo que ejecuta el gobierno de Venezuela es contraria a los principios del regionalismo abierto, al ejercicio pleno de la democracia, la separación de poderes y el respeto por la libertad de expresión y los derechos humanos. La CRESB concluyó que no se debería subestimar el compromiso con la democracia de los miembros del Mercosur. Esa era una razón poderosa para negar la aprobación del Protocolo de Adhesión de Venezuela al Mercosur.

A pesar de estas objeciones, una vez que el Congreso de Brasil aprobó el Protocolo de Adhesión de Venezuela al Mercosur en diciembre de 2009, sólo queda pendiente la aprobación del Senado de Paraguay, pero esto no se ha logrado hasta el presente. En dos ocasiones el gobierno de Paraguay ha tenido que retirar la solicitud de aprobación ante la imposibilidad de obtener una mayoría aprobatoria. Los argumentos de la mayoría oposicionista del Senado de Paraguay para negar la aprobación tienen que ver con lo que se consideran actitudes antidemocráticas, de poco respeto por la libertad de expresión, la violación de derechos humanos y las políticas expansionistas del gobierno de Venezuela y del presidente Chávez.

4. Conclusiones

La primera experiencia del Mercosur para incorporar a otro país como Estado parte no ha sido exitosa. Lo que parecía inicialmente un proceso sencillo, por el decidido apoyo político de los gobiernos involucrados, se ha tornado difícil en la medida en que se fue definiendo con mayor claridad el modelo político, la política exterior y la estrategia de desarrollo de Venezuela, muy diferente de la que se aplica en los países miembros del Mercosur. Tampoco ha sido exitoso el gobierno de Venezuela en su intención de incorporarse al Mercosur como miembro pleno, poniendo en evidencia hasta ahora el fracaso de su estrategia integracionista, poco coherente si se toma en consideración que lidera un acuerdo como el ALBA, cuyo concepto de integración es totalmente diferente al que orienta al Mercosur, bloque al que aspira a ingresar para lograr más objetivos políticos que económicos.

A pesar del apoyo político de los gobiernos de Argentina, de Brasil y de Uruguay y a pesar del esfuerzo de Venezuela por privilegiar y fortalecer las relaciones económicas y políticas con los países del Mercosur, dada la correlación de fuerzas políticas en el Senado paraguayo, luce poco probable que en el futuro inmediato se logre la aprobación del Protocolo de Adhesión de Venezuela al Mercosur como Estado parte.

Con el transcurrir del tiempo, en la medida en que se han hecho más claros los elementos definitorios del proyecto revolucionario encabezado por Hugo Chávez, se ponen en evidencia las contradicciones y peligros que pudiera tener para la agenda actual y futura del Mercosur el ingreso de Venezuela como Estado parte. El poco respeto por las reglas del juego democrático, la libertad de expresión, los derechos humanos y económicos; la vigencia de una política económica anti-mercado, hostil al sector privado, que dificulta el cumplimiento de las disciplinas y reglas de juego que implica pertenecer a un acuerdo de integración económica; las pocas ventajas comerciales para Venezuela en el Mercosur; una política exterior impregnada de retórica antiimperialista, que promueve alianzas con países y movimientos anti-Estados Unidos y un concepto de la integración diferente al que asumen los países miembros del

Mercosur se han convertido en los principales argumentos esgrimidos por los que se oponen al ingreso de Venezuela como miembro pleno del Mercosur. Estos argumentos están explícitos o subyacen en la situación que impide el ingreso de Venezuela como Estado Parte del Mercosur, al menos por ahora. Entre tanto, Venezuela ya no está en la CAN como miembro pleno, tampoco en el Mercosur, apenas en el ALBA, donde funge de líder gracias a su política de cooperación con los Estados miembros, financiada con los volátiles ingresos que provee el petróleo.

Bibliografía

Bizzozero Revelez, Lincoln. *La adhesión de Venezuela al Mercosur. De la identidad del bloque a los equilibrios político institucionales.* En: Llairó, María de Monserrat; Briceño Ruíz, José y Bizzozero Revelez. *Venezuela en el Mercosur. Tres miradas, tres interpretaciones.* Buenos Aires, CEINLADI-Universidad de Buenos Aires, 2007, pp. 101-150.

Briceño Ruíz, José y Gutiérrez, Alejandro. "Venezuela en el Mercosur: una evaluación de su impacto económico y político". En: *Revista Argentina de Economía y Ciencias Sociales*, vol. XI, n° 16, 2007, pp.77-97.

Briceño Ruíz, José. "El ALBA y el Mercosur en la agenda de integración de Venezuela". En: Briceño Ruíz, José y Mendoza, Carolina (eds.). *Cambio y permanencia en la Agenda de integración de América del Sur.* Barquisimeto, Universidad Centrooccidental Lisandro Alvarado Fondo Editorial, 2009, pp. 185-222.

CONINDUSTRIA, http://w3old.conindustria.org/web2005/COMERCIO_EXTERIOR/MERCOSUR/NuevaPosicionAnteMercosur.pdf (consulta: 24 de abril de 2011)

Da Comissão de Relações Exteriores e DefesaNacional sobre o Projeto de Decreto Legislativo Nº 430, de 2008 (PDC nº 387, de 2007. Relator Senador Tasso Jereissati. http://ww2.psdb.org.br/images_conteudo/bibliote ca/8f5cdb73b35e282ea52bc82eaf33623e514740.pdf, (consulta: 24 de abril de 2011)

Da Motta Veiga, Pedro y Rios Sandra. *O regionalismo pós-liberal, na America do Sul: origens, iniciativas e dilemas*. Santiago de Chile, CEPAL, Serie Comercio Internacional, nº 82, 2007.

Declaraciones de Gustavo Moreno Presidente de FEDEAGRO. http://guarico.com.ve/?p=756&wpcf7= json&wpcf7=json&wpcf7=json (consulta: 24 de abril de 2011)

González Urrutia, Edmundo. *La política exterior de Venezuela y la nueva geopolítica internacional*. Caracas, Instituto Latinoamericano de Investigaciones Sociales (ILDIS)-Centro de Estudios Estratégicos y Relaciones Internacionales, 2008.

González Urrutia, Edmundo. "Las dos etapas de la política exterior de Chávez". En: *Nueva Sociedad*, nº 205, 2006, pp. 159-171.

Gutiérrez, Alejandro. "Venezuela en el MERCOSUR: oportunidades y amenazas para el sector agroalimentario venezolano". En: Giacalone Rita (ed.). *La integración sudamericana. Un complejo proceso inconcluso*. Mérida, Universidad de Los Andes-Vicerrectorado Académico, 2008, pp. 145-171.

INTAL. *Informe Mercosur. Periodo 2005 primer semestre 2006*. Buenos Aires, BID-INTAL, 2007, p. 107-125.

Klinkhammer, Ralf. "¿Debería Venezuela ingresar a MERCOSUR? Un análisis desde la perspectiva local". En: Giacalone, Rita (comp.). *Venezuela en el ALCA entre realidades y fantasías*. Mérida, Universidad de Los Andes Vicerrectorado Académico, 2005, pp. 187-209.

López Ríos, Vladimir. "Venezuela en la integración latinoamericana: un análisis desde la teoría del comercio
internacional". En: *Revista BCV*, vol. IX, n° 2, 2005, pp.
21-50.

Mendoza, Carolina y Reyes V., Pedro. "La adhesión de
Venezuela al Mercosur: cuando lo político desplaza lo
técnico". En: Briceño Ruíz, José y Mendoza, Carolina
(Editores). *Cambio y permanencia en la Agenda de integración de América del Sur*. Barquisimeto, Universidad
Centrooccidental Lisandro Alvarado Fondo Editorial,
2009, pp. 185-222.

Portal del ALBA: http://www.alianzabolivariana.org/mo-
dules.php?name=Content&pa=showpage&pid=2080
(consulta. 8 de marzo de 2011)

República Bolivariana de Venezuela, Ministerio de
Planificación y Desarrollo. *Líneas Generales del Plan
de desarrollo económico y social de la Nación 2001-2007*.
Caracas, Presidencia de la República Bolivariana de
Venezuela, 2001.

República Bolivariana de Venezuela, Presidencia de la
República. *La nueva etapa, el nuevo mapa estratégico*.
Caracas, Presidencia de la República Bolivariana de
Venezuela, 2004.

República Bolivariana de Venezuela, Presidencia de la
República. *Líneas generales del Plan de desarrollo
económico y social de la nación 2007-2013*. Caracas,
Presidencia de la República, 2007.

Romero, Carlos. *La entrada de Venezuela en el Mercosur: repercusiones internas*. Caracas, Instituto Latinoamericano
de Investigaciones Sociales (ILDIS), 2008.

Romero, María Teresa. *Política exterior venezolana. El proyecto democrático 1959-1999*. Caracas, Los libros de El
Nacional, segunda reimpresión corregida y ampliada,
2009.

Sanahuja, José Antonio. "Suramérica y el regionalismo posliberal". En: Cienfuegos, Manuel y Sanahuja, José Antonio (eds.). *Una región en construcción. UNASUR y la integración en América del Sur*. Barcelona, Fundación CIDOB, 2010.

Autores

LUCAS ARCE

Titular de la Maestría en Negociaciones y Relaciones Internacionales de la Facultad Latinoamericana de Ciencias Sociales (FLACSO), la Universidad de San Andrés y la Universidad de Barcelona (Buenos Aires). Es investigador en el área de Relaciones Económicas Internacionales para el Centro de Análisis y Difusión de la Economía Paraguaya. Sus temas de investigación son el Mercosur y la integración regional.

RENATO BAUMANN

Doctor en Economía de la Universidad de Oxford, Inglaterra. Fue por quince años el Director de la Oficina de la CEPAL en Brasil. Actualmente es Técnico de Planeamiento e Investigación de IPEA (Instituto de Pesquisa Econômica Aplicada) del Gobierno de Brasil y Profesor de Economía Internacional en el Departamento de Economía de la Universidad de Brasilia.

LINCOLN BIZZOZERO

Doctor en Ciencia Política de la Faculté de Sciences Sociales, Politiques et Economiques-Université Libre de Bruxelles. Es profesor de la Universidad de la República, Montevideo, Uruguay. Ha sido Coordinador del Programa de Política Internacional y Relaciones Internacionales (1994-2004). Fue Presidente de la Comisión Sectorial del Mercosur de la Universidad de la República y Delegado nacional en el Comité Coordinador Regional del Mercosur en el marco del Sector Educativo del Mercosur. Especialista en temas de integración y relaciones entre la Unión Europea y América Latina.

JOSÉ BRICEÑO RUIZ

Doctor en Ciencia Política del Instituto de Estudios Políticos de Aix-en-Provence (IEP-Aix), Francia. Es Profesor Asociado de la Facultad de Ciencias Económicas y Sociales de la Universidad de los Andes, Venezuela. Fue investigador del Centre de Recherches sur l'Amérique Latine et Caraïbes (CREALC) del IEP- Aix, Francia (2000-2007) y del Centro de Estudios Latinoamericanos Rómulo Gallegos, Caracas (2005-2007). Ha sido *visiting scholar* en la Universidad de Buenos Aires, la Universidad de Sudáfrica, la Universidad Federal de Porto Alegre y en el Instituto de Estudios Latinoamericanos de la Universidad de Estocolmo, Suecia.

MARIO CARRANZA

Doctor en Relaciones Internacionales en la Universidad de la A&M University, Kingsville, Texas, Estados Unidos. Es profesor asociado del Departamento de Ciencia Política de la A&M University. Se ha especializado en temas de no proliferación nuclear en Asia y regionalismo en las Américas, con énfasis en el caso del Mercosur. Ha sido autor de varios libros y artículos sobre el regionalismo sudamericano.

MARCOS COSTA LIMA

Doctor en Ciencias Sociales de la Universidad de Campinas (UNICAMP), Brasil y un pos-doctorado en la Universidad de París XIII. Es profesor del Departamento de Ciencias Sociales y del Programa de Postgrado en Ciencias Políticas de la Universidad Federal de Pernambuco, Brasil. Actualmente es Presidente de la Associação Nacional de Pós-Graduação e Pesquisa em Ciências Sociais de Brasil (ANPOCS). Fue Presidente del Foro Universitario del Mercosur (FOMERCO) y miembro de la Comisión para la creación de la Universidad para la Integración Latinoamericana (UNILA).

CLARISSA DRI

Candidata a Doctora en el Instituto de Estudios Políticos de Bordeaux (Sciences Po Bordeaux), Francia. Concluyó su maestría en Derecho de las Relaciones Internacionales en la Universidad Federal de Santa Catarina, Brasil. Fue profesora invitada de Sciences Po Paris e investigadora invitada de la Universidad de Lund, Suecia. Su tesis analiza los cambios institucionales en los procesos de integración regional y el caso de la creación del Parlamento del Mercosur.

GIAN LUCA GARDINI

Doctor en Relaciones Internacionales de la Universidad de Cambridge. Es Profesor de Relaciones Internacionales y Política de América Latina en la Universidad de Bath, Inglaterra. También es el Director Adjunto del Instituto de Investigación Europea (ERI) y el Coordinador de la Red Latinoamericana de la Universidad de Bath. Es investigador asociado del Instituto para el Estudio de las Américas en la Universidad de Londres y Erasmus Profesor invitado en las Universidades de Bolonia y Udine en Italia.

ALEJANDRO GUTIÉRREZ

Doctor en Estudios del Desarrollo (mención honorífica-Universidad Central de Venezuela-CENDES). Es Profesor Titular de la Facultad de Ciencias Económicas y Sociales de la Universidad de Los Andes-Venezuela. Es miembro del Programa de Estímulo a la Investigación del Observatorio Nacional de Ciencia y Tecnología de Venezuela. Ha sido *visiting scholar* en la Universidad de Cornell, Estados Unidos. Actualmente es el Coordinador General del Consejo de

Desarrollo Científico, Humanístico y Tecnológico y de las Artes (CDCHTA) de la Universidad de los Andes.

MARÍA IZABEL MALMANN

Doctora en Ciencia Política de la Universidad de la Sorbonne, Paris III, y tiene un post-doctorado en el Instituto de Relaciones Internacionales de la Universidad de Brasilia. Es profesora de la Pontifícia Universidade Católica do Rio Grande do Sul (PUCRS), Porto Alegre, Brasil. Es Coordinadora del Programa de Pós-Graduação em Ciências Sociais y del Curso de Especialização em Política Internacional de PUCRS. Especialista en temas de integración regional, política exterior de Brasil y relaciones internacionales en América del Sur.

NOEMI MELLADO

Profesora Titular regular de Economía Política, Universidad Nacional de la Plata y en la Universidad Nacional del Noroeste de la Provincia de Buenos Aires. Directora regular del Instituto de Integración Latinoamericana. Directora de la Maestría en Integración Latinoamericana y Especialización en Políticas de Integración, Facultad de Ciencias Jurídicas y Sociales, UNLP. Investigador Categoría I, Ministerio de Educación. Autora de diversas publicaciones nacionales y extranjeras.

FELIX PEÑA

Doctor en Derecho de la Universidad de Madrid. En la actualidad es Director del Instituto de Comercio Internacional de la Fundación Standard Bank; Profesor Titular en Relaciones Comerciales Internacionales de la Universidad Nacional de Tres de Febrero (UNTREF); Director de la Maestría en Relaciones Comerciales Internacionales y del Núcleo Interdisciplinario de Estudios Internacionales de la UNTREF; Director del Módulo Jean Monnet en la UNTREF; Consejero y miembro de la Comisión Directiva del Consejo Argentino para las Relaciones Internacionales (CARI).

HAROLDO RAMANZINI JUNIOR

Candidato a Doctor en Ciencia Política en la Universidad de São Paulo. Es Investigador Senior del Centro Estudios de Cultura Contemporánea (CEDEC) y del Instituto Nacional de Estudios de la Política Exterior de Estados Unidos (INEU). También es profesor asistente en el Instituto de Economía de la Universidad Uberlandia, Brasil. Sus intereses de investigación son la política exterior, la integración regional, la política económica internacional y la teoría de la integración regional.

SUSANA ARROSA SOARES

Doctora en Estudios Latinoamericanos en la Universidad Autónoma de México. Realizó estudios postdoctorales en la École des Hautes Études en Sciences Sociales en Paris. Es docente en el Programa de Postgrado en Relaciones Internacionales de la Universidad Federal de Rio Grande del Sur (Brasil), del cual fue Coordinadora (2002-2006). Directora del Centro Brasileño de Documentación y Estudios de la Cuenca del Plata (CEDEP) de la misma Universidad y Consultora ad hoc de CAPES. Especialista en temas de integración y diplomacia cultural en el Mercosur y autora de varios artículos sobre estos temas y Coordinadora del Thesaurus de Relaciones Internacionales.

ALBERTO JUSTO SOSA

Abogado egresado de la Universidad de Buenos Aires. Fundador, investigador y Presidente de Amersur, entidad no gubernamental especializada en temas de Relaciones Internacionales, política exterior argentina e integración regional, situada en Buenos Aires. Ha sido miembro del Consejo Consultivo de la Sociedad Civil del Ministerio de Relaciones Exteriores, Comercio Internacional y Culto de la República Argentina, el Foro Consultivo Económico-Social, sección Argentina del Mercosur y una red de entidades similares de América del Sur.

TULLO VIGEVANI

Doctor en Historia Social de la Universidad de São Paulo. Profesor de Ciencia Política y Relaciones Internacionales de la Universidad Estadual Paulista (UNESP) e Investigador Senior del Centro de Estudios de Cultura Contemporánea (CEDEC), San Pablo, Brasil. Es el Coordinador del Programa de Maestría en Relaciones Internacionales de la UNESP, Universidad de Campinas y la Pontificia Universidad Católica de São Paulo. Ha sido también Coordinador del Instituto Nacional de Estudios de la Política Exterior de Estados Unidos (INEU). Especialista en Relaciones Internacionales e integración regional.